Архітектурний путівник
Харків

Architectural Guide
Kharkiv

Архітектурний путівник
Харків

Architectural Guide
Kharkiv

Євгенія Губкіна
Ievgeniia Gubkina

DOM publishers

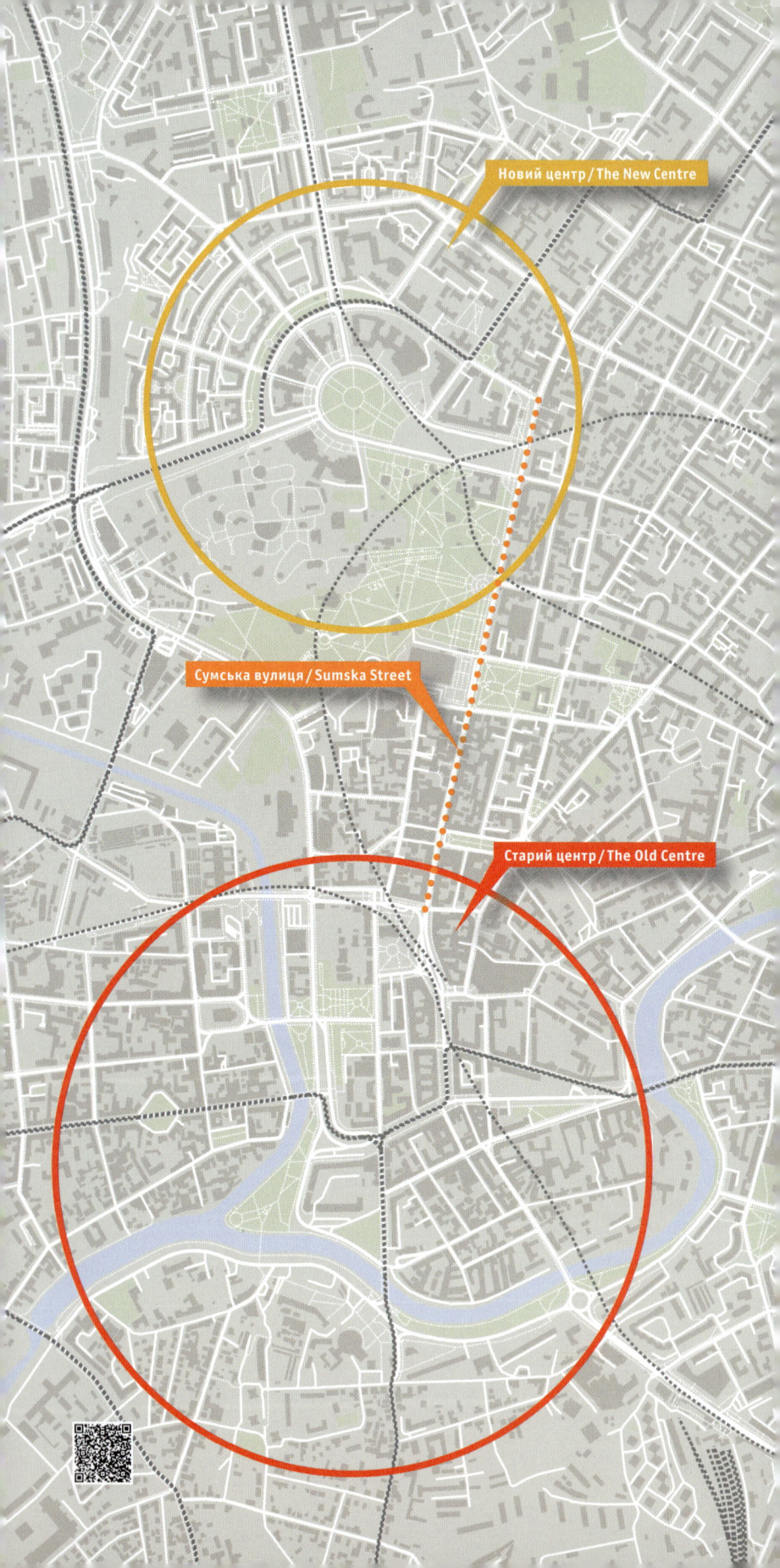

Новий центр / The New Centre

Сумська вулиця / Sumska Street

Старий центр / The Old Centre

Зміст
Contents

I'd given up on you
You shot a hole in my heart
straight through
When you pushed me aside,
three weeks I cried
But now you've got me back
You know I'll never up and run
Yeah I stay I'll here
I'll stay right here

З пісні «Everything Goes My Way»
гурту Metronomy

From *Everything Goes My Way*,
a song by Metronomy

Pavlo Dorohoi

Передмова
Foreword

Євгенія Губкіна
Ievgeniia Gubkina

Я писала цю книгу в Харкові у 2019–2021 роках. Усі тексти були готові за два місяці до повномасштабного вторгнення Росії в Україну. Тому для мене це не лише путівник, а відбиток того крихкого моменту за мить до катастрофи. Відбиток усіх тих прекрасних будівель у тому вигляді, який вони мали до обстрілів. Відбиток моїх думок, знань, мотивацій – мого життя й моєї реальності як таких. Відбиток низки нескінченних викликів у моїх стосунках із Харковом і таких самих нескінченних подолань цих викликів.

Почала я працювати над Харківським архітектурним путівником давно – 9 років тому. Ця книга стала для мене справжньою пригодою і справжньою проблемою. Я пробувала писати в різних місцях: у бібліотеках, парках, проєктних інститутах, офісах друзів. Найефективніше мені працювалося під час ковідної ізоляції, в нашій білій квартирі в новобудові на Гагаріна, за ретельної менеджерської підтримки мого суперорганізованого партнера Дмитра. Але для найбільш творчих завдань, як-от генерування ідей текстів, я все ж обирала кав'ярні. Здається, я могла б скласти окремий путівник тими харківськими ресторанами і кав'ярнями, де бодай колись писала. Це були й нішеві заклади, і мережі фастфуду, їдальні установ і локальні ком'юніті-кафе, та, звісно, хіпстерські кав'ярні так званої першої лінії міста, тобто головної вулиці центру Харкова – Сумської. Найбільш комфортним в районі Сумської був уламок пізньохіпстерської розкоші – ресторан «Іммігрант». Тут, в епіцентрі міського життя, я могла спокійно затиснутися в кутку, сховавшись за високими спинками оксамитових крісел, і сидіти в цій засідці скільки завгодно, залишаючись ніким не поміченою. Посеред гаміру, веселощів і метушні я могла проводити години наодинці зі своїми думками, записником і ноутбуком. А насправді – на побаченні з Харковом. Нині я пишу ці слова з кав'ярні в Брансвік-центрі. Це така будівля, ікона бруталізму кінця 1960-х, розташована в одному з центральних районів Лондона – Блумсбері. Мені доводиться робити над собою зусилля, аби не реагувати на вибухи феєрверків навколо. Сьогодні Ніч Ґая Фокса – у Великій Британії заведено влаштовувати на це свято феєрверк-шоу й веселитися. На жаль, мені не до веселощів: ці звуки нагадують вибухи ракет і снарядів, перед очима миттю пролітають картини обстрілів мого рідного міста Харкова. Але мені анітрохи не хочеться сьогодні писати про війну. За ці вже два роки повномасштабного вторгнення Росії в Україну я страшенно втомилася від пустих балачок про руйнування українських міст. Весь цей час я писала десятки текстів, маніфестів, давала інтерв'ю й виступала – звертаючись здебільшого до світової авдиторії, прагнучи пояснити, що ж відбувається в Україні тепер, і водночас пояснити Україну й українців загалом. Але зараз я хочу перемкнутися від зовнішніх відносин зі світовою спільнотою до наших внутрішніх взаємин з рідними місцями. Я хочу звернутися до того, кому варто було написати вже давно, до того, за ким нестерпно скучила і з ким не бачилася критично довго. Я пишу до мого Харкова. Я пишу моє запізніле освідчення в коханні тому, хто вже ніколи не буде таким, як раніше. А любовні листи, як це часто буває, перетворюються на листи прощальні.

Зізнаюся, я не перший рік перебуваю в нездорових, я б навіть сказала, аб'юзивних стосунках із Харковом. Наш зв'язок міцний, тривалий і глибокий. Аддикція була неминуча. Я – харків'янка в четвертому поколінні. Моя прабабуся Зинаїда приїхала до Харкова перед

Другою світовою війною і все життя працювала фармацевткою в соцмісті «Новий Харків», що потім став відомим як район ХТЗ. Там зростала, а потім просувала вперед радянську міську економіку моя бабуся Джанетта, там безуспішно намагався вписатися у шкільний колектив мій тато Ігор, і там само, в полях постіндустріальних ландшафтів, проходила сувору школу життя – я.

Усвідомлено комунікувати з містом я почала років із п'яти. У це мене втягнули батьки. Прогулянки Харковом супроводжувалися нескінченними батьковими монологами про архітектурні стилі, присмаченими злісною критикою архітектури 1990-х. Мама ж разом із невгамовною жагою вештатися темними дворами, брудними під'їздами й постапокаліптичними радянськими недобудовами прищепила мені цікавість до всього «маргіналізованого», «невидимого» й «недооціненого». Вибір архітектурної професії був для мене одним із тих однозначних рішень, про які ніколи не шкодуєш. Усвідомленим рішенням, за яке я дозволяю мене оцінювати й судити.

Але мої перші «дорослі» стосунки з містом почалися з ХТЗ, що став спочатку темою мого бакалавріату, яка продовжилася в магістратурі й перетворилася згодом на тему моєї дисертації. Мене переповнювали ідеї, знання, історії й невідома широкому загалу інформація про ХТЗ, який ще ніхто не досліджував. Мене рухав уперед запал першовідкривачки. Виплеснути накопичене допомагав гайдинг, що розпочався з екскурсій для дітей зі шкіл району ХТЗ. Регулярно водити екскурсії всім Харковом я почала десь із 2011 року. На тлі хвилі хіпстерської урбаністики й хіпстерської музики, що лунала в моїх навушниках, мої стосунки з Харковом розвивалися стрімко та приголомшливо прекрасно. Я з ентузіазмом стрибала в його екзотичні, привабливі глибини, пізнаючи місто не лише через архіви й бібліотеки, але й відчайдушно кидаючись назустріч його темним закапелкам і злачним місцям, жадібно входячи в партисипативні (й не тільки) зв'язки з його мешканцями, обережно й ніжно вибудовуючи дружбу з його архітекторами. Окрім знань, я мала власний стиль. Спромоглася не втрачати іронії, смачно

подаючи, здавалося б, суперечливі сторони Харкова: брутальність, індустріальність, сірість, радянськість, модерність. Його студеність і грубість у моїх обіймах перетворювалися на виняткову спокусливість.

Пам'ятаю, в соцмережах 2010-х були популярні різні флешмоби, меми та відео. Одним із них у 2012-му став інстаграм-хештег #followmeto – вірусні фото знятої зі спини дівчини, яка за руку вела глядача до чудових туристичних локацій. Красуні з усього світу запрошували в різні місця: від знаменитих архітектурних пам'яток до екзотичних пляжів і бруталістських бетонних джунглів. Як і вони, я вела місцевих і західних візитерів за руку в незвідану далечінь – у Харків, – розкриваючи перед ними доти незвідані таємниці пострадянських просторів.

Та «медовий місяць» із Харковом завершився зненацька, наштовхнувшись на події Революції гідності 2014 року. Так само як період всезагального урбаністичного неоліберального оптимізму розбився об тектонічні ціннісні зміни, що відбулися в українському суспільстві й в українській громадській думці. Іронізувати більше не хотілося. Все нараз забарвилося серйозним і величним. Харківська дуальність більше не п'янила мене. Я бачила в ній проблему. І щиро прагнула допомогти.

Рамка конвенційної історії й теорії архітектури не здатна була допомогти ані мені, ані Харкову. Я карталася, шукаючи інші методи для відновлення відсутніх елементів і сліпих зон його стертої історії; методи, які допомогли б зібрати весь пазл цілком. Архітектурній дисципліні завжди бракувало гуманітарної складової. Тому я не проминала нагоди долучатися до співпраці з багатьма талановитими українськими істориками, соціологами, антропологами. Але, можливо, найвагомішим як для мене, так і для всієї постмайданної України став вплив громадянського суспільства, активізму та його інституалізації, що створила цілий окремий прошарок суспільно-політичних відносин України – мережу українських громадських організацій. Саме цей досвід навряд чи дозволить бодай колись забути про етичну складову будь-якої діяльності, про прикладний внесок науковця і політичний вплив кожної, хай і цілком теоретичної праці. Але попри мою, здавалося б, нескінченну спроможність абсорбції інших перспектив, я була скерувана лише одним провідником — Харковом.

Його травми полонили мене й затягали в його пітьму. Його злочини вабили так, як не може вабити жодна чеснота. Але й за ними я розкопувала його змучене тіло, його понівечені тканини й надламані структури. Його прекрасні шрами були наслідками принижень, спотворене штучними фасадами обличчя — наслідком пластичних операцій, сталева броня — результатом гангрен і ампутацій. Всередині жила пам'ять про терор, масові вбивства, репресії, голод — і кров, кров, що сочилася з нього у промислових обсягах. Рани цього звіра більше не спокушали мене. Тепер я бачила якусь іншу його красу, яку мені хотілося пояснити всьому світові. Харків потребував мене. Адже не міг пояснити себе сам. Він був німий. Я припинила бути його гідесою. Натомість стала перекладачкою, що тлумачить з архітектурної на людську. Стала дзеркалом його вулиць і площ, адаптером між його минулим і теперішнім, медіумом, через якого промовляли тисячі голосів минулого. Я перетворювала холодну тишу на слова, спустошеність — на картини, мертві стіни — на живу реальність.

Іноземні туристи, західні вчені, європейські дипломати, фанати радянського, художники, фотографи, режисери, журналісти й фіксери з усього світу легко засвоювали мій матеріал, він надихав їх на подальший переказ і переписування моїх історій (вряди-годи мене забували згадати). Поступово їх стало так багато, що доводилося запровадити систему жорсткого відбору й підвищувати ціну моїх послуг. Але це не допомагало. Я почала виснажуватися і втомлюватися. Теми ставали дедалі важчими, дедалі чорнішими. Вони хотіли все більше і більше. Все глибше та глибше. Пригадую, один тур для німецьких публіцистів ішов суто місцями масових страт і захоронень, якими Харків помережаний, наче тіло прокаженого — екземами. А інший тур, для британських тележурналістів, мав проходити винятково «деградуючими» місцями і містити інтерв'ю лише «маргіналізованого і зведеного» постпролетаріату. Тоді я вже не могла втямити, чи ці всі «туристи» хочуть міста, чи мене? Те, що відбувається, — це експлуатація чи просто робота? Чи хочуть вони знати історію, чи мають певне колективне некрофілічне відхилення? Споживачі знищують мене, самий матеріал чи саме місто?

Здавалося б, гайдинг і гайдбуки як його наслідок мали б бути суцільним позитивом, веселощами й розвагами. Адже все це — всього лише про туризм і мандрівки. А бути гідесою — легке й приємне заняття, робота не бий лежачого. Особливо гідесою для іноземців. Але я не лише вигоріла чи втомилася, не просто виснажилася, вичерпалася чи витратила себе. Я вже не просто не могла відвести погляд від глибоких ран мого міста. Проблема полягала в тому, що в мені самій виникла глибока рана — темна діра. Через неї плинув стрімкий потік його історії. Через неї стримів і потік його «історичної» крові. Надто щільний, великий і швидкий для мене. Відтак діра в мені дедалі більшала. Харків зробив у мені наскрізний отвір і настромив мене на власний ритуальний вінець. І я нині вишу на цьому вінці поруч із іншими трофеями. Ми, наче вежі його корони — Держпрому, — настромлені на його мости, прикрашаємо його фортецю. Пропускаючи крізь себе потоки його історії, я метафорично й буквально наковталася й отруїлася ними. За рік-два до війни вже не могла нормально дихати в місті, навіть від нетривалої розмови на вулиці починала задихатися й мусила ще тиждень відновлюватися. Як колись на німецьких аерофотознімках 1943 року я знаходила рубці на тканині міста, так на КТ моїх легень лікарі знаходили довгі горизонтальні фіброзні смуги. Харків став для мене токсичним. Почав повільно вбивати мене зсередини. Я дописала текст цієї книги наприкінці грудня 2021 року, сповістила видавництво, а вже назавтра наша родина зібрала всі речі, спакувала в машину й залишила Харків назавжди. Я покинула його.

Ми переїхали до Одеси. Тут я ненадовго відчула шанс на втечу від Харкова. Я жадібно вдихала чорноморське повітря, вдивлялася в обрій, мріяла, планувала майбутнє. Моє майбутнє без Харкова. Тоді я не знала, що ще кілька тижнів – і почнеться тотальна війна, моя країна і мій народ стикнуться з однією з найбільших і наймасштабніших трагедій в нашій історії, весь світ спостерігатиме за нашими смертями й геноцидом, а моє маленьке життя полетить шкереберть. Не знала, що вже за кілька тижнів залишу Україну, так і не побачивши більше Харкова. Не знала, що саме тоді, коли забажала покинути його, справді втратила. І не знала, що саме тоді він став прив'язаний до мене так міцно, що, певно, мені не позбутися його вже ніколи. Наче нарцисичний старий батько з огидним характером, впливу якого ти мріяв позбутися, мріяв розірвати з ним усі зв'язки, втекти до іншого дому, теплого й лагідного. Але саме тоді, коли спромігся це зробити, старий помер. Ти вже ніколи не зможеш його побачити, він ніколи не зможе заговорити до тебе. І от тепер годі й сподіватися на звільнення від нього. Біль втрати поєднає з ним якнаймiцнiше. Як же боляче було спостерігати за трощею міста, де я зростала, знаходила і втрачала, де знала кожну цеглину, де сталися всі найсерйозніші події мого життя й зберігалися найпотаємніші спогади, де я ухвалювала найправильніші рішення й коїла найстрашніші помилки! Який сором і величезну провину я відчувала, спостерігаючи за вибухами й руйнуванням його тіла, його тканин і скелета – всього того, що так набридло мені, від чого я відмовилася сама, відвернулася, відсунувши подалі. Як було неймовірно страшно усвідомлювати його можливу облогу і раптову, на позір таку неможливу, але вочевидь імовірну долю Маріуполя чи Алеппо. І яка лють і досі живе в мені за ті дні, коли доводилося спостерігати за його, як я тоді думала, падінням. Йому й мені пощастило. Він був поранений, майже впав, він досі під загрозою. Він отримав удар, але підвівся. І тепер, хай розгублений і наляканий, струшує з одягу бруд і стирає з обличчя кров. Цих ударів завдала йому не я. Я стояла й спостерігала з відстані, затуливши від жаху вуста руками й заклякнувши перед нереальним, що так реально наближалося.

Вже після лютого 2022 року, відкинувши спокусу переписати геть усе, я вирішила залишити всі тексти в цій книзі достоту такими, якими здала їх у видавництво наприкінці 2021-го. Будуть додані лише сухі факти про руйнування об'єктів. Завдяки чому ви зможете побачити, який багатий світ Харків колись відкривав приїжджим. Ви пройдете за мною до самісінького серця міста (точніше, до двох його сердець), що репрезентує його вітринну, парадну частину. Простежите за однією з провідних його сюжетних ліній, що розгортається вздовж головної вулиці – Сумської. Саме вздовж цієї лінії в 2022 році Росія здійснила низку безцеремонних і болісних ракетних ударів по Харкову.

Від самого початку я писала цей путівник, аби зафіксувати те, що промовляв через мене Харків, аби розірвати порочне коло цього перекладу з архітектурної мови на людську. Аби більше не мусити нікого водити цими маршрутами. Аби замість мене до всіх говорила книга. І тоді й вона, і Харків, і я зажили б власними окремими життями й більше не потребували б одне одного.

Однак тепер, у 2024 році, через цю книгу я навряд чи зможу привести вас у сьогоднішній Харків. Втім, ви того й не потребуєте. Харків перебуває в червоній зоні небезпеки всіх дипломатичних служб світу, не рекомендованій для мандрівок. На відміну від навали російських солдатів, навала туристів ще довго не братиме в облогу його фортеці. Тому я приведу вас до того Харкова, якого вже немає й навряд чи бодай колись буде. Росія вбила багато харків'ян, інших змусила евакуюватися, зруйнувала безліч будинків, будівель і споруд міста, знищила об'єкти його спадщини й інфраструктури. Культура, наука й медицина зазнали величезних втрат. Удару було завдано й економіці міста. Колись друге за розміром місто України з розвиненим бізнесом, промисловістю, ринком усіх можливих товарів і послуг не зможе найближчим часом залучити фінансові інвестиції. Університетське місто, донедавна переповнене студентами, – нині прифронтове, університети там більше не працюють фізично. Росія – на відстані трохи понад 30 км від Харкова.

Відтак Харків перебуває під постійним ризиком прямого обстрілу з території Росії – і такі обстріли трапляються буквально щодня. На відміну від біженців чи музейних колекцій, місто не можна перенести на Захід України чи кудись до Європи. Місто залишиться там, де стоїть. Що ж до мене, то, навіть фізично переміщена до Лондона, боюся, я назавжди застрягла в тій міленіальській інстаграмній картинці. На ній я міцно тримаю вашу руку й веду вас до іншого світу мандрів і відкриттів, до вашої ж фантазії про дальні землі десь на краю Європи, в диких східних степах. От тільки тепер моя постать розташована не на тлі смішного радянського модернізму, розкиданого вздовж мальовничих південних ландшафтів, а на тлі потрощених українських міст. От тільки тепер я веду вас за руку у війну.

І хоч би де я перебувала, хоч би до якого куточка всесвіту мене занесло, жодне місто світу ніколи не зможе зрівнятися з цим старим маразматиком, із цією запорошеною «руїною індустріальної доби», з цим освіченим гопником, котрий не знає жодної мови любові. Скажімо, Лондон. Загалом Лондон досить добрий. У ньому є багато захопливого, є складність і потрібна мені глибина. Але він мені вельми набридає, особливо його хаос, сміття, однакові terrase houses і галасливі перехожі. Лондон може обманювати, вислизати від відповідальності, водити тебе манівцями, він усе ще несамовито намагається демонструвати свій високий статус і незграбно хизуватися привілеями. Має серйозні проблеми з комплексами й самооцінкою. Але Лондон ніколи не зможе завдати мені такого болю, як Харків. Він просто не знає, який саме удар влучить точнісінько в ціль. Десь місяць тому я усвідомила, що живу в Лондоні майже два роки, але й досі не можу сказати, що перебуваю з ним у стосунках. Власне, навіть не намагаюся їх будувати. Я існую тут, виконую щоденні обов'язки, накопичую спогади, проте не роблю жодних кроків для розвитку цих стосунків. Певно, оберігаю себе від них. По-перше, не можу в них вкладатися, поки живий іще зв'язок з іншим. А по-друге, просто боюся, що забракне сил потім пережити втрату ще одного міста. Так багато людей після втрати одного кота не бажають заводити іншого. Адже новий кіт ніколи не замінить старого. Живому коту ніколи не зрівнятися з мертвим котом.

Зараз, завершуючи цей текст, я сиджу в іншій хіпстерській кав'ярні на Гайгейт. Тут грає пісня з давно забутого 2011 року – вона скидається на геть недоречного привида з іншого життя. Не просто з іншого життя «до війни», але навіть «до Майдану», до всіх тих змін, які сталися в нашій країні за більш ніж десять років. З періоду безтурботної віри в наше покоління, в позитивні зміни й світле майбутнє. Але наше дорослішання перетворилося на жорстоке зіткнення з минулим: із психопатичними мерцями з XX і XIX сторіччя, з імперіями, місце яких, здавалося б, уже давно визначено – на цвинтарі.

Я підводжу голову й запитую офіціанта, неймовірно схожого на мого друга Влада з Харкова, як називається пісня, що грає зараз у кав'ярні. «Це Метрономі, Everything Goes My Way початку нульових. Але ви, певно, не пам'ятаєте тих часів». Я всміхаюся. «Ні, якраз ті часи я дуже добре пам'ятаю». Він відповідає: «У тому і проблема – я теж». Спільного між нами всіма значно більше, ніж може здатися. А людей з різних куточків світу сьогодні переслідують привиди з того самого вчора. Але незважаючи на них ми несемо з собою любов до своїх міст, навіть коли вони залишаються в минулому. Вони в нас назавжди, навіть коли з ними доводиться попрощатися й розпочати нову історію стосунків – із новим містом.

От тільки мене гризуть сумніви: чи можна мати стосунки без присмаку крові на губах?

Але, знаєте, коли періщить дощ, Лондон починає весь блищати й мінитися, вигравати й загравати з перехожими. Дрібні крапельки пронизливим холодом бризкають на мої гарячі щоки й опікають мої змерзлі руки.

I wrote this book in Kharkiv between 2019 and 2021. The complete text was finalised two months before Russia launched its full-scale invasion of Ukraine. So for me this isn't merely a guidebook but rather an imprint of that fragile moment immediately preceding the catastrophe. An imprint of those beautiful buildings as they were before the shelling commenced. An imprint of my thoughts, knowledge, and motivations – quite simply, of my life and reality. And an imprint of my struggles in my relationship with Kharkiv and of my overcoming of these struggles.

I began working on the Kharkiv architectural guidebook a long time ago – nine years, to be precise. This book has proved a genuine adventure and a genuine challenge for me. I tried writing it in various places: libraries, parks, design institutes, and the offices of friends. I really found my stride, however, when working from home during the isolation of COVID-19, stationed in our white apartment in a newly constructed apartment block on Haharina Avenue and helped by the meticulous managerial support of my super-organised partner, Dmytro. Yet, for the most creative tasks, such as generating ideas for texts, I still preferred working in cafés. I could, I think, compile an excellent guide featuring all the restaurants and cafés in Kharkiv where I worked on my writing. These include niche places, fast-food chains, work canteens, local community cafés, and, of course, the hipster coffee shops along the city's so-called 'first line' – Sumska Street, the main street in the centre of Kharkiv. The most comfortable spot in Sumska Street area was a fragment of late-hipster opulence – a restaurant called 'Immigrant'. Here, at the centre of city life, I could nestle serenely into a corner, conceal myself behind the tall backs of warm velvet chairs, and linger unnoticed in this hideaway for as long as I pleased. Amid the noise, fun, and bustle, I could spend hours with just my thoughts, notepad, and laptop for company. In fact I could spend hours on a date with Kharkiv.

Right now, I am writing these words in a café in the Brunswick Centre – an iconic late-1960s Brutalist building in Bloomsbury, a central district of London. I have to make an effort to refrain from reacting to the explosions of fireworks around me. Today is Guy Fawkes night – when people in the UK traditionally stage fireworks displays and have fun. Unfortunately, I'm not in the mood for fun; these sounds remind me of the explosions of missiles and shells, while images of the shelling of my hometown of Kharkiv flash before my eyes with lightning speed. However, I don't really want to write about the war today. Over these nearly two years of Russia's full-scale invasion of Ukraine, I've grown dreadfully weary of hollow conversations about the destruction of Ukrainian cities. During this time I have written dozens of texts and manifestos and given interviews and public talks – primarily addressing a global audience, trying to explain what is happening in Ukraine while simultaneously explaining Ukraine itself and Ukrainians in general. Yet I now wish to shift Ukrainians' focus from external relations with a global audience to our internal relations with our native place. I wish to address someone to whom I should have written long ago – someone I miss unbearably and haven't seen for an unbearably long time. I am writing to my Kharkiv. I am writing to someone who will never be the same again. It is my belated confession of love. And love letters have a habit of turning into farewell letters.

I must confess, this isn't the first year I've found myself in an unhealthy – I would go as far as to say abusive – relationship with Kharkiv. Our connection is strong, enduring, and profound. Addiction was inevitable. I am a fourth-generation citizen of Kharkiv. My great-grandmother Zinaida arrived in Kharkiv before World War II and spent her entire life working as a pharmacist in the New Kharkiv socialist city, known as the 'KhTZ' neighbourhood. My grandmother Janetta grew up there, subsequently making a breakthrough in the field of urban economy. My father Ihor struggled unsuccessfully to integrate into the school environment there. And it was there too that I underwent a harsh school of life amid the post-industrial landscapes.

I began consciously communicating with the city at the age of five. My parents got me into this pursuit. Strolls around Kharkiv were accompanied by my father's perpetual monologues on architectural styles, laced with his acerbic critiques of 1990s architecture. My mother with her uncontrollable desire to wander down dark backstreets, into dirty entrances and post-apocalyptic, unfinished, abandoned Soviet buildings instilled in me a curiosity for everything 'marginalised', 'overlooked', and 'undervalued'. Choosing an architectural profession was, for me, one of those unequivocal decisions that you never regret. It is the kind of conscious decision for which I submit myself to be assessed and judged.

However, my first 'adult' relationship with the city started with KhTZ, which evolved from the subject of my bachelor's degree project to the focus of my master's degree thesis and eventually became the topic of my PhD dissertation. Bursting with ideas, knowledge, stories, and information about KhTZ, which had yet to be explored by anyone, I was driven by the excitement of a discoverer. Guiding, which began with group excursions for children from KhTZ schools, gave me an outlet for everything that had accumulated. Starting in 2011, I regularly led guided tours across Kharkiv. Against the backdrop of currently trendy hipster urban activism and of the hipster music playing in my headphones, my relationship with Kharkiv developed rapidly and stunningly. I enthusiastically plunged into the city's exotic and alluring depths. I got to know it not only through archives and libraries but also by rushing headlong towards its darker corners and seedy spots, eagerly making participatory (and not only) connections with its residents and carefully and tenderly building friendships with its architects.

Besides knowledge, I had my own style. I was able not to lose the irony; I could deliciously package the city's seemingly contradictory facets – brutality, industrialism, greyness, Sovietness, and modernity. Its native iciness and rudeness became in my embrace something exceptionally seductive.

I recall the 2010s as a time when flash mobs, viral memes, and videos became increasingly popular on social media. In 2012 one viral Instagram hashtag was #followmeto, which commenced with a photo of a girl shown from behind guiding the viewer by the hand to picturesque tourist spots. Beautiful girls around the world guided thousands of followers to destinations ranging from well-known global landmarks to exotic locations and Brutalist concrete jungles. Much like they did, I took both local and Western visitors by the hand into unexplored farawayness – to Kharkiv, revealing to them hitherto unprecedented secrets of the post-Soviet spaces.

But my 'honeymoon' with Kharkiv came to an end when it collided with the events of the 2014 Revolution of Dignity. Just as the overall urbanistic neoliberal optimism crumbled in response to the tectonic shifts in values that were occurring in Ukrainian society and public thought at the time. I no longer wished to be ironic. Everything suddenly turned serious and dignified. I was no longer besotted by Kharkiv's duality. I saw that as a problem. And I genuinely wished to help.

The framework of conventional history and theory of architecture was incapable of helping either me or Kharkiv. I was tormentedly looking for other methods to restore the missing elements and blind spots in the city's erased history, methods that could piece together the entire puzzle. The architectural subject had always lacked a humanitarian component. For this reason I took every opportunity to collaborate with the numerous talented Ukrainian historians, sociologists, and anthropologists. Perhaps most significant, however, for both myself and post-Maidan Ukraine in general was the influence of civil society, activism, and its institutionalisation, which established an entire separate layer of socio-political relations in Ukraine – a network of Ukrainian NGOs. It is this experience which makes it impossible ever to forget the ethical component in any activity, the contributions to real-life practice made by scholars, and, likewise, the political impact of any work, even if purely theoretical. Despite my seemingly boundless ability to absorb other perspectives, I continued to be led by a singular guide – Kharkiv itself.

The city's traumas captivated me, drew me into its darkness. Its crimes attracted in a way that no virtue could have done. But behind all this, I was unearthing the city's tortured body, its mutilated tissues and broken structures. Its beautiful scars were a result of humiliation, its face distorted by artificial façades the result of plastic surgery, and its steel armour the result of gangrenes and amputations. Within, lay the memory of terror, massacres, repressions, famine – and blood, more blood. Blood that flowed from it on an industrial scale. The wounds of this beast no longer seduced me. Now I saw a different beauty in it, a beauty I was eager to explain to the entire world. To the world that continued to stubbornly misunderstand it. Kharkiv needed me. It was unable to explain itself. It was mute. I ceased to be its guide. I became its interpreter, translating from the architectural to the human language. I became a mirror reflecting its streets and squares, an adapter bridging its past and present, a medium through which the voices of thousands from the past could speak. I transformed cold silence into words, emptiness into pictures, and lifeless walls into living reality.

Foreign tourists, Western scholars, European diplomats, fans of things Soviet, artists, photographers, directors, journalists, and fixers from around the globe easily digested my content, which inspired them to further retell and rewrite my stories (often forgetting to credit me). Over time their numbers grew so large that I had to implement stringent selection procedures and raise the price of my services. But it did not help. I started feeling drained and fatigued. The topics became heavier and heavier, darker and darker. Visitors wanted more and more. To delve deeper and deeper. I remember a guided tour for German publicists that focused exclusively on the sites of mass executions and burials, with which Kharkiv is literally riddled, like eczema on a leper's body. And there was another tour for British television journalists who wanted to visit solely 'degraded' places and interview only the 'marginalised and degraded' post-proletariat. By this time I could no longer make out whether all these 'tourists' wanted my city or me. Was what was happening exploitation or simply work? Did they want to know history, or were they afflicted with a kind of collective necrophiliac deviancy? Was I being destroyed by the consumers, the material itself, or the city itself?

It might seem that guiding and, consequently, guidebooks should brim with positivity, fun, and entertainment. Ultimately, this is all about tourism and travelling. Besides, being a guide is an easy, pleasant, not-so-dusty activity, especially when you are guiding foreigners. However, I wasn't just burnt out or tired; I wasn't merely exhausted, run down, or spent. The problem went beyond the fact that I could no longer divert my gaze from the deep wounds of my city. A deep wound had opened up inside me – a black hole with streams of the city's history coursing through it. The city's 'historical' blood streamed through it likewise. This stream proved too massive, too swift for me. It made the hole inside me larger and larger. Kharkiv made a through hole in me and impaled me on its city crown. Now I hang on this garland, alongside the city's other trophies. Much like the towers in Kharkiv's crown – Derzhprom – we are strung up on its bridges and decorate its citadel.

Channelling the flows of Kharkiv's history through myself and ingesting them metaphorically and literally, I was poisoned. A couple of years before the full-scale war, I found it increasingly difficult to breathe normally in the city. I began suffocating and had to recuperate for a week after even the briefest of street conversations. Just as I had once found scars on Kharkiv's urban texture while examining aerial photographs from 1943, so doctors found long horizontal fibrous streaks on a CT scan of my lungs. The city had become toxic to me; it was slowly killing me from within. I finished the text for this book at the end of December 2021, let the publishing house know, and the next day our family packed all our belongings, loaded the car, and departed from Kharkiv, possibly forever. I left Kharkiv behind.

We moved to Odesa. Here I momentarily sensed a chance to escape from Kharkiv. I greedily inhaled the Black Sea air, gazing into the horizon as I pondered dreams and plans for the future. My future without Kharkiv. I didn't know then that within a couple of weeks a total war would erupt, that my country and my people would face one of the gravest and far-reaching tragedies in our history, that the entire world would observe our deaths and genocide, and my little life would be utterly upended. I didn't know then that within a couple of weeks I would leave Ukraine, possibly never to see Kharkiv again. I didn't know then that precisely when I had desired to leave it, I had already lost it. Little did I know that it had become attached to me so tightly then, that now, it seems, I shall never be able to shake myself free. Like a narcissistic old father of disgusting character from whose influence you dreamt of breaking free – dreamt of severing all ties and escaping so as to find a warm and loving home in some other place. But just when you succeeded, the old man passed away. Now you will never be able to see him, nor will he ever be able to speak to you. And now you will never be free of him. The pain of loss will bind you to him even more tightly.

How painful it has been to watch the ruination of the city where I grew up, where I found and lost, where I knew every brick. The city where all the most important events in my life occurred and all my innermost memories were stored, where I made both my best decisions and my most terrible mistakes! What shame, what guilt I felt as I watched the explosions destroying its body, its tissues, its skeleton – everything I was so sick of, everything I had relinquished and turned away from, pushing it from me. How absolutely terrifying it was to realise that Kharkiv could come under siege and suffer the fate – the unthinkable, apparently impossible, yet now clearly likely fate – of Mariupol or Aleppo. Such intense rage still lives within me from the days when I had to watch what I thought was going to be the city's downfall. Both it and I were fortunate. It was wounded, on the brink of falling; it is still under threat. It was struck, but it got up. Though bewildered and frightened, it brushes the dirt off its clothes and wipes the blood from its face. I wasn't the one who struck it. I stood and watched from a distance, my mouth covered in horror, frozen by the really approaching unreal. After February 2022, despite the temptation to rewrite everything, I resolved to present all the texts in this book exactly as they were submitted to the publishing house at the end of 2021, without alteration. Only dry facts about the destruction of objects have been added. This will enable readers to see how rich was the world that Kharkiv revealed to visitors in that bygone age. You will follow me to the very heart of the city or rather, its two hearts that constitute both its showcase and its parade ground. You will follow one of Kharkiv's main storylines as it unravels along the main street – Sumska Street. It was along this line that Russia launched a series of shameless and hurtful missile attacks in 2022.

I originally wrote this book to capture what Kharkiv was expressing through me, to break the vicious circle of translation from the architectural into the human language. So that I would no longer have to guide anyone along these routes. So that the guidebook could speak for me. So that I could give people the book instead of myself. My idea was that then the book, Kharkiv, and I could begin to lead our own separate lives; we would no longer need each other.

Now, in 2024, it is unlikely that I can bring you to today's Kharkiv through this book. In any case, that is something you don't genuinely need. Kharkiv has been declared a red danger zone by all the world's diplomatic agencies; visits are not recommended. Unlike the stream of Russian soldiers, the stream of tourists will not besiege the city's bastions anytime soon. So I will guide you to a Kharkiv that no longer exists and is unlikely ever to exist in the future. Russia has claimed the lives of many inhabitants of Kharkiv, forced others to evacuate, razed numerous homes, buildings, and structures throughout the city, and damaged heritage sites and infrastructure. Culture, science, and medicine have suffered tremendous losses. The city's economy has also taken a hit. What was once Ukraine's second-largest city with well-developed business, industry, and a market for all possible goods and services will be unable to attract financial investment in the near future. The university city with the second-largest student population in Ukraine is now a frontline city where universities can no longer operate physically. Russia is just 30 kilometres from Kharkiv. This means that Kharkiv is under constant risk of a direct attack from Russian territory. Unlike refugees or museum collections, it cannot be relocated to a safe place, be it Western Ukraine or somewhere in Europe. Kharkiv will remain where it is.

As for me, even after having physically relocated to London, I am afraid that I am now trapped in that millennial Instagram image forever. It portrays me tightly holding your hand, guiding you into another world of travels and discoveries, into your own fantasy of far-off lands at the very fringes of Europe in the wild eastern steppes. But the backdrop against which my silhouette is outlined is no longer amusing Soviet Modernism scattered across picturesque southern landscapes but the ruins of devastated Ukrainian cities. I am taking your hand and guiding you into the war.

And no matter where I am, whatever corner of the universe I find myself in, no city in the world could ever compare to this old buffer, this dusty ruin of the industrial era, this educated *gopnik* (thug) who doesn't know any of the languages of love. Consider London, for instance. London is generally good enough. It offers plenty of diverting things, complexity, and the depth I seek. However, it really annoys me, especially with its chaos, litter, uniform terraced houses, and noisy passers-by. London can deceive, evade responsibility, confuse you, and lead you astray. It is still trying so hard to demonstrate its high status and awkwardly boasting of privileges. London has serious issues with complexes and self-esteem. Yet London will never be able to hurt me as much as Kharkiv. It simply doesn't know how to land a punch that hits the mark for sure. About a month ago, I realised that after almost two years of living in London, I still cannot claim that I am in a relationship with this city. Actually, I haven't even attempted to build one. I exist here, I carry out my daily duties, and I accumulate memories, but I don't take any steps to develop a relationship. Perhaps, I'm guarding myself against just this thing. On the one hand, I cannot invest in a relationship when my connection with the other city is still alive. On the other hand, I am simply afraid that I won't have enough strength to endure losing another city. It's like when you lose a cat: many people wouldn't want to get another one. A new cat can never replace the one that's died. A living cat can never compare to a dead cat.

Now, almost at the end of this text, I find myself seated in another hipster café in Highgate. A song from long-forgotten 2011 fills the air – it feels like an utterly out-of-place ghost from another life. Not just the pre-war life, but even from the life before the Maidan Revolution, from the life I had before all the changes that have unfolded in our country over more than a decade. This song hails from a time of serene faith in our generation, in positive changes and a bright future. But for us the process of growing up turned into a cruel collision with the past – with the psychopathic dead from the twentieth and nineteenth centuries, with empires whose rightful place, it seemed, had long been in the cemetery.

I raise my head and inquire of a waiter, strikingly resembling my friend Vlad from Kharkiv, about the title of the song currently playing in the café. 'It's Metronomy's Everything Goes My Way from 2011, but you might not remember those times.' I smile and reply, 'Not at all, I remember them very well.' He says, 'That's the problem – me too.' We share more common ground than we might think. People from different corners of the world are haunted by ghosts from the same yesterday. Nevertheless, despite the ghosts, we carry love for our cities with us, even when they stay in the past. They remain in us forever, even when we have to bid them farewell and embark on a new relationship story with someone new.

Yet I'm plagued by doubts: is it possible to have a relationship without the tang of blood on your lips?

But, you know, when rain falls in London, it all starts to gleam and shimmer, sparkling and flirting with passers-by. Tiny droplets splash my warm cheeks with biting cold and scorch my frozen hands.

Фоторепортаж
Photo Essay

Павло Дорогой
Pavlo Dorohoï

16 March 2022

1 March 2022

11 March 2022

2 March 2022

1 March 2022

1 March 2022

16 March 2022

11 March 2022

6 March 2022

Двоцентрова система Харкова
Kharkiv's Two-centre System

Дещо специфічне про Харків: у цьому місті не один центр, а два – це так звані Старий і Новий центр, або Старе місто і Нове місто. Як *Stare Miasto* у Варшаві, *Staré Město* в Празі, *Vecrīga* в Ризі, так і Старе місто в Харкові – центральне ядро, утворене на місці його заснування. Таким ядром тут стала Університетська гірка, де між 1653 і 1657 роками було закладено козацьку військову фортецю та бароковий укріплений двір шляхетського полковника Григорія Донець-Захаржевського. Нове ж місто зведено як модерністський урядовий центр столиці Радянської України в 1925–1934 роках. Співставні за габаритами, вони розміщені на одному географічному плато, отже чітко вирізняються в панорамі Харкова. Старий центр облямований коліном двох річок – Харків і Лопань – і обмежений трьома транспортними майданами: Конституції, Павлівським і Сергіївським. Новий представлений ансамблем однієї площі – Свободи, – розташований вище за течією річки Лопань і обмежений Садом Шевченка і Клочковським узвозом. Старе місто, як і будь-який інший історичний центр, є наверстуванням різних стилів, епох і «шарів»: бароко і класицизм, еклектика і модерн чергуються тут із конструктивізмом і соцреалізмом, – тоді як Нове місто, збудоване з нуля, як це трапляється з плановими штучними утвореннями, підкоряється стильовій і композиційній єдності міжвоєнного модернізму або конструктивізму. А єдиним наверстуванням тут став повоєнний «шар» сталінського декору, не здатний змінити ані видовищну композицію, ані драматичні абриси чи грандіозний масштаб, так само як і революційний задум модерністського комплексу.

Два центри, подібно до шарнірів, настромлені на осьову лінію. Старе і Нове місто з'єднує головна історична вулиця – Сумська, – *Magnificent Mile* Харкова. Така двоцентрова система дозволяє, з одного боку, розподілити міські транспортні потоки, з іншого – диверсифікувати загальноміські центри за функціональним призначенням, що істотно знижує транспортне навантаження на Старе місто. Створення двоцентрової системи вплинуло не лише на лінійний розвиток центральної частини міста, але й підпорядкувало собі транспортний каркас усього Харкова. Обидва центри є надважливими транспортними розв'язками, а їхні транзитні площі формують своєрідні дорожні петлі, що забезпечують безперервність руху. При цьому грандіозний містобудівний комплекс Нового центру модернізував скелет міста, обережно вмонтувавшись у нього на вільній території, не порушуючи цілісність його тканин й історичного середовища. Питання раціоналістського (пере)розподілу і (ре)організації трафіка стало ключовим як для розробки нового урядового центру столиці молодої республіки, так і для генпланів Харкова міжвоєнної доби. Зрештою, саме планування транспортних потоків стало сильною стороною харківської школи генпланістики, де в 1920–1930-ті працював відомий український містобудівник Георгій Шелейховський, а в 1960-ті – Рувим Любарський.

Після соцреалістичного повороту у другій половині 1930-х консервативні сталінські архітектори почали серію атак на ідею харківської двоцентрової системи. Створення другого центру було затавровано містобудівною помилкою, продиктованою економічним волюнтаризмом і естетичним формалізмом. Площу назвали непотрібною: мовляв, вона дублює перший центр. Утім, замовчували той факт, що «жодної потреби» від неї не було лише тому, що столицю у 1934 році перенесли з Харкова до Києва. І поготів не йшлося про жодне дублювання, бо принциповою позицією містобудівників-модерністів було розмежування функцій.

Отже, Старе місто через свій вік зазнало багатьох просторових трансформацій: за Катерининської доби відпала військова функція Харківської фортеці, залишивши центр лише торгівлю і релігію; це різко змінилося за доби Просвітництва із започаткуванням тут Імператорського університету і ще більш стрімко – в капіталістичний період останньої третини XIX століття, коли Старе місто перетворилося на фінансовий і комерційний осередок Півдня Російської імперії. Відтак у 1920-ті роки Старому місту пропонувалося зберегти всі накопичені століттями традиційні функції (і це не тільки торговельна, комерційна, фінансова, освітня діяльність, а все ще помітна сакральна роль), лише точково інкорпорувавши комуністичні й перехідні (непівські). Натомість Новому місту надали тільки одну конкретну функцію – адміністративно-урядового центру республіки, – заповнивши його експериментальними типологіями. Тобто Старе місто залишилося загальноміським центром Харкова, а Нове стало центром усієї Радянської України.

Соціал-демократичні підходи міжвоєнних модерністів відображалися в пошуку горизонтальних інфраструктурних і децентралізованих рішень у міському просторі як квінтесенції рівності, з одного боку, і створення «противаг», з іншого. Натомість тяжіння до ієрархічної організації простору з одним домінувальним центром і агресивна відданість традиціям відображали загальний консервативний політичний поворот до тоталітаризму. Як і в боротьбі ідей радіально-кільцевої та лінійної систем, урбаністів і дезурбаністів, інтенсивного й екстенсивного розвитку міста, консерватори безапеляційно виступали за моноцентричну систему Харкова та проти його модерністської децентралізації й суперечливої дуальності. Головною ж метою повоєнної реконструкції проголошувалося виправлення помилок конструктивістів і символічне повернення в Старе місто – до витоків і коренів

(поряд з тим Старе місто планували капітально перебудувати).

Харківський випадок доводить, що було б спрощенням очікувати від усіх радянських архітекторів радикального знищення всієї спадщини попередніх епох і політичних режимів – та будівництва на їхньому місці мікрорайонів або робітничих бараків: місцеві ліві містобудівники підійшли до реконструкції міста значно критичніше, більш обережно й інтелектуально. Наче в класичній моделі «теза – антитеза», Новий комуністичний центр опонує дореволюційному Старому, відштовхується від його «тези» для формулювання власної «антитези». Підхід «від супротивного» неодноразово використовували радянські архітектори в полеміці й конструюванні власних теорій, як це було в довічному опонуванні радянської архітектури – західній, соцміста – капіталістичному місту, міжвоєнної доби – дореволюційному періоду, нового пролетарського міста – старому буржуазному. Проте в Харкові полеміка вийшла далеко за межі публіцистики. «Теза – антитеза» знайшла тут втілення в архітектурі в масштабах цілого міста. Нерегулярності форм Старого центру протиставили ідеально вивірену форму Нового, хаотичній забудові – план і порядок, розмаїттю й нашаруванню – єдиний стиль, високій щільності та дрібності – величезний масштаб і простір.

Відтак, існування двох протилежних полюсів дає змогу в межах однієї вулиці відчути різницю підходів і аргументів, самостійно здолати символічний шлях від старого світу до нового, з минулого в майбутнє. Саме вздовж цього шляху розгортався основний маршрут демонстрацій, маршів, гулянь і масових дійств, а його кульмінацією незмінно слугував Держпром. Однак два рівнозначні центри не лише опонують один одному, сперечаються чи протидіють, вони перебувають у діалозі, у взаємодії – в діалектичних стосунках. Це не примітивне заперечення старого, а класична «єдність і боротьба протилежностей» старого і нового. Ба більше – це завершення моделі «теза – антитеза» синтезом.

> Something distinctive about Kharkiv is that it possesses not one but two centres: the so-called 'Old Centre' and the 'New Centre', also known as the 'Old City' and the 'New City'. Like Stare Miasto in Warsaw, Staré Město in Prague, and Vecrīga in Riga, Stare Misto (Old City) in Kharkiv is the city's central core, formed at the site of its foundation. In Kharkiv this is University Hill, where the Cossack military fortress and the Baroque fortified court of the *szlachta* (noble) colonel Hryhorii Donets-Zakharzhevsky were established between 1653 and 1657. The New City, on the other hand, was constructed as the Modernist government centre for the capital of Soviet Ukraine between 1925 and 1934. Of comparable size, the two centres are positioned on the same geographic plateau, which makes them equally prominent parts of the panorama of Kharkiv. The Old Centre is embraced by the confluence of two rivers, the Kharkiv and the Lopan, and bounded by three squares carrying traffic – Konstytutsii Square, Pavlivska Square, and Serhii Vyhovskyi Square. The New Centre, by contrast, is embodied by the ensemble of just one square – Svobody Square. It is nestled upstream on the Lopan River and bordered by Taras Shevchenko City Garden and Klochkivskyj Descent. Like any other historical centre, the Old Centre is an amalgamation of various styles, eras, and 'layers'; in this case Baroque and Neoclassicism, Historicism, and Art Nouveau alternate with Constructivism and Socialist Realism. In contrast, the New Centre, built, as is typical for a planned artificial formation, from the ground up, is subordinate to the stylistic and compositional unity of interwar Modernism or Constructivism. The only superimposition here is the post-WWII 'layer' of Stalinist decoration, but this is incapable of altering either the spectacular composition and dramatic silhouette of this Modernist complex or its grand scale and revolutionary intent.

The two centres are like two hinges attached to opposite ends of an axis. The Old and the New City are linked by the city's main historical street – Sumska – which is Kharkiv's 'magnificent mile'. This two-centre system enables, on the one hand, the distribution of urban traffic flows and, on the other, a diversification of the two city centres by functional purpose, thereby significantly reducing the traffic load on the Old City. The establishment of this two-centre system not only impacted the direction of linear development of the city's central part but also subjugated to itself the overall traffic skeleton of Kharkiv as whole. The two centres are the city's most important traffic interchanges; their transit squares form a kind of traffic loop that ensures continuity of movement. At the same time, as a major piece of urban planning, the New Centre modernised the existing urban structure. Carefully embedded in this structure yet occupying what was then a vacant site, it managed not to disrupt the integrity of the city's fabric and historical environment. The issue of rational (re)distribution and (re)organisation of traffic turned out to be crucial for both the development of Kharkiv's new government centre for the capital of the young republic and for its general plans during the interwar period. As a result, mapping out traffic flows became a forte of the Kharkiv school of master planning: the Ukrainian urban planner Heorhii Sheleikhovskyi shone in the 1920s and 1930s; he was followed by Ruvym Liubarskyi in the 1960s.

After the shift towards Socialist Realism in the second half of the 1930s, conservative Stalinist urban planners initiated a series of attacks on the idea of Kharkiv's two-centre system. The establishment of a second centre was condemned as an urban planning error driven by economic voluntarism and aesthetic formalism. The new square was declared functionally useless, a mere duplicate of the first centre. What went unmentioned, however, was that this functional uselessness stemmed solely from the fact that the capital had been moved from Kharkiv to Kyiv in 1934. Moreover, duplication was out of the question as it had been the principled position of the Modernist urban planners to separate different functions.

The Old City had undergone numerous spatial transformations over its long existence. The original military function of Kharkiv Fortress had ceased under Catherine II, leaving the centre primarily for trade and religion. This then changed dramatically during the Enlightenment period with the establishment of the imperial university; the changes came even more rapidly in the capitalist era of the last third of the nineteenth century, when the Old City evolved into the financial and commercial core of the south of the Russian Empire. In the 1920s it was therefore proposed that the Old Centre should retain all the traditional functions it had accumulated over the centuries (trade, commerce, finance. religious centre, education); addition of communist functions and transitional functions (pertaining to the New Economic Policy) would be limited to specific locations. The New City, on the other hand, was assigned only one specific function: to be the republic's administrative and governmental centre, filled with experimental typologies. Thus the Old Centre was to remain Kharkiv's overall centre, while the New Centre was to be the centre of Soviet Ukraine.

The social-democratic approaches of the interwar Modernists were reflected in the search for horizontal infrastructural and decentralised solutions for urban space, seen as the quintessence of equality on the one hand and the establishment of 'counterbalances' on the other. In contrast, gravitation towards a hierarchical arrangement of space with one dominant centre and an aggressive adherence to tradition reflected an overall conservative political turn towards totalitarianism. As with rivalry between the ideas of radial/concentric and rectilinear urban planning, between urbanists and disurbanists, and between intensive and extensive urban development, the conservatives peremptorily advocated for a monocentric system for Kharkiv and opposed its Modernist decentralisation and contradictory duality. The primary objective of post-WWII reconstruction was declared to be the rectification of the mistakes made by the Constructivists and a symbolic return to the Old City – its origins and roots. At the same time, there were plans for a thorough rearrangement of the Old City itself.

The Kharkiv case proves that it would be simplistic to expect that all Soviet architects set about radically demolishing the entire heritage of previous eras and political regimes, so as to replace it with *mikroraions* (micro-districts) or workers' barracks. Local leftist urban planners took a far more critical, cautious, and intellectual approach to the city's reconstruction. As in the canonical 'thesis-antithesis' model, the communist New Centre opposes the pre-Revolutionary Old Centre, using the latter's 'thesis' as a starting point for formulating its own 'antithesis'. This 'proceeding from contradiction' was an approach frequently employed by Soviet architects when debating and elaborating their own theories. It was also manifested in the perpetual setting up of oppositions between Soviet and Western architecture, the socialist and the capitalist city, or, more characteristically for the interwar period, the post-Revolutionary and the pre-Revolutionary era – specifically, the new proletarian and the old bourgeois city. In Kharkiv, however, this polemic extended well beyond the confines of magazines and journals. Here the 'thesis-antithesis' concept was embodied in architecture on a city-wide scale. The irregularity of forms in the Old Centre was contrasted with the ideally honed form of the New Centre; chaotic development, with plan and order; diversity and stratification, with a single, uniform style; high density and fragmentation, with enormousness of scale and vastness of space.

Thus, the existence of two opposite poles provides an opportunity to feel, within the confines of a single street, the difference in approaches and arguments as we traverse for ourselves the symbolic path from the old world to the new and from the past to the future. It was this very path that was the city's principal route along which demonstrations, marches, festivities, and mass actions unfolded, invariably reaching their culmination at Derzhprom. However, the two equally powerful centres have not merely opposed, argued, and resisted each other; they have engaged in dialogue, interaction, and a dialectical relationship. This is not a primitive negation of the old but a classic 'unity and conflict of opposites' taking place between old and new. Or, more than that, it is the arriving at a synthesis as a conclusive resolution of 'thesis-antithesis'.

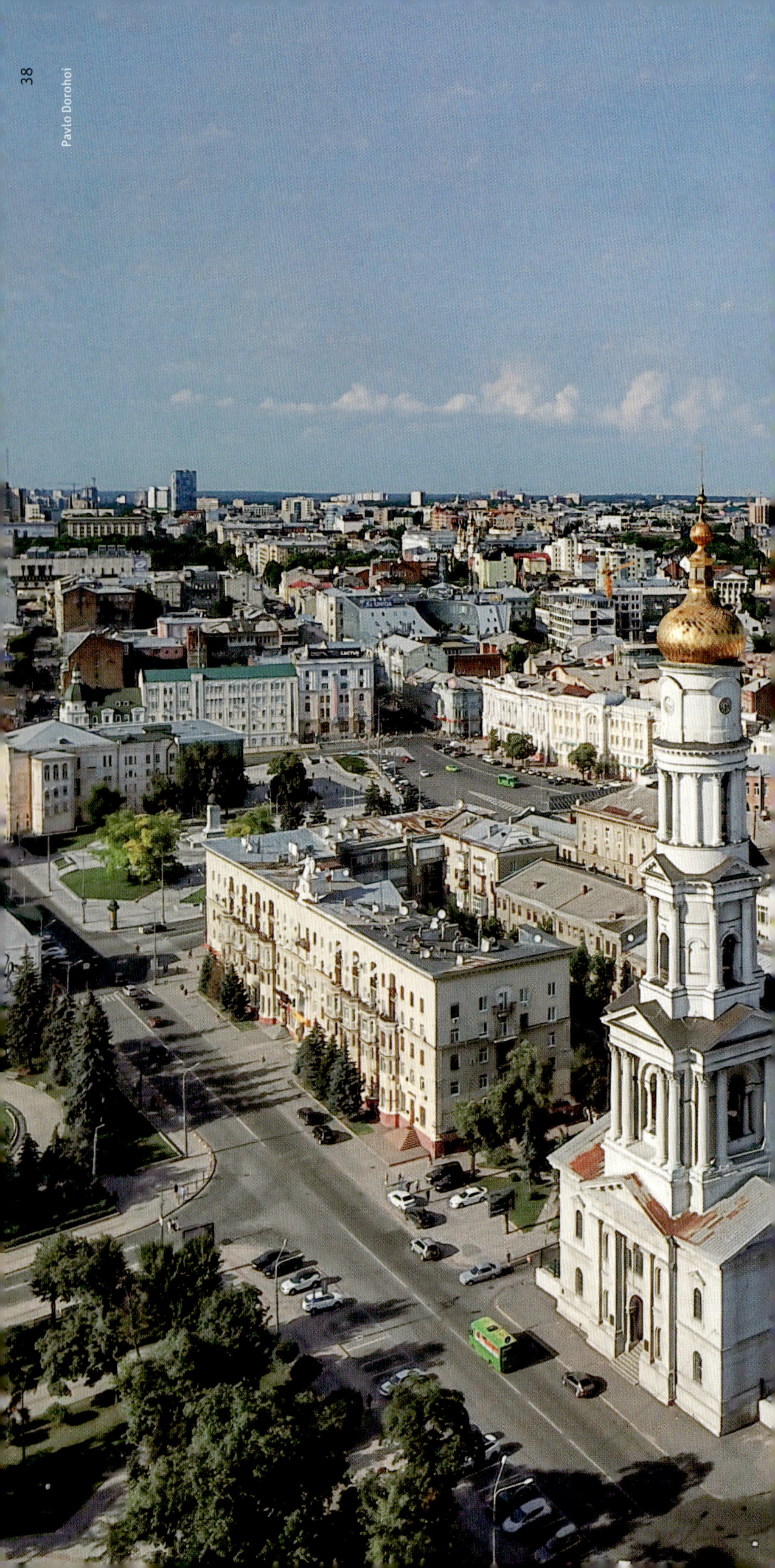

Pavlo Dorohoi

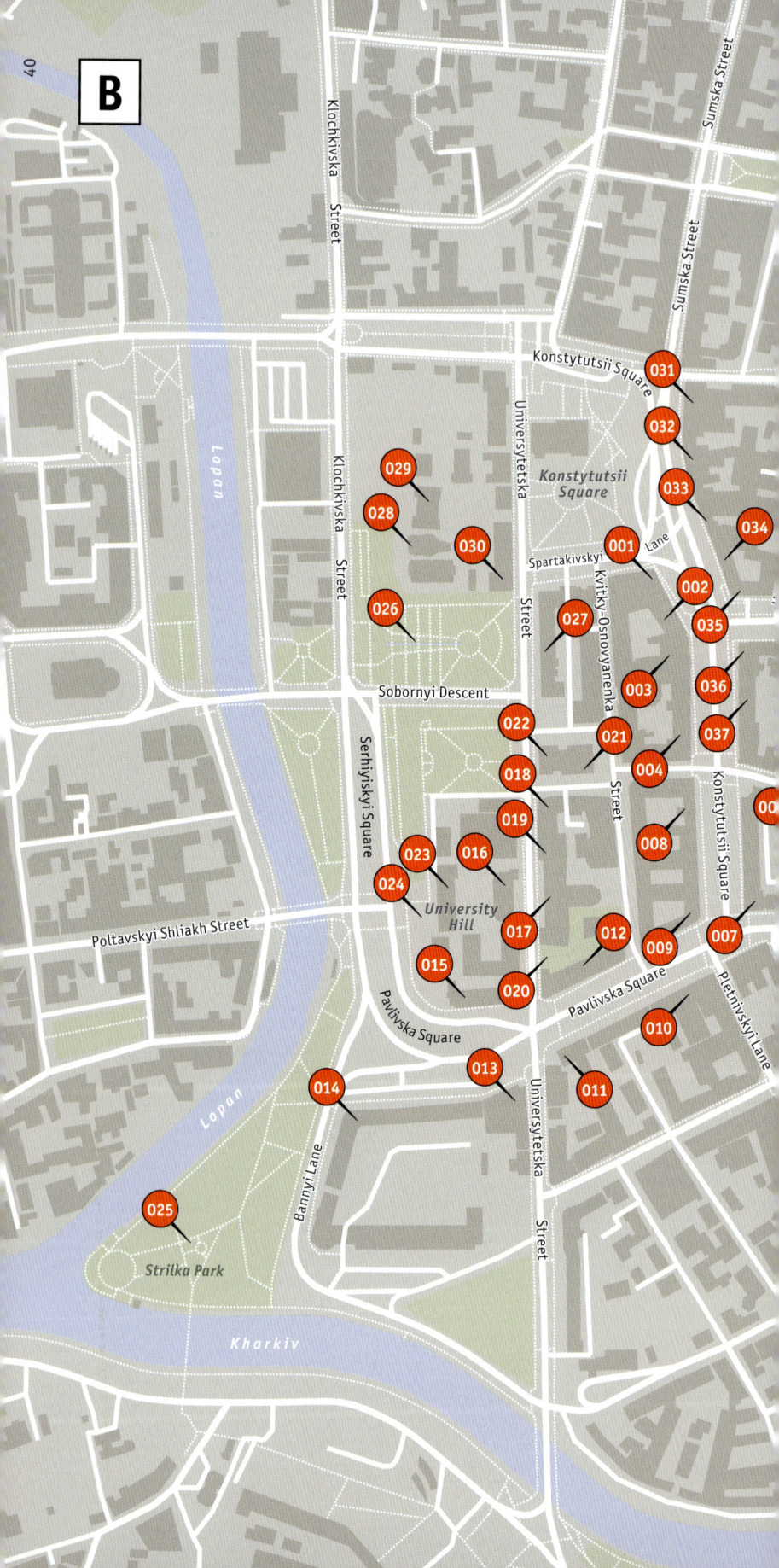

Старий центр
The Old Centre

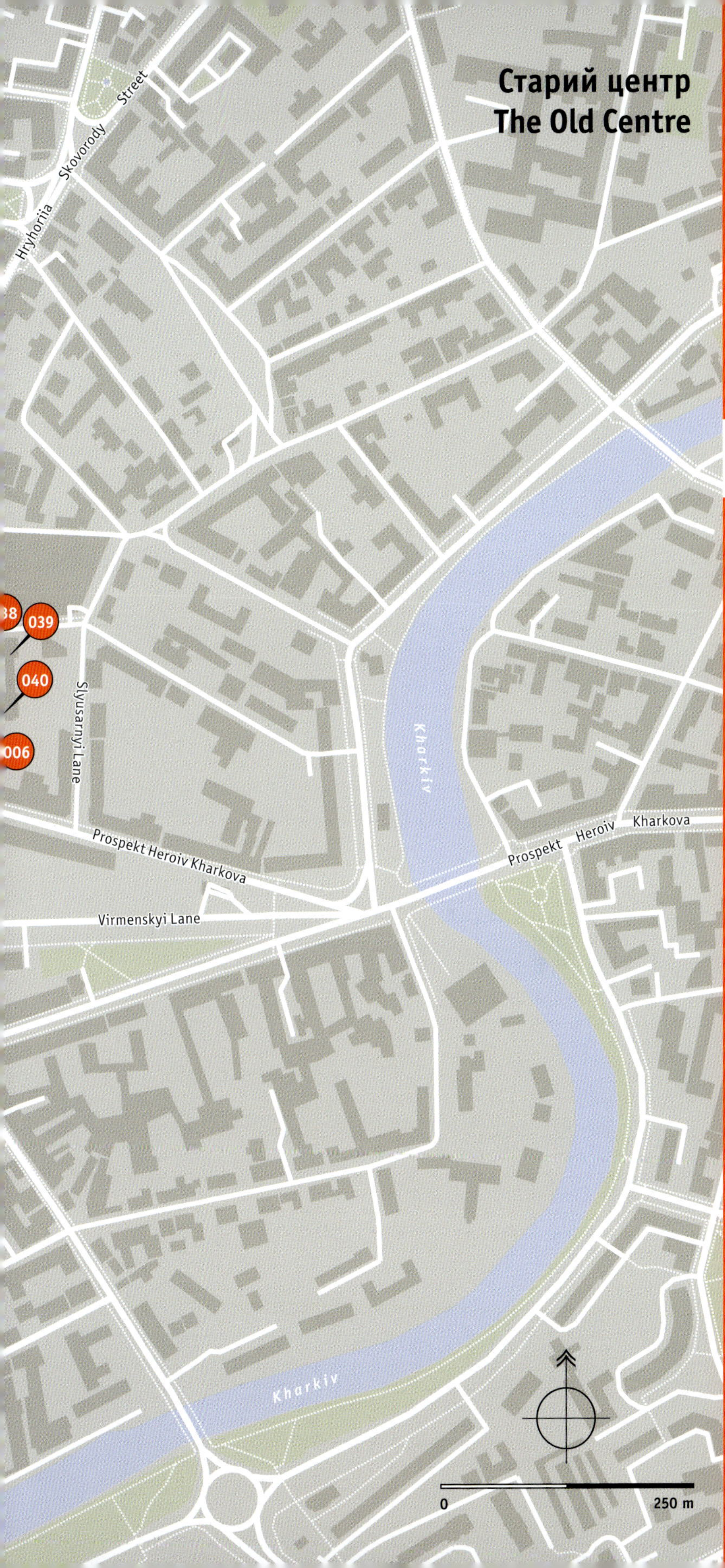
Hryhoriia Skovorody Street
038
039
040
006
Slyusarnyi Lane
Kharkiv
Prospekt Heroiv Kharkova
Prospekt Heroiv Kharkova
Virmenskyi Lane
Kharkiv
0
250 m

Старий центр:
видалення і додавання

Моїм учителям:
Петру Панову і Володимиру Кодіну

Складно уявити тему, що хвилювала би пізньорадянських архітекторів більше за Старе місто: де воно, яке воно і як із ним бути. Професор Кодін волів, читаючи лекцію з формування Харківського історичного центру, синхронно накреслювати крейдою аксонометрію міста на дошці. Студенти розуміли вкрай чітко, що барокова Харківська фортеця — найцінніше, що в нас є, але де вона і як її знайти, залишалося невідомим.

Сучасний район «Старе місто» розташований безпосередньо на місці, де раніше стояла Харківська фортеця. Географічне положення фортифікаційної споруди було вигідне для бою: коліно двох річок виконувало роль рівчаків, широка річкова долина забезпечувала чималий огляд з боку фортеці, що височіла на горішньому плато (сьогодні — Університетська гірка). Військова фортеця була зведена козаками, які втекли з Речі Посполитої до буферної зони між Заходом і Сходом — Дикого поля. Разом із потужною хвилею міграції переселенці несли із Заходу на Схід культуру бароко, яке на місцевих теренах трансформувалося в регіональну вернакулярну версію — Слобідське бароко. Його яскравим прикладом є домова церква шляхетського роду Донців-Захаржевських, що збереглася з часів фортеці, — Покровський собор.

Відшукати присутність зниклої фортеці в міському ландшафті Харкова здавалося нездійсненним завданням для студентів-архітекторів. Натомість професор Кодін спромігся добрати максимально місткe художнє визначення просторової організації Старого міста: «ансамбль перетічних площ». Три величезні транспортні площі — Конституції, Павлівська і Сергіївська — огинають історичне ядро, сполучаючись у єдиний простір. Видовжені прямокутні майдани перетікають один в одний, створюючи безліч мальовничих панорам, ракурсів і розкриттів. Усе це стало полем для діяльності радянських містобудівників, які обстоювали вивірену розстановку

1

домінант і екранів фонової забудови. На відміну від традиційно замкнених пішохідних площ середньовічної Європи, три майдани Старого Харкова максимально відкриті і транзитні для потоків транспорту. Старий центр досі є однією з головних дорожніх розв'язок міста з інтенсивним рухом. Разом зі жмутком трамвайних ліній, збудованих ще наприкінці XIX століття посередині «перетічних площ», рух вздовж них перетворюється на урбанізоване видовище, сценографія якого — уламок модерності індустріальної доби, досі стрижневої для Харкова. Внаслідок хвиль модернізацій Старе місто зазнало численних трансформацій, що склалися зрештою в комбінацію «хірургічних» видалень і додавань. Одноетапні додавання об'єктів, підпорядковані одній логіці перетворення, утворили міські археологічні шари, а вся картина — багатошаровий палімпсест. Так на підвалинах фортеці постало кілька кластерів: класицистична вулиця Університетська, буржуазні фінансові квартали неостилів (як-от неоренесанс), долішнє місто Північного модерну, непівські «вставки» 1920-х і соцреалістична «декорація» зі сталінськими багатоповерхівками. У цьому «операційному» процесі кожна доба, здавалося б, робила якнайбільше, щоб відвести Старе місто від фортеці, витісняючи і приборкуючи її войовничу сутність. Так і ансамбль площ, що перетікали одна в одну, утворився внаслідок хірургічного видалення визначальних для військової фортеці валів. Утративши статус полкового міста, його преференції й козацьке автономне врядування, Харків зазнав експансії з боку російського купецтва, отже оборонна функція замістилася торговою. У 1800-ті роки Південний і Східний вали були зрізані, а на їхньому місці розбили ярмаркові прямокутні площі, призначені для регулярної гуртової торгівлі сировиною й готовими товарами, — сьогодні майдани Павлівський і Конституції. Нині перебільшений масштаб цих площ може здатися спадщиною радянського минулого Харкова, хоча радше відображає його імперську добу. А їхній розмір свідчить не так про столичний розмах міста, як про обсяги купецької торгівлі XVIII—XIX століть.

Додавання реконструкції доби Просвітництва

За доби Просвітництва визначальною модернізаційною трансформацією як містобудівної, так і політичної, економічної й культурної структури Харкова стало заснування Університету. З 1804 року університетський архітектор Євген Васильєв розпочав організацію вулиці-кампуса в колишній цитаделі. Ансамбль Університетської вулиці входить до реєстру об'єктів спадщини національного значення та демонструє розвиток імперського класицизму від найпершої фази, відображеної в головному корпусі Університету, до зрілого періоду у вигляді нового корпусу з університетською церквою св. Антонія Великого — і зрештою до «звитяжного» ампіру, уособленого Олександрівською дзвіницею-монументом на честь перемоги у Французько-російській війні 1812 року. В архітектурі вулиці простежуються характерні для високого класицизму доби Просвітництва підходи до взаємин із середовищем. Домінанта дзвіниці різко контрастує з делікатними площинними горизонталями, які не протирічать криволінійному і горбистому ландшафту, а вигідно його підкреслюють. Розташована всередині валів фортеці Університетська вулиця, увінчуючи Університетську гірку, стала своєрідною «віссю Просвітництва», на яку низалися освітні, меморіальні й релігійні споруди. Класицистичною віссю, яка, наче промінь світла, розрізала темну і звивисту барокову сутність Харкова.

У 1831 році Васильєв розробив проєкт великого кампуса на місці теперішнього Майдану Свободи, задовго до радянських містобудівників і архітекторів Держпрому, передбачаючи створення другого центру Харкова. Проєкт не був реалізований через брак коштів на грандіозне будівництво в чистому полі. І хай Просвітництво не спромоглося здійснити географічний стрибок до двоцентрової системи міста, заснування університету стало моментом, що докорінно змінив долю Харкова — як у межах Російської імперії, так і пізніше, — і дозволив утримати позиції в ієрархії міст СРСР.

Додавання капіталістичної реконструкції

Наступним модернізаційним стрибком для Харкова стала Промислова революція, прокладання залізниці і, як наслідок, розвиток великої буржуазії другої половини XIX століття. Харків стає найбільшим промисловим центром Півдня Російської імперії й метрополією для вугільного басейну Донбасу. Банківський бум проявився в будівництві десятків будівель банків, кредитних і страхових компаній. Старе місто перепрофілювалося на великий фінансовий центр. Цій капіталістичній модернізації відповідає масивна квартальна забудова (блоками), виконана в розкішній еклектиці: будівля-блок товариства «Росія», «банківський фронт» архітектора Олексія Бекетова і фонова забудова, що підтримувала їхній «османівський» масштаб, разом сформували респектабельний «коридор» головної площі старого центру — площі Конституції.

До початку XX століття, коли загальну масу забудови було вже «набрано», як дореволюційному модерну (ар-нуво), так і післяреволюційному конструктивізму, здавалося б, залишалися тільки розстановка акцентів і заповнення прогалин. Зокрема, період декадантського модерну найбільший відбиток залишив на Павлівському майдані, ставши свого роду експансією «кризового» стилю у долішнє місто — старий ремісничий район Поділ. Будівля готелю «Асторія» відкрила етап трудової міграції до Харкова петербурзьких архітекторів, представників Північного модерну, котрі пізніше доповнили образ міста своєрідною скандинавською суворістю, монохромністю і драматичністю. Іншим внеском модерну в процес урбанізації стала «композиційна транспозиція». Висота і масштаб нових будівель так різко контрастували з довкіллям, що неминуче потребували в майбутньому підняття навколишньої забудови до свого рівня, — це заклало потенціал зростання, водночас визначивши його гранично допустиме значення.

Додавання міжвоєнної радянської реконструкції

Задані модерном висоту і масштаб було досягнуто вже в конструктивістський період, коли вдалося не лише акцентувати кути й закріпити видові точки притаманними модернізму об'єктами, але й підтягнути висоту лінії фронту до «столичної» за допомогою реконструкції старих дореволюційних будівель. Міські трансформації другої половини 1920-х років під керівництвом Петра Крупка адаптували Старе місто до столичного навантаження, місткості й об'ємів. Завдяки систематичній надбудові 2–3-поверхових дореволюційних будинків до 6 поверхів архітекторові Крупку вдалося посприяти формуванню візуальної легенди про столичний розмір Харкова.

Попри усталені уявлення про модерністів як про руйнівників спадщини, «радикальні» архітектори 1920—1930-х років максимально обережно вбудовували радянські функції й типології в наявне історичне середовище, використовуючи прийом співмасштабних вставок (Новий пасаж, Товарна біржа, Будинок Житлоспілки) і надбудов, покликаних підтримати дореволюційну стилістику (надбудова Будинку Гладкова для Торгового інституту, надбудова Північного банку, розширення Громадської бібліотеки). Ба більше, Старому центру залишили його традиційні комерційні, фінансові, торгові й релігійні функції, цілком суголосні Новій економічній політиці. Попри розмаїття архітектурних форм, стилів й історичних шарів, весь центр утворював єдиний ансамбль із тонким пульсуючим силуетом, драматичними розкриттями и витонченою панорамою. Старе місто поставало не як хаотичне містобудівне утворення, а як цілісний твір, де кожен наступний архітектор обережно доповнював роботу попереднього.

Видалення повоєнної сталінської реконструкції

Але трансформації міського середовища не обмежуються нашаруваннями й наверстуваннями. Окрім «додавань», історичний центр зазнав і серії «видалень»: хірургічних ампутацій тих міських частин, які влада визнала остаточно непотрібними чи навіть шкідливими. Найбільш кардинальний характер мав проєкт «зачищення» Старого міста під час повоєнної «сталінської реконструкції». Наприкінці 1940-х і в 1950-х роках міста Західної Європи та країн Східного блоку, постраждалі від руйнувань Другої світової, масово зазнавали реконструкцій, які проходили під гаслом «повоєнного відновлення». Широко відомі проєкти повоєнних реконструкцій Варшави, Дрездена, Роттердама тощо. Втім, відновлення зрідка розуміли як відтворення зруйнованих будівель, а радше як різноманітне нове будівництво на місці районів старої забудови. І якщо в містах Західної Європи воєнні руйнування підштовхнули до реалізації великомасштабних містобудівних проєктів модерністів (у чому не останню роль відіграла візія Міжнародного конгресу сучасної архітектури, або CIAM), то в СРСР — дали шанс на завершення розпочатої владою ще до війни перебудови радянських міст під соцреалістичний канон (Мінськ, Київ, Запоріжжя).

Повоєнне відновлення Харкова відбувалося згідно з генеральним планом 1944 року, розробленим під керівництвом харківського архітектора Олександра Касьянова, одного з провідних містобудівників проєктного інституту «Діпромісто» упродовж 1930-х і 1940-х. Тоді ж Касьянов, донедавна модерніст, розробляє низку соцреалістичних генпланів для інших міст України, зокрема для Львова. Незмінною рисою проєктів радянських повоєнних реконструкцій були пробивання парадних проспектів і будівництво нових житлових кварталів (Запоріжжя). Столиці республік СРСР отримували одну-дві сталінські багатоповерхівки, іноді такий подарунковий набір доповнювався лінією метрополітену та/або ВДНГ (Київ). Але в центрі Харкова амбіції «османізації» міського простору відобразилися в «зачищенні» ареалів старої (дорадянської) щільної житлової забудови, яка частково постраждала від боїв, і лише у точкових «вставках» нових окремих будівель. Отже, у найважливіших і найпрестижніших частинах центру міста виросли житлові будинки, квартири в яких розподілялися між членами родин номенклатури й заводської еліти.

Місцеві ж мешканці, які втратили житло через руйнування під час війни або повоєнне знесення будинків владою, були здебільшого переселені до передмістя. Так відбулося не лише заміщення одного шару міського середовища на інший, але й заміщення однієї соціальної групи на іншу.

Іншим аспектом сталінської реконструкції Харкова стало масове декорування архаїчними формами соцреалізму фасадів модерністських будівель, зведених у міжвоєнний період. На прості об'єми конструктивізму кріпилися класичні архітектурні деталі й елементи (карнизи, колони, портики, фронтони, балясини тощо), стримане оформлення й оздоблення фасадів доповнювалося рустом, шарами тиньку й декоративної плитки. Горизонтальні прорізи та стрічкове скління розчленовували, а панорамне — закладали цеглою, прямокутні вікна перетворювали на аркові, легкі стрімлайн-модерн-огородження замінювали на важкі балясини, над терасами й пласкими дахами зводили покітні горища. Будівлі таким чином змінювалися до невпізнанності (ЦУМ, Міська рада, Будинок Житлоспілки тощо). Пуристський модернізм трансформувався у свою повну протилежність — пишну еклектичну суміш класичного ордера, радянської символіки і національних мотивів. З естетичної точки зору, такі дії дозволяли створити цілісний ансамбль центру міста, об'єднавши й уніфікувавши розмаїту архітектуру за допомогою єдиного можливого офіційного стилю СРСР — соцреалізму. З економічної — створити враження бурхливого будівництва і стрімкої реалізації планів сталінського відновлення міст, не витрачаючи грошей на реальне житлове будівництво, а лише декоруючи старі будівлі під нові. З політичної ж перспективи — створений буквально з нічого цілий шар сталінських «декорацій» дозволяв сховати за собою неугодні владі стилі (як-от конструктивізм), а разом з ними й неугодні історичні періоди (як-от НЕП і столичний період Харкова). І водночас привласнити досягнення і внесок інших епох, заразом витіснивши їхню візуальну присутність з міського ландшафту, замінивши власною присутністю.

Але що справді виділяє повоєнну реконструкцію Харкова з-поміж інших соціалістичних реконструкцій — це програма озеленення, розроблена містобудівником Олександром Касьяновим і ландшафтною архітекторкою Ганною Маяк. Повоєнне будівництво парків і бульварів, так само як зведення будинків, відбувалося не в порожнечі, а на місці або замість чогось іншого. Зокрема, чи не найбільших руйнувань під час Другої світової війни зазнала територія долини річки Лопань в районі Сергіївського Майдану. Саме ця місцевість у XVII сторіччі слугувала еспланадою козацької фортеці Харків. У 1943 році під час відступу на захід вздовж вулиці Полтавський Шлях німецькі війська розмістили оборону на західному березі річки Лопань, тоді як артилерія Червоної армії зайняла вигідну позицію на Університетській гірці (на вершині оборонних валів фортеці). Внаслідок боїв було зруйновано практично всю щільну забудову набережної річки Лопань. Після звільнення Харкова, під час «відновлення» міста, архітектори Касьянов і Маяк запропонували не відновлювати зруйновану забудову, а навпаки — розібрати завали й розчистити територію. Неформальним гаслом проєкту стало: «на фундаментах руїн зводьте не будинки, а парки!». «Порожнечу» ж несподівано визнали суспільним благом. А збереження порожнечі в самісінькому центрі міста — соціалістичним привілеєм, невідомим містянам за капіталізму, коли приватний бізнес забудовує кожен квадратний метр центральних районів. Зелена програма розвитку Харкова авторства Касьянова — Маяк містила мережу різноманітних скверів, садів, каскадів і єдину систему лінійних парків уздовж річок. Саме з набережної Лопані в районі Сергіївського Майдану на місці зруйнованих кварталів розпочалося будівництво широкого зеленого бульвару на кшталт Віденської Рінгштрассе. Він мав простягнутися вздовж усієї вулиці Клочковської аж до Олексіївського лукопарку, облямовуючи плато Нагірного району міста. Хоча бульвар був реалізований лише частково, сьогодні з оглядових майданчиків Університетської гірки можна милуватися не лише панорамою всієї західної частини міста, але й спостерігати задум зеленого міського коридору Касьянова — Маяк, що сполучає в паралельні лінії елементи парку, бульвару, набережної і річки. А його параметри можуть дати уявлення як про масштаби боїв і руйнувань Другої світової війни, так і про обсяги планів реконструкції, які війна дала змогу здійснити, звільнивши місце для фантазій політиків і архітекторів про майбутнє міста. Майбутнє, де вже не буде чогось і когось, колись важливого для міста. І тоді жага до порожнечі, можливо, залишається найчеснішим варіантом цієї фантазії. А збереження порожнечі — політичним актом, в якому колишні модерністи могли приховати свої все ще ліві вподобання.

Пізньорадянські видалення

Харків відомий своєю просторістю, чи, як зауважує дехто, — особливим харківським «повітрям», під яким розуміють багато вільних просторів і гіпертрофований міський масштаб. Для одних ця порожнеча була ознакою «столичного масштабу» міста й гірко-солодким нагадуванням про його колишню велич. Для інших — ознакою його «радянського масштабу» і доказом виняткової радянськості Харкова, начебто збудованого більшовиками на порожньому місці.

Але якщо бачити в порожнечі наслідок серії планових зачищень Старого центру від історичного міського середовища, останніми поміж них стоятимуть проєкти реконструкцій пізньорадянської доби. В міських трансформаціях періоду золотої п'ятирічки вагому роль відіграв тодішній головний архітектор міста Ігор Алфьоров і автор генплану 1964 року, містобудівник і теоретик архітектури Віктор Антонов. У 1967 році на проєкт реконструкції центру Харкова було проведено архітектурний конкурс, де першу премію здобув колектив Московського архітектурного інституту під керівництвом професора Віктора Бабурова. В дусі естетики розвинутого соціалізму проєкт мав грандіозний характер і повністю ігнорував місцевий контекст. У його межах ще більше ареалів Старого міста підлягали знесенню, а на їхньому місці мали звести величезні адміністративні будівлі, що відповідали розрахункам

уявного розвитку Харкова на десятки років. Наприклад, на місці східного валу фортеці планувалося поставити групу багатоповерхівок, зокрема торговий центр і модерністський 40-поверховий Будинок Рад, а також пробити підземний автомобільний тунель під площею в бік вокзалу. Однак, як і багатьом іншим гігантоманським проєктам пізньорадянського періоду, цій реконструкції не судилося бути втіленою. А от що встигли зробити — це знести кілька кварталів і пам'яток архітектури. Також облаштували площу Конституції і встановили на ній у 1975 році величезний гранітний пам'ятник революціонерам.[1] І частково реалізували реконструкцію бібліотеки Короленка з будівництвом 12-поверхової бруталістської багатоповерхівки книгозбірні, яка, на думку Антонова, заслуговувала на статус єдиної сучасної домінанти Старого міста поряд із дзвіницями дорадянських церков.

Окрім планів на кардинальну перебудову Старого центру, на розвиток міста в пізньорадянську добу істотно вплинули дві інші просторові програми. Першою стало довгоочікуване «додавання» — система метрополітену. Харківський метрополітен був обґрунтований і передбачений ще в генплані 1964 року, розробленому під керівництвом Віктора Антонова. А сама архітектура всіх станцій метро та їхні інженерні проєкти створювалися спеціалізованим проєктним інститутом «Харківметропроєкт», заснованим 1968 року. У 1975 році першою станцією метро, відкритою в Старому центрі, стала станція «Майдан Конституції» (до 2015 року — станція «Радянська») Холодногірсько-Заводської лінії. У 1984 році до неї додалася станція «Історичний музей» Салтівської лінії, утворивши комплекс із підземними перехідними тунелями. Розташована під землею, Салтівська лінія метрополітену діє в паралельному режимі з усіма наземними міськими інфраструктурами та з'єднує Старий центр із Новим у найшвидший спосіб. Другою, вже інерційною, містобудівною програмою періоду передрозпаду СРСР стала низка кардинальних

---

1 Пам'ятник було демонтовано в 2011 році і після реконструкції площі замінено на пам'ятник незалежності «Летюча Україна».

втручань у міську тканину, здійснених у межах генплану 1986 року. Вельми ретроградний як для доби перебудови генплан заводив систему мікрорайонування з передмість дедалі ближче до середмістя. Багато ідей цього генплану так і не здійснилися, перетворившись на сумнозвісні радянські довгобуди та пустки чи взагалі залишилися на папері. Але що справді завзято реалізовували, так це знесення історичних ареалів дорадянської житлової забудови вздовж Клочковської вулиці, що в долині річки Лопань. На відміну від сталінської реконструкції, практика повного (наче напалмом, ніби нічого й не було) руйнування старої забудови долішнього міста тривала вже не заради зелені чи сталінок, а заради панельних мікрорайонів. Так і не реалізований, проєкт забудови Клочковської на десятки років залишив у середмісті прогалини завбільшки з сільськогосподарські поля. А житлове середовище, що колись існувало там, разом зі своїм ком'юніті, з усталеними століттями практиками і багатьма об'єктами цінної архітектури, було повністю видалено з міського ландшафту. Як і за 30 років до того, місцевих мешканців масово переселили з центра міста до передмість. Проти знесення марно боролися пам'яткоохоронці, представники інтелігенції, котрі пізніше згадували його як одне з найбільших злочинних діянь радянського керівництва Харкова щодо його спадщини, історії і мешканців.

Через поширеність таких методів соціалістичне містобудування набуло слави насильницького і грубого стосовно до спадщини історичних міст. Знесення і зачищення старих районів регулярно стикалися з обуренням місцевих мешканців і інтелігенції, стимулюючи протестні настрої в суспільстві. Наприклад, конфлікт чеської громади і комуністичної системи описаний в одному з творів пізніх 1980-х «Санація» через метафору конфлікту соціалістичних архітекторів-модерністів зі старим містом-фортецею, яке вони бажають знести. Автором п'єси був Вацлав Гавел, письменник і політичний лідер Оксамитової революції, перший президент Чехії. А прототипом локації — середньовічне місто Мост на північному заході Чехії, знесене повністю

у 1965—1985 роках для розширення видобутку вугілля з майбутнім зведенням нового, планового міста. Іншим ймовірним прототипом п'єси Гавела називають робочий район Праги — Жижков, який в 1970-ті роки планувалося повністю перебудувати, знесши все, що було зведено до Першої світової війни і збудувавши панельні багатоповерхівки. Санація — термін, який перейшов у містобудування з медицини і означає зачищення або тотальне знесення забудови цілих територій міста. І якщо в медицині санація означає очищення і видалення мертвих, пошкоджених чи інфікованих тканин з рани, то жертвою санації в радянському містобудуванні, відповідно «згубним брудом», який потребує хірургічного усічення, знерідка ставали історичні ареали традиційного розселення містян — Середмістя, Підзамче, Поділ.

То де ж фортеця?

Після низки складних операцій, шрамувань, травматичних ампутацій і необхідних протезувань Старе місто було передане нам у тому сповненому багатошаровості й водночас відсторонено порожньому стані, з яким ви можете познайомитися тепер. Але запитання залишається відкритим: де ж ця фортеця все-таки?

Після втрати містом військового статусу в 1765 році фортифікаційні споруди крок за кроком знищувалися або занепадали. Козацький Харків відмирав, а разом із ним — фортеця. І хоча від початкової фортеці фактично лишилося не так багато (Покровський собор, земляні вали і підземелля), вона міцно увійшла в міську історію. Вже кілька століть «фортеця, якої нема» хвилює уяву істориків, науковців і архітекторів. Для одних вона стала романтичним символом втраченої під тиском імперії національної ідентичності, для інших — нейтральним предметом археологічних розвідок, для третіх — доказом «дружби» українського і російського народів, закріпленої Переяславською Радою того самого 1654 року, коли було засновано місто. Одні шукають фортецю, інші долають її. Але попри відсутність стін і оборонних веж, присутність фортеці збереглася в просторовій організації Старого центру.

Саме конфігурація цієї архаїчної фортифікаційної споруди задала всю плану-вальну структуру і топографію ядра міста. Фортецю будували без залучення професійного військового інженера, тому план Старого міста, який збігається з абрисами її стін, і нині має форму неправильної трапеції, а сітка його внутрішніх вулиць не підпорядкована чіткій ортогоналі. Тип взаємодії оборонних елементів Харківської фортеці з довкіллям відображає бароковий підхід періоду Гетьманщини. Вали, що збереглися вздовж річки Лопань, і сьогодні на різних дистанціях дають уявлення про козацьку фортецю, її габарити, пропорції, ба більше — зберігають її сліди в поетично стриманому силуеті Старого міста, подібно до канонічного замку, що височіє на пагорбі й розкривається з будь-якої точки навколо.

Традиційний для замкової гори розподіл на горішнє і долішнє місто задавав мальовничий просторовий сценарій з багатьма різноплановими розкриттями ракурсів і візуальних осей, що впродовж століть підживлювало творчість архітекторів і містобудівників. А сама присутність у центрі сучасного міста пагорба фортеці з його перепадами рельєфу складалася в ярусність на одних ділянках, у схили і спуски — на інших, утворюючи своєрідну топографію. Але не лише заснований на місці фортеці Старий центр характерно експонований на височині, до нього долучається й побудований у 1920—1930-х роках Новий центр. Разом вони створюють протяжну панораму на середмістя, що простяглося на плато, — Нагірний район. Натомість там, де колись височіла кутова вежа фортеці, з Харківських сходів відкривається панорама за місто, що виросло за чотири століття, в бік Полтавського Шляху, району Залопань, стрілки річок, Левади й Подолу. І саме звідси відчувається весь масштаб трансформацій структури Харкова за всі епохи його існування.

Ті епохи, що одна за одною віддаляли Харків все далі й далі від фортеці, аж до сьогоднішнього дня, коли вона розчинилася вже практично повністю. Але, можливо, саме це остаточне зникнення фізичного втілення фортеці й спровокувало нав'язливу потребу її відшукати.

А витіснення легендарної оборонної споруди з простору і пам'яті лише зміцнювало її вплив як на матеріальне, так і на нематеріальне в житті міста. Минуле незмінно диктувало майбутнє. І хоч би яка доба наставала, хоч би які стилі чи функції набували актуальності, нове продовжувало перебувати в невидимому діалозі зі старою фортецею. Хоч би які завдання ставили перед архітекторами, у своїх рішеннях ті мусили відштовхуватися від цих підвалин. Будь то класицизм чи модернізм — не було варіантів уникнути взаємодії із забутим і неясним, але таким спокусливо темним бароко. Хоч би як прагнули архітектори Освіченого Абсолютизму приборкати грубу фортецю чіткими ортогоналями вулиць і чистими формами (нео)класицизму, їм доводилося працювати на її території, з її параметрами, в її межах — неминуче опиняючись заручниками її оборонних валів. Хоч би як прагнули архітектори українського націонал-комунізму вибудувати нове, відмінне від старого життя, і нову, протилежну попередній форму влади, відкинувши Новий центр подалі від фортеці, діалектичний зв'язок двох центрів лише міцнішав, а їхня просторова взаємодія ставала ще інтенсивнішою. Будь-яка нова «фортеця» ставала відповіддю старій.

І хоч би як прагнули політичні режими придушити будь-яку автономію, протест і відібрати привілеї Харкова, самим лише фактом свого існування фортеця не давала забути, що десь там, у глибині, причаїлися сила і бойовий потенціал форту. Хоч якими вигадливими способами імперія знищувала пам'ять про бунтівне козацтво й українську державність, нам доводилося знов і знов стикатися з власною забутою сутністю. Сутністю фортеці, що застрягла на межі двох культур — Речі Посполитої і Московії, — й уперто не бажає обрати жодну. Сутністю міста, створеного для війни. Чи навпаки? Міста, створеного для оборони. Для оборони тих цінностей, заради яких можна вирушати за сотні кілометрів від дому (як це робили козаки-засновники), можна втрачати все, що мав, і знову будувати нове (як це робив Каразін і модерністи 1920-х). Таких цінностей, як, наприклад, воля, за яку варто боротися.

The Old Centre: Deletions and additions

To my teachers
Petro Panov and Volodymyr Kodin

It is challenging to think of a topic more exciting for late Soviet architects than the Old City – where it is, what it is like, and how to deal with it. Professor Kodin liked to give a lecture on the formation of Kharkiv's historical centre; while doing so, he would draw an axonometric plan of the city using chalk directly on the blackboard. His students understood clearly that the Baroque Kharkiv Fortress is our most valuable asset, but its precise location and how to find it remained unknown to us.

The current Stare Misto (Old City) district is situated directly on the site where the Kharkiv Fortress once stood. The fortification's geographical position was advantageous for battle: the bends of the two rivers served as moats, and the wide river valley provided a broad view from the side of the fortress, which stood on a towering plateau (today's University Hill). The military fortress was built by Cossacks who had fled from the Polish-Lithuanian Commonwealth to the buffer zone between west and east – the Wild Field. Together with a mighty wave of migration, the settlers brought Baroque culture from west to east. Here it was transformed, giving rise to a regional vernacular version – Slobidske Baroque. A notable example is the house church of the *szlachta* (noble) family of Colonel Hryhorii Donets-Zakharzhevsky, which has survived from the time of the fortress and is now Pokrovskyi Cathedral.

Discovering traces of the vanished fortress in Kharkiv's urban landscape appeared an insurmountable challenge for architecture students. However, Professor Kodin provided us with the most comprehensive artistic definition of the spatial organisation of the Old City: 'an ensemble of squares that flow into one another'. Three expansive squares carrying traffic – Konstytutsii Square, Pavlivska Square, and Serhiivskyi Square – skirt the historical core, merging to form a single coherent space. These elongated rectangular squares, flowing one into the next, create numerous picturesque panoramas, angles, and openings up – offering a promising theatre of action for Soviet urban planners with their preference for the precise placement of vertical landmarks and of screens formed by background buildings.

In contrast to the classic enclosed pedestrian squares of medieval Europe, the three squares of old Kharkiv are remarkably open, allowing for the transit of traffic flows. To this day the Old Centre remains one of the city's main transport interchanges and has heavy traffic. Together with the bundle of tram lines constructed in the middle of the squares in the late nineteenth century, the movement of vehicles across the interconnecting squares becomes an urbanised performance. Its scenography is a splinter of the modernity of the industrial age, an epoch which continues to be foundational for Kharkiv.

Waves of modernisation put the Old City through numerous transformations – a combination of 'surgical' deletions and additions. Sharing the same logic, concurrent additions of buildings formed distinct layers of urban archaeology, while the area as a whole came to resemble a multilayer palimpsest. On the foundations of the fortress, for example, a number of different clusters emerged: Classical Universytetska Street, bourgeois financial blocks displaying 'neo-styles' such as Neo-Renaissance, the lower city in the Northern Modern style, inserts of New Economic Policy architecture from the 1920s, and Socialist Realist 'scenery' featuring Stalinist *vysotkas* (high-rises). In this process of 'surgery', each era, it seems, tried its hardest to take the Old City further and further from the fortress, displacing, overcoming, and curbing its martial origins. Likewise, the ensemble of interconnecting squares took shape through the surgical removal of the ramparts defining the military fortress. Losing its status as a regimental city, its privileges, and the autonomous governance enjoyed by the Cossacks, Kharkiv underwent expansion by Russian merchants; its defensive function was replaced by trade.

In the first decade of the nineteenth century the southern and eastern ramparts were levelled. In their place rectangular fairgrounds were established for regular wholesale trade in raw materials and finished goods – today's Pavlivska and Konstytutsii Squares. We might think that the somewhat exaggerated scale of these squares is a legacy of Kharkiv's Soviet past, but in fact it reflects the imperial era. Their dimensions speak not so much of the metropolitan scale of the city but of the great volume of merchant trade in the eighteenth and nineteenth centuries.

Additions during the age of Enlightenment

During the Enlightenment the most significant modernising transformation of Kharkiv's urban planning structure and its political, economic, and cultural framework was the establishment of the university. Commencing in 1804, the university architect, Yevhen Vasyliev, initiated the creation of a campus street in the former citadel. The architectural ensemble of Universytetska Street, a listed national heritage site, demonstrates the development of Russian Classicism (equivalent to western Neoclassicism) from its initial phase, seen in the main university building, to its maturity, reflected in the new university building and the church of St Anthony the Great, and then further to the 'victorious' Empire style, embodied in the Alexander Bell Tower, a monument in honour of the victory in the Franco-Russian war of 1812. The architectural design of this street shows a way of interacting with the urban environment that is characteristic of the High Classicism of the Age of Enlightenment. The delicate planar horizontals, sharply contrasting with the vertical of the bell tower, do not contradict the curvilinear, hilly landscape but underline its picturesque beauty. Situated within the ramparts, Universytetska Street, which crowns the entire University Hill, became a sort of 'axis of Enlightenment' with educational, memorial, and religious buildings strung along it. A Classical axis, like a ray of light, cutting through Kharkiv's dark and winding Baroque essence.

In 1831 Vasyliev developed a project for a substantial campus on the site of today's Svobody Square. Thus, long before the Soviet urban planners and the architects of Derzhprom, he envisioned a second centre for Kharkiv. His proposal remained unrealised due to a lack of funds for such a grand construction project in an empty field. The Enlightenment may not have achieved a geographical leap to a two-centre system, but the establishment of the university was a pivotal moment that changed the course of Kharkiv's destiny, both in the Russian Empire and later – enabling it to sustain its position in the hierarchy of cities in the Soviet Union.

Additions from the era of capitalist reconstruction

The next modernising leap for Kharkiv came with the Industrial Revolution, the construction of railways, and, consequently, the rise of the upper bourgeoisie in the latter half of the nineteenth century. Kharkiv emerged as the largest industrial centre in the south of the Russian Empire and as the metropolis of the Donbas coal basin. The banking boom led to the construction of numerous buildings for banks, credit, and insurance companies. The Old City was repurposed into a major financial centre. Extensive new development, organised in blocks and executed in the rich Eclectic style, corresponded to this capitalist modernisation. The Rossiya Insurance Company building, which occupies an entire street block, the block of bank buildings known as 'the Bank Front' designed by architect Oleksii Beketov, and the background buildings supporting the latter's Haussmann-like scale, formed an imposing 'corridor' consisting of the primary square in the Old Centre – Konstytutsii Square.

By the dawn of the twentieth century the overall mass of the city's development had already 'accumulated'. All that apparently remained for both pre-Revolutionary Style Modern (Art Nouveau) and post-Revolutionary Constructivism was to add accents and fill in voids. The era of decadent Style Modern made its deepest mark on the shaping of Pavlivska Square, as the 'crisis' style spread into the lower city – the old artisans' neighbourhood of Podil. The building of the Astoria Hotel launched a wave of labour migration to Kharkiv for St Petersburg architects. Working in the Northern Modern style, they enhanced the city's image with a distinctive Scandinavian severity, a monochrome palette, and dramatism. Another contribution made by the Modern Style to the process of urbanisation was 'compositional transposition'. The height and scale of the new buildings contrasted so sharply with their urban environment that it made it necessary for the latter to be raised to their level in the future. Potential for future growth was created, while at the same the maximum permissible values for this growth were delineated.

Interwar Soviet reconstruction additions

The parameters of height and scale set by the Modern Style were attained in the Constructivist period. Now it was possible not only to use distinctive new Modernist buildings to accentuate corners and anchor viewpoints but also to raise the height of the street front to the level appropriate to a capital city through reconstruction of old pre-Revolutionary buildings. Reconstruction carried out in the second half of the 1920s, under the supervision of Petro Krupko, adapted the Old City to the load, volumes, and capacities of a capital. By systematically adding extra storeys to two- or three-storey pre-Revolutionary houses to transform them into six-storey buildings, Krupko helped shape a visual legend about the metropolitan scale of Kharkiv.

Contrary to persistent assumptions that the Modernists were destroyers of heritage, the 'radical' architects of the 1920s–1930s integrated Soviet functions and buildings into the existing historical environment with utmost caution. They employed the method of the commensurate insertion, as seen in the New Passage, the Commodity Exchange, and Zhytlospilka House, and built superstructures consonant with the style of pre-Revolutionary buildings, as in the storeys added to Gladkov House for the Institute of Trade, the superstructure of the Northern Bank, and the expansion of the Public Library. Furthermore, the Old Centre retained its traditional commercial, financial, trading, and religious functions, which were still relatively compatible with the New Economic Policy (NEP). Despite the diverse architectural forms, styles, and layers, the entire city centre coalesced into a coherent ensemble with a subtle, pulsating silhouette, dramatic openings up, and a graceful panorama. The Old City was not a chaotically grown urban formation but a holistic work in which each subsequent architect carefully complemented the efforts of his or her precursor.

Deletions made during post-WW II Stalinist reconstruction

The transformations of Kharkiv's urban environment were not limited to the addition of new layers. As well as 'additions', the historical centre also underwent a series of 'deletions': surgical amputations of parts of the city that were deemed entirely unnecessary or even harmful by the authorities. The project for 'cleaning up' the Old Centre during the post-WWII 'Stalinist reconstruction' was of the most radical character. In the late 1940s and 1950s cities in Western Europe and the Eastern Bloc which had suffered destruction in World War II saw massive reconstruction under the motto of 'post-war rebuilding of cities'. The post-war reconstruction projects for Warsaw, Dresden, Rotterdam, and other cities are well known. Rebuilding was rarely taken to mean restoration of destroyed buildings; instead, it took the form of projects for new construction on the sites of old built-up areas. In Western European cities the destruction caused by the war paved the way for implementation of sweeping urban planning projects by the Modernists (with CIAM playing a crucial role); in the Soviet Union, however, it was seen as an opportunity to complete the transformation of Soviet cities (including Minsk, Kyiv, and Zaporizhzhia) so as to bring them into line with the Socialist Realist canon, a process which had been initiated by the authorities before the war. The post-war restoration of Kharkiv followed the general plan of 1944 developed under the local architect Oleksandr Kasianov, one of the leading urban planners of the Dipromisto Design Institute in the 1930s and 1940s. At the same time, Kasianov, who had until recently been a Modernist, oversaw several Socialist Realist general plans for other Ukrainian cities, including Lviv. An invariable feature of Soviet post-WWII reconstruction projects was the creation of grand avenues and new residential areas (as in Zaporizhzhia). The capitals of the Soviet republics were given one or two Stalinist high-rises; sometimes, this standard 'gift set' was expanded to include a metro line and/or an Exhibition of Achievements of the National Economy (abbreviated as VDNG; as in Kyiv). In the centre of Kharkiv, however, the aspiration to apply a 'Haussmann-like' approach to urban space manifested itself in the 'clearance' of areas with old (pre-Soviet), dense residential development which had been partially damaged during the war and in targeted 'inserts' of new individual buildings. The most important and prestigious locations in the city centre received new residential buildings with apartments assigned to family members of the nomenklatura and elite factory personnel. Local residents who had lost their homes due to war-related destruction or subsequent demolitions by the city administration were compelled to move to the city's outskirts. So, it was not just one historical layer of the built environment that was replaced with another, but also one social group that was replaced with another social group.

Another aspect of the Stalinist reconstruction of Kharkiv was mass decoration of the façades of Modernist buildings constructed in the interwar period with the archaic forms of Socialist Realism. This included affixing Classical architectural details and elements (cornices, columns, porticoes, pediments, balusters, etc.) to simple Constructivist volumes; the moderate design and finishing of façades of Modernist buildings was embellished with rustication, layers of stucco, and decorative tiles. Horizontal openings and ribbon windows were divided; panoramic glazing was bricked in; rectangular windows were turned into arched ones; light, streamlined balcony railings were replaced with heavy balusters; and attics with pitched roofs were erected above terraces and flat roofs. Buildings were thus changed beyond recognition (e.g. the Central Universal Department Store, City Hall, Zhytlospilka House, etc.). Pure Modernism was transformed into its opposite – an opulent, eclectic blend of the Classical order, Soviet symbols, and national motifs.

From an aesthetic standpoint, such actions made possible the creation of a unified ensemble for the city centre, consolidating and unifying diverse architecture by using the sole permissible official style in the Soviet Union – Socialist Realism. From an economic perspective, the aim was to generate a perception of exuberant construction and the impression that the plans for the Stalinist reconstruction of cities were being implemented – all without investing in construction of new housing but merely by decorating old buildings to make them look new. From a political standpoint, this whole layer of Stalinist 'scenery', literally created from nothing, enabled the concealment of other styles (such as Constructivism) deemed undesirable by the authorities. Together with these styles, it covered up unwanted historical periods (such as the NEP and the entire era when Kharkiv had been capital of Soviet Ukraine) and, in doing so, enabled the appropriation of achievements and contributions made by other eras while simultaneously repressing their visual presence in the urban landscape and replacing it with its own presence.

However, what truly distinguishes the post-WWII reconstruction of Kharkiv from other socialist reconstructions is a greening programme devised by the urban planner Oleksandr Kasianov and the landscape architect Hanna Maiak. The post-WWII creation of parks and boulevards, much like the construction of buildings, did not take place in an emptiness but on the site of or in place of something. One of the areas most ravaged during World War II was the valley of the Lopan River in the vicinity of Serhiyiskyi Square. This particular spot had been the esplanade of Kharkiv's Cossack fortress in the seventeenth century. In 1943, as the German Army retreated westward along Poltavskyi Shliakh Street, they established their defence line along the west bank of the Lopan River, while the Red Army's artillery secured an advantageous position on University Hill (atop the defensive ramparts of the fortress). Intense fighting resulted in the near-total destruction of the densely built-up area along the embankment of the Lopan River.

After the liberation of Kharkiv, during the 'rebuilding' of the city, Kasianov and Maiak proposed, instead of recreating the destroyed buildings, to dismantle the ruins and clear the area. The unofficial motto of the general plan was: 'On the foundations of ruins, build parks rather than houses!' 'Emptiness' was unexpectedly acknowledged as a public good. The preservation of emptiness in the heart of the city was considered a socialist privilege, unfamiliar to urban populations under capitalism, where every square metre of central neighbourhoods is developed by private businesses. Kasianov and Maiak's green development programme for the city encompassed a network of garden squares, gardens, cascades, and a unified system of linear parks of different scales along the rivers. A start was made on creating a broad green boulevard in the likeness of Vienna's Ring Road on the Lopan River embankment near Serhiyiskyi Square, on the site of destroyed street blocks. The idea was that the boulevard would extend along Klochkivska Street up to Alekseevsky Meadow Park, bordering the entire plateau of the Nahirnyi (Highland) neighbourhood.

Although the boulevard was only partially realised, today, from the observation platforms on University Hill, we can contemplate not only the skyline of the whole western part of the city but also Kasianov and Maiak's vision of a green urban corridor linking the park, boulevard, embankment, and river into parallel lines. The parameters of this corridor provide insight into the scale both of the hostilities and destruction of World War II and of the reconstruction plans that the war made possible, making room for the fantasies of politicians and architects regarding the city's future – a future in which things and people that were once an integral part of the city would no longer exist. Perhaps then, the aspiration for emptiness remains as the most honest version of such a fantasy. And the preservation of emptiness, in turn, survives as a political act behind which the former Modernists could conceal their still leftist leanings.

Late Soviet deletions

Kharkiv is renowned for its spaciousness, or as some say, for its distinctive Kharkiv 'air' – meaning the abundance of open spaces and an exaggerated urban scale. Some have taken this emptiness as a mark of Kharkiv's 'metropolitan scale', a bittersweet reminder of the city's past greatness. Others have seen it as a sign of its 'Soviet scale' and proof of its exceptional 'Sovietness', as if the Bolsheviks built Kharkiv on virgin land.

However, if we see this emptiness as the outcome of a series of planned clearances of the old centre, a removal of the historical built environment, then the latest in this series are the reconstruction projects from the late Soviet period. An important role in the urban transformations of the 'golden' five-year plan period was played by Ihor Alfiorov, the then chief architect of the city, and the urban planner and architectural theorist Viktor Antonov, who drew up the 1964 general plan. In 1967 an architectural competition was held for the reconstruction project for Kharkiv's centre. First prize was awarded to a team from Moscow Architectural Institute led by Professor Viktor Baburov. This grand project in the spirit of developed socialism entirely disregarded the local context: even more areas in the Old City were to be demolished to make way for massive administrative buildings in line with projections for the city's visionary development over the coming decades. For instance, the site of the east rampart was earmarked for the construction of a group of high-rise buildings, including a Modernist 40-storey House of Soviets, and a shopping centre; and a road tunnel was to have been bored under the square towards the railway station. Like many other gigantomaniac projects of the late Soviet period, this reconstruction was not fated to materialise.

What did materialise was the demolition of several street blocks and listed buildings. Furthermore, a redevelopment project for Konstytutsii Square executed in 1975 included, in addition to the installation of a substantial granite monument to the revolutionaries,[1] the partial reconstruction of the Volodymyr Korolenko Kharkiv State Scientific Library and the erection of a 12-storey Brutalist book depository. According to Viktor Antonov, this structure deserves the status of sole modern dominant in the Old City; it stands on an equal footing with the bell towers of pre-Soviet churches. In addition to plans for comprehensive reconstruction of the Old Centre, the late Soviet era shaped the city's development through two other spatial programmes. The first of these was a long-awaited addition: the metro system. The Kharkiv metro was argued for and planned in the 1964 general plan overseen by Viktor Antonov. The architectural designs for all the metro stations and their engineering projects were developed by Kharkivmetroproekt, a specialised design institute established in 1968. In 1975 the first metro station to open in the Old Centre was Maidan Konstytutsii station (known as 'Radianska' until 2015) on the Kholodnohirsko-Zavodska Line. Subsequently, 1984 brought the addition of Istorychnyi Muzei (History Museum) station on the Saltivska Line; this created a complex with underground transfer tunnels. Running underground and operating in parallel with the city's aboveground infrastructure, the Saltivska Line provides the fastest connection between the Old and New centres.

Another, inertial, development programme from the period shortly before the collapse of the Soviet Union involved a series of dramatic interventions in the urban fabric, executed within the framework of the 1986 general plan. In a manner that was quite retrograde for the perestroika period, the general plan expanded the *mikroraion* or micro-district system from the outskirts of the city progressively closer towards the centre. Many ideas outlined in this general plan were never realised, instead turning into the notorious Soviet *dovgobuds*, abandoned buildings; some never even left the drawing board. What was zealously realised, however, was a programme for demolishing historical areas of pre-Soviet residential development on Klochkivska Street, in the floodplain of the Lopan River. In contrast to Stalinist reconstruction, the practice of complete destruction of old buildings in the lower city, as if by napalm – as if there had been nothing there before – continued not so as to create green spaces or build *stalinkas* (Stalinist buildings) but for the sake of microdistricts of prefabricated, panel housing. The Klochkivska Street development project was never implemented, so left voids as big as agricultural fields in the city centre for decades. The living environment that once existed there, with its community, centuries-old practices, and numerous valuable pieces of architecture, was completely erased from the urban landscape. In a repeat of what had happened 30 years earlier, local residents were relocated en masse from the city centre to remote neighbourhoods. Preservationists and members of the intelligentsia fought the demolitions in vain; later, they looked back upon this as one of the worst crimes committed by Soviet city officials with respect to the city's heritage, history, and residents.

The widespread application of this kind of approach by architects in the Soviet Union and the Eastern Bloc gave socialist urban planning a reputation for taking a violent and rude attitude towards the heritage of historical cities. Demolitions and clearances of old neighbourhoods regularly stirred up indignation among inhabitants and intellectuals, fuelling protest views in society. For instance, a conflict between Czech society and the communist

1 The monument was dismantled in 2011 and replaced by the Flying Ukraine Monument of Independence.

system was vividly portrayed in a late-1980s play, *Asanace* (Redevelopment or Slum Clearance), through the metaphor of a clash between socialist Modernist architects and the old fortress-city they intend to demolish. The play's author, Václav Havel, was a writer, a political leader during the Prague Spring, and subsequently the first president of the Czech Republic. The prototype for the setting was the medieval city of Most in the northwest of the Czech Republic, which was entirely demolished over the course of two decades from 1965 so as to expand coal mining and construct a new planned city. Another piece of the background for Havel's play was the 'outdated' working-class Prague quarter of Žižkov, renowned for its nineteenth-century tenement housing, which was slated for complete rebuilding in the 1970s; the plans included the demolition of everything built before World War I, as well as widening of the narrow streets and the erection of panel apartment blocks. 'Sanation' or 'debridement' is a term that migrated from medicine to urban planning, signifying the clearance or total demolition of urban areas to make way for new construction. If in medicine sanation meant the clearance and removal of dead, damaged, or infected tissue from a wound, in Soviet urban planning historical areas of traditional urban settlement – such as Seredmistia (middle town), Pidzamche (a neighbourhood on the slopes of a castle hill), and Podil (lower city) – often became victims of sanation or redevelopment, being regarded as pestilent 'dirt' in need of surgical excision.

So where is the fortress?

After a series of complex internal surgeries, plastic surgeries, scarring, traumatic amputations, and necessary prosthetic operations, we have inherited the Old City in its current form – a version that is both rich in its multiplicity of layers and, at the same time, detached and desolate. It is there to be discovered even today. But the question persists: where exactly can we find the fortress? Following the loss of their military status in 1765, the fortifications were gradually demolished or left to fall into disrepair. Cossack Kharkiv was dying off, and with it the fortress. Although not much physical evidence remains of the original structure (apart from, e.g., Pokrovskyi Cathedral, the earth ramparts, and the dungeons), it has firmly etched itself into the city's history. For centuries now the 'fortress that does not exist' has captivated the minds of historians, thinkers, and architects. To some it is a romantic symbol of national identity lost under the yoke of empire; to others, a neutral subject of archaeological research. For others still it is proof of the 'friendship' between the Ukrainian and Russian peoples, bonded by the Pereiaslav Agreement of the year when the city was founded (1654). Some go looking for the fortress; others try to overcome it.

But despite the absence of walls and defensive towers, the fortress continues to be present in the spatial organisation of the Old Centre. It was the configuration of this archaic fortification that dictated the entire planning structure and topography of the city's core. The fortress was constructed without the involvement of a professional military engineer. Accordingly, the layout of the Old Centre, which follows the outlines of the fortress walls, still retains the shape of an irregular trapezoid, while the grid of its internal streets adheres to no precise orthogonal plan. The interaction between the fortifications of Kharkiv Fortress and the natural environment epitomises the Baroque approach from the Cossack Hetmanate period. To this day the preserved earth ramparts along the Lopan River, when observed from different distances, offer a glimpse of the image of the Cossack fortress, its dimensions and proportions. They also preserve traces of the fortress in the poetically restrained silhouette of the Old City – which, like a canonical castle on top of a hill, reveals itself to every possible vantage point in the surrounding area.

The traditional division of a castle on a hill into an upper and a lower city gives a picturesque spatial scenario with numerous diverse openings up, angles, and visual axes. This has provided architects and urban planners with great foundation for creativity over the centuries. The very presence of a fortress hill with its variations of relief in the heart of the modern city created a distinctive topography with tiers in some spots and slopes and descents in others. However, it is not just the Old Centre, perched on the site of the fortress, that is exposed atop a hill; the same can be said of the New Centre constructed in the 1920s–1930s. Together, they compose the extended panorama, visible from Poltavskyi Shliakh Street, of the central part of the city situated on a plateau – the Nahirnyi neighbourhood. Meanwhile, the Kharkiv Stairs, the site once occupied by the corner fortress tower, offer a panoramic view of the city that has evolved over four centuries, in the direction of Poltavskyi Shliakh Street, the Zalopan neighbourhood, the confluence of the rivers, and the neighbourhoods of Levada and Podil. From this spot one gets a real sense of the sweeping scale of the transformations undergone by the city's structure over the eras in which it has existed.

These eras have, one after another, taken Kharkiv further and further from the fortress until today the fortress has almost entirely faded out. Perhaps, however, it is precisely this complete vanishing of the fortress's physical embodiment that has provoked the obsessive need to find it. Its supplantation has only intensified its influence on both the tangible and intangible in the city's life. The past has invariably dictated the future. And whatever the era, whatever the styles and functions, the new has invariably continued to engage in an invisible dialogue with the old fortress. Whatever tasks architects were assigned, this was the basis from which they had to set out in looking for solutions. Whether they worked in the Classical or Modern style, architects could not avoid interaction with the forgotten, obscure, but so temptingly dark Baroque.

No matter how much the architects of Enlightened absolutism sought to tame the rough fortress with their precisely orthogonal streets and the pure forms of (Neo)Classicism, they were compelled to work on its territory, with its parameters, and within its boundaries – thereby inevitably falling hostage to the ramparts. No matter how the architects of Ukrainian national communism sought to build a new life distinct from the old and a new form of power contrary to the former by pushing the New Centre far from the fortress, the dialectical connection between the two centres only grew stronger, and their spatial interaction became even more intense. Any new 'fortress' became a response to the old one.

No matter how political regimes sought to suppress all autonomy and protest and strip away Kharkiv's privileges, the fortress, merely by existing, prevented people from forgetting the strength and combat potential that lurked somewhere there in the depths. No matter how sophisticated the forms the empire used to erase the memory of the rebellious Cossacks and Ukrainian statehood, we found ourselves again and again confronting our own forgotten essence. This is the essence of a fortress stranded on the border of two cultures – the Polish-Lithuanian Commonwealth and Muscovy – and refusing to choose either, stubbornly standing its ground. It is the essence of a city created for war. Or perhaps the opposite? A city created for defence. To defend values for whose sake you would move hundreds of kilometres away from home (as the founding Cossacks did), lose everything you have, and build something new again (as was done by Vasily Karazin and by the Modernists in the 1920s). Values such as freedom that are worth fighting for.

**Товарна біржа
(зараз – Консерваторія)
Commodity Exchange
(now – the Conservatory)**
майдан Конституції, 13
Konstytutsii Square, 13
Олександр В. Лінецький
Oleksandr V. Linetskyi
1925

 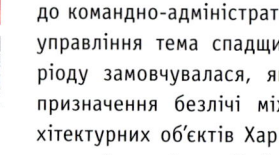

Біржа відкриває серію будівель, які належали Народному комісаріату зовнішньої та внутрішньої торгівлі. Всі вони розташовуються в Старому місті й виконані українським архітектором Олександром Лінецьким. На місці Біржі до Революції була крамниця «Брати Олександр і Яків Альшванги», а в період Харківської фортеці – Нікольська наріжна сторожова вежа. У 1925 році почалося зведення власної будівлі Товарної біржі за проєктом Лінецького, в якій біржа перебувала до 1930 року. З 1934 року і до сьогодні тут діє консерваторія, що входить до складу Харківського національного університету мистецтв імені Івана Котляревського. Попри незвичність «капіталістичного» феномену біржі для радянського контексту, у повоєнних путівниках увага систематично зміщувалася з первісної функції – біржі – виключно на формальні й стилістичні риси її архітектури. Те саме відбувалося і з іншими об'єктами функцій і типологій Нової економічної політики (НЕП). Після заборони НЕПу Йосипом Сталіним і переходу

до командно-адміністративної системи управління тема спадщини цього періоду замовчувалася, як і справжнє призначення безлічі міжвоєнних архітектурних об'єктів Харкова, що служили його цілям. Такі «білі плями» змінювали розуміння міста, а разом з ним і історії.

Варто зазначити, що перші старі дореволюційні біржі разом зі своїми колишніми працівниками відновили роботу в 1921 році. Нині важко уявити, що в Радянському Союзі могла існувати біржа – гуртовий ринок чистої конкуренції, неможливий у плановій економіці, але незамінний у капіталізмі. Однак у період НЕПу в СРСР біржа була не тільки упорядкованим ринком, а й ланкою в ланцюзі організації державного регулювання торгівлі. На відміну від капіталістичної, на радянській біржі діяли переважно державні організації та кооперативи, які реалізовували готову продукцію, закуповували сировину, матеріали та обладнання, як на повноцінному ринку. Також торгові біржі містили у своєму складі й біржі праці, що давали змогу наймати працівників. У 1927 році під час посилення державного регулювання торгівлі тодішній Народний комісар Робітничо-селянської інспекції СРСР Серго Орджонікідзе виступив за перегляд функцій бірж та максимальне скорочення їхньої кількості. Після чого вже до 1930 року всі біржі були остаточно закриті аж до розпаду СРСР.

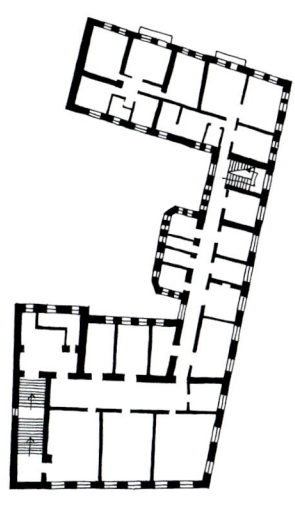

Oleh Nesterenko

1

П-подібна у плані Біржа займає весь торець кварталу, що виходить на Спартаківський провулок та майдан Конституції. Кут між ними фіксується зростальною східчастою композицією, увінчаною багатоярусною вежею-ротондою. Завдяки масивності форм Біржа відіграє роль стилобату в панорамі Старого міста, що відкривається із Сумської вулиці. Чотириповерхова наріжна частина розкріпована високими вертикальними вікнами та лопатками, між якими розміщувалися літери слова «БІРЖА», що довгий час просвічувалися крізь штукатурку. Саме тут була двосвітла операційна зала, переобладнана пізніше на концертну залу Консерваторії. У залі є вихід на довгий наріжний балкон для вітання демонстрацій – обов'язковий елемент будівель міжвоєнного періоду, розташованих уздовж маршруту колон демонстрантів.

Біржа являє собою рідкісний «романтичний» конструктивізм, а скоріше експресіонізм, сповнений метафор і ранніх революційних пошуків нової естетики, при цьому такий, що все ще запозичує методи старої дореволюційної школи модерну. Тому Біржу часто приписують до ранньорадянського ардеко. Розвиваючи тему сторожової вежі, Лінецький звертається до неороманських фортифікаційних алюзій, що ведуть до образу фортеці нової ери. Фактурний фасад Біржі, рустований під рваний камінь, створює загальне брутальне враження, що тектонічно посилюється потужним цоколем, обтяженим стилізованою дорикою. Скрупульозне опрацювання деталей, співмасштабність і насиченість форм не поступаються архітектурі буржуазних фінансових установ. Динамічність композиції загострюється безліччю декоративних елементів, навантажених символічним змістом. Зокрема, на вершині знаходиться відновлена в 2012 році скульптурна група, що зображає Меркурія – давньоримського бога-покровителя торгівлі – зі штурвалом корабля, паровозом і літаком. Рустована будівля щедро прикрашена геральдикою. Під скульптурою розташований щит з емблемою Народного комісаріату зовнішньої та внутрішньої торгівлі – вагами та Кадуцеєм (жезлом бога Меркурія). Над операційною залою – герб Харкова – ріг достатку з тим самим кадуцеєм. Глуха бетонна огорожа балкона для вітання прикрашена головами левів. На розі розміщується композиція з обірваного класичного карниза, картуша з серпом і молотом та цифр 1925. Такий суперечливий мікс неначе несумісних прийомів та засобів, насичених яскравою іронією та провокативністю, лише набагато пізніше трапляється в пізньорадянському постмодернізмі.

> The Commodity Exchange is the first in a series of buildings in this book designed by the Ukrainian architect Oleksandr Linetskyi for the People's Commissariat of

Oleh Nesterenko

Foreign and Domestic Trade in Kharkiv's Old City. Before the 1917 Revolution this site contained a shop called 'Brothers Alexander and Yakov Alshvang'. During the period of the Kharkiv Fortress, the Mykilska Corner Watchtower stood here. Construction of the building commenced in 1925. The exchange operated until 1930. Since 1934 the building has been home to Kharkiv Conservatory, part of the Ivan Kotlyarevsky Kharkiv National University of Arts. Despite the fact that a commodity exchange was a capitalist phenomenon that was highly unusual in the Soviet context, post-WWII guidebooks persistently shifted attention from the building's original function as a market to its architectural and stylistic attributes. This was a trend which affected treatment of various other buildings with functions and typologies tied to the New Economic Policy (NEP) period. Following Stalin's decision to end the NEP and the move to the administrative-command system, this period's legacy was covered in a veil of silence; the original functions of numerous Kharkiv buildings from this period were hushed up. For decades these 'lacunae' stood in the way of a proper understanding of the city and its history.

In 1921 the initial pre-Revolutionary exchanges, along with their personnel, were reinstated. It is hard to imagine the existence of exchanges – wholesale markets operating under the principles of free-market competition – in the Soviet Union: irreplaceable under capitalism, they would have been impossible in a planned economy. Nonetheless, during the NEP period in the USSR commodity exchanges served not only as organised markets but also as links in the chain by which the state regulated trade. In contrast to capitalist exchanges, Soviet exchanges were predominantly operated by state entities and cooperatives, facilitating, just like fully fledged marketplaces, the sale of products, the acquisition of raw materials, resources, and equipment, and even the hiring of workers. In 1927, amid the strengthening of state trade regulation, Sergo Ordzhonikidze, the People's Commissar of the Workers' and Peasants' Inspectorate, advocated for a reconsideration of the functions of exchanges and a substantial reduction in their numbers. In just a few short years, by 1930, all exchanges were closed. They remained so until the eventual collapse of the USSR.

The Commodity Exchange building has a U-shaped plan and occupies the whole end of the block overlooking Spartakivskyi Lane and Konstytutsii (Constitution) Square. The corner of the two thoroughfares is anchored by a stepped composition crowned by a multi-tiered rotunda tower. The tower's massive forms allow the exchange building to play the role of a stylobate in the panoramic vista of the Old City when viewed from Sumska Street. The four-storey corner section of the building is divided by tall vertical windows and lesenes, among which the letters spelling 'BIRZHA'

('Exchange' in Ukrainian) long remained visible through the plaster. This section of the building housed a double-height main operations hall, which was subsequently repurposed as the concert hall of the Conservatory. The hall has access to a long corner balcony intended for greeting demonstrators, a feature which was mandatory in interwar-era buildings situated along routes taken by marches and parades.

The architectural style of the exchange building represents a rare romantic form of Constructivism or even Expressionism, full of metaphors and early revolutionary explorations of the new aesthetic while still borrowing methods from the pre-Revolutionary school of Style Moderne (the term used for Art Nouveau in the Russian Empire) – which is why this building is often attributed to early Soviet Art Deco. Continuing with the watchtower motif, Oleksandr Linetskyi turned to allusions to Neo-Romanesque fortifications, which led to the image of a fortress for a new era. The building's textured façade is rusticated to look like rough-faced stone, giving the entire building a brutal impression, which is tectonically reinforced by the powerful plinth weighed down by a stylised Doric order. The scrupulous working of the details, the proportionality, and the plentifulness of forms are in no way inferior to the architecture of bourgeois financial institutions. The composition's dynamism is heightened by a multitude of decorative elements imbued with symbolic significance. At the top of the building a group of sculptures portrays Mercury, the Roman god of commerce, with a ship's wheel, a locomotive, and an aeroplane. This sculpture was restored in 2012. The rusticated edifice is also adorned with an abundance of heraldic embellishments. Beneath the sculpture is a shield with the emblem of the People's Commissariat of Foreign and Domestic Trade displaying scales and a caduceus (the staff of Mercury). Above the main operations hall, the Kharkiv coat of arms, featuring a cornucopia and another caduceus, is prominently displayed. The concrete parapet of the balcony for greetings is decorated with lions' heads. At the corner is a composition comprising a short Classical cornice, a cartouche bearing the hammer and sickle, and the digits '1925'. Such a contradictory blend of seemingly incompatible devices and means, suffused with vivid irony and provocation, is found again only much later, in late-Soviet Postmodernism.

1

Прибутковий будинок Гладкова
(зараз – Консерваторія)
Gladkov House
(now – the Conservatory)

майдан Конституції, 11
Konstytutsii Square, 11
Імовірно Болеслав Г. Михаловський
Реконструкція: Петро З. Крупко
Attributed to Bolesław G. Michałowski
Reconstruction: Petro Z. Krupko
1900, 1929

⊕ Будівля була частково пошкоджена внаслідок кількох російських ударів крилатою ракетою та реактивною артилерією по майдану Конституції 2 та 9 березня 2022 року. Пошкоджено шибки вітрин першого поверху та вибито вікна.

До 1954 року тут розташовувався Торговий інститут (пізніше – Інститут народного господарства), а з 1963 року і до сьогодні – Консерваторія, що належить до Харківського національного університету мистецтв імені Івана Котляревського. Отже, у міжвоєнний період три будівлі, які стояли поряд на майдані Конституції (№ 13, 11, 9), мали функцію, пов'язану з торгівлею, і підпорядковувалися Наркомату внутрішньої та зовнішньої торгівлі.

Еклектичну будівлю триповерхового прибуткового будинку Івана Гладкова приписують архітектору-історицисту польського походження Болеславу Михаловському. У 1929 році у рамках Першої радянської реконструкції Старого міста колишній прибутковий будинок був надбудований на два поверхи головним архітектором Харкова Петром Крупком. Багатий на дрібну ажурну деталізацію фасад Михаловського був продовжений не менш детально проробленою надбудовою. Нібито не характерне для пуристських 1920-х використання пишного декору та орнаментів створює органічне відчуття цілісності всієї будівлі. Така контекстуальна реконструкція, що повторює «буржуазні» форми, доводить негомогенність архітектури українських 1920-х з її різноманіттям прийомів, методів та стилів. Але тут не стільки про плюралізм думок і різноманітність течій в архітектурному середовищі, скільки про свободу індивідуального вибору архітектурних рішень залежно від конкретної ситуації. Той же Крупко в інших об'єктах показував себе конструктивістом, модерністом і неокласицистом. У випадку з Торговим інститутом Крупко працює як еклектицист зразка XIX століття, що синтезує старі ордерні елементи в новому фасадному рішенні. Щоб обважнити, Крупко дещо спрощує нижні оригінальні поверхи. На 4-му ярусі повністю повторює 3-й поверх, на 5-му лише змінює арочну форму вікон на прямокутну. При цьому він «переносить» угору на 5-й поверх рішення карнизу, фризу та медальйонів Михаловського. Реконструкція така заплутана і так точно копіює оригінал, що навіть фахівцю важко впізнати в будівлі дві історичні частини, одна з яких виконана наприкінці XIX століття, а інша – в 1929 році, вже за комунізму. Видає який лише підкреслено грубий парапет і фронтон, прикрашений картушем із серпом і молотом.

Сьогодні на першому поверсі розташовується кондитерська крамниця «Ведмедик» з оригінальним інтер'єром 1900 року. Меблі з червоного дерева доповнюються кришталевими люстрами та розписаною соковитими квітами блакитною стелею. Понад сто років тому ця кондитерська була фірмовою крамницею великої кондитерської компанії «Жорж Борман», яка мала у Харкові свою кондитерську фабрику (після націоналізації – «Харків'янка», а зараз – «Бісквітна фабрика»). Збереження розкішного буржуазного інтер'єру також є вкрай рідкісною практикою для радянського підходу до історичних будівель: більшість оригінальних харківських інтер'єрів було втрачено саме в ці часи. Завдяки акуратному підходу Крупко цей інтер'єр є чи не єдиним автентичним прикладом життєвого устрою та соціальних практик дореволюційного Харкова.

⊕ This building was partially damaged by Russian cruise missile and rocket artillery strikes targeting Konstytutsii Square on 2 and 9 March 2022, which broke the storefront windows on the ground floor and the windows on the side facing the square.

Until 1954 this building was occupied by the Institute of Trade. From 1963 to the present day it has been home to the Conservatory, which is part of the Ivan Kotlyarevsky Kharkiv National University of Arts. During the interwar period the three adjacent buildings on Konstytutsii Square (nos. 13, 11, 9) all had functions related to trade and were under the jurisdiction of the People's Commissariat of Foreign and Domestic Trade.

The design of the original eclectic three-storey apartment building for Ivan Gladkov is attributed to Bolesław Michałowski, an architect of Polish origin known for working in the Historicist style. In 1929, as part of the first Soviet reconstruction of the Old City, two storeys were added under Kharkiv's chief architect, Petro Krupko. This superstructure is every bit as finely worked as Michałowski's original façade, which is rich in fine tracery details. Despite the use of opulent decoration and ornamentation, which was seemingly uncharacteristic of the purist 1920s, this approach gave the building a natural integrity. Such contextual reconstruction with its reproduction of 'bourgeois' forms proves the heterogeneity of 1920s Ukrainian architecture with its variety of techniques, methods, and styles. This diversity reflects the freedom of individual architectural choices based on specific contexts. Yet the core matter is not merely the pluralism of opinions and diversity of movements; rather, it is the liberty afforded to individual architects to select solutions tailored to each unique situation. The same Petro Krupko showed himself a capable Constructivist, Modernist, and Neoclassicist when working on other buildings. In the case of the Institute of Trade, however, he acted as a nineteenth-century Eclecticist, synthesising old elements from the Classical architectural orders into a new façade design. To give the façade added weight, he somewhat simplified the original lower storeys. On the fourth storey he completely replicated the design of the third. He moved the cornice, frieze, and Michałowski's medallions to the fifth storey, where he replaced the arched window shape with a rectangular one. The result of this reconstruction is so intricate and copies the original so precisely that even experts find it difficult to distinguish between the building's two historical parts – the late-nineteenth-century original and the 1929 addition under Communism. The latter is signalled only by a deliberately plain parapet and a pediment with a cartouche bearing the hammer and sickle.

Today the ground floor is home to the Vedmedyk confectionery shop. The shop retains its original interior from 1900 with mahogany furniture, crystal chandeliers, and a blue ceiling painted with lush flowers. Over a century ago, this was the flagship store of the Georges Bormann confectionery company, which had its own factory in Kharkiv (following Soviet nationalisation, the factory was renamed 'Kharkivianka'; today it is known as 'the Biscuit Factory'). The preservation of this opulent bourgeois interior is an exception to the general Soviet approach to historical buildings; most original Kharkiv interiors were lost at this time. The careful approach taken by Petro Krupko must be thanked for this interior's survival as the sole example of the lifestyle and social practices of pre-Revolutionary Kharkiv in their authentic form.

Новий пасаж (зараз – Універмаг «Дитячий світ»)
New Passage (now – Dytiachyi Svit department store)

003 B

майдан Конституції, 9
Konstytutsii Square, 9

Олександр В. Лінецький,
Михайло Ф. Піскунов
Oleksandr V. Linetskyi,
Mikhailo F. Piskunov

1925

⊕ Будівля була частково пошкоджена внаслідок російського удару крилатою ракетою по Палацу праці 2 березня 2022 року. Через це були вибиті майже всі вікна.

Новий пасаж було зведено до першого поверху ще до Революції підприємцем Павлом Огурцовим за проєктом Михайла Піскунова. У 1920-ті будівництво завершив архітектор Олександр Лінецький уже в інших формах, але зберігши структуру крамниць уздовж наскрізної торгової вулиці, що має виходи з майдану Конституції та вулиці Квітки-Основ'яненка. Будівля виконувала функцію комерційної торгівлі, властиву суто цьому короткому періоду в радянській історії – Новій економічній політиці. Тут знову виникає неначе суперечність між соціалістичним і капіталістичним, яка при цьому цілком органічно вирішувалася в 1920-ті роки. Повторюючи такі буржуазні торгові типології кінця XIX – початку XX століття, як пасаж (Старий пасаж стояв на місці Терасного скверу), підприємці вже нового часу – непмани, або «радянські буржуа» – орендували приміщення для своїх крамниць у Новому пасажі. Належність до Народного комісаріату зовнішньої та внутрішньої торгівлі все ще маркує будинок двома симетрично розташованими емблемами з кадуцеєм і крилатим шоломом Меркурія. Після Другої світової війни в Пасажі відкрили універмаг «Дитячий світ» – радянську мережу магазинів товарів для дітей, які були в кожному радянському місті в СРСР із населенням понад 100 тис. осіб. Чотириповерхова будівля-«вставка» суголосна своєю експресіоністською

архітектурою з будівлею Біржі того самого автора і для того самого замовника. Тонке розкріпування фасаду вузькими високими вікнами перегукується з ритмом вікон Товарної біржі. Вишукана гра площин простого симетричного фасаду досягається безліччю паралельних ліній пілястр та облямівок, заокруглених обломів та борозен, що створюють геометричний візерунок. П'ять вертикальних порталів, які обрамляють чотири- та тричастинні вікна, з одного боку відсилають до ардеко, з іншого – до раннього модернізму 1914–1916 років і, зрештою, претендують на власне прочитання готики. Лінецький, відомий своєю метафоричною архітектурою, в інтер'єрі Пасажу продовжує ревайвалістську тему, розпочату в будівлі Біржі. Однак тепер звертається не до фортифікацій, а до середньовічного міста. Архітектор використовує двосхилий світловий ліхтар, гострі щипці та вузькість пасажу для відтворення атмосфери тісної середньовічної вулиці, де внизу в крамницях вирує активне життя, а вгорі просто одне на одного дивляться вікна високих будинків.

⊕ This building was partially damaged by a Russian cruise missile strike targeting the Palace of Labour on 2 March 2022, which broke almost all its windows.

The ground floor of the New Passage was built before the Revolution of 1917 by the entrepreneur Pavel Ogurtsov to a design by Mykhailo Piskunov. In the 1920s construction of the building was completed by Oleksandr Linetskyi, who altered the original design while preserving the layout of shops lining the central shopping street, accessible from Konstytutsii Square and Kvitky-Osnovyanenka Street. This building is testament to the commercial trade function that was unique to the brief period in Soviet history known as the 'New Economic Policy' (NEP). Here again we see the apparent contradiction between socialism and capitalism, a problem to which a natural solution was found in the 1920s. Echoing the bourgeois shopping typologies of the late nineteenth and early twentieth centuries, such as the passage or arcade (the old Passage was located where the Terraced Garden Square stands today), the New Passage successfully attracted the entrepreneurs of the new era – NEPmen or 'Soviet bourgeois' who rented premises here for their shops. The connection to the People's Commissariat of Foreign and Domestic Trade is still evident since the building is adorned with two symmetrical emblems of a caduceus and Mercury's winged helmet. After World War II the New Passage housed the Dytiachyi Svit (Children's World) department store, part of the Soviet chain of shops selling goods for children found in every city in the USSR with a population exceeding 100,000.

This four-storey 'inset' building is consonant with the Expressionist architecture of the Commodity Exchange, another creation by the same architect for the same client. The façade's elegant articulation with tall, narrow windows echoes the rhythm of the windows of the Commodity Exchange. A subtle play of planes is created on the simple, symmetrical façade by the numerous parallel lines of pilasters and edging, rounded mouldings, and grooves that together form a geometric pattern. Five vertical portals framing the four-part and three-part windows refer on the one hand to Art Deco and on the other to the

Oleh Nesterenko

Pre-Modernism of World War I while laying claim to their own reading of Gothic. Renowned for his metaphorical architectural style, in the interior of the New Passage Oleksandr Linetskyi continued the revivalist theme initiated in the design of the Stock Exchange. Here, however, he was referring not to fortifications but to the mediaeval town. By using a double-height skylight, acute gables, and the narrow confines of the passage, he recreated the atmosphere of a cramped street with merchant's shops buzzing with activity down below and tall houses gazing at each other through their windows above.

1

Міська рада
City Hall

004 B

майдан Конституції, 7
Konstytutsii Square, 7
Болеслав Г. Михаловський
Реконструкція: Віктор К. Троценко,
Валентин І. Пушкарьов,
Володимир М. Петі
Реконструкція: Веніамін П. Костенко,
Юрій М. Чеботарьов
Bolesław G. Michałowski
Reconstruction: Viktor K. Trotsenko,
Valentyn I. Pushkariov, Volodymyr M. Peti
Reconstruction: Veniamin P. Kostenko,
Yurii M. Chebotariov
1885, 1932, 1954

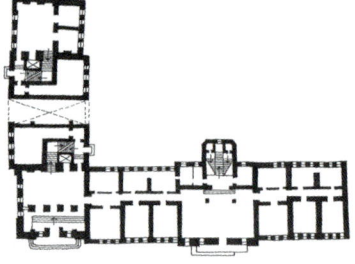

⊕ Будівля була частково пошкоджена внаслідок російського удару крилатою ракетою по Палацу праці 2 березня 2022 року. Пошкоджено зовнішні стіни, оздоблення фасаду, вибито вікна та двері

Міська рада (мерія, ратуша) є однією з домінант Старого міста. На перший погляд, її будівлю можна віднести до сталінського соцреалізму, про що свідчить характерний декор і домінантна

позиція в просторі майдану. Однак це не зовсім так. До Революції 1917 року тут також була Міська дума – Міський дім, – зведена, як і багато інших будівель центральної частини міста, за проєктом Болеслава Михаловського. У 1930 році розпочалася модерністська реконструкція триповерхового Дому з його надбудовою у два поверхи та зведенням потужної наріжної семиповерхової вежі за проєктом ще дореволюційного архітектора-самоука Віктора Троценка, його співавтора у низці робіт – молодого архітектора Валентина Пушкарьова та репресованого пізніше архітектора французького походження Володимира Петі. На початку 1930-х, внаслідок остаточного впровадження

1

політики Сталіна на «побудову соціалізму в одній країні», в культурі та архітектурі відбувається реакційний поворот від авангарду та модернізму до консервативного соцреалізму. Як форми соцреалізму, так і його теоретичні засади було ще не визначено, допускалася варіативність. Цей короткий перехідний період здобув у пострадянській історіографії назву постконструктивізму, коли все ще прості форми та відсутність пишного декору поєднувалися з неокласичною композицією, стилізованим ордером та монументалізмом. Як і давньоєгипетська або давньоримська архітектура, що відображала ієрархічні структури влади в просторі, постконструктивізм був значно ближчим до тоталітарної архітектури, ніж до авангардного конструктивізму. Міжвоєнну Міськраду з її зикуратоподібною вежею можна було б прийняти саме за таку модернізовану класику, яка мала підозрілу схожість із реакційним модернізмом нацистської Німеччини чи фашистської Італії. Проте крім тоталітарного коріння 1930-ті стали періодом повернення «національного» в архітектуру республік,

а для України – коротким спленом модернізованого та зрілого Українського архітектурного модерну (УАМ), що збігся зі спробою вбудовування його апологетів (Василя Кричевського, Віктора Троценка, Олександра Вербицького, Дмитра Дяченка) у радянський соцреалістичний конструкт – «національний за формою та інтернаціональний за змістом». Така стилістична гілка УАМ демонструє відмінний від постконструктивістської неокласики (представниками якої були росіяни Іван Жолтовський, Борис Йофан та інші) розвиток, який виходить з «національного романтичного стилю» та іде схожим зі Швецією, Норвегією, Фінляндією шляхом. Міськрада Троценка подібна не лише до його модерних робіт 1910-х, а й до ратуш Елієля Саарінена (у фінських містах Лахті та Йоенсуу) або регіональних прикладів ревайвалістського ар-деко США. Цілком ординарно розкріповані бічні фасади Міськради виділялися підкреслено широким аттиком і важким високим цоколем, облицьованим сірим рваним гранітом. Головну роль композиції відігравала лапідарна форма різко обірваної широкої прямокутної вежі. Її сувора, майже середньовічна громіздкість досягалася скороченням ярусів догори внаслідок скошених наріжних лопаток. Чотири горизонтальні яруси були чітко розмежовані: нижній – наріжним балконом для вітання демонстрацій, верхній – ритмічним рядом вікон-бійниць, середній акцентований невеликими круглими нішами для годинника. «Загасальний» УАМ тут розкрився у своєму трактуванні народного вже не формально чи декоративно (як етнічного або фольклорного), а через принципову простоту й міць «приземленого»/«приземистого» силуету, напруження якого досягається брутальністю деталей на тлі того, що площина сірих стін домінує над площиною отворів. Монументальність залишається рукотворною та матеріальною, зберігаючи в центрі сучасного міста зв'язок із природним і хтонічним. Під час сталінської реконструкції Старого міста 1947–1954 років занадто суворі фасади Міськради було прикрито хвацьким соцреалістичним декором на етнічні теми: куманцями, рушниковими візерунками, псевдонародними трапецієподібними лиштвами. Вежа була надбудована на ще один ярус, який звужувався догори і був акцентований пінаклями, на розі замість балкона з'явився величезний картуш із гербом СРСР. З одного боку, післявоєнна соцреалістична реконструкція центру, яка полягала переважно в декоруванні наявних конструктивістських будівель, слугувала тому, щоб сталінський період привласнив спадщину епохи українського міжвоєнного модернізму. З іншого – «перевдягання» у тріумфальні форми соцреалізму допомагало приховати зайву войовничість 1930-х, здатну викликати непотрібні паралелі з іншими тоталітарними режимами. Утім, незважаючи на прагнення «звеселити» похмурий передвоєнний модернізм, реконструкція лише посилила властиву йому первісно хтонічність. Тепер багатоярусна вежа міськради, що завершується величезними неоготичними пінаклями, замість образу відкритості міської влади несе в собі специфічну інфернальність, через що й отримала неофіційну назву «вежа Саурона».

⊕ This building's external walls, façade decoration, and windows and doors were damaged during a Russian cruise missile strike targeting the Palace of Labour on 2 March 2022.

City Hall is one of the principal vertical landmarks in the Old City. At first glance, it might be classified as an example of Stalinist Socialist Realism due to its decoration and preeminent position in the space of Konstytutsii Square. This is not entirely so, however. Before the Revolution of 1917, this building housed the City Duma, Kharkiv's legislative body, and was known as 'City House'. It was designed by Bolesław Michałowski, who had a hand in many buildings in the city centre. In 1930 the three-storey building was modernised; two additional storeys were added, together with a substantial seven-storey corner tower. The architects behind this transformation were Viktor Trotsenko, a pre-Revolutionary self-taught architect; the young architect Valentyn Pushkariov, who was Trotsenko's co-author on several projects; and Volodymyr Peti, an architect of French origin who later fell victim to political repression. During the early 1930s, as Stalin's 'building socialism in one country' policy took hold, there was a reactionary shift in culture and architecture from the Avant-garde and Modernism to conservative Socialist Realism. However, neither the forms of Socialist Realism nor its theoretical foundations were clearly defined, and a degree of flexibility was possible. This short transitional period, which post-Soviet historians have termed 'Post-Constructivism', combined simple forms and absence of lavish decoration with Neoclassical composition, a stylised order, and monumentalism. Like ancient Egyptian or Roman architecture, which conveyed hierarchical power structures through spatial arrangements, Post-Constructivism was more aligned with totalitarian architecture than with Avant-garde Constructivism. The City Hall from the interwar period, with its ziggurat-shaped tower, could be mistaken for a building in a modernised version of the Classical style, suspiciously reminiscent of the reactionary Modernism seen at this time in Nazi Germany or Fascist Italy. As well as reflecting totalitarian roots, however, the 1930s were also a period of re-embracing 'national' elements in the architecture of the Soviet republics. For Ukraine this era meant a short-lived burst of the modernised, mature Ukrainian Architectural Moderne style (UAM), coinciding with efforts by its proponents, including Vasyl Krychevsky, Viktor Trotsenko, Oleksander Verbytsky, and Dmytro Diachenko, to fit themselves into the Soviet Socialist Realist construct of 'national in form and international in content'. This stylistic branch of the UAM illustrates a distinct architectural evolution during this period. Unlike Post-Constructivist Neoclassicism as represented by Russian architects such as Ivan Zholtovsky and Boris Iofan, this development derived from a 'national romantic style', aligning itself with the architectural trends seen in Sweden, Norway, and Finland in the same period. Trotsenko's City Hall resembles not only his own works in Style Moderne from the 1910s but also Eliel Saarinen's Lahti Town Hall and Joensuu City Hall and regional versions of Art Deco Revival in the USA. The side façades of the City Hall with their rather ordinary articulation are distinguished by an emphatic broad attic and a heavy, high plinth lined with grey, rough-faced granite. The main role in the composition is played by the lapidary, abruptly lopped-off shape of the wide, rectangular tower. The tower's harsh, almost medieval bulkiness has been achieved by the use of bevelled corner lesenes to shorten the tiers. There are clear divisions between the four horizontal tiers: the bottom tier is defined by a corner balcony for greeting marches and parades; the upper tier, by a rhythmic row of loophole windows; the middle tier is adorned with small circular niches for clocks. The 'fading' UAM style manifests itself here in a distinctive interpretation of a folk concept – not as purely formal or decorative (ethnical or folkloric), but through the fundamental simplicity and strength of the 'down-to-earth', 'stocky' silhouette. Tension is created through the brutality of the details

Denys Panchenko

1

against a background in which the plane of the grey walls dominates the plane of the openings. The monumentality remains man-made and material, maintaining a connection with the natural and chthonic in the heart of the modern city. In 1947–1954, during the Stalinist reconstruction of the Old City, the frighteningly harsh façades of the City Hall were covered with perky Socialist Realist decoration featuring ethnic motifs such as *kumantsy* (traditional Ukrainian ceramic figured vessels) and *rushnyk* (decorative and ritual cloth) patterns, along with pseudo-folk trapezoidal platbands. An additional tier was added to the tower; this tapers towards the top and is accentuated by pinnacles. The corner balcony was replaced with an enormous cartouche with the USSR coat of arms. On the one hand this post-WWII Socialist Realist reconstruction of the city centre, which mainly involved decorating existing Constructivist buildings, served a Stalin-era appropriation of the heritage of interwar Ukrainian Modernism. On the other, this 'dressing up' in the triumphant forms of Socialist Realism helped conceal the excessive militancy of the 1930s, which might otherwise have drawn unfavourable comparisons with other totalitarian regimes. Despite these efforts to 'cheer up' gloomy pre-war Modernism, however, this building's inherently chthonic nature was only exacerbated. The tiered tower, now crowned with huge neo-Gothic pinnacles, exudes a somewhat infernal quality rather than an image of open city government; it has been nicknamed the 'Tower of Sauron'.

Соцреалістичне перехрестя

Кути чотирьох «сталінок» (неокласичних житлових будинків повоєнного сталінського періоду) утворюють перехрестя двох вулиць – початок проспекту Героїв Харкова та провулка Короленка. Усі будівлі ділянки виконані в рамках повоєнної реконструкції Старого міста архітекторами «Проєктно-відновлювального тресту ОблПроєкт», який згодом став проєктним інститутом Харківпроєкт, який функціонує досі. Перебільшений масштаб будівель разом із майстерним деталюванням фасадів, респектабельними магазинами перших поверхів і контрастним вузьким простором вулиць, переповнених транспортом, несподівано створюють атмосферу тісного перехрестя ділового центру десь в Америці. Разом із Міською радою ці будівлі створюють єдиний містобудівний ансамбль проспекту Героїв Харкова з мальовничим розкриттям його затемненого вуличного коридору на залитий світлом Успенський собор.

Socialist Realist crossroads

The corners of four *stalinkas* (Neoclassical residential buildings from the late Stalinist period) shape the intersection of two streets, Heroiv Kharkova Avenue and Korolenka Lane. These buildings were designed as part of the Old City's post-WWII reconstruction by architects from the Oblproekt Design and Restoration Trust, which later evolved into Kharkivproekt Design Institute (still operational to this day). The buildings' exaggerated scale and finely detailed façades, the presence of the respectable ground-floor shops, and the starkly contrastng narrow space of the streets teeming with traffic together create an unexpected ambience reminiscent of a bustling downtown intersection in the US. Together with City Hall, these buildings form a coherent urban ensemble on Heroiv Kharkova Avenue, enabling a picturesque unfolding of the shadowy 'street corridor' in the direction of sun-drenched Assumption Cathedral.

Denys Panchenko

1

Philipp Meuser

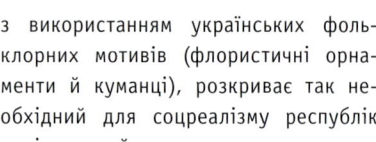

Житловий будинок
Residential building

005 B

Проспект Героїв Харкова, 3
Heroiv Kharkova Avenue, 3

Дмитро Р. Торубаров,
Володимир С. Донський
Dmytro R. Torubarov, Volodymyr S. Donskoi
1952

Восьмиповерховий житловий будинок із магазинами на першому поверсі збудували архітектори Харківпроєкту Дмитро Торубаров і Володимир Донський. Наріжний будинок розташований на рельєфі з легким пониженням у бік річки Харків. Архітектура будівлі відображає «південну» соцреалістичну естетику, доповнену низкою балконів та лоджій. Напівмансардний поверх має характерні слухові вікна, двосхилі дахи яких позначені бароковими фронтонами. Скошений кут будівлі також зафіксований необароковим ламаним фронтоном і симетрично розміщеними на ньому шишками. Барокова тема разом із різьбленим декором, виконаним

з використанням українських фольклорних мотивів (флористичні орнаменти й куманці), розкриває так необхідний для соцреалізму республік національний складник.

> Situated on a corner on a sloping plot of land that gently descends towards the Kharkiv River, this eight-storey residential building with ground-floor shops was designed by the architects Dmytro Torubarov and Volodymyr Donskoi. Its design with its numerous balconies and loggias reflects a 'southern' Socialist Realist aesthetic. The semi-mansard floor features distinctive dormer windows with gable roofs distinguished by Baroque pediments. The chamfered corner of the building is anchored by a Neo-Baroque broken pediment and symmetrically placed pinecones. The Baroque theme, coupled with carved decoration that uses Ukrainian folklore motifs such as floral ornaments and *kumantsy*, reveals a national component that is essential to the Socialist Realism of the Soviet republics.

Житловий будинок
Residential building

006 B

Проспект Героїв Харкова, 5
Heroiv Kharkova Avenue, 5
Єлизавета О. Любомілова
Yelyzaveta O. Liubomilova
1954

П'ятиповерховий житловий будинок із крамницями та кафе на першому поверсі, де до 1970-х років був кінотеатр «Хроніка». Неоренесансний рустований фасад прикрашено круглими розетками, а скошений кут – низкою неокласичних урн (втрачені у 2017 році). На бічних фасадах привертають увагу важкі багатоярусні кронштейни, що підтримують балкони третього, четвертого та п'ятого поверхів. У період «сталінського відновлення міст» жінки найчастіше займалися лише реставрацією напівзруйнованих старих будівель, тому на їхній внесок зазвичай не зважали. У цьому об'єкті архітекторка Харківпроєкту Єлизавета Любомілова проєктувала окрему нову будівлю без співавторів, до того ж у безпосередньому спорудженні брала участь велика кількість будівельниць навіть на таких традиційно чоловічих роботах, як цегляне мурування та висотні роботи.

> This five-storey residential building with ground-floor shops and a café housed the Khronika Cinema until the 1970s. The rusticated façade in the Neo-Renaissance style is decorated with circular rosettes. The chamfered corner was once adorned with a row of Neoclassical urns, but these were lost in 2017. The side façades draw attention with their heavy tiered brackets supporting the balconies on the third, fourth, and fifth floors. During the Stalinist postwar reconstruction of cities across the USSR, the role of women was often confined to restoring partially damaged old buildings, so their contributions often went unacknowledged. In this case, however, Yelyzaveta Liubomilova, an architect from Kharkivproekt Design Institute, was the sole author of an entirely new building. What's more, a substantial number of female builders were involved in the construction process, even taking on traditionally male-dominated roles such as bricklaying and high-rise work.

1

Philipp Meuser

«Будинок зі шпилем»
House with a Spire

майдан Конституції, 2/4
Konstytutsii Square, 2/4

Петро I. Арєшкін
Petro I. Areshkin
1967

007 B

◈ Будівля була частково пошкоджена внаслідок російського удару крилатою ракетою по Палацу праці 2 березня 2022 року. Пошкоджено шибки вітрин першого поверху та вибито вікна з боку майдану Конституції.

«Будинок зі шпилем» – об'єкт особливої гордості харків'ян та головна пам'ятка сталінського соцреалізму в місті. Будинок справедливо можна назвати радянським довгобудом (1950–1967). Він зводився так довго і так проблемно, що застав зміну кількох стилістичних епох, як і зміну трьох комуністичних вождів – Сталіна, Хрущова і Брежнєва. Грандіозна будівля, що займає весь квартал у найбільш центральній та респектабельній частині міста, побудована на місці безлічі історичних будівель на замовлення Турбогенераторного заводу (зараз Турбоатом) для розселення привілейованих працівників та керівництва цього заводу, а також Харківського тракторного заводу (ХТЗ) і Харківського електромеханічного заводу (ХЕМЗ). Сталінська житлова політика після 1932 року мала сегрегаційний характер: житло для заводської еліти систематично будували в центрі міста далеко від заводів і робітничих поселень, де проживав пролетаріат.

На місці Будинку зі шпилем уже в генплані 1932–1934 року передбачалося будівництво 24-поверхового хмарочоса, який був прямо подібний до *Met Life Tower* і *40 Wall Street* у Нью-Йорку. Спроєктований архітектором-містобудівельником Олександром Касьяновим, хмарочос мав завершити собою ансамбль майданів Конституції та Павловського (колишній Рози Люксембург), акцентувавши місце перетину двох найбільших майданів Старого центру. Будівництво міста за принципом домінант, розставлених на важливих просторових осях, візуальних точках чи розкриттях, – характерний прийом радянського неокласичного містобудування. З одного боку, домінанти мали збирати хаотичну

Oleh Nesterenko

і мляву забудову в ансамбль, слугуючи зоровими якорями, з іншого – надавати композиції пристрасності, пульсації та захопливості. Ідею реалізували вже в період Повоєнної сталінської реконструкції міста, автором якої був той самий Касьянов, котрий на той час став головним архітектором Харкова. Дванадцятиповерховий Будинок зі шпилем, що його розробив у 1950 році архітектор Петро Арєшкін, проглядається з безлічі ракурсів, завершуючи перспективи всіх вулиць, що ведуть у Старий центр. Крім того, Будинок зі шпилем, як канонічний приклад сталінської домінанти, поряд із дзвіницями православних соборів посідає одне з найважливіших місць у краєвиді міста.

Вочевидь, архітектура вежі Будинку зі шпилем, яка наростає до кута, перебуває під впливом московських «семи сестер», хоч і поступається їм за висотою удвічі-втричі. Такий вплив зумовлено, по-перше, сталінською централізацією проєктної сфери СРСР, що особливо загострилася у повоєнний період, коли Москва стала єдиною законодавицею трендів і стандартів для околиць. Подруге, пов'язаний з архітектурною школою Московського архітектурного інституту (МАРХІ), вихідцем з якої був сам архітектор Арєшкін. Ритмічне вертикальне членування фасадів видовженими пілястрами візуально витягує будівлю по висоті. «Полум'янистий» силует хмарочоса підкреслюється мереживною «короною» на вершині, що складається з безлічі пінаклів, вежок і зловісно високого шпиля, увінчаного радянською зіркою. Як і в ситуації з московськими висотками, помітний вплив американських хмарочосів та англійської перпендикулярної готики. Але оскільки Будинок зі шпилем, який злітає над магістралями в тісному міському середовищі, був реалізацією ще столичних містобудівних планів з реконструкції майдану Рози Люксембург (як результат американістського періоду 1930-х автора плану реконструкції Касьянова), асиметрична композиція будинку приховує за собою, можливо, більшу спорідненість із харківською американською мрією, ніж із симетричними сталінськими багатоповерхівками Москви.

Семи-восьмиповерхова частина будівлі вздовж майдану Конституції, проспекту Героїв Харкова та провулка Короленка є найранішою з комплексу – 1950–1954 років. Тому переповнена розмаїтими формами «архітектурних надмірностей»: деталі, декор, різьблені елементи фурнітури, різноманітність натуральних матеріалів. Майстерним промальовуванням виділяються вертикальні блоки балконів, прикрашені багатоярусними орнаментованими кронштейнами, різьбленими декорованими лопатками й балюстрадами, завершені двосхилими фронтонами на даху. У спокійному та респектабельному тоні оформлено нижній ярус, обтяжений рустом, різьбленою дерев'яною столяркою та масивними вхідними порталами, збагаченими обломами. Зокрема, порталом прикрашена двоповерхова в'їзна арка з боку проспекту Героїв Харкова, що збереглася в оригінальному вигляді разом із кованими металевими воротами. Важкі неоренесансні портали вхідних груп, розташовані в скошених кутах будівлі, ведуть у крамниці та ресторани. Кут, що дивиться просто на вежу Міськради, аж до 2010-х був зайнятий магазином «Книжковий світ», зараз тут працює ресторан «1654». Інший кут Будинку зі шпилем відіграє головну роль в ансамблі перехрестя провулка Короленка та проспекту Героїв Харкова, перемагаючи інші будинки і у висоті, і в якості обробки.

На тлі концепції домінант саме висота хмарочосів стала у сталінський період одним із маркерів статусу та місця міста у загальній ієрархії радянських міст. Висота була і каменем спотикання: висотне будівництво віталося в Москві, дозволялося в столицях республік і вимагало боротьби та тривалого узгодження для інших міст СРСР. І якщо боротьба за висоту Будинку зі шпилем (хоч і зі зниженням до 12) мала успіх, то боротьба стилів призвела до конфлікту харківських архітекторів з метрополією. Зведення будівлі почалося ще до смерті Сталіна, коли обов'язковою умовою архітектури кожної будівлі був лише один стиль – соцреалізм. Продовжилося – вже після виходу «декрету про боротьбу з надмірностями»

1

1955 року, що передбачав відмову від соцреалізму і ознаменував собою повернення до модернізму. Незважаючи на заявлену Хрущовим лібералізацію та децентралізацію, узгодження будь-яких об'єктів у будь-якому місті СРСР загальною площею поверхів понад 100 тис. кв. метрів продовжувало відбуватися лише у Москві. Представивши московській комісії соцреалістичний проєкт, харківські архітектори зазнали насмішок за недоречний архаїзм і громадську сліпоту. Після повернення їм винесли догану й позбавили їх премій, а головний архітектор міста Олексій Крикін за недогляд і просування сталінізму втратив посаду і мусив переїжджати на пониження в інше місто. Сліди архітектурної цензури знайшли своє місце і на фасадах Будинку зі шпилем. Частину проєкту завершено в оригінальному, але спрощеному вигляді, а частину – вздовж Вірменського провулка – повністю позбавлено «надмірностей». Таке явище примусового вилучення сталінського декору при збереженні неокласицистичних параметрів дістало назву «обдирної» архітектури: від слова «обдирати», «здирати», тобто обдирати декор. Така реверсивна архітектура стала характерною рисою часу, що, з одного боку, прагне подолати сталінську деспотичну спадщину, з іншого – продовжує наслідувати сталінські деспотичні методи і практики.

⊕ This building was partially damaged by a Russian cruise missile strike targeting the Palace of Labour on 2 March 2022, which shattered the storefront windows on the ground floor and the windows on the side facing Konstytutsii Square.

The House with a Spire is a source of pride for Kharkiv citizens and the principal instance of Stalinist Socialist Realism in the city. This building can certainly be called a *dovgobud* (protracted construction project in the Soviet era) as its construction spanned from 1950 to 1967. The process of its design and construction was so prolonged and problematic that it saw several changes in architectural style as well as three changes of Communist leader (Stalin, Khrushchev,

and Brezhnev). The grandiose structure, which occupies an entire block in the city's most central and prestigious district, was erected on a site previously occupied by a number of historical buildings. It was commissioned by the Turbogenerator Plant (now known as 'Turboatom') to provide housing for privileged employees and top management from this plant, as well as from the Kharkiv Tractor Factory and the Kharkiv Electromechanical Plant. Stalin's housing policy from 1932 onwards aimed for segregation: accommodation for factory elites was systematically built in the city centre, away from the factories and workers' settlements where the proletariat resided.

The city's general plan of 1932–1934 envisaged the construction of a 24-storey skyscraper on the site of the House with a Spire. Designed by the architect and urban planner Oleksandr Kasianov and bering a close resemblance to the Met Life Tower and 40 Wall Street in New York, the skyscraper was meant to complete the ensemble of Konstytutsii Square and Pavlivska Square (formerly Rosa Luxemburg Square), emphasising the intersection of the two largest squares in the Old City. The principle of *dominants* or vertical landmarks, a concept that was prevalent in Soviet Neoclassical urban planning, dictated that vertical landmarks should be placed on important spatial axes and at prominent points and openings.[1] The idea was that the vertical landmarks would unify a chaotic and run-of-the-mill assortment of buildings into a harmonious ensemble, functioning as visual anchors, but at the same time infuse the composition with aspiration, pulsation, and excitement. This idea was implemented during the post-WWII Stalinist reconstruction of the Old City under the same Oleksandr Kasianov, the then chief architect of Kharkiv. Designed in 1950 by Petro Areshkin, the House with a Spire is a brilliant example of the principle of dominants. Visible from numerous angles and crowning the

1 An architectural *dominant* or vertical landmark is a dominant element in an ensemble's composition often represented by a tall building or a vertical part of one of the buildings.

Philipp Meuser

perspective views of all the streets that converge in the city centre, it occupies one of the most important positions in the cityscape, alongside the bell towers of the Orthodox cathedrals.

The House with a Spire rises at its corner in the form of a tower, a design which is clearly influenced by Moscow's Seven Sisters, even if this structure is two or three times lower than the Moscow towers. This influence can be attributed to two key factors. First, the Stalinist centralisation of the field of architecture in the USSR, a phenomenon which was particularly acute in the postwar period, when Moscow emerged as the sole arbiter of architectural trends and standards for peripheral regions. Second, the architectural school from which Petro Areshkin, a graduate of the Moscow Architectural Institute, hailed. The rhythmic vertical division of the façades using elongated pilasters visually elevates the building's stature. Its 'flaming' silhouette is accentuated by a lace-like 'crown' at its summit, which consists of numerous pinnacles, turrets, and an ominously lofty spire topped with a star. Like the Moscow high-rises, the design of the House with a Spire has clearly been influenced by American skyscrapers and English Perpendicular Gothic. However, soaring above the thoroughfares in a congested urban environment, this building primarily embodies the urban-planning vision for the reconstruction of Rosa Luxemburg Square when Kharkiv was capital of Soviet Ukraine (1919–1934). This is due to the fact that Kasianov, the architect behind the reconstruction plan of the 1930s, drew inspiration from American architectural approaches of this period. The building's asymmetrical composition accordingly conceals perhaps a stronger affinity with Kharkiv's American dream than with Moscow's symmetrical Stalinist high-rises.

The seven-and-eight-storey part of the building stretching along Konstytutsii Square, Heroiv Kharkova Avenue, and Korolenka Lane and completed between 1950 and 1954 is the oldest section of the complex. This explains why it brims with multifarious architectural 'excesses', including miscellaneous details, decoration, carved elements, and a variety of natural materials. The vertical blocks of balconies are notable for their skilful detailing featuring multitiered ornamented brackets, carved decorative lesenes, and balustrades culminating in pointed pediments. The lower tier is decorated in a calm and respectable manner, weighed down with rustication, carved wooden joinery, and substantial entrance portals trimmed with mouldings. For instance, the well-preserved two-storey entrance arch overlooking Heroiv Kharkova Avenue is decorated with a portal and retains its original form, along with a wrought-iron gate. Heavy Neo-Renaissance entrance portals at the chamfered corners of the building lead to shops and restaurants. One of these corners, which directly

faces the tower of City Hall, housed the Knyzhkovyi Svit bookstore until the 2010s and now accommodates 1654 City Café. Another corner of the building plays a pivotal role in the ensemble at the crossroads of Korolenka Lane and Heroiv Kharkova Avenue, surpassing its neighbours not only in height but also in the quality of its embellishments.

The Stalinist-era concept of *dominants* made the height of its skyscrapers a marker of a city's status in the overall hierarchy of Soviet cities. A building's height was also a stumbling block: while high-rise construction was encouraged in Moscow and permitted in the capitals of the Soviet republics, it required a lengthy and conflictual approval process in other Soviet cities. The battle to make the House with a Spire a high-rise building was eventually won (although the tower was reduced to 12 storeys), but conflicts between Kharkiv architects and the metropolis broke out over architectural styles. Construction of the building commenced prior to the death of Stalin, during a period when adherence to a single style, Socialist Realism, was an absolute prerequisite for any building's design. Construction continued after the decree 'On the Elimination of Excesses in Architecture and Construction' (1955), which signalled a rejection of Socialist Realism and a return to Modernism. Despite the

liberalisation and decentralisation announced by Nikita Khrushchev, approvals for buildings exceeding 100,000 square metres of total floor area in all Soviet cities continued to be handled solely by Moscow. After presenting a Socialist Realist project to the commission in Moscow, the Kharkiv architects of the House with a Spire faced ridicule for their inappropriate archaism and social short-sightedness. Upon their return to Kharkiv, they were reprimanded and lost their bonuses. The city's chief architect, Oleksii Krykin, was accused of oversight and propagation of Stalinism, lost his position, and was demoted to another city. Architectural censorship extended to the façades of the House with a Spire as well. Part of the project was completed in accordance with a slightly simplified version of the original design, but the section along Virmenskyi Lane was stripped of all its architectural 'excesses'. This phenomenon, known as *obdyrna* or 'stripped off' architecture, involved the compulsory removal of Stalinist decoration from completed façades while retaining a building's Neoclassical parameters. Architectural 'reversion' became a characteristic of a time that, on the one hand, aimed to move past the Stalinist legacy of despotism but, on the other, continued to rely on despotic Stalinist methods and practices.

Житловий будинок з магазином «Люкс» (зараз – магазин «Адідас»)
Residential building with Lux store (now – Adidas store)

008 B

майдан Конституції, 3
Konstytutsii Square, 3
Імовірно Андреа-Моріц А. Томсон
Надбудова: Давид Л. Зеліченко
Attributed to Andrea-Moritz O. Thomson
Additional storey: David L. Zelichenko
1894, 1954

komygory (iStock)

1

⊕ Будівля була частково зруйнована внаслідок російського удару крилатою ракетою 2 березня 2022 року. Пошкоджено основні конструкції будівлі, зовнішні стіни, дах та верхні поверхи, оздоблення фасаду, вибито всі вікна.

⊕ This building was partially destroyed by a Russian cruise missile strike on 2 March 2022, which damaged its main load-bearing structure, external walls, roof, upper floors, and façade decoration and broke all its windows.

Будівлю звів у 1894 році для крамниці залізних виробів і лакофарбових матеріалів товариства «Пономарьов і Рижов», імовірно, архітектор британського походження Андреа-Моріц Томсон, переїхавши в Харків. Багате оздоблення другого поверху, прикрашеного півколонами та пілястрами коринфського ордера, арочними вікнами з левовими головами та маскаронами, ефектно контрастує зі стриманим рустом першого поверху. У 1954 році в рамках Повоєнної реконструкції Старого міста за проєктом архітектора Давида Зеліченка було здійснено надбудування трьох житлових поверхів. Перехід між новою та старою частинами будівлі Зеліченко запропонував реалізувати за допомогою додавання декоративних елементів – контрфорсів у вигляді волют. І хоча Зеліченко не зміг досягти рівня контекстуальності надбудов 1920-х Петра Крупка, він зробив усе можливе, щоб за умов канону сталінської архітектури вписати нову будову в загальну стилістику об'єкта, зберігши оригінальну пластику фасаду та інтер'єри. У 1989 році для переобладнання будівлі під універмаг товарів для жінок «Люкс» було здійснено комплексну реставрацію з відновленням втрачених деталей інтер'єру. На жаль, магазин «Адідас», який зайняв приміщення «Люкса» в 2010-х, спричинив знищення усіх внутрішніх ліпних елементів задля створення футуристичного інтер'єру в агресивній чорно-білій гамі.

The construction dates to 1894, when it was erected for 'Ponomariov & Ryzhov' company, which sold iron products, paints, and varnishes. It is believed that the architect was Andrea-Moritz Thomson, a British architect who emigrated to Kharkiv. The opulent embellishments of the first floor, featuring engaged columns and Corinthian pilasters as well as arched windows adorned with lions' heads and mascarons, are in striking contrast to the more understated rustication of the ground floor. In 1954 the architect David Zelichenko added three additional storeys for residential use. Zelichenko's vision included the addition of decorative elements, such as buttresses in the form of volutes, to facilitate the transition between the old and new parts of the building. Although this building by Zelichenko may not have quite reached the level of contextuality displayed by Petro Krupko's additional storeys in the 1920s, he did his best under the conditions imposed by the canon of Stalinist architecture, fitting the new part of the building to its overall architectural style while retaining the plasticity of the original façade and interior design. In 1989 a comprehensive restoration project was undertaken to repurpose the building as Lux, a department store selling goods for women. This involved renewing lost interior details. Regrettably, in the 2010s Adidas, which took over Lux's premises for its store, opted to strip away the interior stucco decoration, replacing it with an aggressive black-and-white design.

Прибутковий будинок Страхового товариства «Росія» (зараз – Палац праці)
House of Rossiya Insurance Company (now – the Palace of Labour)

009 B

майдан Конституції, 1
Konstytutsii Square, 1
Іполит О. Претро
Hyppolit O. Pretreaus
1916

Будівля була частково зруйнована внаслідок російського удару крилатою ракетою 2 березня 2022 року. Втрачено дах та верхні поверхи, пошкоджено основні конструкції будівлі, зовнішні стіни, оздоблення фасаду, вибито майже всі вікна. Серйозних пошкоджень зазнали численні навколишні будівлі в районі майдану Конституції.

Страхове товариство «Росія» було засноване в 1881 році й було лідером добровільного страхування в Російській імперії, особливо страхування життя. Приватна компанія, серед засновників якої відзначались і представники банкірських династій Ефруссі й Гінцбургів, мала представництва майже в усіх губерніях імперії та за кордоном. Крім своєї безпосередньої діяльності, Товариство купувало та будувало будинки в центральних районах великих міст, елітні апартаменти в яких здавалися в оренду. Зокрема, перед радянською націоналізацією Товариству належали 42 будівлі в Російській імперії та за кордоном. Під час Революції 1917 року прибутковий будинок «Росія»

захопили профспілки. І досі будівля, що має ім'я «Палац праці», перебуває у власності Профспілок України. При цьому варто відзначити, що профспілки як у СРСР, так і в сучасній Україні далекі від своїх оригінальних функцій та існують скоріше номінально, здебільшого обстоюючи інтереси влади й великих промислових груп, а не робітників.

Харківський прибутковий будинок «Росії» дещо поступається розкішністю оздоблення та декору московським та санкт-петербурзьким будинкам того самого товариства авторства Миколи Проскурніна, Отто фон Дессіна чи Леонтія Бенуа, але безперечно перевершує їх у розмірі. Починаючи вже з 1881 року компанія розпочала тривалий процес скуповування безлічі дорогих дрібних приватних ділянок та крамниць між майданом Конституції, майданом Павлівським і вулицею Квітки-Основ'яненка. Метою було знести їх для будівництва гіганта площею понад 0,65 га в самому центрі Харкова. Зведена в 1914–1916 роках висока шести-семиповерхова будівля займає весь квартал і має три внутрішні двори: два «колодязі» петербурзького типу та один прохідний пасаж із крамницями. Перші поверхи призначалися для торгівлі та ресторанів, тоді як на п'яти інших розташовувалися фешенебельні шести- та восьмикімнатні квартири. Для передвоєнного Харкова будівництво величезного комплексу «Росії» стало уособленням щонайменше османівських перспектив подальшого розвитку міста.

Образ могутньої столичної компанії підтримувався не лише завдяки імперському розмаху її архітектури, а й завдяки патетичній тематиці художнього оформлення будівлі в стилі патріотичної рекламної компанії «Росії». Як відповідь на оголошення Першої світової війни, петербурзький скульптор Матвій Я. Харламов розміщує на вершині фасаду, спрямованого на майдан Конституції, алегоричну скульптурну групу «Милосердя Росії». Росія зображена як жінка в середньовічному слов'янському костюмі, яка захищає щитом свій народ. Під нею на консолях на рівні третього поверху виставлено шість античних скульптур, що символізують галузі праці – промисловість, науку, сільське господарство, мистецтво та інші. Скульптури фланкують двоповерхову арку пасажу, прикрашену, як і більшість прибуткових будинків Росії, високими кованими воротами з вензелями компанії.

Геть не останню роль у репрезентації політики страхової компанії через архітектуру зіграв і сам неокласицизм. У районі Старого міста стоять п'ять будівель періоду «експансії» петербурзьких архітекторів у Харків – Азовсько-Донський банк, Прибутковий будинок Страхового товариства «Росія», Харківський міський купецький банк, Північний банк, Прибутковий будинок «Саламандра». Водночас більшість із них є частиною мережі великих проєктів метропольних корпорацій. Причому їхні автори – Лідваль, Претро, Мунц, Верьовкін та інші – представники одного покоління архітекторів, яке уславилося завдяки своїм роботам у стилі північного модерну. Однак Харкову випало отримати роботи Лідваля та Претро у їхній пізній, передвоєнній стадії. Зокрема, будівля «Росії» демонструє поворот архітектора французько-шведського походження Претро від модерну до неокласики. Іполит Претро – один з успішних архітекторів буржуазного Санкт-Петербурга, що залишився в СРСР після Революції, був репресований у 1937 році.

Архітектура його «Росії», з одного боку, страшенно консервативна і спрямована на задоволення вимог замовника про «надійність» і «традиціоналізм». Старі технології та середньовічна товщина стін поєднуються тут із неокласичною композицією та декором, приправленим патетично-патріотичним скульптурним оформленням.

1

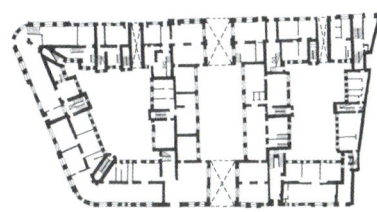

Pavlo Dorohoi

з іншого боку, за цим можна не помітити модерності такої архітектури, де мінімальність засобів вираження не випадкова, а монотонність обрано як художній прийом. Потужна форма не може не бентежити своєю простотою, що віщує майбутні модерністські проєкти XX століття. А пуристський декор уже не в змозі відвернути увагу від гладеньких площин стін та абсолютної монолітності об'єму. Неначе величезний корабель, «Росія» розтинає і підкоряє собі весь простір старого Харкова. Напруженість важкої та лапідарної форми знаменує войовничу модерність Першої світової війни, а разом з нею і першого «консервативного» модернізму – модернізованої класики чи класичного модерну. Претро як художнику вдається вловити і передати тривожний момент історичного конфлікту через категорії просторового конфлікту.

Дякую за участь у створенні цього тексту харківській архітекторці Яні Кликовій.

⊕ This building was partially destroyed by a Russian cruise missile strike on 2 March 2022. The roof and upper floors were lost, and substantial damage was inflicted on the main structures, external walls, façade decoration, and almost all the windows. Numerous surrounding buildings on Konstytutsii Square sustained significant damage at the same time.

Established in 1881, the Rossiya (Russia) Insurance Company played a leading role in insurance in the Russian Empire, particularly in life insurance. This privately owned company, founded by members of the Efrussi and Ginzburg banking dynasties, had branches in nearly every province of the Russian Empire and beyond it. In addition to its core insurance activities, the company invested in and built apartment buildings in the central districts of major cities, offering luxury apartments for rent. Prior to Soviet nationalisation, the company owned 42 such buildings in the Russian Empire and abroad. During the Revolution of 1917 these buildings were expropriated by trade unions. To this day the building known as Palats pratsi (the Palace of Labour) remains under the ownership of the Trade Unions of Ukraine. It is important to note that Soviet trade unions drifted far from their original role of representing workers; like them, modern Ukrainian trade unions primarily serve the interests of the authorities and large industrial companies.

While less opulent in decoration than its counterparts in Moscow and St Petersburg, the Rossiya Insurance Company house in Kharkiv, designed by the architects Nikolai Proskurnin, Otto von Dessin, and Leonty Benois, surpasses them in sheer size. Starting in 1881, the

Oleh Nesterenko

company embarked on an extensive process of acquiring expensive small private plots and shops in the area bounded by Konstytutsii Square, Pavlivska Square, and Kvitky-Osnovyanenka Street. After demolishing existing buildings, it constructed this enormous edifice covering an area of more than 0.65 hectares in the centre of Kharkiv. Completed in 1914–1916, the imposing six-to-seven-storey structure occupies an entire street block and has three inner courtyards: two narrow, well-like courtyards, and a passageway lined with shops. The ground floors originally accommodated shops and restaurants, while the upper floors contained fashionable six- and eight-room apartments. For pre-WWI Kharkiv the construction of this immense complex embodied the expectation that the city as a whole would be developed on a scale comparable with Haussmann's redevelopment of Paris.

The image of this mighty company from the capital of the Russian Empire was maintained by the imperial sweep of the building's design but also by the sentimental decoration and sculptures, which are in keeping with the patriotic spirit of the company's advertising campaigns. Responding to the agenda of World War I, St Petersburg sculptor Matvey Kharlamov placed an allegorical group of sculptures titled 'Russia's Mercy' atop the façade on Konstytutsii Square. In this composition Russia is depicted as a woman wearing medieval Slavic attire, protecting her people with a shield. Beneath her, on consoles at the level of the third floor, six ancient sculptures symbolise various fields of labour, including industry, science, agriculture, and art. These sculptures flank the two-storey arch of the passageway, which is adorned, as at most Rossiya Insurance Company buildings, with a tall wrought-iron gate bearing the company's monograms.

Neoclassicism played a significant role in representing this company's policy through architecture. Five buildings in the Old City area, including those of the Rossiya Insurance Company House, the Azovsko-Donskoy Bank, the Kharkiv City Kupetskyi Bank, and the Northern Bank and Salamandra House, date to the 'expansion' of St Petersburg architects into Kharkiv. Most of these buildings are part of a network of extensive projects by metropolitan corporations. The architects involved, including Hyppolit Pretreaus, Fredrik Lidvall, Oskar Munts, and Nikolay Verevkin, were from the generation renowned for their work in the Northern Moderne style. Kharkiv, however, acquired works by Lidvall and Pretreaus during the later, pre-war stages of their careers. The Rossiya Insurance Company House accordingly reflects the French-Swedish architect Hyppolit Pretreaus' transition from Art Nouveau to Neoclassicism. A successful architect from bourgeois St Petersburg, Pretreaus remained in the USSR after the Revolution of 1917, only to be repressed and executed in 1937.

The design of Pretreaus' Rossiya complex is monstrously conservative, catering to his client's desire for 'reliability' and 'traditionalism'. The use of traditional construction techniques and walls of an almost medieval thickness harmoniously coexists with the Neoclassical composition and decoration, enriched with sentimental and patriotic sculptures. On the other hand, one might not notice the underlying modernity of this design. The minimalism of the means of expression used is no mere happenstance, and monotony has been purposefully employed as an artistic device. The building's powerful form captivates with its simplicity, foreshadowing the Modernist projects of the twentieth century. The purist decoration can no longer divert attention from the smooth wall planes and the absolute monolithicity of the volume. Like an immense ship, the Rossiya Insurance Company House slices through and subdues the entire space of old Kharkiv. This tension of its heavy, lapidary form ushers in the militant modernity of World War I and what could be termed the first, 'conservative', Modernism – Modernised Classicism or Classical Moderne. Like an artist, Hyppolit Pretreaus manages here to capture and convey an unsettling moment of historical conflict through categories of spatial conflict.

My sincere thanks to the Kharkiv architect Iana Klykova for her contribution to this text.

1

**Готель «Асторія»
і Харківський міський
купецький банк
(зараз – житловий будинок
з банком)**
**Astoria Hotel and Kharkiv City
Kupetskyi Bank (now – a residential
building with a bank)**
майдан Павлівський, 10
Pavlivska Square, 10
*Микола В. Васильєв,
Олександр І. Ржепішевський
Nikolay V. Vasilyev,
Alexander I. Rzhepyshevsky*
1913

010 B

⊕ Будівля була частково пошкоджена внаслідок російського удару крилатою ракетою по Палацу праці 2 березня 2022 року.

Шестиповерхову будівлю збудували в 1910–1913 роках на замовлення найстарішого харківського банку, заснованого в 1866 році. Фундаторами Купецького банку була велика група харківських підприємців, зокрема Іван Ващенко, Семен Акименко та інші. Масштаб архітектури банківської будівлі мав демонструвати місце та роль місцевої комерційної еліти в житті міста. При цьому будівля мала відповідати високим стандартам *luxury hotel* готелю «Асторія», якому належали три верхні поверхи.

У 1909-му за дорученням Правління банку Імператорське Санкт-Петербурзьке товариство архітекторів оголосило всеросійський конкурс, до журі якого входили Федір (Йоган-Фрідріх) Лідваль, Борис Гіршович, Леонтій Бенуа, Олександр фон Гоген, Павло Альошин, Стефан Галензовський. Першу премію здобув архітектор-художник Леонід Сологуб. Але правління Купецького банку віддало перевагу проєкту, який посів друге місце, авторства молодих петербурзьких архітекторів-інженерів Миколи Васильєва та Олександра Ржепішевського. Їхнє конструктивне рішення з використанням залізобетонного каркасу володіло потрібною замовникові економністю, раціональністю і технологічністю. І якщо для Васильєва Харківський проєкт був лише одним із низки виграних конкурсів, то для його однокурсника – архітектора польського походження Ржепішевського – став поворотним у кар'єрі. Подальших 10 своїх найпродуктивніших років він проведе у Харкові, де зведе безліч будівель у північному модерні, що сформують вигляд історичного міста.

Своїм основним протяжним фасадом конторська будівля обернена на Павлівський майдан у напрямку Старого міста і замикає перспективу майдану Конституції, таким чином являючи собою сполучний елемент

1

«переходу» або «перетікання» двох транспортних майданів. «Асторія» стала видатним прикладом північного модерну – неоромантичного напряму петербурзької школи, що зазнавав сильного впливу архітектури країн Скандинавії та Балтії. Скандинавські алюзії виявилися не тільки в елементах суворої пластики фасаду, грубо обколеному гранітному облицюванні, брутальних текстурах бетону й сірої штукатурки, а й в об'ємно-просторовому образі всієї будівлі, що нагадує, з одного боку, середньовічний замок, а з іншого – непорушний моноліт. Центральна вісь основного фасаду закріплена величезним косим фронтоном, позначеним з обох боків напівкруглими еркерами сірого рваного граніту. Заокруглений, немовби дозорна вежа, кут будівлі, що виходить на Плетнівський провулок, завершується високим шоломоподібним куполом. Масивність архітектурних елементів контрастує з нюансним розкріпуванням площини стін, і це створює малюнок з безлічі геометричних візерунків, ліній і фактур. Пульсуючими точками в ньому постає чуттєва скульптура санкт-петербурзьких художників Василя В. Козлова та Леопольда А. Дітріха. Простий карниз несуть потужні атланти – вісім відлитих із залізобетону скульптур та чотири барельєфи, трактовані великими об'ємами з точно переданим напруженням м'язів і жил. Красу окремих, нібито розчленованих, частин атлетично складеного чоловічого тіла показано і в інших елементах, витесаних із граніту, – барельєфах торсів, рук, спин. У традиціях експресіонізму в «Асторії» чоловіча тілесність художнього зливається з матеріальністю архітектурного у своєму гімні маскулінності.

Багатофункціональна будівля мала поєднувати в собі крамниці й пошту на першому поверсі, сам Купецький банк з операційною залою та музеєм – на другому й третьому, першокласний готель «Асторія» – на верхніх поверхах. «Асторія» стала першим у Харкові непромисловим багатоповерховим будинком, виконаним, як і ранні хмарочоси Чиказької школи, з використанням каркасу з монолітного залізобетону. Архітектори звернулися до технології монолітних ребристих залізобетонних плит, армованих круглими сталевими стрижнями, яку розробив у 1892 році французький інженер Франсуа Геннебік. Прогресивне для Російської імперії того періоду рішення якнайкраще відповідало типології гібридної конторської будівлі. Залізобетонний великопрогінний каркас давав змогу не тільки економити кошти на будівництво, а й забезпечити цивільну будівлю всіма перевагами вільного планування і насамперед можливістю гнучко та варіативно перепланувати *open space* поверху залежно від потреб власника.

В «Асторії» прогресивні підходи молодих архітекторів показують справжню

(часто приховану за декором) протомодерністську сутність першого інтернаціонального стилю (модерну), його близькість (буквально на відстані одного кроку) до архітектури сучасного руху з його футуризмом, раціоналізмом і функціоналізмом разом із загостреною критичністю до консерватизму – споконвічний конфлікт нового й старого: сучасних течій і академізму, поколінь молодих архітекторів та їхніх вчителів, політехнічної школи (Інститут цивільних інженерів) та школи витончених мистецтв (Імператорська академія мистецтв), модерну та неокласицизму. Але ХХ століття, на яке саме це покоління покладало свої надії, видало на долю молодих людей не лише бажані зміни, а й соціальні потрясіння, війни, трагедії та конфлікти. І якщо Васильєву вдалося побудувати кар'єру в еміграції (в 1922–1928 роках – у Європі, а в 1928–1958-х – у Нью-Йорку), де він успішно працював архітектором, а пізніше – міським планувальником, то Ржепішевському, який відмовився покинути з однокурсником СРСР, пощастило менше – втративши весь свій значний статок у Харкові, він безвісно помер у Москві 1930 року відразу після арешту.

Дякую за участь у створенні цього тексту Яні Кликовій.

⊕ This building was partially damaged by a Russian cruise missile strike targeting the Palace of Labour on 2 March 2022.

Oleh Nesterenko

Commissioned by Kharkiv's oldest bank, which had been founded in 1866, the six-storey Astoria building was constructed in 1910–1913. Kharkiv City Kupetskyi (Merchant) Bank was established by a group of Kharkiv entrepreneurs, including Ivan Vashchenko and Semen Akimenko. The bank building's design and scale aimed to underscore the significance of the local commercial elite in the city's life while simultaneously meeting the standards of luxury required by the Astoria Hotel, which was to occupy the top three floors.

In 1909 the bank's board commissioned the Imperial St Petersburg Society of Architects to hold an all-Russian architectural competition. The jury included the architects Fredrik Lidvall, Boruch Girshovich, Leonty Benois, Alexander von Hohen, Pavlo Alyoshyn, and Stefan Gałęzowski. First prize was awarded to Leonid Sologub, but the board preferred the project by the young architects Nikolay Vasilyev and Alexander Rzhepyshevsky from St Petersburg, which took second place. These architects' structural solution, based on the use of a reinforced-concrete frame, made a good fit with the economic and technological rationalism required by the client. Although for Vasilyev this project was merely one of many competitions he won, for Rzhepyshevsky, his fellow student and an architect of Polish origin, it was a turning point in his career. Over the next decade Rzhepyshevsky was to dedicate his most productive years to Kharkiv, where he designed numerous buildings in the Northern Moderne style that helped shape the image of the historical city.

The office building's long main façade looks towards Pavlivska Square and the Old City and places a full stop on the perspective view towards Konstytutsii Square. It thus functions as a connecting element, facilitating the transition or flow between these two trafficable squares. The Astoria building is an outstanding example of the Northern Moderne style, a neo-romantic Art Nouveau movement in the St Petersburg architectural school that was strongly influenced by the architectural styles of Scandinavian and Baltic countries. Scandinavian allusions are expressed not only in façade elements

of severe plasticity (such as the roughly hewn granite cladding and the brutal textures of the concrete and grey plaster), but also in the building's overall spatial and volumetric design, which resembles both a medieval castle and an unyielding monolithic stone block.

The central axis of the primary façade is anchored by an immense front gable, created by a valley roof and flanked by semicircular oriel windows in grey torn granite. Like a watchtower, the rounded corner facing Pletnivskyi Lane culminates in a tall helmet-shaped dome. The massiveness of the architectural elements contrasts with the nuanced division of the wall planes, creating a design with multiple geometric patterns, lines, and textures. Pulsating points in this design are the sensuous sculptures by the St Petersburg artists Vasily Kozlov and Leopold Dietrich. A plain cornice is supported by powerful atlantes – the eight sculptures cast in reinforced concrete and four bas-reliefs are interpreted as substantial volumes with meticulously depicted muscle and vein tension. The beauty of individual, almost dismembered, parts of an athletic male body is expressed in additional granite elements – bas-reliefs of torsos, arms, and backs. In the tradition of Expressionism, artistically portrayed male physicality merges with architectural materiality in a hymn to masculinity.

This multifunctional building was intended to incorporate various functions: shops and a post office on the ground floor, Kupetskyi Bank with its operations hall and a museum on the second and third floors, and the prestigious Astoria Hotel on the upper levels. This was the first multi-storey non-industrial building in Kharkiv to employ a monolithic reinforced-concrete frame similar to the early skyscrapers of the Chicago school. The architects used the technology of monolithic ribbed reinforced-concrete slabs with steel bars pioneered by the French engineer François Hennebique in 1892. Innovative for the Russian Empire, this technology was in line with the typology of the hybrid office building. The reinforced-concrete large-span frame not only reduced construction costs but also gave this civilian building numerous advantages that come with an open layout, including the possibility to redesign floor space to meet the owner's needs.

In the Astoria building the progressive approach taken by the young architects reflects, albeit largely hidden behind decoration, the true proto-Modernist essence of the first international style (Art Nouveau) and its affinity to the architecture of the Modern Movement – literally just a step away – with its futurism, rationalism, and functionalism. The architects' daring ideas and creative exploration, along with their incisive critiques of conservatism, mirror the eternal conflict between the new and the old: between modern trends and academism, between successive generations of young architects and their teachers, between a polytechnic school (the Institute of Civil Engineers) and a fine arts school (the Imperial Academy of Arts), and between Art Nouveau and Neoclassicism.

However, the twentieth century, upon which these young architects pinned their hopes, brought not only desirable change but also social upheaval, war, tragedy, and conflict. Nikolay Vasilyev emigrated and managed to build a successful career, working as an architect and urban planner first in Europe (1922–1928) and then in New York (1928–1958). In contrast, Alexander Rzhepyshevsky, who refused to leave the USSR with his fellow student, was less fortunate. He lost his substantial fortune in Kharkiv, was arrested, and died in obscurity in Moscow in 1930, shortly afterwards.

My sincere thanks to Iana Klykova for her contribution to this text.

Будинок Житлоспілки (зараз – Торговельний центр «Павлівський») Zhytlospilka House (now – Pavlovsky Shopping Centre)

011 B

майдан Павлівський, 6
Pavlivska Square, 6
Юрій В. Ігнатовський (також перебудова)
Yurii V. Ihnatovskyi (also reconstruction)
1931, 1950s

⊕ Будівля була частково пошкоджена внаслідок російського ракетного удару по Павлівському майдану 27 серпня 2022 року.

Це ще одна будівля періоду першої реконструкції Старого міста та ще одна будівля, безпосередньо пов'язана з НЕПом. Спілка житлової кооперації (Житлоспілка) була державним органом, створеним з метою централізації та контролю житлового кооперативного будівництва, що бурхливо розвивалося. По суті до середини 1920-х досить автономні й незалежні житлово-будівельні кооперативи були повноцінними стейкхолдерами у сфері житлового будівництва. Житлоспілка як державний забудовник з регуляторними функціями відігравав роль противаги недержавним будівельним кооперативам, поступово зменшуючи їхній вплив. Що відтак обернулося повною ліквідацією житлової кооперації як такої в 1937 році.

Керування проєктними роботами нової будівлі Житлоспілки доручили головному архітектору цієї організації – представникові старої київської школи Дмитру Торову. Архітектурне рішення фасадів розробив молодий архітектор Юрій Ігнатовський, який щойно закінчив архітектурний факультет Харківського художнього інституту. П'ятиповерхова будівля Житлоспілки мала вміщати в собі правління, офіси працівників, склади й крамниці на першому поверсі. Побудована у 1929–1931 роках, вона являє собою яскравий приклад лаконічного харківського конструктивізму. Характерна заокруглена наріжна частина динамічно завертала на Університетську вулицю. Повторюючи вигин будівлі, гнуте скло вікон і заокруглені глухі балкони не поступалися естетиці європейського функціоналізму. Площина фасаду офісної будівлі, подібно до стилю стрімлайн модерн, ритмічно розчленовувалася горизонтальними смугами, що доповнювалось візуальним ефектом стрічкового скління, створеного завдяки контрастному тону штукатурки міжвіконних простінків.

У період Повоєнної реконструкції Старого центру ця будівля, як і багато інших об'єктів конструктивізму в місті, підпала під сталінське «декорування». Тому самому архітекторові Ігнатовському в 1953 році довелося змінити форму вікон, а до фасаду «приставити» великий коринфський ордер. Фальшиві масивні напівколони з потужним карнизом зібрались у своєрідний портик – той архітектурний набір елементів, що здатен перетворити будь-яку будівлю на сталінський ампір. Потерпілу під час Другої світової війни заокруглену наріжну частину вирішили не відновлювати. По тому за радянських часів у будівлі розміщувався Технікум радянської торгівлі, а після розпаду СРСР будівля перейшла у приватну власність і була перепрофільована на торговельний центр «Павлівський». У 1997 році на першому поверсі відкрився перший у місті ресторан фаст-фуду *McDonald's*, інтер'єри якого оформила в дусі постмодернізму майстерня Юрія Шкодовського.

⊕ This building was partially damaged by a Russian missile strike targeting Pavlivska Square on 27 August 2022.

This building is another example of the first reconstruction of the Old City and its close connection to the period of the New Economic Policy. The Union of Housing Cooperation, known as 'Zhytlospilka', was a government body set up to centralise and oversee the rapidly expanding construction of cooperative housing. By the mid-1920s housing and construction cooperatives, which enjoyed a large degree of autonomy and independence, had become major stakeholders in the residential construction sector. Functioning as a state-owned developer with regulatory powers, Zhytlospilka counterbalanced these non-governmental housing cooperatives, gradually reducing their influence. This ultimately led to the complete dissolution of the housing cooperatives in 1937.

The architectural design for the new Zhytlospilka House was led by the union's chief architect, Dmytro Torov, who belonged to the old Kyiv school of architecture. The façades were designed by the young architect Yurii Ihnatovskyi, a recent graduate from the Faculty of Architecture at Kharkiv Art Institute. The five-storey building was intended to accommodate the union's board, offices, and, on the ground floor, warehouses and shops. Constructed between 1929 and 1931, it exemplified the laconic aesthetic

1

of Kharkiv Constructivism. A distinctive rounded corner turned dynamically onto Universytetska Street. The curved windows and rounded balconies with parapets, echoing the building's curve, were as aesthetically striking as anything in the European Functionalist style. In a manner akin to Streamline Moderne, the office building's façade was rhythmically divided by horizontal strips, complemented by the visual effect of ribbon windows created by the contrasting tone of the plaster on the interfenestrations. However, during the post-WWII reconstruction of the Old City, this building, like many other Constructivist structures in the city, underwent Stalinist embellishment. In 1953 its original architect, Yurii

Ihnatovskyi, altered the shape of the windows, and a large Corinthian order was incorporated into the façade. Colossal false engaged columns, complete with a weighty cornice, formed a kind of portico. This was a set of architectural elements that was capable of transforming any building into a Socialist Realist one. It was decided not to rebuild the rounded corner section, which had been damaged during World War II. In the period that followed, the building housed the College of Soviet Trade. Following the dissolution of the Soviet Union, it came into private ownership and was repurposed as the Pavlovsky Shopping Centre. In 1997 Kharkiv's first McDonald's opened on the ground floor.

Житловий будинок Гипрококсу
Giprokoks residential building

012 **B**

майдан Павлівський, 5 /
Вулиця Університетська, 29
Pavlivska Square, 5 / Universytetska Street, 29
Веніамін П. Костенко, Борис Г. Клейн, Нінель В. Згурська
Veniamin P. Kostenko, Boris H. Klein, Ninel V. Zghurska
1954

⊕ Будівля була частково пошкоджена внаслідок російського ракетного удару по Павлівському майдану 27 серпня 2022 року.

Восьмиповерховий житловий будинок розробили архітектори інституту «Харківпроєкт» для працівників Державного інституту з проєктування підприємств коксохімічної промисловості «Гипрококс». Успішному в минулому харківському конструктивісту Веніамінові Костенку в повоєнний період довелося чимало побудувати в сталінському ампірі. Як у роботі з масами, так і в оздобленні Будинку Гипрококсу, Костенка надихав законодавець сталінської класики – Іван Жолтовський (тут особливо помітні паралелі з Будинком на Моховій та Будинком працівників НКВС на Смоленській площі). Не претендуючи на чільну роль в ансамблі майдану,

у своїй лаконічності та чистоті неоренесансних пропорцій будинок слугує гідною фоновою забудовою. Будівля вирішена у великих масах і стримано декорована архітектурними деталями, що мають глибоке промальовування та якісне виконання. Простий прямокутний об'єм розчленований двома широкими, розташованими симетрично з боків ризалітами, кожен з яких виділяється низкою масивних балконів з балясинами. Великий ордер замінено лопатками, що завершуються стилізованими капітелями у вигляді картушів із зірками. Будівля має переважне горизонтальне членування фасаду, яке підтримуються великим горизонтальним рустом першого поверху і винесеним уперед важким верхнім карнизом. Внутрішній простір першого ярусу, де розташовуються крамниці та ресторани, являє собою сітку колон великого радянського доричного ордера, що несуть усе конструктивне навантаження будівлі. Галерею другого поверху, розміщену на колонах, додали вже в 90-ті.

Відмінним елементом, що виділяє будівлю з низки аналогічних сталінок, є двоповерхова арка, розташована на центральній осі головного фасаду. Вхідний портал арки прикрашений чотирма 3-метровими шишками. Усередині арки – великі паркові сходи, що ведуть у двір. Її склепіння прикрашене декоративними фестонами з квітів і фруктів, вхід до неї захищений чавунними кованими воротами. Ці сходи, мабуть, єдине, що відображає в архітектурі будівлі її розташування на рельєфі – колишніх земляних валах Харківської фортеці.

⊕ This building was partially damaged by a Russian missile strike targeting Pavlivska Square on 27 August 2022.

This eight-storey residential building was designed by architects from Kharkivproekt Design Institute to house employees of Giprokoks, the State Institute for Design of Coke and Chemical Industry Enterprises. Veniamin Kostenko, formerly a successful Kharkiv Constructivist, adapted to the times, designing many buildings in the Socialist Realist style during the post-WWII period. In the Giprokoks residential building, both in his work with masses and in decoration, Kostenko drew inspiration from Ivan Zholtovsky, a leading figure in Stalinist architecture. Particular resemblances here are to Zholtovsky's House on Mokhovaya Street and the House of NKVD Workers on Smolenskaya Square, both in Moscow.

Its laconism and purity of neo-Renaissance proportions make the Giprokoks building a decent example of background architecture. It makes no attempt to claim the central role in the square's ensemble. Its design is characterised by substantial forms adorned with understated yet finely crafted architectural details. A simple rectangular volume is articulated by two symmetrically flanking wide avant-corps or risalites, each distinguished by a series of massive balconies with balusters. The grand order has been replaced by lesenes, culminating in stylised capitals shaped like cartouches and embellished with stars. The articulation of the façade is predominantly horizontal, supported by large horizontal rustication on the ground floor and a heavy projecting cornice on the top floor. The interior space of the first tier houses shops and restaurants and is decorated with a grid of columns in a large Soviet version of the Doric order; these shoulder the building's entire structural load. In the 1990s a second-floor gallery was added on top of these columns.

A distinguishing feature that sets this building apart from other *stalinkas* is the two-storey arch on the central axis of the main façade. The entrance portal of the arch is decorated with four impressive pine cones, each towering three metres tall. In the arch a grand park staircase leads to the inner courtyard. The vaulting of this staircase is adorned with decorative festoons of flowers and fruits; the entrance is guarded by a wrought-iron gate. The staircase is perhaps the sole architectural element that hints at the building's elevated location, atop what used to be the earth ramparts of Kharkiv Fortress.

1

Oleh Nesterenko

Прибутковий будинок Піотровського (зараз – Будинок нерухомості Харківської міської ради)
Piotrovskyi House (now – the Real Estate House of Kharkiv City Council)

013 B

майдан Павлівський, 4
Pavlivska Square, 4
Борис М. Корнієнко
Borys M. Korniienko
1912

⊕ Будівля була значно пошкоджена внаслідок російського ракетного удару по Павлівському майдану 27 серпня 2022 року. Пошкоджено зовнішні стіни, оздоблення фасаду, вибито вікна.

Колишній прибутковий будинок зведений за проєктом архітектора Бориса Корнієнка на замовлення підприємця Адама Піотровського. Після націоналізації приватного майна комуністичною владою в будівлі організували «Будинок колгоспників», або «Селянський дім» з готелем для селян, їдальнею, навчальними класами. Тоді ж на фронтоні в ніші з'явилося погруддя Тараса Шевченка – головного українського поета, борця за українську незалежність. У повоєнний період тут працювала пошта, а після розпаду СРСР – Бюро технічної інвентаризації.

Будівля побудована в Українському архітектурному модерні (УАМ) – українській течії національного романтичного ар-нуво, що має характерні риси народної та барокової архітектури. Архітектуру всього модерну (або ар-нуво) у радянський період зараховували до буржуазної та не охороняли законодавчо аж до Перебудови (1986 р.). Крім того, архітектуру УАМ приписували до небезпечних національ-буржуазних напрямків. Реабілітації стилю присвятив життя український архітектор та історик архітектури Віктор Чепелик. Його монографія «УАМ» побачила світ лише у 2000 році, після розпаду СРСР.

Будівля має характерний для УАМ високий фронтон із ламаним еркером, наріжну вежу з куполом також ламаного силуету та високу покрівлю зі слуховими вікнами. Незмінною рисою майже всіх будівель УАМ незалежно від їхньої функції є трапецієподібні вікна.

Переживши Другу світову війну, Селянський дім аж до середини 2010-х перебував у непоганому стані. Проте наприкінці 2010-х на замовлення Харківської міськради, у власності якої перебуває будівля, попри охоронний статус Селянського будинку провели реконструкцію, під час якої знесли всю внутрішню частину будівлі, перебудували зовнішні стіни, звели кілька нових об'ємів та додатковий поверх. Оригінальний фасад і вежу з куполом розібрали, а на їхньому місці побудували нові у формах, близьких до оригінальних, але з сучасних матеріалів. Усе це було названо реставрацією будівлі. Такий підхід до збереження спадщини панує скрізь і свідчить не лише про рівень розуміння українськими реставраторами самого поняття спадщини й того, що саме варто зберігати і яким чином, а й про рівень розвитку української законодавчої бази. Законодавство України з охорони спадщини називає об'єктом охорони у пам'ятці архітектури лише зовнішню стіну, без об'єму та конструктиву всієї будівлі, без автентичних деталей (вікон, дверей, декору, інтер'єрів) і без відповідності матеріалів оригінальним. Це дозволяє в рамках реставрації буквально зносити всю будівлю і зводити на її місці нову у формах, що повторюють оригінал, а іноді взагалі залишати тільки зовнішню стіну, прибудовуючи до неї багатоповерхівку.

⊕ This building suffered badly in a Russian missile strike targeting Pavlivska Square on 27 August 2022, which damaged the external walls and façade decoration and shattered windows.

Commissioned by the entrepreneur Adam Piotrovskyi and designed by Borys Korniienko, this apartment building has undergone several transformations during its history. Following the nationalisation of private property by the Communist authorities, the building was repurposed as the *Kolhospnyks' dim* (Collective Farmers' House) and *Selianskyi dim* (Peasant House), serving as a hotel for peasants, a canteen, and classrooms. During this period

Philipp Meuser

1

a bust of Taras Shevchenko, the principal Ukrainian poet and fighter for Ukrainian independence, was installed in a niche in the pediment. Subsequently, the building housed a post office after World War II and in the post-Soviet era became the Bureau of Technical Inventory and Registration of Ownership Rights to Real Estate.

The building was designed in the Ukrainian Architectural Moderne style (UAM), a national romantic Art Nouveau movement influenced by folk and Baroque architecture. For most of the Soviet era, until perestroika (1985 forwards), Art Nouveau architecture was deemed bourgeois and so was given no legal protection. Additionally, UAM was regarded as a potentially subversive national-bourgeois trend. The historical significance of buildings in the UAM style was only recognised following the dissolution of the USSR. The architectural historian Viktor Chepelyk, who dedicated his life to the rehabilitation of UAM, made a substantial contribution when he published a book titled 'Ukrainian Architectural Moderne' in 2000.

The distinctive features of this building are a towering pediment, typical of UAM, a canted bay window, a corner tower with a dome (likewise with a canted silhouette), and a steep roof with dormer windows. The trapezoidal windows are found in nearly all UAM buildings, irrespective of function.

After surviving World War II, the former Piotrovskyi House remained in relatively good condition until the mid-2010s. In the late 2010s, however, Kharkiv City Council, the owner of the building, commissioned its extensive reconstruction, despite the fact that this is a listed building. The entire interior was gutted, and the external walls were rebuilt with the addition of new sections and an extra floor. The original façade and domed tower were dismantled and replaced with structures that closely resemble the originals but were constructed using contemporary materials. This was described as 'restoration' of the building.

This approach to heritage conservation is pervasive in Kharkiv. It not only reflects the level of Ukrainian conservators' understanding of the notion of heritage and what should be preserved and how but also highlights the limitations of Ukraine's legislative framework for heritage preservation. Under Ukrainian law on heritage protection the sole element of a heritage site that is protected is the exterior wall of a building's main façade. Consequently, protection extends neither to the building's volume and load-bearing structure nor to its exterior and interior original details, such as windows, doors, and decorative elements. Furthermore, during an intervention the law does not require the use of authentic materials matching those employed in the building's construction. Entire buildings can accordingly be 'restored' by demolishing them and constructing new ones that replicate the original forms; sometimes only the exterior wall of the main façade is retained, with a new multi-storey structure erected behind it.

«Будинок на набережній» 'House on the Embankment'

014 B

майдан Павлівський, 2
Pavlivska Square, 2

*Олексій Г. Крикін, Петро І. Арєшкін,
Борис Г. Клейн, Ніна С. Фурманова
Oleksii G. Krykin, Petro I. Areshkin,
Boris H. Klein, Nina S. Furmanova*
1959

◈ Будівля була частково пошкоджена внаслідок російського ракетного удару по Павлівському майдану 27 серпня 2022 року. Пошкоджено шибки вітрин першого поверху та вибито вікна.

Здавалося б, непримітний восьмиповерховий житловий будинок, облицьований характерним радянським закладним керамічним кахлем, насправді планували як чергову просторову домінанту Старого центру. У рамках повоєнної реконструкції архітектори «Харківпроєкту» передбачали будівництво ще однієї сталінської висотки, що на розі виділятиметься високою вежею зі шпилем прямо над річкою Лопань. Будинок займав весь квартал між майданом Павлівським та набережною і мав перегукуватися візуальними просторовими зв'язками та стилістикою з іншим квартальним об'єктом того ж архітектора Петра Арєшкіна – Будинком зі шпилем. Навіть зараз за формою і членуванням будівлі можна визначити об'єм «зрізаної», тобто вкороченої, наріжної вежі. Крім того, згідно з первісним проєктом Будинок на набережній мав бути щедро декорований у найкращих традиціях сталінського соцреалізму. Замість цього в реальності він став жертвою хрущовської боротьби з надмірностями, внаслідок якої проєкт втратив вежу та декор, долучившись до прикладів «обдирної» архітектури. Одна з авторок об'єкта, Ніна Фурманова, згадувала, що була дуже зла на Хрущова через Закон «Про усунення надмірностей у проєктуванні та будівництві», оскільки саме ця будівля мала стати її першим значущим об'єктом, але була остаточно зіпсована. До того ж інший автор – головний архітектор Харкова Олексій Крикін – у рік узгодження втратив посаду й був переведений до міста Дніпра з пониженням. Отже, харківський Старий центр може слугувати місцем досліджень боротьби архітектурно-ідеологічних шарів: з одного боку – шар сталінської архітектури, що покриває модерністську архітектуру, а з іншого – обдирний шар, який здирає сталінський шар.

Ivan Ponomarenko

1

⊕ This building was partially damaged by a Russian missile strike targeting Pavlivska Square on 27 August 2022, which broke the storefront windows on the ground floor and the windows on the side overlooking the square.

This seemingly unremarkable eight-storey residential building, clad in distinctive Soviet-style ceramic tiles, was conceived as another spatial landmark in the Old City. During the Stalinist post-WWII reconstruction of Kharkiv, the architects from Kharkivproekt Design Institute aimed to create another Stalinist high-rise here, complete with a tall tower on one corner crowned by a soaring spire that would dominate the skyline above the Lopan River. Occupying an entire city block, stretching from Pavlivska Square to the embankment, this building was intended to establish visual, spatial, and stylistic connections with another structure designed by the same architect, Petro Areshkin – the House with a Spire. Even today, the shape and articulations of the House on the Embankment allow us to make out the original volume of the truncated tower jutting out prominently on the corner. Initially, the design featured lavish decoration in the finest traditions of Socialist Realism. However, this ultimately fell victim to Nikita Khrushchev's campaign against architectural excesses. The project was stripped of its tower and decorative elements, becoming yet another example of *obdyrna* ('stripped off' architecture).

Nina Furmanova, one of the architects involved in the project, recalled her anger at Khrushchev's decree 'On the Elimination of Excesses in Architecture and Construction' of 1955. She had hoped that the House on the Embankment would be her first significant work of architecture; instead, it was marred by alterations. Another contributor to this project, Oleksii Krykin, the chief architect of Kharkiv, lost his position and was demoted to Dnipropetrovsk (now Dnipro) when the team of architects was trying to secure approval for this building from the commission in Moscow. Kharkiv's Old City may thus be considered a good place to research the confrontation between architectural and ideological strata. Here you find, on the one hand, a layer of Stalinist architecture covering Modernist buildings with decoration; on the other, a 'stripped off' layer in which decoration has been 'stripped' from Stalinist edifices.

Центральний універмаг
Central Universal
Department Store

майдан Павлівський, 1/3
Pavlivska Square, 1/3
Олександр В. Лінецький
Реконструкції: Петро І. Фролов
Реконструкція: Михайло Л. Мовшович,
Борис Г. Клейн, В. Н. Харламов
Oleksandr V. Linetskyi
Reconstructions: Petro I. Frolov
Reconstruction: Mykhailo L. Movshovych,
Boris H. Klein, V. M. Kharlamov
1925, 1933, 1938, 1954

⊕ Будівля була частково пошкоджена внаслідок російського ракетного удару по Павлівському майдану 27 серпня 2022 року. Пошкоджено шибки вітрин першого поверху та вибито вікна.

ЦУМ, або Центральний універсальний магазин, – так називався головний магазин непродовольчих товарів у будь-якому радянському місті. Але харківський ЦУМ дістав цю назву лише в 1933 році, до того називаючись «Хаторг». Будівля універмагу «Хаторг» (Харківська торгівля) продовжує серію НЕПівських будівель Народного комісаріату зовнішньої та внутрішньої торгівлі, виконаних за проєктом архітектора Олександра Лінецького у Старому місті. Оригінальний проєкт планувався на місці найбільшого міського ярмарку, зберігаючи таким чином цільове призначення цього історичного ареалу. Конструктивістська будівля, зведена в 1925 році, була квінтесенцією раннього архітектурного авангарду 1920-х: асиметрична композиція з динамічною

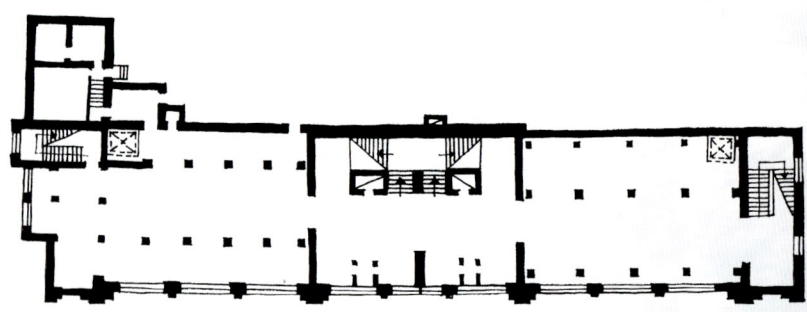

вежею, прикрашеною невагомими балконами, сходовий вузол у скляному циліндрі. У дусі естетики 1920-х порівняно невеликий масштаб акуратного, ніби іграшкового об'єму графічно підкреслений безліччю елементів дизайну: огорожі та перила, навіси та віконне розскління. Окремим художнім елементом архітектури стали горизонтальні й вертикальні рубані шрифти, разом з уже знайомою з інших об'єктів Наркомату торгівлі емблемою з кадуцеєм.

У 1933 році на тлі повної відмови від НЕПу й централізації сфери торгівлі «Хаторг» перейменовується на ЦУМ. Уже після зміни стилістичного курсу СРСР у бік тоталітарної неокласики будівлю розширюють за проєктом архітектора Петра Фролова (автора конструктивістської АТС на вулиці Свободи). У

1938 році під час чергової реконструкції знову за проєктом того ж Фролова будівля досягає сьогоднішніх об'ємів і повністю позбавляється НЕПівської «пустотливості» Лінецького: постконструктивістський фасад набуває симетрії та стилізованого аттика, а ритмічні заскленні поверхні панорамних вікон – промислового масштабу. Що наближає Фролова, який переїхав на той час у Москву, до естетики Мосторгу братів Весніних.

І, нарешті, 1954 року, в рамках сталінської реконструкції Старого міста, ЦУМ, що вигорів під час Другої світової війни, покривають шаром «сталінської декорації» авторства архітекторів проєктного інституту «Харківпроєкт». Реконструкція конструктивістських будівель під приводом усунення великих

1

Dimitrij Zadorin

руйнувань, які заподіяли німецькі війська, була поширеною практикою. При цьому рідко коли у об'єктів, що реконструюються, дійсно страждав конструктив. Найчастіше архітектуру можна було легко відновити в оригінальному вигляді за допомогою звичайних ремонтних робіт. Натомість під девізом «відновлення» вигляд незадовільного з ідеологічних причин міжвоєнного модернізму суттєво змінювали під сталінський соцреалізм. Зокрема, тріумфальний соцреалістичний образ ЦУМу досягнуто низкою маніпуляцій: прямокутну форму панорамних вікон Фролова замінено арковою, площина наявних простінків перетворюється на триповерхові доричні коринфські напівколони, скляний циліндр – на ризаліт із пілястрами великого чотирьохповерхового коринфського ордера, додано карнизи, що нічого не несуть. У підсумку конструктивістський будинок набуває схожості з торговим домом Мертенса (1911-1912) у Санкт-Петербурзі польського архітектора Мар'яна Лялевича. Показово, що всі зміни відбуваються тільки на передньому фасаді, при цьому бічні залишаються конструктивістськими, через що відчуття приставленої до будівлі

декорації посилюється. Про «ревучі» двадцяті нагадує тільки вертикальний напис українською мовою «Універмаг» на боковому фасаді будівлі.

ЦУМ, що належить до списку пам'яток архітектури саме як об'єкт конструктивізму (хоча на вигляд це зовсім не так), легко повернути до стану 1938 року, оскільки жодна зі змін 1950-х не носить конструктивного характеру. Міська влада, у чиїй власності перебуває ЦУМ, уже проводила конкурси на його реконструкцію. За такого гострого бажання міськради реконструювати хоч щось, можливо, єдино корисним рішенням могло стати відновлення конструктивістського вигляду ЦУМу.

⊕ This building was partially damaged by a Russian missile strike targeting Pavlivska Square on 27 August 2022, which broke the storefront windows on the ground floor and windows on the side facing the square.

In any Soviet city the Central Universal Department Store, known as 'TSUM', held the distinction of being the principal non-food store. TSUM in Kharkiv received its name only in 1933; until then, it had been known as 'KhaTorg', a contraction of Kharkivska torgivlia (Kharkiv trade).

The KhaTorg building extended the series of structures designed by the architect Oleksandr Linetskyi in the Old City during the New Economic Policy (NEP) period that fell under the jurisdiction of the People's Commissariat of Foreign and Domestic Trade. The original project was conceived for the site of the city's largest fair, thus preserving the intended purpose of this historical area.

Constructed in 1925, the building epitomised the early architectural Avant-garde: an asymmetrical composition with a dynamic tower adorned with airy balconies and a staircase in a glass cylinder. The relatively small scale of this trim, almost toy-like volume in keeping with the aesthetics of the 1920s was graphically accentuated by numerous design elements, including fences and railings, canopies, and window divisions. The use of horizontal and vertical sans-serif lettering and the emblem with the caduceus already seen on other People's Commissariat of Foreign and Domestic Trade buildings were notable components of this design.

In 1933, against the backdrop of the centralisation of trade and the complete renunciation of the NEP, KhaTorg was rebranded as 'the Central Universal Department Store'. Following the USSR's stylistic shift towards totalitarian architecture, the building was expanded to a design by the architect Petro Frolov, who was also responsible for the Constructivist Central Telephone Exchange building on Myronosytska Street. In 1938, during another round of reconstruction led by the same Petro Frolov, the building reached its current size and entirely shed the Linetskyi-inspired 'playfulness' of the NEP period. The new, post-Constructivist façade acquired symmetry and a stylised attic, while the rhythmic glazed surfaces of the panoramic windows assumed an industrial scale. This brought Frolov, who had by then relocated to Moscow, closer to the aesthetics of the Mostorg Department Store, designed by the Vesnin Brothers.

Finally, in 1954, as part of the Stalinist reconstruction of the Old City, TSUM, which had caught fire during World War II, received a layer of Socialist Realist decoration implemented by architects from Kharkivproekt Design Institute. The practice of reconstructing Constructivist buildings under the pretext of extensive damage caused by German troops was widespread. Rarely had these reconstructed buildings actually suffered structural damage in wartime. More often than not, they could have been easily restored to their original form through simple repairs. Instead, under the banner of 'reconstruction', the image of interwar Modernism, now ideologically undesirable, was significantly modified to conform to the Socialist Realism sanctioned by Stalin – the sole accepted style. TSUM's triumphant Socialist Realist image was the result of a number of manipulations: Frolov's rectangular panoramic windows were replaced with arched ones; the plane of piers between the windows was transformed into three-storey-high engaged columns with both Doric and Corinthian elements; the glass cylinder of the staircase became a risalite with pilasters in a grand four-storey-high Corinthian order; and, of course, non-structural cornices were added wherever possible. As a result, the Constructivist building took on an appearance reminiscent of the Mertens Trading House in St Petersburg, designed by the Polish architect Marian Lalewicz in 1911–1912. Interestingly, all these modifications were confined to the front façade, while the side façades retained their Constructivist appearance, further intensifying the impression of the façade as a decoration attached to the front of the building. Perhaps the only vestige that harks back to the Roaring Twenties is a vertical inscription in Ukrainian, 'Univermag', a contraction of 'Universalnyi magazyn' (Universal Store), on the side façade.

TSUM is on the heritage-protection list precisely as a Constructivist structure (in spite of its present appearance), so could feasibly be restored to its 1938 condition since none of the alterations made in the 1950s were structural in nature. Kharkiv City Council, which is the building's owner, has already held tenders for the building's reconstruction. Given the city officials' keenness to reconstruct anything and everything, the most worthwhile solution might indeed be to return TSUM to its original Constructivist appearance.

Вулиця Університетська,

Великий комплекс кампусу Харківського імператорського університету мав бути побудований на місці ниніш-нього майдану Свободи, але через брак фінансування зайняв територію на Університетській гірці. Незважаючи на це, університетському архітек-тору Євгену Васильєву вдалося ство-рити містобудівний комплекс – ан-самблеву вулицю (сьогодні – вулиця Університетська), доповнивши її кіль-кома будинками факультетів та універ-ситетською церквою разом із прилеглими до неї кварталами. В архітектурі вулиці простежуються характерні для висо-кого класицизму епохи Просвітництва підходи до взаємин із середовищем. Делікатні площинні горизонталі з різко контрастною вертикальною домінантою дзвіниці не суперечать криволінійному й горбистому ландшафту, а вигідно його підкреслюють, вінчають гірку. Вулиця Університетська, на яку нанизані най-важливіші об'єкти репрезентації дер-жави того часу (тут же, крім універси-тету, музеї та архіви, адміністративні будівлі), відображає завершальну ста-дію культу світської державності та па-тріотичного піднесення на зразок мемо-ріальної архітектури Національної алеї Вашингтона, але в масштабах перифе-рії імперії.

Universytetska Street

The initial plan was for Kharkiv Imperial University's substantial campus to oc-cupy the site of today's Svobody Square. However, owing to financial constraints, it occupied the grounds of University Hill instead. Here Yevhen Vasyliev, the uni-versity architect, succeeded in creating an architectural ensemble in the form of a street – today's Universytetska Street – to which he added several faculty buildings, the university church, and street blocks. The design of the street exemplifies ap-proaches to relationships with the envi-ronment typical of the High Classicism of the Age of Enlightenment (High Classicism: a stage in the development of Neoclassicism in the Russian Empire, equivalent to west-ern Neoclassicism). The delicate planar horizontals, juxtaposed with the highly contrasting vertical dominance of the bell tower, do not contradict the curved and un-dulating landscape but emphasise it while crowning the hill. Lined with what were then the most important buildings repre-senting the state – not just the university but also museums, archives, and adminis-trative buildings – Universytetska Street reflects the concluding stage of the cult of secular statehood and patriotic fervour. It is reminiscent of the memorial architecture on the National Mall in Washington, but on the scale of the imperial periphery.

Philipp Meuser

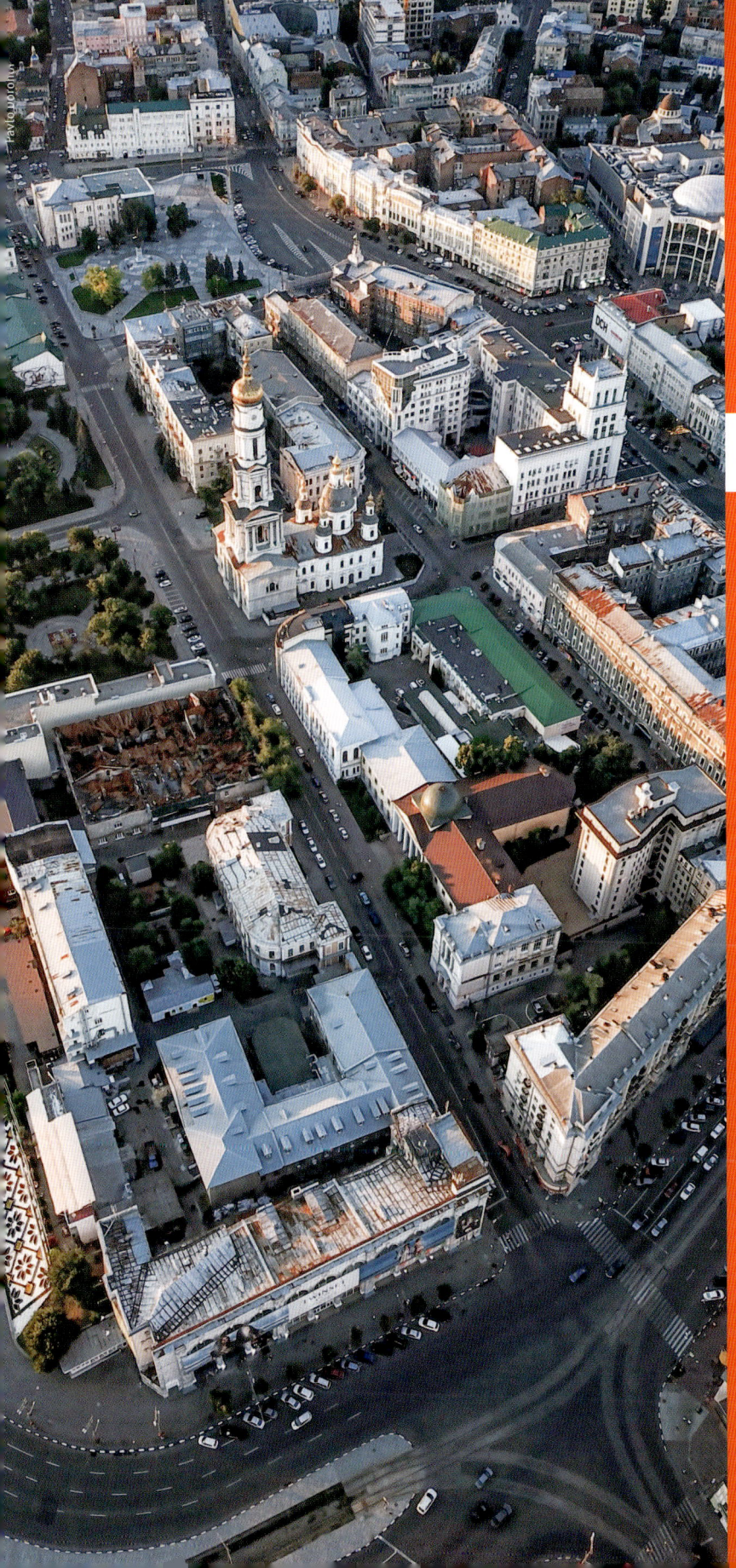

Імператорський університет (зараз – Харківський національний університет імені Василя Каразіна)

У 1802–1807 роках у всій Російській імперії спостерігається будівельний бум. Олександр I бере курс на реалізацію незавершених його бабусею Катериною II реформ Просвітництва. Фактором такого «навздогінного» Просвітництва, який різко змінив долю Харкова, стало заснування Харківського імператорського університету в 1804 році. Провідна роль в амбітному проєкті конструювання в «чистому полі» Університету, який був би рівнею європейським, належала своєрідному герою того часу Василеві Каразіну, харків'янину, раднику імператора Олександра I та засновнику Міністерства народної освіти Російської імперії. Ідею університету підтримало місцеве дворянство (багато в чому – колишні козацькі роди), частково профінансувавши його заснування. На роль архітектора університету було запрошено учня Джакомо Кваренгі – Євгена Васильєва. Але хоч Університет і купив багато землі у північній частині міста, а Васильєв розробив проєкт кампусу на місці сьогоднішнього майдану Свободи, для організації навчального процесу було вирішено реконструювати стару будівлю колишнього губернаторського палацу в Старому місті. Однак навіть у таких умовах архітектору Васильєву вдалося створити містобудівний комплекс – ансамблеву вулицю (сьогодні – вулиця Університетська), доповнивши її будівлями медичного факультету, хімічного корпусу та університетської церкви разом із прилеглими до неї кварталами.

Kharkiv Imperial University (now – V. N. Karazin Kharkiv National University)

Between 1802 and 1807 the Russian Empire was gripped by a construction boom. Emperor Alexander I resolved to implement the Enlightenment reforms that his grandmother, Catherine II, had left unfinished. A key factor in this 'catch-up' Enlightenment that had a dramatic effect on Kharkiv's destiny was the establishment of Kharkiv Imperial University in 1804. This ambitious project to build in the middle of nowhere a university to match the best European prototypes owed much to a peculiar hero of the time – Vasily Karazin, a citizen of Kharkiv who was advisor to Alexander I and established the Russian Empire's Ministry of Public Education. The idea of a university was supported by the local nobility, many of whom were from former Cossack families and contributed to the university's funding. Although the university had acquired extensive land in the northern part of the city, the decision was made to reconstruct the former Governor's Palace in the Old City for educational purposes. Yevhen Vasyliev, a pupil of Giacomo Quarenghi, was engaged as university architect. In spite of these circumstances, Yevhen Vasyliev was able to create a coherent urban complex consisting of an ensemble street (today's Universytetska Street) with the Medical Faculty Building, the Chemistry Building, the University Church, and the surrounding street blocks.

1

Philipp Meuser

Pavlo Dorohoi

Старий університетський корпус (зараз – головний корпус Української інженерно-педагогічної академії)
Old University Building (now – the main building of the Ukrainian Engineering Pedagogical Academy)

016 B

вулиця Університетська, 16
Universytetska Street, 16
Михайло Тихменєв, Авраам М. Вільянов, Петро А. Ярославський
Реконструкція: Євген О. Васильєв
Mikhail Tikhmenev, Avraam M. Vilianov, Petro A. Yaroslavskyi
Reconstruction: Yevhen O. Vasyliev
1777, 1804

⊕ Будівля була частково пошкоджена внаслідок російського удару крилатою ракетою по Палацу праці 2 березня 2022 року. Через це були вибиті вікна.

Губернаторський палац був збудований у 1770–1777 роках за проєктом повторного використання архітектора Михайла Тихменєва. Подібні двоповерхові будівлі існували у Великому Новгороді – Шляховий палац для імператриці Катерини II (1771) та у Смоленську – Царський палац (1765, зруйнований у 1812-му). У Харкові будівельний нагляд здійснював губернський архітектор Авраам (Іван) Вільянов, а завершував будівництво Петро Ярославський, який змінив на посаді Вільянова. Після заснування Харківського імператорського університету в 1804 році за проєктом університетського архітектора Євгена Васильєва було проведено реконструкцію будівлі, де розмістився головний (старий) корпус Університету, а у надбудованих до двох поверхів флігелях – хімічний та фізичний факультети. Навіть після реконструкції будинок зберіг у собі характер раннього класицизму – т. зв. класицизму першої фази в Російській Імперії, – що досі ніс у собі залишкові риси барокової архітектури. Три корпуси Університету вибудовані в одну лінію та з'єднані важкими надбрамними арками, увінчаними ступінчастим аттиком. Центральний об'єм має два великі симетричні ризаліти та дещо западаючу центральну вхідну частину. І якщо потужність цокольної частини, посилена рустом та використанням відкритої червоної цегли, відсилає до катерининської епохи, то другий поверх помітно полегшений декором уже в дусі олександрівського ампіру. Скромний фасад двох бічних крил відбиває їхню основну функцію – аудиторій. Хімічний і фізичний корпуси ритмічно розкріповані великим горизонтальним рустом, що чергується з ділянками відкритої цегли.

У 1958 році, після переїзду Харківського університету в Будинок проєктів на майдані Свободи, Старий університетський корпус передали Українському

Following the establishment of Kharkiv Imperial University in 1804, the building was reconstructed by the university architect Yevhen Vasyliev. The main part of the former palace became the principal university building, while the two wings, each of which was expanded to two storeys, housed the chemistry and physics faculties. Even after reconstruction, the structure retained characteristics of Early Classicism, often referred to as 'Classicism of the first phase' in the Russian Empire (equivalent to western Neoclassicism), which still bore some traces of Baroque architectural influence. The main façades of the three sections were aligned along a single axis and connected by heavy overhead arches, crowned with stepped attics. The central section had two large symmetrical avant-corps and a slightly recessed central entrance. While the powerful ground floor, emphasised by rustication and the use of exposed red brick, alluded to the era of Catherine II, the first floor had notably lighter decoration that was more in keeping with the Empire Style of the time of Alexander I. The more modest façades of the two side wings reflected their primary function as lecture halls. The Chemistry Building and Physics Building were rhythmically articulated using large horizontal rustication, alternating with sections of exposed red brick wall.

In 1958, following Kharkiv University's relocation to the House of Projects on Svobody Square, the old university building was assigned to the Ukrainian Correspondence Polytechnic Institute, now known as 'the Ukrainian Engineering Pedagogics Academy'. In 1963 the building was listed as a heritage site of republican significance. Unfortunately, in 2018, despite the entire university complex being designated an architectural monument and included in the national list of heritage sites, a large fire broke out in the building due to the illegal construction of a restaurant adjacent to the right wing (the Chemistry Building). Since then, this entire side wing has been abandoned, with severe damage to its roof and wooden ceilings. Currently, no decisions have been made regarding repair or restoration.

заочному політехнічному інституту (зараз – Українська інженерно-педагогічна академія). У 1963-му корпус дістав статус об'єкта охорони республіканського значення. У 2018 році, незважаючи на те що весь комплекс будівель продовжує залишатися пам'яткою архітектури національного значення, внаслідок незаконного будівництва ресторану, що впритул прилягає до правого крила (Хімічний корпус), у будівлі сталася масштабна пожежа. Відтоді корпус залишається відкритим із повністю вигорілими дахом і дерев'яними перекриттями. Щодо реставрації чи ремонту на цей момент не ухвалено жодних рішень.

⊕ This building was partially damaged by a Russian cruise missile strike targeting the Palace of Labour on 2 March 2022, which resulted in broken windows.

The construction of the Governor's Palace in 1770–1777 reused a project originally designed by the architect Mikhail Tikhmenev. Similar two-storey structures existed in Veliky Novgorod (the Palace of Empress Catherine II, constructed in 1771) and Smolensk (the Tsar's Palace, constructed in 1765 and destroyed in 1812). In Kharkiv construction of the palace was overseen by the provincial architect Avraam (Ivan) Vilianov, and the project was completed by his successor, Petro Yaroslavskyi.

Pavlo Dorohoi

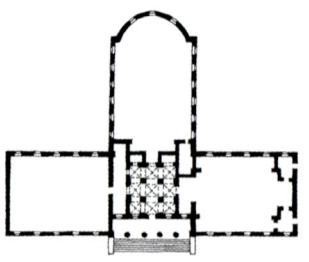

Новий університетський корпус (зараз закинутий)
New University Building (now abandoned)

017 B

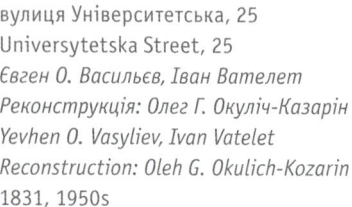

вулиця Університетська, 25
Universytetska Street, 25
Євген О. Васильєв, Іван Вателет
Реконструкція: Олег Г. Окуліч-Казарін
Yevhen O. Vasyliev, Ivan Vatelet
Reconstruction: Oleh G. Okulich-Kozarin
1831, 1950s

⊕ Будівля була частково пошкоджена внаслідок російського удару крилатою ракетою по Палацу праці 2 березня 2022 року. Вибито вікна, пошкоджено внутрішнє оздоблення.

Новий корпус спроєктував університетський архітектор Євген Васильєв разом з архітектором Харківського навчального округу Іваном Вателетом. Будівлю зведено в 1823–1831 роках. Вона поєднувала в собі кілька функцій громадського призначення: актової зали, обсерваторії, бібліотеки, університетської церкви св. Антонія Великого.

Висока двоповерхова будівля розташована прямо навпроти Старого університетського корпусу, створюючи разом із ним класичний вуличний коридор. Невеликий відступ будівлі від червоної лінії Університетської вулиці створює камерний курдонер, що дає можливість оцінити відчуття пропорцій та композиційну майстерність Васильєва з різних ракурсів. Дітище ще молодого архітектора Васильєва в стилі високого російського класицизму «другої фази» поєднує в собі аскетизм форм і ліричність тонких пропорцій. Віконні та дверні прорізи першого поверху з напівциркульними склепіннями витончено заглиблені у товщу рустованих стін. Стриманий чотириколонний портик іонічного ордера, увінчаний простим двосхилим фронтоном, споріднює Васильєва з Джакомо Кваренгі, який, безсумнівно, вплинув на нього. Метод Кваренгі, автора «стандарту» російського класицизму з його сухістю та простотою, у роботах Васильєва набув романтичного звучання, що так відповідає духу раннього Харківського університету.

У 1950-ті будівля все ще належала Університету і була в аварійному стані, оскільки всі кошти були кинуті на декорування нової будівлі – колишнього Будинку проєктів на майдані Свободи. У 1958 році Новий корпус передали Міському відділу кінофікації, який взявся за ремонт. У 1963 році тут запрацював кінотеатр «Піонер», перейменований пізніше на «Юність». Тоді ж, у 1963 році, Новий корпус разом з усім комплексом будівель Університетської вулиці був внесений до списку пам'яток архітектури республіканського значення. У 1990-ті роки тут діяв культурний центр для молоді, а ночами працював клуб «П'яна фантазія». У 2011 році через суперечки між власниками культурний центр було закрито. У рамках декораторських робіт у Старому центрі з підготовки Харкова до Євро-2012 міська влада пофарбувала фасад у яскраво-жовтий колір, замінила дерев'яні вікна на металопластикові та встановила над портиком блискучий зелений купол, що відрізняється від оригінального. З того моменту будівля занедбана і перебуває на межі руйнування. У 2014–2016 роках в охоронній зоні будівлі компанія «Житлобуд-2» звела восьмиповерховий житловий комплекс «Квітка», внаслідок чого по апсиді Університетської Антоніївської церкви пішли тріщини.

У СРСР охорона спадщини мала вибірковий характер: зокрема, модерн (арнуво, сецесія), історизм, ревайвалізм не охоронялися як «малоцінні» буржуазні стилі. Конструктивізм увійшов до списків пам'яток у 1960-ті на хвилі Відлиги та повернення модернізму. Класицизм, навпаки, цінувався завжди, його зараховували до високих і чистих стилів, які викликають пієтет і в архітекторів-конструктивістів, і в сталінських соцреалістів, і в модерністів. Правдивість, конструктивність та простота класицизму зближували його з методами радянських модерністів, а відданість стилю державності робила його ідеологічно близьким до радянської влади. Зокрема, у 1960-ті в списках пам'яток національного та місцевого значення опинилися майже всі об'єкти (нео)класицизму в місті. Сьогоднішні постмодерністи старшого покоління, як і раніше, у захваті від ордерної архітектури і називають Харків містом класицизму (що навряд чи так, оскільки об'єктів класицизму в Харкові вкрай мало, якщо порівнювати з тим самим модерном чи конструктивізмом). Однак замість збереження оригінального класицизму муніципальні архітектори переробляють «під класицизм» будівлі інших стилів та створюють нові псевдокласичні об'єкти.

◈ A Russian cruise missile strike targeting the Palace of Labour on 2 March 2022 damaged this building's interior decoration and broke its windows.

The new university building, designed by Yevhen Vasyliev, the university architect, and Ivan Vatelet, the architect of the Kharkiv educational district, was constructed between 1823 and 1831. It was a multifunctional public building housing an assembly hall, an observatory, a library, and the University Church of St Anthony the Great.

This tall two-storey structure stands directly opposite the Old University Building, creating a classic street corridor. The slight setback of the building from the building line on Universytetska Street forms an intimate *cour d'honneur*, providing an opportunity to appreciate

Yevhen Vasyliev's sense of proportion and compositional skill from various angles. Designed when Vasyliev was still a relatively young architect, this structure combines asceticism of form with lyricism of proportion, all in the spirit of the High Russian Classicism of the second phase.[1] The ground floor has window and door openings with semi-circular lintels elegantly recessed into the rusticated walls. A restrained four-column portico of the Ionic order, topped by a simple pediment, betrays similarities with the architecture of Giacomo Quarenghi. Undoubtedly an influence on Vasyliev, Quarenghi was responsible for establishing the standard of Russian Classicism known for its dryness and simplicity. In Vasyliev's works, however, Quarenghi's method took on a romantic tone that resonated perfectly with the early days of Kharkiv University.

In the 1950s the building remained under the ownership of the university but fell into a state of disrepair since most funds were allocated to decorating the university's new building – the former House of Projects on Svobody Square. In 1958 the building at Universytetska Street 25 was handed over to the Municipal Cinematography Department, which renovated it. In 1963 Pioneer Cinema, later renamed 'Yunist (Youth) Cinema', started showing films here. That same year, along with the entire urban complex on Universytetska Street, the building was included in the list of architectural monuments of republican significance.

During the 1990s this building served as a cultural centre for young people during the day and as the location of the Piana fantaziia (Drunken Fantasy) nightclub at night. The cultural centre closed down in 2011 due to disputes among the building's owners. As part of decorative work in the Old Centre to prepare Kharkiv for Euro 2012, the city officials authorised painting the façade a bright yellow hue, replacing wooden windows with plastic-steel ones, and installing above the portico a shiny green dome that differed from the original. Abandoned ever since, the building is now

1 Russian High Classicism: this is equivalent to western Neoclassicism. The term refers to a stage in the development of Neoclassicism in the Russian Empire.

on the brink of falling apart. In 2014–2016 the construction company Zhytlobud-2 erected an eight-storey residential complex named 'Kvitka' in the protection zone around this heritage site, causing cracks to appear in the apse of the University Church of St Anthony.

During the Soviet era heritage preservation was selective; Art Nouveau (Secession), Historicism, and Revivalism were considered bourgeois styles of little value. Constructivist buildings were only included in lists of architectural monuments in the 1960s, in the wake of the Khrushchev Thaw and the resurgence of Modernism. Conversely, Neoclassicism was always held in great esteem and regarded as a high and pure style; it was revered by Constructivists, Social Realists, and later, Modernists. Neoclassicism's truthfulness, constructiveness, and simplicity were consonant with the methods of the Soviet Modernists, while its commitment to statehood made it ideologically close to the Soviet regime. In the 1960s nearly all Neoclassical buildings in the city were designated architectural monuments of national or local significance.

Today some Postmodernists of the older generation still have a fondness for the Classical order in architecture and refer to Kharkiv as 'the city of Classicism' (meaning the style that is equivalent to western Neoclassicism) – a description that seems inappropriate since there are far fewer Neoclassical buildings in Kharkiv than buildings in the Art Nouveau or Constructivist styles. Nonetheless, rather than conserving existing authentic Neoclassical architecture, municipal architects often remodel historical buildings in other styles to give them a Neoclassical appearance or even construct new pseudo-Classical buildings.

Архів Харківського історико-філологічного товариства (зараз – Державний архів) ↓
Archive of Kharkiv Historical-Philological Society (now – Archive Department of the City Council)
вулиця Університетська, 21
Universytetska Street, 21
Віктор В. Величко
Viktor V. Velychko
1906

`018` B

Університетська бібліотека (зараз – Центральна наукова бібліотека Харківського національного університету імені Василя Каразіна) ↗
University Library (now – the Central Scientific Library of V. N. Karazin Kharkiv National University)
вулиця Університетська, 23
Universytetska Street, 23
Віктор В. Величко
Viktor V. Velychko
1903

`019` B

Andriy Kravchuk

Юридичний факультет Імператорського університету (зараз – навчальний корпус №3 Української інженерно-педагогічної академії)
Faculty of Law of the Imperial University (now – academic building No. 3 of the Ukrainian Engineering Pedagogical Academy)

020 B

вулиця Університетська, 27
Universytetska Street, 27
Віктор В. Величко
Viktor V. Velychko,
1909

Andriy Kravchuk

Архітектор Харківського навчального округу та університету в 1895–1917 роках Віктор Величко, будучи неокласицистом у власній практиці, делікатно підійшов до нових об'єктів університетського кампусу, які проєктував. Йому вдалося вписати їх у висоту і ритм будинків Васильєва без перетягування уваги до архітектури власних будівель. Шанобливе ставлення і такт стосовно спадщини класицизму відрізняють і будівлю юридичного факультету, попри те що Величко виконав її вже з деякими елементами модерну.

Viktor Velychko, who was both the architect of the Kharkiv educational district and the university's architect from 1895 to 1917, was a Neoclassical architect. His approach to the new buildings he designed for the university campus was delicate: it avoided drawing undue attention to their architecture and seamlessly integrated them with the height and rhythm of the pre-existing structures created by Yevhen Vasyliev. This respect and tact towards the legacy of Neoclassicism is evident in the Faculty of Law building, despite the use of some Art Nouveau elements in its design.

Успенський собор
Assumption Cathedral

021 B

вулиця Університетська, 11
Universytetska Street, 11
*Імовірно П'єтро Антоніо Трезіні
або Олексій П. Євлашев
Реставрація: Валентина І. Корнєєва,
А. В. Люцканов
Attributed to Pietro Antonio Trezzini
or Alexey P. Evlashev
Restoration: Valentina I. Korneyeva,
A. V. Liutskanov*
1777, 1975

⊕ Будівля була частково пошкоджена внаслідок російського удару крилатою ракетою по Палацу праці 2 березня 2022 року.

У сьогоднішньому розумінні типова архітектура – особливість суто модернізму ХХ століття, з його панельним будівництвом та мікрорайонами. Тоді як типові проєкти набули широкого розповсюдження ще в класицизмі, а проєкти повторного використання – і раніше. Зокрема, завдяки повторному використанню в Харкові з'явився об'єкт Єлизаветинського бароко (бароково-рокайльний стиль або монументальне рококо). Успенський собор у Харкові (за винятком дзвіниці) було збудовано у 1771–1777 роках за планом Церкви Климента Папи Римського в Москві (1762–1770) з невеликими змінами. Авторство оригінального проєкту точно не встановлено та приписується то головному архітекторові Санкт-Петербурга швейцарцю П'єтро Антоніо Трезіні, то майстру єлізаветинського бароко Олексію Євлашеву.

Як і Церква Климента, Успенський собор прямокутний у плані (близький до квадрату), п'ятибаневий. Високий барабан центральної частини перекритий шоломоподібним куполом із характерними для рококо слуховими вікнами. Багатоярусна композиція завершується декоративним ліхтариком із золоченою банею у вигляді цибулини з перехватом. На відміну від Церкви Климента, малі декоративні бані помітно нижчі за центральну, але також повторюють її архітектуру, хоч і в змінених пропорціях. Характерне розкріпування та оздоблення фасадів рокайльним декором разом із двоярусним розташуванням вікон, обрамлених лиштвами та сандриками, створюють палацовий, а не сакральний образ Собору. Світськість посилюється грайливими декоративними елементами, як-от пари веселих херувимів над прорізами. Втрачений іконостас, схожий на вівтар Андріївської церкви в Києві, приписували Растреллі.

⊕ This building was partially damaged by a Russian cruise missile strike targeting the Palace of Labour on 2 March 2022.

We tend to associate standardised architecture with twentieth-century Modernism with its mass prefabricated panel housing and 'microdistricts'. It is worth noting, however, that standardised designs were widespread in Neoclassical architecture, and the practice of reusing a design project goes back even further. It was through such repeat use that a building in the Elizabethan Baroque style, also known as the Rocaille or Rococo style, made its appearance in Kharkiv. Constructed, with the exception of its bell tower, between 1771 and 1777, the Assumption Cathedral repeated, with slight modifications, the architectural plan of St Clement's Church in Moscow (built from 1762 to 1770). The architect of this project remains unknown but has often been thought to be Pietro Antonio Trezzini, the Swiss architect and chief architect of St Petersburg, or Alexei Evlashev, a master of Elizabethan Baroque.

Like St Clement's Church, the Assumption Cathedral is five-domed with a nearly square-shaped plan. The high tholobate of its central part is covered by a helmet-shaped dome adorned with the roof windows characteristic of Rococo. The multi-tiered composition is crowned by a decorative lantern with a gilded bud dome. Unlike at St Clement's Church, the smaller decorative domes on the Assumption Cathedral are noticeably shorter than the central dome but still echo its architecture, albeit with altered proportions. The façades have characteristic division and Rocaille decoration, along with a two-tier arrangement of windows framed by surrounds and adorned with pointed and segmental pediments, giving the cathedral a palatial as opposed to purely sacral image. The building's secular character is further enhanced by whimsical decorative elements, including pairs of cheerful cherubs positioned above the apertures. The cathedral's lost iconostasis, similar to the iconostasis of St Andrew's Church in Kyiv, has been attributed to Francesco Bartolomeo Rastrelli.

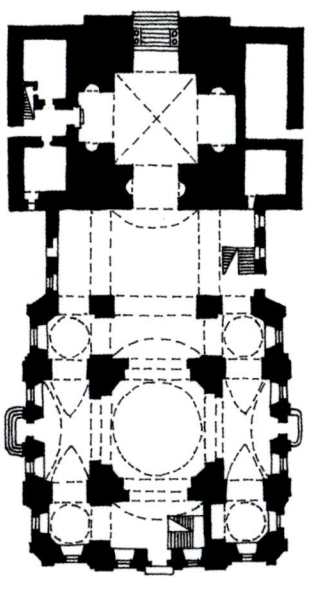

Олександрівська дзвіниця-монумент на честь перемоги у Французько-Російській війні

022 B

Alexander Bell Tower-Monument in Honour of Victory in the French-Russian War

вулиця Університетська, 11
Universytetska Street, 11
Євген О. Васильєв, Андрій А. Тон
Реставрація: Валентина І. Корнєєва,
А. В. Люцканов
Yevhen O. Vasyliev, Andrey A. Thon
Restoration: Valentina I. Korneyeva,
A. V. Liutskanov
1844, 1986

⊕ Будівля була частково пошкоджена внаслідок російського удару крилатою ракетою по Палацу праці 2 березня 2022 року. Вибито вікна, пошкоджено годинник на дзвіниці та внутрішнє оздоблення

Уже в XIX столітті до Успенського собору прибудовують високу 89-метрову Олександрівську дзвіницю-монумент на честь перемоги над Наполеоном. Після 1814 року, попри фінансові труднощі, Олександр I стимулює новий будівельний бум, що ознаменувався звитяжною естетикою ампіру. Якщо в Санкт-Петербурзі у цей час будують найбільші парадні ансамблі, то в Харкові в 1821–1844 роках зводять найвищу домінанту міста. Університетський архітектор Васильєв як автор проєкту дзвіниці дістає змогу завершити ансамбль Університетської вулиці вертикаллю. І якщо Новий університетський корпус іще перебував під впливом стандарту класицизму Кваренгі, то в Олександрівській дзвіниці Васильєв знаходить власну мову. Підкреслено світська архітектура дзвіниці носить риси паладіанства та свідчить про тяглість від Слобідсько-української класицистичної школи. Працюючи в контексті найстарішої частини міста, Васильєв вибудовує відносини з архітекторами-попередниками (дзвіниця мала водночас перегукуватися з домінуючим тут раніше українським бароковим Покровським собором і при цьому виступати єдиним ансамблем з єлизаветинським бароковим храмом Успіння з вівтарем Растреллі – звідси очевидні паралелі з Ухтомським). Тож при всьому спокої неокласицизму рвучке розкріпування дзвіниці, важкий ритм

Pavlo Dorohoi

п'яти ярусів, напружена домінантність не поступаються пристрасністю мікеланджелівському бароко. Перший ярус виконано як прямокутний у плані дво-поверховий об'єм з пілястрами тосканського ордера з трьох боків. Його бічні фасади прикрашені великими паладієвими вікнами. Другий ярус квадратний у плані, із чотириколонними портиками. Верхні три яруси – круглі. Третій – із двоколонними портиками композитного ордера, четвертий розчленований напівколонами, що підтримують антаблемент. На п'ятому ярусі в 1862 році встановлено 4 циферблати годинника-курантів. Своїм суворим стилем та героїчною патетикою архітектура Васильєва відсилає до специфічної мети – світського храму чи меморіальної церкви (Світський Храм Перемоги Сен-Сюльпіс у Парижі в часи Французької революції), пропонуючи власну версію ампіру з коммеморативною функцією – «громадського класицизму». Проте Васильєв помер, перш ніж встиг завершити будівництво дзвіниці. Її завершення доручили академіку Андрієві Тону, який приїхав на посаду університетського архітектора замість Васильєва. Андрій Тон був одним із трьох братів Тонів, улюблених архітекторів Миколи I, що розробили концепцію т. зв. «неоруського храму». Не дотримуючись проєкту Васильєва, Тон змінив останні 2 яруси дзвіниці, а замість неокласичного купола поставив на вершину псевдоруську золочену маківку, яка точно копіює маківку дзвіниці Івана Великого в Москві. Що було цілком у стилі розробленого його братом Костянтином канону православного неоруського храму. Парадоксальне рішення поєднати паладіанство із цитатами з російського білокам'яного зодчества разом із уже спорудженим собором єлизаветинського бароко створило дуже спірний еклектичний ансамбль. У підсумку домінанта, яка майже не відрізняється від Івана Великого з далекої перспективи, з одного боку маркувала простір міста як «московський» або «споконвічно російський», підтримуючи ідеологічний міф. З іншого – своєю архітектурою зміщувала фокус зі світськості на глибоку релігійність, зі схожості з католицизмом на православну ідентичність, з європейських цінностей на особливий шлях Росії.

Хай там як, у 1924 році собор був закритий більшовиками, пізніше слугував будівлею міської радіостанції, а в повоєнні роки – приміщенням для цехів швейно-фарбувального підприємства. У 1963 році Успенський собор увійшов до списку об'єктів спадщини республіканського (нині національного) значення. За проєктом київської реставраторки Валентини Корнєєвої з Державного науково-дослідного та проєктного інституту «УкрНДІпроектреставрація», розробленого в 1972–1975 роках, було здійснено реставрацію. У 1979 році до того ж реєстру ввійшла й дзвіниця. Її реставрація тривала до 1986 року, коли всю будівлю передали Харківській філармонії, де було відкрито Будинок органної та камерної музики. Крім того, що органна зала мала корисну громадську та культурну функцію, секуляризація культової споруди в Старому центрі, де і без того багато релігійних об'єктів, можливо, була близькою до духу Просвітництва. У 1990 році в соборі відновилися періодичні служби, а у 2009 році, незважаючи на громадську кампанію незгоди, Харківська обласна державна адміністрація (ХОДА) ухвалила рішення про передачу будівлі у власність Російської православної церкви Московського патріархату. Церковники, своєю чергою, відмовилися ділити приміщення з, так би мовити, католицьким музичним інструментом. Тому коштовний чеський орган *Rieger-Kloss*, який неможливо було перенести в нове приміщення, викинули. Це дало змогу ХОДА розпочати процес тривалого (2006–2019) та дорогого (майже 16 млн євро) зведення нової будівлі філармонії з органною залою за проєктом тодішнього головного архітектора області Михайла Рабіновича. Проєкт передбачав майже повне знесення іншої класицистичної будівлі – Старої опери на Римарській вулиці – з прибудовуванням до неї величезних нових об'ємів невизначених форм, купівлю та встановлення нового німецького органу вартістю 1,2 млн євро.

⊕ A Russian cruise missile strike targeting the Palace of Labour on 2 March 2022 damaged the clock on its bell tower and interior decoration and broke windows.

The nineteenth century saw the impressive 89-metre-high Alexander Bell Tower added to the Assumption Cathedral in Kharkiv. The tower is a monument in honour of the victory over Napoleon during the French invasion of the Russian Empire. After 1814, despite facing financial constraints, Alexander I launched a wave of new construction in the victorious aesthetics of the Empire Style. St Petersburg gained grand ensembles; Kharkiv, its tallest vertical landmark (1821–1844).

As the university architect responsible for designing the bell tower, Yevhen Vasyliev had the opportunity to create a strong vertical element to conclude the ensemble of Universytetska Street. If the New University Building had been influenced by the Neoclassicism of Giacomo Quarenghi, the Alexander Bell Tower allowed Vasyliev to explore his own architectural language. While bearing features of Palladianism, the tower's overtly secular design exhibited continuity with the Classical school of Slobidska Ukraine. Working in the context of the oldest part of the city, Vasyliev built relationships with his architectural predecessors. The bell tower needed to resonate with the previously dominant Pokrovskyi Cathedral, which had been built in the Ukrainian Baroque style, and simultaneously form a coherent ensemble with the Assumption Cathedral in the Elizabethan Baroque style with its altar by Rastrelli – hence the clear parallels with the work of the architect Dmitry Ukhtomsky. Accordingly, what we find here is the tranquillity of Neoclassicism on the one hand and, on the other, the abrupt articulation of the bell tower, the heavy rhythm of its five tiers, and a tense dominance – characteristics that are on a par with the passion of Michelangelo's Baroque.

The first tier was designed as a rectangular two-storey volume embellished with Tuscan-order pilasters on three sides. Its lateral façades had large Palladian windows. The second tier had a square plan with four columned porticos; the upper three tiers, a circular plan. The third tier boasted two columned porticos in the Composite order, while the fourth tier was divided by engaged columns supporting the entablature. In 1862 a four-faced striking and chiming clock was installed on the fifth tier. With its austere style and heroic grandeur, Vasyliev's architecture refers to a specific purpose of the bell tower – a secular temple or memorial church, akin to the secular incarnation of the Church of Saint-Sulpice in Paris as Temple of Victory during the French Revolution. It offered its own version of the Empire Style with a commemorative function – a manifestation of 'public Classicism.'[1]

Vasyliev's untimely death, however, prevented him from seeing the construction of the bell tower through to completion. The task of finishing the project was entrusted to Andrey Thon, a member of the Imperial Academy of Arts in St Petersburg who came to Kharkiv to replace Vasyliev as the university's architect. Andrey Thon was one of three brothers who were renowned architects, favoured by Nicholas I, and known for developing the concept of the so-called 'Neo-Russian cathedral'. Instead of adhering strictly to Vasyliev's design, Thon modified the last two tiers of the bell tower, replacing the Neoclassical dome with a pseudo-Russian, gilded onion dome that closely copied the dome on top of the Ivan the Great Bell Tower in Moscow. This substitution was in the spirit of the canon for an Orthodox Neo-Russian cathedral developed by his brother, Konstantin Thon. The paradoxical decision to combine Palladianism with elements from Russian 'white-stone' architecture in the immediate vicinity of the Elizabethan Baroque of the Assumption Cathedral created a highly controversial and eclectic ensemble. As a result, from a distance, the bell tower is almost indistinguishable from the Ivan the Great Bell Tower. On the one hand, this marks this urban space as unmistakably 'Moscow' or 'inherently Russian' and supports an ideological myth. On the other, Thon's modification

1 Classicism in the Russian Empire: this is equivalent to western Neoclassicism.

of Vasiliev's design shifts the focus from secularism to profound religiosity, from a resemblance to Catholicism to an Orthodox identity, and from European values to the nationalistic notion of Russia following a 'special path'.

In 1924 the cathedral and the bell tower were closed by the Bolsheviks. The bell tower was used as the city's radio station and then, after World War II, as workshops for a sewing and dyeing factory. In 1963 the Assumption Cathedral was designated an architectural monument of republican significance (it is now a national monument). The restoration was based on a project by Valentina Korneyeva, a restorer from UkrNDIproektrestavratsia State Scientific Research and Design Institute. This project spanned from 1972 to 1975. In 1979 the Alexander Bell Tower was similarly recognised as an architectural monument. Restoration of the bell tower continued until 1986, when the entire structure was handed over to the Kharkiv Philharmonic, which established the House of Organ and Chamber Music here. In addition to serving a valuable social and cultural function as an organ hall, the secularisation of this place of worship in the Old City, which is in any case crammed with religious sites, was much better suited to the spirit of the Enlightenment. In 1990 periodic church services resumed in the Assumption Cathedral. Subsequently, in 2009, despite public opposition, the Kharkiv Regional State Administration (KRSA) handed over the building to the Orthodox Church affiliated with Moscow. Thereafter, the clergy refused to share premises with the organ hall on the grounds that the organ is a Catholic musical instrument. Because it was impossible to relocate the organ to another location since it had been custom-designed for this particular space, the expensive Czech Rieger-Kloss instrument had to be discarded. This allowed the KRSA to embark on a lengthy and expensive (almost €16-million) process of constructing a new building for the Philharmonic with an organ hall (2006–2019). Designed by Mykhailo Rabinovych, the then chief architect of the Kharkiv region, this project involved the almost total demolition of another Neoclassical building, the Old Opera House on Rymarska Street, along with the addition of new large volumes of unclear forms and the acquisition and installation of a new German organ, costing €1.2 million.

1

Pavlo Dorohoi

Новий хімічний корпус Українського заочного політехнічного інституту (зараз – Хімічний корпус Української інженерно-педагогічної академії)
New Chemistry Building of the Ukrainian Correspondence Polytechnic Institute (now – the Chemistry Building of the Ukrainian Engineering Pedagogical Academy)

023 В

вулиця Університетська, 11
(з боку Університетської гірки)
Universytetska Street, 11
(on the University Hill side)
Самуїл М. Кравець
Samuil M. Kravets
1930

Один зі співавторів Держпрому, а згодом головний архітектор московського метрополітену Самуїл Кравець, працюючи в Харкові в 1920-ті роки, встиг спроєктувати декілька об'єктів конструктивізму, зокрема Хімічний корпус Українського заочного політехнічного інституту (УЗПІ). З 1921 по 1930 рік Університет називався Харківським інститутом народної освіти та мав робітничий факультет («робфак»), який готував малограмотних робітників та селян до вступу в заклади вищої освіти. Факультет можна було відвідувати заочно, не відриваючись від виробництва.

Oleh Nesterenko

Компактна чотириповерхова будівля, збудована в 1928–1930 роках і виконана у впевнених формах зрілого конструктивізму, все ще несе на собі відбиток раннього авангардного періоду. Динамізм композиції посилюється контрастом засклених лінійних площин із глухим об'ємом аудиторної частини, прикрашеним шрифтовою композицією «УЗПІ» українською мовою. Цей об'єм, що виступає дугою на рівні четвертого та п'ятого поверхів, асиметрично зміщує композицію будівлі ліворуч, до дзвіниці Успенського собору. Кравець вважає за краще працювати в середовищі, у яке він вбудовується своїм новим елементом, враховуючи наявну структуру комплексу будівель та споруд. Горизонтальна протяжність УЗПІ не конкурує з вертикалями Успенського і Покровського соборів, натомість створює єдиний ансамбль як з іншими спорудами, так і з земляними фортечними валами, що збереглися. При цьому, усвідомлюючи розкриття УЗПІ на дальших ракурсах Університетської гірки, Кравець пов'язує будівлю з Харківськими сходами за моделлю сходів Лоренцо Сімоне ді Андреоцці до храму Санта-Марія-ін-Арачелі. Зокрема, головна в'їзна артерія, що сполучає київський напрямок і залізничний вокзал зі Старим містом – Полтавський Шлях – буквально «влітає» в нього через сходи.

Задля розкриття свого художнього задуму Кравець продовжує розкладати рівні взаємодії об'єкта із середовищем на ближні та дальні. У дугоподібній формі аудиторії простежується метафора прапора, що розкривається лише з ближнього ракурсу. З дальнього ж він відштовхується від ландшафту (річка Лопань, набережна, вали та яруси), як і багато інших конструктивістів, розігруючи образ корабля, який рухається над річкою. Обидві метафори неодноразово використовувалися в художньому оформленні агітаційних та сценічних елементів для міських масових дійств із залученням УЗПІ як частини декорацій. У 2000 роки тему корабля й палуб підтримав архітектор Юрій Спасов зі своїм біло-прозорим, терасованим літнім рестораном «Fashion», що розмістився праворуч від УЗПІ.

> Samuil Kravets, one of the co-architects of Derzhprom and later the chief architect of the Moscow metro, worked in Kharkiv during the 1920s and was responsible for several Constructivist projects, including the New Chemistry Building of the Ukrainian Correspondence Polytechnic Institute, known by its Ukrainian abbreviation UZPI. From 1921 to 1930, this institute was referred to as 'Kharkiv Institute for Public Education' and included a workers' faculty or *rabfak*, whose purpose was to prepare illiterate workers and peasants for higher education through correspondence courses (which meant that they could continue working while studying).

The compact four-storey building, constructed between 1928 and 1930, displays the confident and mature forms of Constructivism while still exhibiting traces of the early Avant-garde period. The composition exudes dynamism, emphasised by the contrasting juxtaposition of glazed linear surfaces with a solid lecture hall section marked with the letters 'UZPI'. This volume, which protrudes in an arc on the fourth and fifth floors, asymmetrically shifts the building's composition to the left, in the direction of the Alexander Bell Tower. Kravets preferred working in an existing architectural environment, where he could integrate his new element into an established arrangement of buildings. The horizontal length of the UZPI building refrains from competing with the verticals of the Alexander Bell Tower and Pokrovskyi Cathedral. Instead, it creates a unified ensemble with the other buildings and the preserved earth ramparts. At the same time, aware of how the UZPI building would be seen in distant views of University Hill, Kravets intentionally linked the building to the Kharkiv Stairs, following the model of Lorenzo di Simone Andreozzi's stairs leading to the Basilica of Santa Maria in Aracoeli. This allows Poltavskyi Shliakh Street, which is the main artery leading into Kharkiv's Old City from Kyiv past the railway station, to literally 'fly into' Kravets' building over the stairs.

To reveal his artistic idea, Samuil Kravets continued to break down the levels of interaction between the building and its environment into near and far ones. In the arc shape of the lecture hall section one can discern the metaphor of a flag – properly visible only when observed up close. On the other hand, in planning how his building would be seen from a distance, Kravets drew on the surrounding landscape – the Lopan River,

1

Pavlo Dorohoi

the embankment, the earth ramparts, and the tiers – to stage, like many other Constructivists, the image of a ship sailing over the river. Both metaphors were frequently used in the artistic design of propaganda and scenery for mass events in the city, with the UZPI building often serving as part of a backdrop. In the 2000s the architect Yurii Spasov picked up the theme of ships and decks in his white and transparent terraced summer restaurant Fashion, situated to the right of the UZPI building.

Харківські сходи
Kharkiv Stairs

024 B

Університетська гірка
University Hill

Петро З. Крупко, Георгій Д. Іконніков
Реконструкція: Борис Г. Клейн,
Іван І. Приходько
Petro Z. Krupko, Georgii D. Ikonnikov
Reconstruction: Boris H. Klein,
Ivan I. Prykhodko
1933, 1957

Монументальні конструктивістські сходи були побудовані в 1927–1933 роках на місці старих дореволюційних сходів. Гранітна конструкція, що стелиться схилом земляних валів, веде на вершину Університетської гірки і є частиною проєкту комплексного облаштування Пролетарського майдану (зараз Сергіївського) та берегів річки Лопань. Завдяки роботам, виконаним за проєктом головного архітектора міста Петра Крупка та Георгія Іконнікова, кам'яне вбрання річки мало єдиний дизайн зі сходами та оглядовим майданчиком Університетської гірки. Загальна стилістика, матеріали, фактури, кольори, форми та розмірний модуль давали змогу не лише створити візуальні зв'язки, а й зібрати докупи панораму Університетської гірки у кількох ракурсах та планах.

Модерністська інженерна споруда Крупка й Іконнікова має вдало збалансовану згідно з розрахунками висоту підсходинки (15 см) та ширину проступів (36 см). Сходи складаються з 50 сходинок, мають 3 сходові марші з 2-ма майданчиками – за крутості схилу не створюється відчуття небезпеки для

пішохода. До повоєнної реконструкції підпірні стіни сходів мали асиметричний вигляд. Гладенький сірий граніт сходинок поєднувався з рваним гранітом правої підпірної стінки, оформленої у вигляді вертикального пілона із закругленим кутом.

На жаль, у межах повоєнної сталінської реконструкції Старого міста, сходи, як і інші об'єкти міжвоєнного модернізму, зазнали «покращень» соцреалістичним декором. Унаслідок чого набули симетричного вигляду, втратили пілон, замість нього отримали два величезні вазони, прикрашені снопами пшениці. Але ці незначні зміни не здатні порушити досконалість ритмічного малюнка сходового масиву, як і аскезу холодної естетики 1930-х, що взаємодіє з чуттєвим ландшафтом. Саме з цих сходів розкривається одна з найбільш приголомшливих панорам Харкова на район Залопань та його «прострільну» магістраль Полтавський шлях, що веде до залізничного вокзалу. Тут видно рисунок гладіні річки Лопань з безліччю паралельних ліній: набережної, рейок трамвая, доріг і тротуарів, зеленого бульвару ландшафтної архітекторки Ганни Маяк. Звідси легко можна уявити масштаби бойових дій періоду Другої світової війни, а також ландшафти іншої епохи – Харківської фортеці та її еспланади XVII століття.

> The monumental Constructivist stairs, which replaced the old pre-Revolutionary stairs, were built between 1927 and 1933. This granite structure, descending along the slope of the earth ramparts, provides access to the summit of University Hill and was an integral part of the project for comprehensive development of Proletarskyi Square (now Serhiivskyi Square) and the banks of the Lopan River. Petro Krupko, the chief architect of Kharkiv, and Georgii Ikonnikov collaborated on a unified design for the stone decoration of the riverbanks, the new stairs, and an observation platform on University Hill. Their overall stylistic features, materials, textures, colours, shapes, and a dimensional module made it possible not only to create visual connections but also to put together a panorama of University Hill from diverse angles and perspectives.

Denys Panchenko

1

The Modernist engineering structure designed by Krupko and Ikonnikov has meticulously calculated, well-balanced step dimensions, with a step height of 15 centimetres and a tread width of 36 centimetres. Comprising 50 steps organised into three flights with two landings, the staircase is consistently pedestrian-friendly despite the steepness of the ascent. In their original form, before their post-WWII reconstruction, the stairs had asymmetrical retaining walls. The smooth grey granite of the steps combined with the rough-faced granite of the right retaining wall, which was shaped like a vertical pylon with a rounded corner.

Regrettably, during the post-WWII Stalinist reconstruction of the Old City, the stairs, like many other inter-war Modernist structures, underwent 'improvement' through application of Socialist Realist decoration. As a result, they acquired a symmetrical appearance and lost the pylon, which was replaced by two substantial vases adorned with sheaves of wheat. These insignificant alterations could not, however, diminish the perfection of the staircase's rhythmic pattern or the asceticism of its cold 1930s aesthetic, which interacted harmoniously with the surrounding sensuous landscape. These stairs offer an unparalleled vantage point from which to contemplate one of Kharkiv's most striking panoramas, looking towards the direction of the Zalopan district and its ramrod-straight thoroughfare, Poltavskyi Shliakh Street, which leads to the railway station. Here you can enjoy the smooth expanse of the Lopan River amidst a plethora of parallel lines – the embankment, the tram rails, roads, walkways, and the verdant boulevard designed by the landscape architect Hanna Maiak. From the top of the stairs it is also easy to imagine the scale of the wartime events that unfolded in this location during World War II as well as the landscapes of a bygone era, including the seventeenth-century esplanade of Kharkiv Fortress.

Парк «Стрілка» та набережна річки Лопань
Strilka Park and Lopan River embankment
провулок Банний, 2
Bannyi Lane, 2

025 В

Парк «Стрілка» розкинувся в заплаві 2-х основних річок міста – Харків та Лопань – і названий так на честь розташованого тут мису (Лопанська стрілка) клиноподібної форми, що утворився внаслідок їх злиття. Стрілка річок – вкрай важливе історичне місце міста, оскільки саме з цього закруту зародилося Харківське городище і саме його форма надалі вплинула на всю міську структуру. Трикутний парк у формі стріли займає весь мис і прилеглу до нього територію, потім розходячись на два боки в набережні, що оперізують усе місто. Парк, повний старовинних дерев, був розбитий на початку XX століття, а наприкінці XX століття перетворився на пустку. У межах підготовки міської інфраструктури до проведення чемпіонату з футболу Євро-2012 парк було реконструйовано. У річищі поширених у всьому колишньому СРСР муніципальних практик з благоустрою громадських просторів, елементи радянського дизайну були замінені на типові об'єкти та сучасні матеріали, що швидко псуються. Тоді ж замість старого тросового пішохідного мосту було збудовано новий, копію мосту Еразма в Роттердамі. До того ж як частину провладної клерикалізації міського простору у 2013 році

тут було встановлено скульптуру апостола Андрія Первозванного, який ніяк не стосується Харкова. Незважаючи на все це, органічне трасування та близькість природної води зробили Стрілку одним з найпопулярніших парків і єдиним, у якому міська влада дозволяла сидіти та лежати на газонах. У 2020 році з сумнівних причин парк знову реконструювали.

Попри заміну оригінальних натуральних гранітних парапетів і чавунного лиття 1930-х на незграбні огорожі з гнутих прутів, куль і стовпчиків, облицьованих китайською шліфованою гранітною плиткою, набережна зберегла весь конструктив міжвоєнного періоду. Береги річки Лопань були взяті (або «одягнені») в гранітний камінь у межах Першої радянської реконструкції Старого центру під керівництвом Петра Крупка, який на той момент працював головним архітектором управління благоустрою Харкова. Аскетичні форми гладеньких гранітних плит на крутих берегах поєднуються зі складними композиціями чотирьох східчастих спусків до води. Невеликі кам'яні сходи фланкують мис Стрілка обабіч. А найбільші тримаршеві розпашні сходи мають на вершині паралелепіпедоподібний оглядовий майданчик. Цоколь, парапети та тротуари спуску зібрані з потужних квадрів граніту. Сходи через додаткові бічні марші одночасно пов'язують набережну з архітектурою Лопанського мосту та ведуть до човнової станції. Звідси відкривається перспектива вже на два комплекси гранітних сходів: передній план – сходи, що спускаються до води, і задній – Харківські сходи, що піднімаються на Університетську гірку. Саме човнова прогулянка дає змогу насолодитися кам'яним вбранням берегів та архітектурними панорамами набережних. А проходження через місце злиття річок – розглянути кульмінаційну точку річкового каналу, тобто саму стрілку, майстерно заокруглену в камені.

Зі стійкою періодичністю в кожному генплані Харкова виникала ідея комплексного втілення всієї системи річок Харкова як водно-зелених артерій-рекреацій. Спробу створення лінійного ландшафтного комплексу річка+набережна+бульвар було здійснено в 1949 році в межах повоєнної сталінської реконструкції Старого міста відповідно до генплану Олександра Касьянова. Ділянку такого бульвару, що розташовується між парком «Стрілка» й Терасним парком, добре видно з оглядових майданчиків Університетської гірки. Бульвар розкинувся на фундаментах будинків XIX – початку XX століть. Щільну мережу кварталів, що займала майже всю заплаву річки, було капітально зруйновано під час артилерійських боїв між Червоною армією і німецькими військами, що стояли на двох берегах річки Лопань. Відповідно до неформального гасла генплану 1949 року «Краще будувати парки, ніж будинки» руїни були розчищені, завдяки чому утворилася своєрідна еспланада перед Університетською гіркою (Харківською фортецею). Бульвар, який розташувався вздовж колишньої лінії бою, подібно до Віденського Рінгу, мав іти паралельно з річкою в напрямку району Олексіївка. З одного боку, таке рішення облагородило б вулицю Клочківську, з іншого – нанизуючи на себе схили парків і каскади скверів, об'єднало б роздрібнені зелені зони міста в єдину систему. План було реалізовано лише на невеликій показовій ділянці.

У 1960-ті проєкт уже модерністських за формою лінійних зелено-водних конекторів став однією з головних ідей теоретика міста та містобудівника, автора генплану Харкова періоду відлиги 1962–1964 років Віктора Антонова. На той час Антонов розглядав Харківські річки та набережні як пішохідні й транспортні конектори. Крім того, і в радянський період, і під час усіх передвиборчих перегонів у 2000 роки повсякчас випливали обіцянки про будівництво річкового трамваю, який здійснив би мрії харків'ян про річку як транспортну чи судноплавну артерію. Ці плани здаються сьогодні не менш утопічними, ніж у 1930-х, бо і Харків, і Лопань – мілководні та вкрай забруднені річки. За особливої любові до архітектурних і ландшафтних

реконструкцій Харківській міськраді варто було б приділити увагу своїм безпосереднім обов'язкам: підтримці комунальної інфраструктури, міської екології, зеленим насадженням та водному комплексу. Природну та публічну воду в Харкові міська влада так і не змогла побачити як зацікавленість, тому реалізації не дістала жодна з екологічно орієнтованих ідей.

> Strilka (Arrow) Park, situated in the floodplain where the Kharkiv and the Lopan, the city's major rivers, converge, derives its name from the wedge-shaped promontory formed by this confluence, known as 'Lopan Arrow'. The confluence is of great historical significance as it marks Kharkiv's origin as a settlement; its shape has strongly influenced the city's overall structure. A triangular, arrow-shaped park occupies the entire promontory and its surroundings before branching out in two directions to encompass the entire city.

Full of old trees, the park was established in the early twentieth century but had fallen into disrepair by its end. It was reconstructed as part of the preparations for the Euro 2012 football championship. As has often happened throughout the former Soviet Union when municipal authorities have upgraded public spaces, elements of Soviet urban design were replaced with standardised elements made of rapidly deteriorating modern materials. Simultaneously, a simple suspension pedestrian bridge was replaced by a new cable-stayed structure replicating the Erasmus Bridge in Rotterdam. Furthermore, in line with the clericalization of urban space pursued by city officials, a sculpture of Andrew the Apostle, a figure with no relation to Kharkiv's history, was installed here in 2013. Despite these changes, Strilka Park remains one of the city's most popular parks, offering a perfect mix of organically laid out walks and proximity to natural water. Notably, this is the only park where the local authorities permit people to sit and lie on the lawns. However, in 2020 the park underwent further reconstruction, the reasons for which remain questionable. Despite the replacement of the original natural granite parapets and 1930s cast-iron details with clumsy railings made of bent rods, balls, and posts lined with polished Chinese granite tiles, the embankment retains its overall structure from the inter-war period. During the first Soviet reconstruction of the Old City under Petro Krupko, the then chief architect at the Kharkiv Improvement Department, the banks of the Lopan River were dressed in granite. The ascetic forms of the smooth granite slabs of the steep banks combine well with the intricate compositions of the four staircases leading down to the water. Two smaller sets of stone stairs flank the promontory, while the largest three-flight bifurcated staircase has a parallelepiped observation platform at the top. The baseboard, parapets, and pavement of the descent are of substantial square granite slabs. Additional side steps in the larger staircase connect the embankment with the architecture of Lopan Bridge and lead to a boating station. This vantage point offers a perspective view of two granite staircases, one of which descends to the water in the foreground, while the other, the Kharkiv Stairs, ascends to University Hill in the background. A boat trip allows visitors to appreciate the stone decoration along the riverbanks and the architectural panorama of the embankment. Passing through the confluence of the rivers, the eye captures the elegantly rounded stone form of the arrow, the point marking the culmination of the river's channel.

Every general plan drawn up for Kharkiv in the city's history has contained the idea of a comprehensive solution for the city's system of rivers as aquatic green arteries and recreational spaces. In 1949, under the general plan proposed by Oleksandr Kasianov as part of the post-WWII reconstruction of the Old City, an attempt was made to create a linear landscape ensemble encompassing the river, the embankment, and a boulevard. A segment of this boulevard, located between Strilka Park and the Terraced Park, is prominently visible from the University Hill observation deck. The boulevard was constructed on the foundations of nineteenth- and early twentieth-century houses. The dense grid of city blocks that once occupied nearly the entire floodplain had been severely damaged during artillery battles between the Red Army and German troops on either side of the Lopan River in World War II. Adhering to the general plan's unofficial motto of 1949, 'It is better to build parks rather than houses,' the ruins were cleared, creating an esplanade of sorts in front of University Hill, the historical site of the Kharkiv Fortress. The boulevard was to have run along the former battle line, parallel to the river, towards the Oleksiivka residential area in a manner recalling Vienna's Ring. The idea was that it would ennoble Klochkivska Street while also integrating the city's fragmented green spaces into a coherent system encompassing the slopes of parks and cascades of garden squares. However, only a small section of this plan was ever realised – as a pilot scheme.

In the 1960s a proposal centred on Modernist-inspired, linear, green-water connectors was one of the main ideas put forward by Viktor Antonov, an urban theorist, planner, and the author of Kharkiv's general plan of 1962–1964. In keeping with the spirit of the era, Antonov envisioned Kharkiv's rivers and embankments as pedestrian and transportation links. A recurrent element in both plans from the Soviet period and various election campaigns in the 2000s was the idea of a river tram – a proposal which addressed the aspirations of Kharkiv's residents for the river to serve as a transport and navigable artery. These plans, however, remain as utopian today as they did in the 1930s, given that both the Kharkiv and Lopan rivers are shallow and relatively polluted. For all its love for architectural and landscape renovations, the city council should unquestionably devote greater attention to its primary responsibilities, which include the maintenance of public infrastructure, urban ecology, green areas, and the system of waterways and aquatic features. Unfortunately, city officials have consistently failed to recognise the value of natural and public water resources, which is why no environmentally oriented initiative has ever been realised here.

Терасний сквер
(зараз – Покровський сквер)
Terraced Garden Square
(now – Pokrovsky Square)

узвіз Соборний
Sobornyi Descent

Ганна С. Маяк, Георгій Г. Вегман,
І. Я. Жилкін, Михайло С. Луцький
Hanna S. Maiak, Georgiy G. Vegman,
I. Y. Zhylkin, Mykhailo S. Lutskyi
1952

Терасований парк розбили в 1951–1952 роках уздовж водно-фонтанного каскаду в межах повоєнного генплану 1949 року головного архітектора Харкова Олександра Касьянова. Концепція цього генплану складалася, зокрема, з програми комплексного озеленення міста, а руйнування під час війни сприймалось як можливість цього озеленення. Неформальним слоганом генплану було: «Краще будувати парки, а не будинки».

У XVIII столітті на цій ділянці розташовувався терасований сад ченців Покровського монастиря. З 1875 року тут стояла будівля Старого пасажу Пащенка-Тряпкіна з численними крамницями, суттєво зруйнована під час міських боїв Другої світової війни. Руїни будівлі були розібрані, а фундаменти стали основою терасного схилу. Головним автором Терасного парку була ландшафтна архітекторка Ганна Маяк. Саме їй належить більшість проєктів усіх зелених зон Харкова 1940–1950-х років. Крім практики, Ганна Маяк була відомою в Харкові педагогинею, містозахисницею та екоактивісткою. На жаль, багато її робіт спотворені, перебудовані або повністю знищені комерційною забудовою та муніципальним благоустроєм у 2010-ті. Спадщина ландшафтної архітектури – галузі, в якій традиційно переважають жінки – є найбільш невидимою, недооціненою та вразливою. Оскільки по суті ландшафтний архітектор, на відміну від звичайного архітектора, працює не з об'ємами будівель, а з порожнечею. А зелені зони все ще сприймаються як ресурс для забудови.

З одного боку, у проєкті скверу втілено ідеї соцреалістичного паркового мистецтва з його дотриманням

палацово-паркових прототипів у вигляді Петергофа Жана-Батиста Леблона. Соцреалізму якнайкраще підходив регулярний парк із суворим плануванням, осями, симетрією, сходами, фонтанами та іншими «надмірностями». Але і через Петергоф, і через прототип прототипу – Версаль – у простір соцреалізму вривається гедоністичне бароко. А в простір Маяк, збагачений ритмічною динамікою наростання майданчиків і фонтанів з басейнами, що пульсують та розширюються, і безліччю криволінійних сходів вривається естетика XVIII століття з його чуттєвістю, розкутістю і розкішшю. З кожного майданчика розкривається новий несподіваний ракурс на панораму міста в бік річки у дусі барокового паркового прийому «ох і ах!». Парк досі зберіг різноманітність порід дерев і кущів, які дібрала Маяк, що забезпечує свіжим повітрям Університетську гірку.

Терасний парк межує з Покровським монастирем, на території якого функціонував Харківський колегіум, де в 1759–1769 роках викладав бароковий філософ, мандрівник Григорій Сковорода, і в 1992 році на верхньому майданчику йому було встановлено тонкий і виразний пам'ятник. Автором бронзової скульптури був найвідоміший український скульптор ще міжвоєнного періоду – кубофутурист Іван Кавалерідзе. Скромна постать Сковороди не височить на п'єдесталі, а стоїть на одному рівні з людиною, має пропорційний їй масштаб. У роботі Кавалерідзе немає ні пафосу, ні химерності, як і в самій філософії Сковороди.

> The Terraced Garden Square, laid out between 1951 and 1952 beside the cascading fountains, was part of the post-WWII general plan drawn up in 1949 by Oleksandr Kasianov, Kharkiv's chief architect. The approach adopted by this general plan involved, among other things, a comprehensive urban greening programme for the city. The devastation wreaked by World War II was seen as an opportunity for just such a transformation. Accordingly, the unofficial motto for the general plan was, 'It is better to build parks rather than houses.'

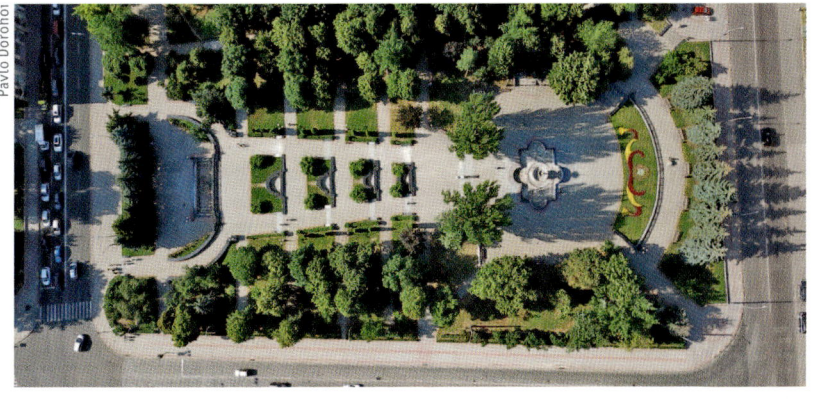

In the eighteenth century this was the site of the terraced garden of the monks of Pokrovskyi Monastery. From 1875 to World War II the Old Passage building, a shopping arcade owned by the entrepreneurs Pashchenko and Triapkin, stood here. It was substantially destroyed during street fighting in the war. Subsequently, the ruins of the arcade were dismantled, and the foundations became the basis for the Terraced Garden Square. The idea behind the garden square belonged to the landscape architect Hanna Maiak, who was responsible for most of the green-space projects realised in Kharkiv in the 1940s and 1950s. Besides her practical work, Hanna Maiak was a renowned educator, urban conservationist, and eco-activist in Kharkiv. Sadly, many of her projects fell victim to interventions, reconstruction, or total destruction, swept aside by commercial development and municipal 'improvements' in the 2010s. Landscape architecture, a field traditionally dominated by women, is a legacy that remains largely inconspicuous, undervalued, and vulnerable. This perhaps has something to do with the fact that the role of the landscape architect differs markedly from that of the traditional architect: landscape architects do not work with building volumes but shape the spaces in between, working with voids. Green spaces, however, are still seen as a resource for development.

On one hand, the Terraced Garden Square project embodies the ideals of Socialist Realist garden design with its commitment to the original palace-and-park prototypes, such as the park and gardens designed by Jean-Baptiste Le Blond at Peterhof, outside St Petersburg. Characterised by a strict layout, axes, symmetry, steps, fountains, and other 'excesses', such formal gardens made an exceptionally good fit with Socialist Realism. On the other hand, the examples of Peterhof and Versailles (the prototype of the prototype) were a gateway through which hedonistic Baroque burst into the Socialist Realist space. Just so, the eighteenth-century aesthetic with its sensuality, liberation, and abundance burst into Hanna Maiak's space here, enriched by the rhythmic dynamics of ascending terraces and fountains and complete with pulsating, expanding pools and numerous curvilinear steps. In the spirit of the 'oh! and ah!' Baroque garden approach each terrace offers a new and unexpected view of the city's panorama in the direction of the river. The garden square still boasts a rich variety of tree and shrub species, carefully selected by Hanna Maiak, which contribute to the fresh air on University Hill.

In view of the fact that the Terraced Garden Square abuts the grounds of Pokrovskyi Monastery, the former site of Kharkiv Collegium, where Hryhorii Skovoroda, a philosopher of the Baroque period, taught from 1759 to 1769, a fine and expressive monument to him was erected on the garden's upper platform in 1992. This bronze sculpture was created by the Cubo-Futurist Ivan Kavaleridze, the most renowned Ukrainian sculptor, known particularly for his interwar work. The unassuming figure of Skovoroda is not elevated on a pedestal but stands at eye level with viewers, maintaining a commensurate scale. Much like Skovoroda's philosophy, Kavaleridze's work eschews grandeur and pretentiousness.

Житловий будинок Турбогенераторного заводу
Residential building of the Turbogenerator Plant

027 B

вулиця Університетська, 9
Universytetska Street, 9
Георгій Г. Вегман, Есфірь Н. Бельман
Georgiy G. Vegman, Esfir N. Belman
1952

Другий у районі Старого міста сталінський соцреалістичний житловий будинок Турбогенераторного заводу. Хоча комплекс формально і призначався для працівників, фактично у ньому проживало тільки керівництво та заводська еліта Турбогенераторного заводу.

П'ятиповерхова будівля зведена в 1951–1952 роках на місці напівзруйнованого під час Другої світової війни Гостинного двору (магазинів зі складами). Авторами проєкту були спеціалісти харківського проєктного інституту «МіськБудПроєкт»: радянський архітектор, відомий завдяки своїм конструктивістським роботам, Георгій Вегман (з 1944 і до смерті проживав і працював у Харкові) та харківська архітекторка Есфірь Бельман. Будівля є проєктом повторного використання житлового будинку, що його розробив Вегман для проспекту Леніна (зараз Соборний) у Запоріжжі, після чого одержав у 1948 році першу премію Всеукраїнського конкурсу за

Denys Panchenko

«найкращу збудовану будівлю». У будинку було запроєктовано 65 квартир (переважно дво- та трикімнатних), продуктовий магазин «Дієта» (зараз – «Покровський») на першому поверсі та пральню в підвалі.

Будівля є єдиним містобудівним ансамблем із Терасним сквером, у якому Вегмана також зазначають співавтором. Подібно до палацово-паркового комплексу XVII–XVIII століть, каскад фонтанів і сходів веде до своєї кульмінації – «палацу», що стоїть на вершині. У втіленні основного фасаду, який увійшов у панораму Університетської гірки, Вегман звертається до спадщини неоренесансу, впевнено працюючи в його пропорціях і не боячись використати великі площини голої стіни. Верхній полегшений ярус складається з низки «вирізаних» у простому об'ємі будівлі лоджій 4-го і 5-го поверхів та утрируваного аттика з невеликими квадратними мезонінними вікнами. Нижній обтяжений ярус розчленований гранчастими еркерами та двоповерховими вхідними групами продуктового магазину. Оскільки сталінській неокласиці властиво тяжіти до «фасадного методу» – роботи тільки над одним основним фасадом будівлі, то три інші мають риси недопрацьованості (особливо необґрунтованим виглядає громіздкий ризаліт з аркою на Спартаківському провулку).

Як і низка інших архітекторів, що в 1920–1930-ті роки мали модерністський досвід, у повоєнний соцреалістичний період Вегман обережно працює з декором. На відміну від підходів молодих соцреалістів 1950-х, його роботи вирізняє скрупульозна продуманість і невипадковість декоративних рішень. Насичений символами та пластикою декор обмежений і чітко локалізований у площині гладеньких стін. При цьому як елемент килимового орнаменту Вегман досить вільно використовує радянську символіку. Поглиблення лоджій підкреслене темно-теракотовою підкладкою, орнаментованою флористичними й радянсько-народними мотивами. Еркери прикрашені рельєфами снопів пшениці з серпами, п'ятикутними зірками та циркулями з косинцями, лопатки на кутах будинку – глечиками з квітами та зірками. Центральну вісь акцентує соцреалістична скульптурна група робітника та колгоспниці, що спираються на величезний годинник. Суворе реалістичне зображення втомлених після важкого дня чоловіка і жінки, що вдивляються в захід сонця, покликане передати спокійну владу та силу трудящих над своєю землею. Характерні пропорції об'єкта, символізм художньо-пластичних елементів та спосіб їх скупого розміщення складаються в окремий міфопоетичний наратив на соціалістичну тему. Але навіть більше: як корифей радянської архітектури, тут Вегман демонструє свою здатність запропонувати власну індивідуальну версію соцреалізму, через який він трактує вічне, – ренесанс.

> This is the second residential building in the Old City designed in the Socialist Realist style for the Turbogenerator Plant. While officially intended for workers, it primarily accommodated the plant's top management and elite.

Constructed from 1951 to 1952, this five-storey building occupies the site where the late eighteenth-century Hostynnyi Dvir ('guest court') once stood. The latter, an indoor shopping centre with warehouses, was partly destroyed during World War II. The architects of

the new residential building were Georgiy Vegman and Esfir Belman from the Miskbudproekt Design Institute. Vegman, a renowned Soviet architect known for his Constructivist projects, lived and worked in Kharkiv from 1944 until his death.

The building is the reuse of a project that was originally designed by Vegman for Lenin Avenue (now Sobornyi Avenue) in Zaporizhzhia. It earned the prestigious first prize in the 1948 All-Ukrainian competition for the best construction project of the year. The structure comprises 65 flats, mainly two- and three-room units, along with a Diet grocery shop (now known as 'Pokrovskyi') on the ground floor and a laundry in the basement.

This residential building forms a coherent urban ensemble with the Terraced Garden Square, a project for which Georgiy Vegman is credited as a co-author. Just as in the palace-and-park complexes of the seventeenth and eighteenth centuries, a cascade of fountains and stairs leads to a culmination – to the 'palace' atop the hill. In designing the main façade, which is part of the panoramic view of University Hill, Vegman drew inspiration from Neo-Renaissance heritage, demonstrating great confidence in his handling of proportions and boldness in his use of large, unadorned expanses of wall.

1

Oleh Nesterenko

The relatively light upper tier has a series of loggias 'carved into' the building's simple volume on the fourth and fifth floors. This upper tier also boasts an exaggerated attic with small square mezzanine windows. The lower, weightier tier is articulated by faceted bay windows and double-height entrances for the grocery shop. In line with Socialist Realism's propensity for a 'façade approach', where only the main façade is extensively detailed, the other three façades seem somewhat incomplete, with the bulky avant-corps along Spartakivskyi Lane looking especially unjustified.

Like a number of other architects who had experience working in the Modernist style in the 1920s and 1930s, in his post-WWII Socialist Realist phase Georgiy Vegman took a careful approach to decoration. In contrast to the youthful Socialist Realists of the 1950s, his work stands out for meticulous thought and well-judged decorative decisions. While rich in symbols and plasticity, the decoration he uses is sparing and confined to the smooth surface of the walls. At the same time, he makes free use of Soviet symbols as elements of surface ornamentation.

The loggia recesses are emphasised by a dark terracotta underlay ornamented with floral and Soviet-folk motifs. The bay windows are embellished with reliefs depicting sheaves of wheat with sickles, five-pointed stars, squares, and compasses, while the corner lesenes are adorned with floral jugs and stars. The central axis is accentuated by a Socialist Realistic sculpture portraying a worker and a *kolhosp* (collective farm) woman leaning against a large clock. This starkly realistic depiction of a man and a woman wearied by a day's labour and gazing into the sunset is meant to convey the workers' serene power and mastery of their land. The building's distinctive proportions, the symbolism of the decorative elements, and the sparseness with which they have been arranged collectively create a separate mythopoetic narrative on Socialist themes. As a patriarch of Soviet architecture, Georgiy Vegman demonstrates here his ability to offer a personal version of Socialist Realism through which he interprets the eternal – the Renaissance.

Покровський собор
Pokrovskyi Cathedral

028 **B**

вулиця Університетська, 8
Universytetska Street, 8
Архітектор невідомий
Реставрація: Валентина І. Корнєєва,
Володимир Б. Петичинський
Architect unknown
Restoration: Valentina I. Korneyeva,
V. B. Petichinskii
1689, 1965

Харківський колегіум
(зараз – Архієрейський
будинок)
Kharkiv Collegium
(now – Bishop's House)

029 **B**

вулиця Університетська, 8
Universytetska Street, 8
Архітектор невідомий
Реконструкція: Євген О. Васильєв
Architect unknown
Reconstruction: Yevhen O. Vasyliev
кінець XVII століття / late 17th century,
1826

Аналогічно європейським феодалам чи магнатам Нового часу, на Слобідській Україні, всупереч державі та церкві, зростає вплив на політику та культуру представників козацької еліти. Харківська фортеця протягом століття з моменту заснування перебувала під керівництвом козацьких полковників та старшин зі старовинних шляхетських родів. Донці-Захаржевські, Квітки, Шидловські, Сірки та інші стали певною мірою «батьками-фундаторами» міста. Обсяг їхніх меценатських пожертвувань і якість архітектурних об'єктів, збережених досі й виконаних на їхнє замовлення, у формуванні міста демонструють роль еліт, яка конкурує з роллю монархії.

Найстарішою будівлею Харкова і найвідомішим пам'ятником слобожанського бароко є Покровський собор – об'єкт культурної спадщини національного реєстру України. Собор був споруджений в 1689 році як домашня церква роду Григорія Донця-Захаржевського на території його полковницького двору. Будівництвом займалася артіль, яка зводила церкви в резиденції гетьманів Лівобережної України – місті Батурині,

а також в Ізюмі та Ніжині. Кам'яна трику-
польна, чотириярусна церква вежового
типу має зимовий храм (опалювальний)
на першому поверсі та літній (неопалю-
вальний) на другому.. Стоячи окремо,
восьмикутна шатрова дзвіниця нага-
дувала оборонну вежу. Як і всьому ко-
зацькому бароко, Покровському собору
властиві багатоярусність та розчлено-
ваність форм поясами, гранчастість усіх
об'ємів, зокрема бутоноподібних бань.
Відмінною ж характеристикою слобо-
жанського бароко була монохромна ко-
лірна гама, в якій графічність витонче-
них чорних бань контрастує з рукотвор-
ною масою стін, фактурно вибілених
вапном. Особливу драматичність і на-
пруженість храму надає парадоксаль-
ний контраст між рваним і уривчастим
силуетом трьох злітаючих угору веж
і їхніми примхливо вигнутими ліні-
ями куполів з великоваговою і грубою
пластикою стін, що копіюють
форми похмурого народного дерев'я-
ного зодчества. Побудована з приват-
ної ініціативи на приватній терито-
рії, церква займала домінантне ста-
новище на вершині Університетської
гірки і боролася таким чином за вплив
у міському середовищі.

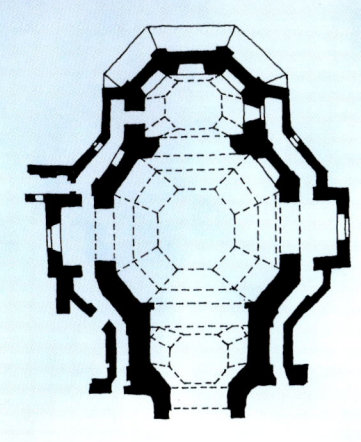

1

До комплексу полковницького двору
входила, зокрема, кам'яна двоповер-
хова садиба Донця-Захаржевського,
також виконана у козацькому ба-
роко. Комплекс був успадкований ро-
дом Шидловських, після чого пе-
рейшов у власність княжого прізви-
ща Кантемирів. У 1726 році
з ініціативи Єпіфанія Тихорського та
Михайла Голіцина був викуплений для
організації чоловічого монастиря з ко-
легіумом. Харківський колегіум, від-
критий для всіх верств населення, сла-
вився як перший заклад вищої освіти
Слобожанщини та другий після Києво-
Могилянської академії за значущістю
в Україні. У 1765 році було відкрито

додаткові (*рос.* – «прибавочные») класи з підготовки архітекторів та інженерів, закінчення яких давало право офіційно займатися проєктуванням та будівництвом. Колегіум утратив свій вплив через відкриття 1804 року Харківського імператорського університету. Після перетворення Колегіуму на духовну семінарію в 1820–1826 роках його будівлю реконструює під Архієрейський будинок архітектор Євген Васильєв в дусі палладіанства.

Із 1920 року Архієрейський будинок використовувався Історичним музеєм для розміщення експозиції. Покровський же собор у 1924 році був закритий більшовиками, а його бані розібрані. Як у імперські часи, так і в СРСР українське козацьке бароко (державний стиль Гетьманщини, що служив функції націогенезу України) вважалося шкідливим націоналістичним, ба більше – сепаратистським стилем. Незважаючи на визнану українськими містозахисниками цінність, Покровський собор не реставрували та не охороняли як об'єкт спадщини аж до Відлиги. У 1960–1965 роках Державний науково-дослідний та проєктний інститут «УкрНДІпроектреставрація» на базі дослідження розробив проєкт реставрації під орудою київської реставраторки Валентини Корнєєвої, яка також реставрувала Успенський собор у Харкові та Андріївську церкву в Києві. Архітектори та реставратори «УкрНДІпроектреставрація» зробили безцінний внесок у збереження спадщини та розвиток української реставраційної школи. У 1963 році Покровському собору було надано статус об'єкта республіканського значення, який дав змогу в 1970-ті провести якісну наукову реставрацію. Було укріплено основні конструкції, відновлено бані та втрачені архітектурні деталі, екстер'єру повернено первісний вигляд. Уся територія функціонувала як науково-музейний комплекс Історичного музею.

Знищення інститутів наукової реставрації та законодавство, що відстало у сфері охорони спадщини, призвели до майже повної втрати козацького історичного шару Харкова

у 1990-ті – 2000-ні. Іншою проблемою охорони спадщини є систематична державна та муніципальна клерикалізація пам'яток архітектури та публічних місць. У 1992 році Покровський собор передали Російській православній церкві Московського патріархату, що відразу ж узялася до перероблення об'єкта спадщини національного значення. У 2003 році всю територію комплексу передано РПЦ, а Історичний музей з величезними фондами був виселений у непристосовану будівлю колишнього ломбарду. Тож Покровський собор, зберігшись аж до 1992 року майже в первісному вигляді, сьогодні понівечений ремонтними роботами РПЦ, що суперечать законодавству й стандартам реставрації: архітектуру будівлі доповнено дешевими незграбними декоративними деталями, до того ж було гладенько заштукатурено автентичну фактуру стін, а їхній білий колір у 2019 році перефарбували в яскраво-синій. Чорні бані – головну характеристику слобожанського бароко –– замінили на золоті. До останньої реконструкції силует цієї частини міста вражав своїм драматизмом. Трансформоване через сувору козацьку культуру, бароко собору з його гострими чорними банями відігравало роль готики у ландшафтах Середньовічних міст. Сьогодні будівля набула недоладного вигляду, що неможливо ідентифікувати з будь-яким стилем.

> In a manner akin to European feudal lords or magnates during the Modern Era, the influence of the Cossack elite on politics and culture increased steadily in Slobidska Ukraine as a counterweight to the authority wielded by the state and the church. For an entire century following its foundation, Kharkiv Fortress was governed by Cossack colonels and elders from established *szlachta* (noble) families. The Donets-Zakharzhevsky, Kvitka, Shydlovsky, and Sirko families, among others, were what might be termed the city's 'founding fathers'. The substantial contributions they made as patrons and the quality of the buildings they commissioned, which endure to this day, show how the elite played a

role almost as important as that of the monarchy in shaping the city.

Kharkiv's oldest extant structure and the most renowned monument of Slobidske Baroque is Pokrovskyi Cathedral, also known as 'the Cathedral of the Intercession of the Theotokos', now a cultural heritage site listed as an architectural monument of national significance. Erected in 1689, this building served as the house church of the family of Hryhorii Donets-Zakharzhevsky at his colonel's court. It was built by an artel, i.e. a cooperative association of skilled builders, which had been constructing churches in the capital of the Cossack Hetmanate in left-bank Ukraine, including in Baturyn, Izium, and Nizhyn. This stone, three-domed, four-tiered, tower-type cathedral has a heated winter church on the ground floor and a summer church (unheated) on the first. The freestanding octagonal, tent-like bell tower resembled a defence tower. Like all Cossack Baroque architecture, Pokrovskyi Cathedral is distinguished by faceted volumes, including bud domes, and multi-level forms divided by bands. A characteristic feature of Slobidske Baroque is its monochromatic palette, in which the graphic crispness of elegant black domes contrasts with a handcrafted wall mass that is texturally whitewashed with lime. The building acquires a special drama and tension from the paradoxical contrast between the jagged and intermittent silhouette of the three ascending pointed towers with the capriciously curved lines of their domes and the heavy, rough-hewn plasticity of the walls, whose forms call to mind sombre folk wooden architecture. Erected by private initiative on private land, the cathedral occupied a dominant position atop University Hill, thereby vying for influence over the urban landscape. The complex of the colonel's court also contains the two-storey manor house of Donets-Zakharzhevsky, likewise in the Cossack Baroque style. This complex later passed into the hands of the Shydlovsky family before becoming the property of the Cantemir family, a Moldavian ruling boyar family. In 1726, at the initiative of Bishop Epiphany Tikhorsky and field marshal Mikhail Golitsyn, the manor house was acquired for the establishment of a men's monastery and a collegium (college). The Kharkiv Collegium, open to individuals from all walks of life, was the first institution of higher education in Slobozhanshchyna and the second most significant institution in Ukraine after the Kyiv-Mohyla Academy. In 1765 the college introduced additional courses aimed at training architects and engineers, granting them the official right to engage in design and construction. However, with the advent of Kharkiv Imperial University in 1804, the Collegium's influence waned. Between 1820 and 1826, following the Collegium's conversion into a theological

1

Andriy Kravchuk

seminary, the architect Yevhen Vasyliev oversaw the building's transformation into the Palladian-style Bishop's House. From 1920 onwards the Bishop's House was used by the Historical Museum as an exhibition space. In 1924 Pokrovskyi Cathedral was closed by the Bolsheviks, and its domes were dismantled. During both the Russian imperial and Soviet periods Ukrainian Cossack Baroque, an architectural style associated with the Cossack Hetmanate that served nation-building purposes for Ukraine, was regarded as inadmissibly 'nationalist' and 'separatist'. Despite the fact that its value was recognised by Ukrainian architectural conservators, the cathedral remained unrestored and unprotected as a heritage site until the Khrushchev Thaw. Between 1960 and 1965, UkrNDIproektrestavratsia State Scientific Research and Design Institute developed a restoration project under the

supervision of Valentina Korneyeva, a restorer from Kyiv who had also overseen the restoration of the Assumption Cathedral in Kharkiv and St Andrew's Church in Kyiv. The architects and restorers from UkrNDIproektrestavratsia made invaluable contributions to heritage conservation and the development of the Ukrainian school of restoration. In 1963 Pokrovskyi Cathedral was designated an architectural monument of republican significance, thereby paving the way for high-quality scientific restoration work in the 1970s. This effort focused on reinforcing the primary structures, reconstructing the domes and lost architectural elements, and restoring the exterior to its original appearance. The site as a whole began operating as a scientific and museum complex under the purview of the Historical Museum. However, the disbandment of scientific restoration institutions, coupled with

lagging legislation on heritage preservation, resulted in the almost complete obliteration of Kharkiv's historical Cossack-era layer in the 1990s and 2000s. Another pressing concern is the systematic clericalization of heritage sites and public spaces pursued by state and municipal authorities. In 1992 Pokrovskyi Cathedral was handed over to the Orthodox Church affiliated with Moscow, leading to immediate modifications to this nationally significant heritage site. In 2003 the entire territory of the complex was transferred to the Moscow Patriarchate, forcing the Historical Museum and its extensive collections to relocate to an unsuitable building that had formerly housed a pawnshop. Pokrovskyi Cathedral, which had remained in its original state until 1992, was disfigured by unauthorised alterations commissioned by the Moscow Patriarchate. These changes ran counter to both Ukrainian law and restoration standards. For example, in addition to the installation of cheap and clumsy decorative elements that disrupted the original building's design, the authentic texture of the walls was obscured by smooth plastering, and their white colour was transformed to a vibrant blue in 2019. The distinctive black domes that are the principal defining feature of Slobidske Baroque were replaced by golden ones. Prior to this reconstruction, the silhouette of this part of the city had conveyed a striking sense of Baroque drama. Transformed through the austere Cossack culture, the cathedral's Baroque style, with its sharp black domes, played a role similar to that of Gothic architecture in the cityscape. At the present time, the building has a rather ludicrous appearance that lacks connection to any architectural style.

Oleh Nesterenko

Крамниця «Жирардівської  **мануфактури» (зараз – духовно-просвітницький центр «Фома»)**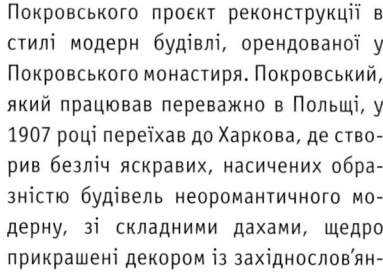
Żyrardów Manufactory Store (now – the Foma Spiritual and Educational Centre)
вулиця Університетська, 10
Universytetska Street, 10
Володимир М. Покровський
Volodymyr M. Pokrovskyi
1912

Жирардівська мануфактура входить до комплексу Покровського монастиря. У двоповерховій невеликій будівлі, що нагадує пряниковий будиночок, до Революції розміщувався ткацький цех, склад і крамниця «Акціонерного Товариства Жирардівських Мануфактур Гілле і Дітріх». Фірмовий галантерейний магазин, розташований на першому поверсі, торгував тканинами, панчохами, білизною. Жирардівська мануфактура – польське текстильне підприємство з виробництвом у місті Жирардув, було лідером текстильного ринку Російської імперії. Завдяки Філіппу де Жирару у першій половині XIX століття такі мануфактури, що використовували винайдені ним льонопрядні машини, відкрилися по всій Європі.

У 1912 році Жирардівська мануфактура замовляє в архітектора Володимира Покровського проєкт реконструкції в стилі модерн будівлі, орендованої у Покровського монастиря. Покровський, який працював переважно в Польщі, у 1907 році переїхав до Харкова, де створив безліч яскравих, насичених образністю будівель неоромантичного модерну, зі складними дахами, щедро прикрашені декором із західнослов'янськими фольклорними сюжетами.

Як і у всіх роботах Покровського, у Жирардівській мануфактурі привертає увагу поєднання вальмового та напіввальмового металевих дахів. Фігурні фронтони, люкарні та високий флерон створюють образ французької барокової архітектури. Майстерний флористичний орнамент, виготовлений з керамічних елементів, заповнює майже всю площину фронтону. Вибаглива вигнутість дахів, що контрастує з фактурною стіною, синтезує нові несподівані сполучення з козацьким бароко Покровського собору.

Завдяки тому, що з 1950-х років у будівлі розташовувався один із корпусів Історичного музею, мануфактура збереглася в чудовому стані. Але після передання її в 2003 році Російській православній церкві в будівлі відбулася низка ремонтів та перебудов. А в 2012 році автентичний темний дах із безліччю металевих декоративних елементів було замінено на сучасний металевий профнастил примітивних обрисів яскраво-зеленого кольору. Всі декоративні елементи даху, що збереглися, були втрачені. Нині тут розміщується духовно-просвітницький центр «Фома» – православний коворкінг.

> This manufactory forms part of the complex of buildings of Pokrovskyi Monastery. The two-storey structure, akin to a gingerbread house, originally had a haberdashery shop on the ground floor selling fabrics, stockings, lingerie, and more. Additionally, it housed a warehouse and a weaving workshop. All this was run until the Revolution of 1917 by the Hielle & Dittrich Joint Stock Company of Żyrardów Manufactories as part of a chain belonging to the largest linen product manufacturer in Eastern Europe and a leading textile enterprise in the Russian Empire. The chain was owned by Austrian entrepreneurs Karl Theodor Hielle and Carl August Dittrich, with its headquarters and production facilities in Żyrardów, a Polish town named after Philippe de Girard. A French engineer, Girard was one of the directors of the local factory who played a key role in establishing similar factories across Europe through his invention of the flax spinning frame.

In 1912 Hielle & Dittrich engaged the architect Volodymyr Pokrovskyi to remodel in the Art Nouveau style the building the firm rented from Pokrovskyi Monastery.[1] Volodymyr Pokrovskyi relocated to Kharkiv in 1907 after working for almost two decades in Poland. Here he designed numerous Neo-Romantic Art Nouveau buildings characterised by elaborate roofs and rich decoration inspired by West Slavic folkloric themes.

Like all Volodymyr Pokrovskyi's works, the Żyrardów Manufactory building stands out for its combination of hip and half-hipped metal roofs. The building's design incorporates figured gables, lucarnes, and a high wrought-iron decorative roof element reminiscent of French Baroque architecture. Intricate ceramic floral ornamentation adorns nearly the entire gable area. The roof's whimsical curvature, contrasting with the textured wall, creates novel and unexpected visual interactions with the nearby Cossack Baroque styling of Pokrovskyi Cathedral. The Żyrardów Manufactory building remained in a good state of preservation in the period from the 1950s forwards, largely due to its use as part of the Historical Museum's exhibition space. However, following its transfer to the Moscow Patriarchate in 2003, the building underwent numerous repairs and modifications. In 2012 the authentic dark roof adorned with various metal decorative elements was replaced with modern corrugated galvanised iron sheets of primitive outline in a plain bright-green hue. This resulted in the loss of all the decorative elements on the roof that had been preserved over decades. Currently, this building houses the Thomas Spiritual and Educational Centre, serving as an Orthodox co-working space.

1 Please note that the similarity between the names of the architect and the cathedral is a pure coincidence.

1

Denys Patchenko

Банківський (Бекетівський) фронт
Bank (Beketov's) Front

Банківський фронт формують шість будівель банків капіталістичного періоду розвитку Харкова кінця XIX – початку XX століття, що стоять у лінію вздовж майдану Конституції. Економічне зростання регіону періоду Промислової революції перетворило Харків на фінансовий центр. На тлі економічних реформ Олександра II й так званої банківської лихоманки 1860–1870-х років для обслуговування як потреб харківських промислових підприємств, так і ресурсної економіки Донбасу, у центральній частині Харкова відкривається велика кількість фінансових установ. Крім філій всеросійських та міжнародних банків з'являються й місцеві комерційні банки. Отже, Старе місто, крім адміністративної, освітньої, торгової та релігійної функцій, починає відігравати великою мірою фінансову роль. Найбільше досяг успіху у створенні фінансових установ неостилів, еклектики та французького beaux-arts, що утверджують розкіш і респектабельність великої буржуазії, історицист Олексій Бекетов. Тому Банківський фронт також називають Бекетівським фронтом.

> The Bank Front, consisting of a row of six bank buildings on Konstytutsii Square, is a manifestation of Kharkiv's evolution during the capitalist era at the end of the nineteenth and beginning of the twentieth centuries. This period saw Kharkiv's rise as a financial centre, driven by the regional economic surge of the Industrial Revolution. Against the backdrop of the economic reforms of Alexander II and the banking boom of the 1860s and 1870s, a multitude of financial institutions sprang up in central Kharkiv to cater to the demands of both local industrial enterprises and the rapidly developing mining industry in the Donbas region. These financial institutions included both local commercial banks and branches of Russian and international banks. Consequently, in addition to its administrative, educational, commercial, and religious functions, the Old City increasingly assumed a financial one. Oleksii (Alexei) Beketov, a Historicist architect, was the most successful in designing edifices for financial institutions in late-nineteenth-century 'neo-styles' (Neo-Gothic, Neo-Renaissance, etc.), Eclecticism, and French Beaux-Arts, styles which emphasised the luxury and respectability associated with the haute bourgeoisie. Hence the Bank Front is often referred to as 'Beketov's Front'.

1

Земельний банк (зараз – Автотранспортний коледж)
Zemelnyi Bank (now – the Road Transport College)

майдан Конституції, 28
Konstytutsii Square, 28

Олексій М. Бекетов
Реконструкція: Георгій В. Сіхарулідзе, Олександр Ю. Лейбфрейд
Oleksii M. Beketov
Reconstruction: Oleksandr Y. Leibfreid, Georgii V. Sikharulidze
1898, 1952

031 B

⊕ Будівля була частково пошкоджена внаслідок кількох російських ударів крилатою ракетою та реактивною артилерією по майдану Конституції 2 та 9 березня 2022 року. Через це були вибиті вікна.

Харківський земельний банк – перша будівля, яку звів архітектор-історицист Олексій Бекетов, відкриває так званий «банківський фронт». Заснований місцевим українським підприємцем та промисловцем Олексієм Алчевським у 1871 році, він став першим у Російській імперії банком, що надавав відносно дешеві кредити землевласникам. Попит на такі кредити суттєво виріс після скасування кріпосного права та збільшення угод на землю. Олексій Алчевський – банкір, селф-мейд мільйонер, який збудував колосальний капітал та фінансово-промислову імперію на хвилі банківського буму 1860–1870 років, ставши обличчям української великої буржуазії.

Замовлення на проєктування та будівництво Банку в 1893 році отримав зять Алчевського – молодий академік архітектури Олексій Бекетов. Для ознайомлення з передовими тенденціями банківської архітектури правління Земельного банку відрядило Бекетова до Європи. Як і личить статусу фінансової імперії Алчевського, величезна будівля, що була зведена в 1896–1898 роках і займала дорогу земельну ділянку площею 3500 кв. м, розташовувалася в найреспектабельнішій частині Старого міста – навпроти Дворянського зібрання. Банк став грандіозною пам'яткою розквіту капіталізму харківського *Belle Époque*, якому підходила розкіш неоренесансної архітектури, приправлена елементами необароко.

Напористість першого покоління буржуазії відобразилася на енергійній ритмічності та інтенсивності розкріпування будівлі. Її перший, цокольний, ярус глибоко розкріпований жолобчастим рустом (що чергується з алмазним). Рустованими (муфтованими) виявилися і доричні колони вхідної групи. Другий ярус виділений низкою приставних

Philipp Meuser

канелюрованих колон великого композитного ордера, що чергуються з високими арковими вікнами на два поверхи. На всю довжину будівля обв'язана парапетом і високим аттиком, прикрашеним фризом з улюбленим мотивом будинку Бекетових-Алчевських – грифонами.

Все змістове навантаження банківської будівлі несе на собі потужний центральний ризаліт. Крім назви й дат заснування банку, саме тут, на картушах і щитах, розміщувалося безліч геральдичних символів як акціонерного банку, так і родини Алчевських. Великий фронтон прикрашений атлантами, бароковим бичачим оком і картушем. Три великі аркові вікна другого поверху видають операційну залу, що знаходиться за ними. Саме на них у вигнутих позах розташувалися по-бароковому грайливі алегоричні скульптури богів та богинь. Автором витончених елементів скульптурної пластики та майстерної деталізації і фасадів, і інтер'єрів Земельного Банку був відомий український художник та архітектор Василь Кричевський, який працював у архітектурній майстерні Бекетова протягом 9 років.

У 1901 році, на тлі економічної кризи в Російській імперії, Земельний банк зіткнувся зі значними фінансовими проблемами. Невдалі спроби Алчевського отримати у Санкт-Петербурзі урядове замовлення та дозвіл на видання боргових облігацій для запобігання банкрутству закінчилися відмовою, що її надав міністр фінансів Сергій Вітте. Цього ж дня Алчевський наклав на себе руки, кинувшись під потяг на Царськосельському (Вітебському) вокзалі. Після падіння вартості акцій Земельний банк викупив Банкірський дім братів Рябушинських, який одразу дістав протекціоністську підтримку від міністра Вітте. А сам Земельний банк із новими власниками продовжив діяльність у тій самій будівлі аж до Революції 1917 року, коли всі фінансові установи царського режиму було націоналізовано.

1

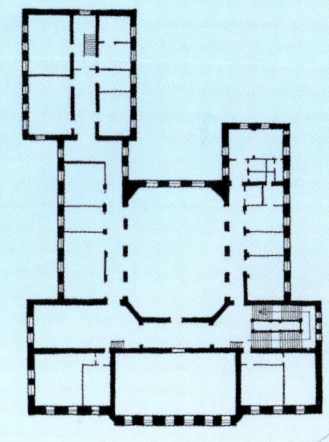

У 1930-ті тут розташовувалася Військово-господарська академія. У 1950-ті, після переїзду Академії на майдан Свободи в Будинок кооперації, будівлю банку передали Автотранспортному технікуму. Післявоєнна реконструкція 1948–1952 років підійшла до збереження як внутрішнього, так і зовнішнього оздоблення Банку на диво дбайливо, що відрізняє реставраційний метод її авторів (особливо архітектора, краєзнавця та історика архітектури Олександра Лейбфрейда) від поширених на той час практик вільного поводження з об'єктами спадщини. Зокрема, у будівлі й сьогодні можна виявити безліч слідів колишньої розкоші: ліпнини, канделябрів, сходів, великої кількості мармуру та міді, а вестибюль досі прикрашають 2 атланти в костюмах єгипетських рабів.

Не може не дивувати своїм масштабом виконана у важких формах колишня операційна (публічна) зала з великим композитним ордером натурального зеленого мармуру та безліччю збільшених елементів пластики – балясинами, панелями, картушами та рогами достатку. Стеля зі світловим ліхтарем, що обвалилася під час боїв Другої світової війни, була замінена на глуху, структуровану кесонами, ліпленням і люстрами в соцреалістичному стилі, а улюблені для Бекетова падуги – на важкі неокласичні кронштейни. У 1970-ті галерею другого рівня (хори операційної зали) засклили радянськими вітражами, що дуже спростило та вкрай затемнило інтер'єр. У 2004-му перед входом до Автотраспортного технікуму з'явилися скульптури бетонних левів, а у 2010-ті

до цього ще й встановили дві залізобетонні псевдоантичні жіночі фігури на рівні другого поверху. Олексій Бекетов, переконаний історицист, не додавав би до пізно-ренесансної та ранньо-барокової динаміки псевдоримську статику. А художня майстерність і знання анатомії не дозволили б Василю Кричевському розмістити на центральному фасаді скульптуру рубаних форм.

This building was partially damaged by Russian cruise missile and rocket artillery strikes targeting Konstytutsii Square on 2 and 9 March 2022, resulting in broken windows.

> Kharkiv Zemelnyi (Land) Bank, the first project undertaken by the Historicist architect Oleksii Beketov, set the stage for the formation of the Bank Front. Established in 1871 by Oleksii Alchevskyi, a local Ukrainian entrepreneur, banker, and industrialist, this was the first bank in the Russian Empire to provide landowners with relatively affordable loans, which were in high demand following the abolition of serfdom and the uptick in transactions involving land. A self-made millionaire who amassed colossal wealth and built a financial-industrial empire riding the wave of the banking boom during the 1860s and 1870s, Oleksii Alchevskyi became the face of the Ukrainian upper bourgeoisie. The son-in-law of Oleksii Alchevskyi and a young member of the Imperial Academy of Arts, Oleksii Beketov was entrusted with the task of designing and constructing the bank building in 1893. The board of Zemelnyi Bank dispatched Beketov

to Europe to acquaint himself with cutting-edge architectural trends in bank design. In keeping with the stature of Alchevskiyi's financial empire, this immense building, erected between 1896 and 1898 on a valuable 3500-square-metre plot of land, was located in the most prestigious part of the Old City, directly opposite the Assembly of the Nobility building (destroyed during World War II). The bank was a testament to the capitalist prosperity of Kharkiv's Belle Époque, with which the luxuriousness of neo-Renaissance architecture, tinged with elements of Neo-Baroque corresponded. The energy and assertiveness of the first generation of the bourgeoisie are reflected in the building's rhythm and intensity of articulation. The first tier, making up the plinth, is deeply divided by an alternation of grooved and diamond rustication. Banded rustication of the walls extends across the engaged Doric columns at the entrance. The second tier is distinguished by a row of engaged canellated columns of the large Composite order, interspersed with tall arched windows that span two storeys. The building has a continuous parapet running along its entire length and a tall attic decorated with a frieze showing the favourite motif of the Beketov-Alchevskyi family – gryphons.

The most semantically loaded part of the bank building is its robust central avant-corps. Here we find the bank's name and founding date but also cartouches and shields adorned with numerous heraldic symbols representing affiliation to both the bank and the Alchevskyi family. The large pediment has atlantes, a Baroque-style oeil-de-boeuf, and a cartouche. Three grand arched windows on the first floor give away the bank's operations hall concealed behind them. Above the windows are whimsical Baroque allegorical sculptures of gods and goddesses in crooked poses. The renowned Ukrainian artist and architect Vasyl Krychevsky, who spent nine years working in Beketov's architectural office, was the author of the exquisite sculptural elements and intricate detailing that grace both the façades and interiors of Zemelnyi Bank.

In 1901, amid economic turmoil in the Russian Empire, Zemelnyi Bank faced severe financial difficulties. Oleksii Alchevskyi's attempts to avert bankruptcy by securing a government commission in St Petersburg and permission to issue debt bonds failed when his requests were rejected by Sergei Witte, the minister of finance. On the same day Oleksii Alchevskyi took his own life by throwing himself under a train at Tsarskoselsky (now Vitebsky) Railway Station in St Petersburg. Following a significant decline in the bank's share value, it was acquired by the Ryabushinsky Brothers Banking House, receiving immediate protectionist support from Witte. Zemelnyi Bank continued to operate from the same building under its new owners until the Revolution of 1917, when all financial institutions existing under the tsarist regime were nationalised.

In the 1930s the building served as the premises of the Academy of Military Economy. In the 1950s, following the academy's relocation to the House of Cooperation on Svobody Square, the former bank building was allocated to the Road Transport Tekhnikum. In 1948 to 1952, in the aftermath of World War II, the building underwent careful restoration, which, unusually for the time, preserved both its interior and exterior. The approach to restoration taken here by the architects, especially by Oleksandr Leibfreid, an architect, local historian, and architectural historian, differed significantly from the excessively free handling of heritage buildings that was prevalent at this time. Remarkably, many vestiges of the building's former opulence remain intact, including stucco decoration, candelabras, staircases, extensive marble and copper, and the lobby still adorned with two atlantes dressed as Egyptian slaves.

Likewise still impressive in scale are the heavy forms of the erstwhile operations hall with its columns of natural green marble in the large Composite order and enlarged shaped elements, such as balusters, panels, cartouches, and cornucopias. The skylight in the ceiling, which collapsed during World War II, was subsequently replaced with a plain ceiling structured with coffers, stucco decoration, and chandeliers in the spirit of Socialist Realism. At the same time Beketov's beloved vaults were replaced with hefty Neoclassical brackets. In the 1970s Soviet-style stained-glass windows were installed on the second-level gallery, or triforium, of the operations hall; this considerably simplified and darkened the interior. In 2004 two concrete lion sculptures were installed on either side of the main entrance, and in the 2010s two pseudo-antique concrete female figures were added at the level of the first floor, further interfering with the original design. Oleksii Beketov, a dedicated Historicist, would have refrained from mixing pseudo-Roman static architecture with the dynamic energy of late-Renaissance and early-Baroque architecture. Furthermore, Vasyl Krychevsky, with his artistic finesse and knowledge of anatomy, would never have placed sculptures of crudely hewn shapes on the main façade.

**Торговий банк
(зараз – офісна будівля)
Torhovyi Bank
(now – an office building)**

032 B

майдан Конституції, 26
Konstytutsii Square, 26
*Олексій М. Бекетов,
Василь Г. Кричевський
Реконструкція: Ной М. Підгорний
Oleksii M. Beketov, Vasyl H. Krychevsky
Reconstruction: Noi M. Pidhornyi*
1899, 1951

Будівля була частково пошкоджена внаслідок кількох російських ударів крилатою ракетою та реактивною артилерією по майдану Конституції 2 та 9 березня 2022 року. Через це були вибиті вікна.

З розвитком капіталізму та промисловості в Російській імперії активно розвивається і сектор кредитування малого та середнього бізнесу. Відразу ж за Земельним банком великий український підприємець і промисловець Олексій Алчевський замовляє у свого зятя – архітектора Олексія Бекетова – проєкт нової будівлі Торгового банку, засновником якої він був з 1868 року. Обидва банки Алчевського – Торговий і Земельний – стали фінансовою основою для індустріалізації Донбасу завдяки мож-

ливості кредитування Олексіївського гірничопромислового товариства (1879 р.), Донецько-Юр'ївського металургійного товариства (з 1887 р.), Південного гірничопромислового товариства (з 1898 р.), засновником яких також був Алчевський. Місто, утворене біля одного з металургійних комбінатів промисловця на Донбасі, згодом назвали на його честь – Алчевськ (з 2014 року перебуває під контролем самопроголошеної Луганської Народної Республіки). А Харків перетворився на фінансову метрополію Донбасу або, як каже історик Володимир Маслійчук, на його «фінансові ворота».

Фінансову міць імперії Алчевського підтримує улюблений стиль Бекетова *Beaux-Arts*. Для архітектора Торговий банк, побудований у 1898–1899 роках, став можливістю реалізувати об'єкт, що конкурує за розкішшю з *Petit Palais* Шарля Жіро. Відрізняє будинок від аналогів величезна площа з розгалуженою у двір системою приміщень, що з'єднують його з паралельною вулицею. Маючи цілком класичні простоту планування та об'єм, вся історія будівлі Бекетова, як і інших об'єктів еклектики, розгортається на фасаді та складається з декоративної пластики й деталізації. Автором проєкту декоративного оздоблення Торгового

банку знову був український художник Василь Кричевський. Величезний, вибагливо вигнутий купол в стилі рококо змагався з класицистичним куполом Дворянського зібрання, що стояв навпроти. Пластика фасаду складалася з безлічі ретельно опрацьованих орнаментів та деталей на тему достатку: картуші, різноманітні вінки та гірлянди з фруктів і квітів, повиті плющем та стрічками. Головним композиційним елементом Банку є величезна двоповерхова арка-ніша, обрамлена гірляндами та вигнутими тригліфами – прийом, який став характерним для творчості Бекетова вже в радянський період.

1

Однак фінансовий стан Торгового банку похитнувся внаслідок економічної кризи в Російській імперії в 1900–1903 роках та самогубства власника банку – Алчевського. Банк

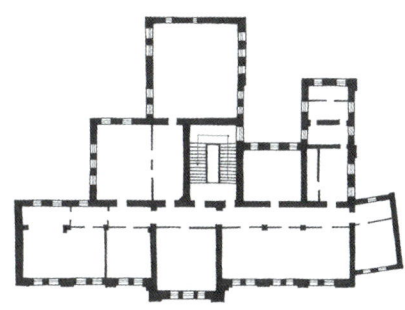

збанкрутував, його викупив Північний банк – дочірній заклад французького *Société Générale*. Проти колишніх членів правління і топ-менеджерів було розпочато гучний судовий процес, який завершився обвинувальними вироками у фінансових махінаціях, падінням банківсько-промислової імперії та розоренням родини Алчевських-Бекетових, що в численних статтях і книжках назвали «Харківським крахом».

Після революції 1917 року і націоналізації в банківській будівлі розміщувалася контора й архів тресту «Донвугілля» (Донецьке вугілля) та аероклуб. У межах повоєнної сталінської реконструкції Старого міста будівля зазнала видозмін, якими керував постконструктивіст Ной Підгорний у 1949–1951 роках. Залишивши загальне враження перевантаженої декором пластики фасаду, архітектор чомусь замінив одні декоративні елементи на інші. Наприклад, Підгірний збив орнаментальні медальйони та вінки в стилі французького рококо й замінив їх на неокласичні іонічні пілястри з канелюрами; додав вставку, яка з'єднує Торговий банк із наступним Волзько-Камським, при цьому порушуючи симетрію будівлі; позбавився високого купола рококо, замінивши його на більш нейтральну форму; зніс каріатиди першого поверху, а на центральній осі аркової ніші розмістив картуш із датою «1949», що вже остаточно збиває з пантелику. Після цього в будівлі розміщувався Всесоюзний науково-дослідний інститут організації шахтного будівництва, а до 2000-х – Будинок науки і техніки.

⊕ This building was partially damaged by Russian cruise missile and rocket artillery strikes targeting Konstytutsii Square on 2 and 9 March 2022, resulting in broken windows.

The development of capitalism and industry in the Russian Empire sparked rapid growth in the small and medium-sized business lending sector. Following the construction of the Zemelnyi Bank building, Oleksii Alchevskyi, a prominent Ukrainian entrepreneur and industrialist, entrusted his son-in-law, the architect Oleksii Beketov, with the task of designing a new edifice for Torhovyi (Trade) Bank, which Alchevskyi had founded in 1868. Both Alchevskyi's banks, Torhovyi Bank and Zemelnyi Bank, were a crucial financial basis for industrialisation of the Donbas region. They extended loans to enterprises such as the Oleksiivske Mining and Industrial Company (from 1879), the Donetsko-Yurievske Metallurgical Company (from 1887), and the Pivdenne Mining and Industrial Company (from 1898), all of which had also been established by Alchevskyi. A town near one of his metallurgical plants in the Donbas region was later named after him – Alchevsk (in 2014 Alchevsk came under the control of the Luhansk People's Republic [not internationally recognised], before the latter was annexed by Russia in 2022). Kharkiv, meanwhile, became the financial metropolis of the Donbas, described by the historian Volodymyr Masliichuk as the area's 'financial gateway'.

The financial might of the Alchevskyi empire found architectural expression in the Beaux Arts style, of which Beketov was enamoured. Torhovyi Bank, constructed from 1898 to 1899, was an opportunity for Beketov to realise a project rivalling the luxury of Charles Girault's Petit Palais. This building stood out from its counterparts due to its vast floor area, occupying a series of interconnected spaces extending through the courtyard to the parallel street, Hryhoriia Skovorody Street. Despite the building's classical simplicity of layout, its narrative unfolds primarily on the façade, consisting of architectural decoration and detailing, a hallmark of many other Eclecticist structures. Vasyl Krychevsky, a renowned Ukrainian artist and architect, designed the Torhovyi Bank's façade elements. The immense, intricately curved dome, fashioned in the spirit of Rococo, vied for attention with the Neoclassical dome of the Assembly of the Nobility building opposite, which was destroyed during World War II. The sculptural surface of the façade teemed with meticulously crafted ornamentation and details on the theme of abundance: cartouches and wreaths and garlands with fruits and flowers, all intertwined with

Denys Panchenko

1

ivy and ribbons. The building's central compositional element was a vast two-storey arch-niche, framed with garlands and curved triglyphs – a device that would become typical of Beketov during the Soviet period.

Torhovyi Bank suffered a serious setback during the economic crisis in the Russian Empire between 1900 and 1903, exacerbated by the tragic suicide of its owner, Oleksii Alchevskyi. In the wake of these events it declared bankruptcy and was eventually acquired by Northern Bank, a subsidiary of Société Générale. A high-profile trial ensued, leading to convictions for financial fraud of some of the bank's former board members and top managers. This sealed the dramatic collapse of the Alchevskyi financial-industrial empire and the downfall of the Alchevskyi-Beketov family, referred to in numerous articles and books as 'the Kharkiv crash'.

Following the 1917 Revolution and nationalisation, the bank building found new use as an office and archive for the Donvuhillia Trust (short for Coal of Donbas) and an aeroclub.

The post-WWII Stalinist reconstruction of the Old City prompted alterations to the building between 1949 and 1951, overseen by the Post-Constructivist architect Noi Pidhornyi. Although the overall impression of overdecorated façade plasticity was retained, the architect replaced certain decorative elements for reasons known only to him. For example, ornamental medallions and wreaths reminiscent of French Rococo were knocked off and substituted with fluted Ionic pilasters in the Neoclassical style. Pidhornyi also inserted a section connecting the former Torhovyi Bank building with the adjacent Volzhsko-Kamsky Bank, thereby disrupting the symmetry of the original structure. The dome with its distinctively tall shape and Rococo design was given a more neutral form, while the caryatids on the ground floor were removed. Adding to the confusion, Pidhornyi placed a cartouche bearing the date '1949' along the central axis of the arched niche.

After its reconstruction, the building was allocated to the All-Union Scientific Research Institute for Organisation of Mine Construction. Subsequently, the former bank premises accommodated the House of Science and Technology until the 2000s.

Волзько-Камський банк (зараз – Харківський державний академічний театр ляльок імені Віктора Афанасьєва) Volzhsko-Kamsky Bank (now – the Viktor Afanasiev Kharkiv State Academic Puppet Theatre)

033 B

майдан Конституції, 24
Konstytutsii Square, 24
Олексій М. Бекетов
Реконструкція: Борис Г. Клейн,
Єлизавета О. Любомілова
Oleksii M. Beketov
Reconstruction: Boris H. Klein,
Yelyzaveta O. Liubomilova
1907, 1968

⊕ Будівля була частково пошкоджена внаслідок кількох російських ударів крилатою ракетою та реактивною артилерією по майдану Конституції 2 та 9 березня 2022 року. Через це були вибиті вікна.

Волзько-Камський банк із керівництвом у Санкт-Петербурзі заснували 1870 року російські підприємці: мер Череповця Іван Мілютін, представники купецьких династій Полежаєвих і Морозових. Харківське відділення було відкрито в 1876 році, а в 1907 році переїхало у власну нову будівлю, виконану, як і попередні два банки, за проєктом архітектора Бекетова. Будівництво здійснювалося в 1906–1907 роках, а одночасно з цим у 1906–1909 роках Бекетов проєктував відділення того ж Волзько-Камського банку в Ростові-на-Дону. Після революції 1917 року будівля переходила від однієї організації до іншої: Всеукраїнська контора банку для зовнішньої торгівлі, трест «Вуглерозвідка» («Вугільна розвідка»), Перше акціонерне товариство «Транспорт», Харківська філармонія (1929), проєктний інститут «Укргідропроєкт».

Бекетов, як переконаний історицист, важко піддавався впливу нових стилів. В оформленні банку здійснив стриману спробу застосувати декор і деякі форми модерну. До цілком традиційного планування та великовагового об'єму в дусі еклектики тут додано флористичні елементи у вигляді ромашок на картушах, річкових лілей на фризі. Відмовившись від класичного ордера, для візуального завершення лопаток застосовано стилізовані водяні лілеї зі стеблами, приховані за символічною хвилею. Будівля має характерний дугоподібний фронтон, обрамлений рельєфом у вигляді складених вітрил і флангований двома симетрично випуклими рострами давньослов'янських човнів. У використанні корабельної тематики втілено метафору «річкового» Волзько-Камского банку, названого на честь річок Волга і Кама. Авторство художнього оформлення фасаду належить відомому українському художнику Василю Кричевському, який у цей час працював в архітектурній майстерні Бекетова.

У 1968 році архітектори проєктного інституту «Харківпроєкт» провели масштабну реконструкцію для переобладнання будівлі банку під театр ляльок. Сам театр було відкрито 1939 року і деякий час він не мав власного постійного приміщення, тому давав вистави у різних клубах, театрах, філармонії. У 1952 році театр ляльок отримав приміщення клубу із залою в житловому будинку «ОМБІТ» (вулиця Манізера, 3), в якому розміщувався до 1968 року. Харківська школа лялькарів – одна з найстаріших та найвідоміших в Україні.

Проте, з усіх реконструкцій Старого центру ця виявилася однією з найсумнівніших. Багате оздоблення оригінальних інтер'єрів Банку було майже повністю знищено. Замість автентичної бекетівської ліпнини та дорогих матеріалів в історичну будівлю було врізано білі модерністські інтер'єри в дусі Брежнєвського застою. Відповідно до принципів синтезу мистецтв усередині розміщені радянські вітражі, кування та ін. Крім перепланування внутрішніх приміщень, безліч автентичних деталей та елементів втратив і фасад. Усі оригінальні столярні вироби замінили на вікна та двері з алюмінієвим промисловим профілем з мінімальним розсклінням (у 1990-ті їх знову замінили на дерев'яні за кресленнями Бекетова, але у 2010-ті відбулася нова заміна вже на металопластик) Рельєфний напис «Волзько-Камський банк», розташований на дугоподібному фронтоні, приховали під мозаїкою, що зображує стилізовані фігурки дітей. Але з усіх рішень реконструкції це, можливо, є найбільш невинним. За всієї «радянськості» дитячих образів, панно харківського художника Олексія Щеглова вписується в сецесійну архітектуру фасаду. Виконане в гамі, близькій до оригінального оздоблення банку, з використанням золотої слюди, мозаїка щовечора переливається в променях призахідного сонця.

⊕ This building was partially damaged by Russian cruise missile and rocket artillery strikes targeting Konstytutsii Square on 2 and 9 March 2022, resulting in broken windows.

Volzhsko-Kamsky Bank, which was headquartered in St Petersburg, was established in 1870 by a group of Russian entrepreneurs, including Ivan Milyutin, the mayor of Cherepovets, and members of the Polezhayev and Morozov merchant dynasties. The Kharkiv branch commenced its operations in 1876, and it was not until 1907 that it relocated to a new building designed by the architect Oleksii Beketov, who also designed two other bank buildings on the square. Construction took place between 1906 and 1907. Concurrently, from 1906 to 1909, Beketov designed a building for a branch of Volzhsko-Kamsky Bank in Rostov-on-Don. After the Revolution of 1917 and subsequent nationalisation, the building on Konstytutsii Square changed hands. Over the years it housed various organisations, including the All-Ukrainian Bank Office for Foreign Trade, the Vuhlerozvidka (Coal Prospecting) Trust, the Transport Joint-Stock Company, the Kharkiv Philharmonic (in 1929), and the Ukrhidroproekt Design Institute. A staunch Historicist, Oleksii Beketov found it difficult to yield to the influence of new architectural styles. In his design for the Volzhsko-Kamsky Bank building he cautiously incorporated decoration and forms from the Art Nouveau style. Floral motifs in the form of daisies in the cartouches and river lilies on the frieze were added to an otherwise

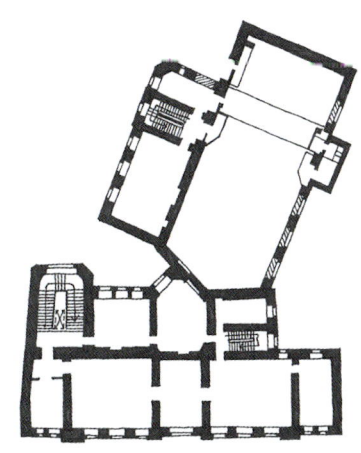

traditional layout and a ponderous volume in the spirit of Eclecticism. In a departure from the Classical order, to top off the lesenes, Beketov employed stylised water lilies with stems discreetly concealed behind a symbolic wave. One of the building's most distinctive features is its arch-shaped pediment framed with reliefs in the shape of folded sails and flanked by two symmetrically projecting rostra of ancient Slavic ships. The use of the nautical theme metaphorically alludes to the 'riverine' origins of Volzhsko-Kamsky Bank, named after the Volga and Kama rivers. The façade decorations were designed by the renowned Ukrainian artist and architect Vasyl Krychevsky, who was part of Beketov's architectural office at this time. In 1968 architects from Kharkivproekt Design Institute undertook an extensive renovation to repurpose the structure for use as a puppet theatre. The Puppet Theatre was founded in 1939 and for a considerable period had no permanent premises of its own, instead giving performances at various clubs, theatres, and the philharmonic hall. In 1952 the theatre was allocated the premises of a club with a hall in the OMBIT residential building at Manizera Street No. 3, where it remained until 1968. It is worth noting that the Kharkiv school of puppetry is one of the oldest and most renowned in Ukraine. However, among reconstructed buildings in the Old City, this is one of the most contentious. The opulent interior decoration of the original bank building was almost entirely obliterated. The authentic stucco decoration and expensive materials used by Beketov were replaced with white Modernist interiors from the Brezhnev era of 'Stagnation'. Following the principle of synthesis of the arts, Soviet-style stained-glass windows, wrought-iron details, and various other elements were introduced into the interior. Simultaneous with redevelopment of the interior space, the façade also lost many of its authentic details. The original joinery was replaced with large-span doors and windows made of structural aluminium profiles (in the 1990s these were, ironically, switched for wooden ones based on Beketov's original drawings, but in the 2010s the latter were again replaced with modern plastic-steel

versions). The relief inscription 'Volzhsko-Kamsky Bank', which had adorned the arch-shaped pediment, was concealed beneath a mosaic featuring stylised figures of children. Of all the alterations this was perhaps the most innocent. Despite the distinctive 'Sovietness' of the imagery of children, the mosaic by Kharkiv artist Oleksii Shcheglov harmoniously fits into the Art Nouveau design of the façade. Made using golden mica in shades closely mirroring the original building's finish, the mosaic shimmers beautifully in the rays of the evening sun.

Санкт-Петербурзький міжнародний комерційний банк (зараз – Державний ощадний банк України)
St Petersburg International Commercial Bank (now – the State Savings Bank of Ukraine)

034 B

майдан Конституції, 22
Konstytutsii Square, 22
Віктор В. Величко
Viktor V. Velychko
1913

⊕ Будівля була частково пошкоджена внаслідок кількох російських ударів крилатою ракетою та реактивною артилерією по майдану Конституції 2 та 9 березня 2022 року. Через це були вибиті вікна.

Санкт-Петербурзький міжнародний комерційний банк був заснований у 1869 і являв собою один з найбільших банків у Російській імперії. Фундаторами банку були німецькі, англійські підприємці, а також одесити грецького та єврейського походження. Банк активно співпрацював з німецькими підприємствами та банками, зокрема з *Siemens & Halske*, *Deutsche Bank*, *Disconto-Gesellschaft*, а також із банківським домом Ротшильдів, інвестуючи у важку промисловість, залізничний бізнес, суднобудування та нафтовидобування. Усе банківське листування також здійснювалося німецькою мовою. Наприкінці XIX століття банк заснував два російські електропромислові підприємства – товариство «Сіменс-Гальське» (разом із *Deutsche Bank*) і товариство «Уніон» (разом із *Dresdner Bank*).

Oleh Nesterenko

1

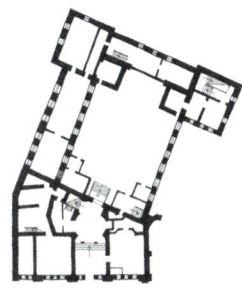

Проєктування харківського відділення банку замовили в архітектора Харківського навчального округу Віктора Величка 1910 року. Аж до сьогодні будівля зберегла свою первісну функцію – у радянський період тут працювала Центральна харківська ощадна каса, яка після реорганізації в незалежній Україні стала називатися Державним ощадним банком України (Акціонерне товариство «Ощадбанк»). Це дало змогу максимально, порівняно з іншими будівлями Банківського кварталу, зберегти інтер'єр та зовнішній вигляд банку.

Санкт-Петербурзький банк доповнює собою Банківський фронт, а його архітектура продовжує естетику сусідніх будівель Олексія Бекетова, тактовно залишаючи йому при цьому головну роль. Як і у випадку «вставок» Віктора Величка в ансамбль Університетського кампусу Євгена Васильєва, у банківській будівлі проявляється його делікатний підхід до роботи в сусідстві як з майстрами минулого, так і з сучасними колегами. Скромна, порівняно з Бекетівськими «палацами», триповерхова будівля виконана в тій самій еклектичній естетиці.

Фасад активно розчленований ритмом високих лопаток композитного ордера, малими іонічними приставними колонами другого поверху та каріатидами третього. Однак усе ж таки тяжіючи до ампіру, Величко виставляє на парапеті шість класицистичних урн, а в декорі використовує тонкі ампірні бандеролі та вінки. На фасаді у верхній частині будівлі можна побачити оригінальну назву банку й герб Санкт-Петербурга. Також загалом збереглася архітектура операційної зали з ліпною стелею та оздобленням з червоного дерева. Донедавна будівля мала оригінальні столярні вироби, а скляні елементи вхідних дверей, дивом збережені, були прикрашені гравійованим орнаментом. На жаль, під час чергового ремонту в 2015 році їх замінили на металопластикові.

⊕ This building was partially damaged by Russian cruise missile and rocket artillery strikes targeting Konstytutsii Square on 2 and 9 March 2022, resulting in broken windows.

The St Petersburg International Commercial Bank, established in 1869 by German and English entrepreneurs and merchants of Greek and Jewish origin from Odesa, was one of the largest financial institutions in the Russian Empire. It maintained active partnerships with German banks and enterprises, including Siemens & Halske, Deutsche Bank, Disconto-Gesellschaft, and the Rothschild banking house, channelling investments into heavy industry, railways, shipbuilding, and oil production. All its banking correspondence was conducted in German. Towards the close of the nineteenth century, the bank established two Russian branches of the electrical-industrial companies Siemens-Halske (in collaboration with Deutsche Bank) and Union (with support from Dresdner Bank).

The design of the bank's Kharkiv branch was entrusted to Viktor Velychko, the architect of the Kharkiv educational district, in 1910. The building retains its original function to this day. During the Soviet era it housed the Kharkiv Central Savings Bank, which, following Ukraine's acquisition of independence, was renamed 'State Savings Bank of Ukraine' or 'JSC Oschadbank'. This continuity has allowed both the building's interior and its exterior to be preserved, in contrast to other structures in the Bank Front.

The St Petersburg International Commercial Bank complements the Bank Front, continuing the aesthetic found in neighbouring buildings by Oleksii Beketov while tactfully ceding the lead part to the more famous architect. Much like Viktor Velychko's 'inserts' in Yevhen Vasyliev's university campus ensemble, this bank building testifies to Velichko's considerate approach to working next door to both masters of the past and contemporary colleagues. While more modest than Beketov's 'palaces', this three-storey building adheres to the same Eclectic manner. The façade is energetically divided by a rhythm of tall lesenes in the Composite order, small attached Ionic columns on the ground floor, and caryatids on the third floor. Although leaning towards the Empire Style, Velychko placed six Classical urns on the parapet and employed slender Empire-Style banderoles and wreaths in the decoration. The original bank name and the coat of arms of St Petersburg grace the façade's apex. Inside, the design of the operations hall, distinguished by a stucco ceiling and mahogany trim, has been preserved in essence. Until recently, the building retained its original joinery, including, by some miracle, the entrance doors with their etched ornamental glass elements. Sadly, however, during further renovation in 2015 the doors were replaced with modern plastic-steel versions.

Житловий будинок
Residential building

035 B

майдан Конституції, 20
Konstytutsii Square, 20
Веніамін П. Костенко,
Є. П. Пономарьова, Лія Н. Лоєвська
Veniamin P. Kostenko, E. P. Ponomariova,
Liia N. Loievska
1955

⊕ Будівля була частково пошкоджена внаслідок кількох російських ударів крилатою ракетою та реактивною артилерією по майдану Конституції 2 та 9 березня 2022 року. Через це були вибиті вікна.

Будівлю зведено на місці колишнього модерного готелю «Метрополь» (архітектор Борис Корнієнко), що постраждав під час війни і, як і низка інших будівель Старого міста, не був відновлений. Натомість відповідно до масштабного проєкту повоєнної сталінської реконструкції харківський архітектор Веніамін Костенко (автор павільйонів «Україна» та «Сибір» на ВДНГ у Москві) та архітекторка Пономарьова запроєктували соцреалістичний шестиповерховий житловий будинок.

Масивна будівля займає ключове з містобудівної точки зору місце в ансамблі «перетікаючих» майданів: з клиноподібного перетину майдану Конституції та початку вулиці Пушкінської виростає цілий Нагірний район. Наріжний будинок замикає собою основну ділянку Банківського фронту, проглядається з усіх ракурсів та планів. Таке становище й сусідство з помпезною та дорогою архітектурою періоду *Belle Époque* вимагало розроблення неординарного об'єкту. Натомість його архітектура виявилася нічим не визначною з-поміж інших прикладів сталінського житлового будівництва.

Громіздку й важку будівлю не рятує ні випуклий карниз, ні іонічні капітелі, ні триповерхова арка на центральній осі. Відчуття казарменності досягається монотонним розбиттям голих пласких стін невеликими вікнами і посилюється встановленим у 2010 році профнастильним металевим зеленим дахом. До того ж G-подібна форма будинку разом із сусідніми будівлями утворює високий і темний двір-колодязь усередині.

Uleh Nesterenko

1

Соцреалістичний оптимізм проявився лише в розкішних інтер'єрах з червоного дерева аптеки №1, розміщеної вздовж першого поверху всього лівого крила будівлі. Зважаючи на все, колишньому конструктивісту Костенку (житловий будинок «Воєнвід», Сумська вулиця, 69) важко далися жорсткі рамки соцреалізму. Можливо, саме модерністська молодість Костенка і не дозволила йому приховати за «прикрашательством» тоталітарну сутність стилю.

⊕ This building was partially damaged by Russian cruise missile and rocket artillery strikes targeting Konstytutsii Square on 2 and 9 March 2022, resulting in broken windows.

A residential building now stands on the site once occupied by the Metropol Hotel. Designed in the Art Nouveau style by the architect Borys Korniienko, the hotel was damaged during World War II, and, as with several other structures in the Old City, the decision was made not to restore it. Instead, in line with extensive post-WWII Stalinist reconstruction, the Kharkiv architect Veniamin Kostenko (also the author of the Ukraine and Siberia pavilions at VDNKh in Moscow), assisted by the architects E. Ponomariova and Liia Loievska, designed a Socialist Realist six-storey residential building for this site.

From an urban-planning perspective, this massive building, situated on a corner at the wedge-shaped intersection of Konstytutsii Square and the beginning of Hryhoriia Skovorody Street, from which the entire Nahirnyi district emerges, occupies a pivotal position in the ensemble of squares that flow into one another (Konstytutsii, Pavlivska, and Serhiivskyi squares). Visible from all angles and viewpoints, it concludes the main section of the Bank Front. Given its location and proximity to the pompous and opulent architecture of the Belle Époque period, an extraordinary structure was required on this site. However, its architectural design fails to distinguish itself in any way from other examples of Stalinist housing.

The bulky, heavy building is not saved by its projecting cornice, its Ionic capitals, or the three-storey arch on its central axis. The monotonous division of the bare, flat walls by small windows imparts a barrack-like feel, an impression which was further accentuated by the installation of green corrugated-iron sheets on the roof in 2010. Moreover, the building's G-shaped configuration, when combined with the adjacent structures, forms a tall, shadowy, well-like courtyard. Socialist Realist optimism was achieved solely in the lavish mahogany interiors of Pharmacy No. 1, which occupies the entire ground floor of the building's left wing. Apparently, the former Constructivist Veniamin Kostenko, renowned for his work on the Viiskvid residential building at Sumska Street 69, had a hard time sticking within the rigid framework of Socialist Realism. Perhaps it was his Modernist youth that would not let him conceal the totalitarian essence of the Socialist Realism style.

156

Азовсько-Донський банк (зараз – Харківський національний педагогічний університет імені Григорія Сковороди)
Azovsko-Donskoy Bank (now – H.S. Skovoroda Kharkiv National Pedagogical University)

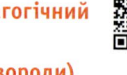

майдан Конституції, 18
Konstytutsii Square, 18
Федір (Йоган-Фрідріх) Лідваль
Fredrik Lidvall
1914

⊕ Будівля була частково пошкоджена внаслідок кількох російських ударів крилатою ракетою та реактивною артилерією по майдану Конституції 2 та 9 березня 2022 року. Пошкоджено шибки вітрин першого поверху, зовнішні стіни, оздоблення фасаду, вибито всі вікна.

Нову чотириповерхову будівлю для Азовсько-Донського банку звели в 1913–1914 роках за проєктом шведсько-російського архітектора Федора (Йогана-Фрідріха) Лідваля із Санкт-Петербурга. Робочими кресленнями та будівництвом займався місцевий інженер нідерландського походження Лев Тервен. Лідваль, який емігрував після Революції в Стокгольм, був основоположником північного модерну в Російській імперії, побудував безліч яскравих об'єктів стилю в Санкт-Петербурзі, вплинув на ціле

поління молодих архітекторів. Крім прибуткових будинків, однією з головних спеціалізацій Лідваля були банківські будівлі. Особливо плідну співпрацю йому вдалося встановити з Азовсько-Донським банком, для якого він проєктував не лише офісні будівлі, а й житло для службовців у Санкт-Петербурзі, Астрахані, Саратові, Грозному.

Азовсько-Донський банк заснований у 1871 році в Таганрозі й до кінця XIX століття став найбільшим провінційним банком, стабільно перебуваючи в п'ятірці найбільших приватних банків Російської імперії. Його співвласниками були брати Яків і Самуїл Полякови – великі фінансисти та підприємці єврейського походження, які заробили статки на будівництві залізниць. Банк займався кредитуванням торгівлі та наданням позик промисловим підприємствам чорної та кольорової металургії, кам'яновугільної промисловості.

Сьогодні наріжна будівля Азовсько-Донського банку посідає важливе місце в ансамблі майдану. Але на момент будівництва вона разом із готелем «Метрополь» (на місці сьогоднішнього житлового будинку №20) лише фланкувала велику неовізантійську Миколаївську церкву, підірвану радянською владою в 1930 році. Тому основну увагу Лідваля було зосереджено на фасаді, зверненому до майдану Конституції. Другий фасад, напевно,

Oleh Nesterenko

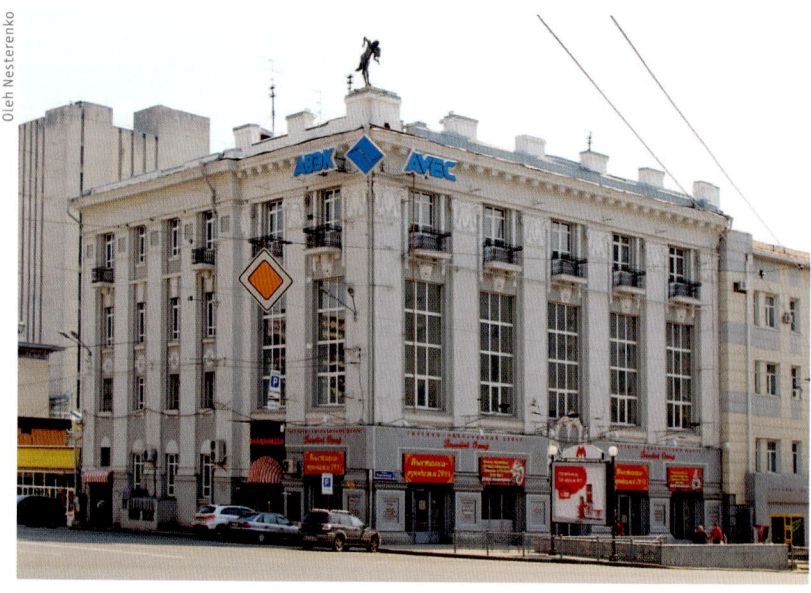

архітектор розцінював не як другорядний, а як прихований задній, і будівлю не як наріжну, а як рядову.

На прикладі банку Лідваля можна простежити зміни, що відбулися в типології банківських будівель з 1890-х до 1910-х. Порівняно з Бекетівським Земельним або Торговим банком, загальна площа забудови, необхідна для ефективного функціонування установи, дуже скоротилася. Питома частка площі операційних зал, навпаки, зросла. Планувальне втілення з орієнтованої вглиб ділянки набуло характеру вертикальної. Змінилися й вимоги до освітлення операційних зал для обслуговування дедалі більшої кількості клієнтів. Будівля характеризується високими панорамними вікнами обабіч об'єму, що створюють усередині загальний заскленний простір. Як і багато інших архітекторів, Лідваль до початку Першої світової війни приходить до формоутворення та раціоналістичної простоти першого модернізму, де з форми будівлі випливають її функції. При цьому, будучи відомим представником модерну, у цій будівлі він уже не застосовує жодного модерного прийому. Натомість звертається до неокласичних елементів декору, стримане застосування яких дає змогу назвати архітектуру банку модернізованою класикою. Вертикалі канельованих пілястрів завершуються стилізованими капітелями з рельєфом бога торгівлі Меркурія. Центральний вхідний портал прикрашений перебільшеним рельєфом, що складається з картуша з датою заснування банку (1871), головою Меркурія, кадуцеєм та двома путті в обрамленні гірлянд. На парапеті розставлено неокласичні урни збільшеного масштабу. Вочевидь, саме з цією будівлею вже у 1920-ті вступає у стилістичний та візуальний взаємозв'язок будівля Товарної біржі архітектора Олександра Лінецького, яка стоїть на протилежному боці майдану.

Після Революції банк був націоналізований і понад десять років стояв занедбаним, доки у 1932 році тут не відкрився Інститут фізкультури (зараз – Факультет фізичного виховання та спорту Харківського національного педагогічного університету імені Григорія Сковороди). Велику та світлу операційну

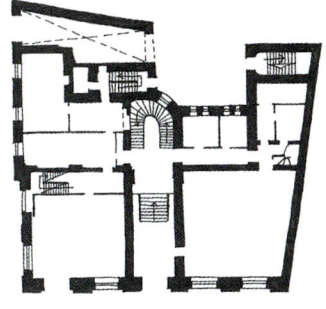

залу банку переобладнали на спортзал. Сьогодні приміщення першого поверху орендують ресторани, що неконтрольовано встановлюють на фасаді величезні вивіски крикливих кольорів, з 2012 року дах покритий яскраво-червоним профнастилом, починаючи з 2010-х обидва фасади будівлі постійно закриті рекламними банерами, у 2000-х на даху встановлено бронзову фігуру скрипаля – усе це дуже псує вигляд пам'ятки архітектури.

Дякую за участь у створенні цього тексту Яні Кликовій.

⊕ This building was partially damaged by Russian cruise missile and rocket artillery strikes targeting Konstytutsii Square on 2 and 9 March 2022, which affected the external walls and façade decoration and broke storefront windows on the ground floor and all the windows on the side facing the square.

The new four-storey Azovsko-Donskoy Bank building was designed by the Swedish-Russian architect Fredrik (Fyodor) Lidvall from St Petersburg and constructed between 1913 and 1914. A local engineer of Dutch origin, Lev Terven, was responsible for the working drawings and for supervising construction. Lidvall, who later emigrated to Stockholm after the Revolution of 1917, was a founder of the Northern Moderne style in the Russian Empire; he designed numerous remarkable buildings in St Petersburg and had a profound influence on an entire generation of young architects. In addition to apartment houses, one of Lidvall's principal areas of focus was the construction of bank buildings. He forged a particularly productive partnership with the Azovsko-Donskoy Bank, for which he designed not only office buildings but also staff housing in cities such as St Petersburg, Astrakhan, Saratov, and Grozny. The Azovsko-Donskoy Bank, founded in 1871 in Taganrog, was by the late nineteenth century the largest provincial bank and consistently one of the top five private banks in the Russian Empire. It was co-owned by the brothers Yakov and Samuel Polyakov, major financiers and entrepreneurs of Jewish origin who made their fortune in railway construction. The bank focused on providing loans to trade and industrial enterprises in the ferrous and non-ferrous metallurgical sectors and the coal industry.

Today the corner building of the Azovsko-Donskoy Bank has a prominent position in the ensemble of Konstytutsii Square. At the time of construction, however, the bank building and the Metropol Hotel (on the site of the residential building that stands at Konstytutsii Square 20 today) flanked the Neo-Byzantine St Nicholas Cathedral (destroyed by the Soviet authorities in 1930). Lidvall's primary focus was accordingly on the façade facing Konstytutsii Square; he paid far less attention to the side façade concealed by the cathedral – as if this bank building was not a corner structure but part of a row of buildings.

Fredrik Lidvall's bank building allows us to observe changes in the typology of bank buildings that occurred from the 1890s to the 1910s. Compared to Zemelnyi Bank or Torhovyi Bank, both designed by Oleksii Beketov, the total building footprint needed for this bank to function efficiently was significantly smaller. Conversely, the proportion of space dedicated to the operations halls was larger. The layout solution, instead of stretching horizontally into the depths of the plot, developed vertically upwards. The requirements for lighting in the operations halls also changed in order to accommodate larger numbers of clients. The building has tall panoramic windows on both sides of its volume, creating a large and unpartitioned glazed interior space. By the onset of World War I Lidvall, like many other architects, had arrived at the form-finding and rationalistic simplicity of Early Modernism with its principle 'form follows function'. Despite his reputation as an Art Nouveau architect, here he applied none of his Art Nouveau techniques. Instead, he embraced a moderate

use of Neoclassical decorative elements, which allows us to call this bank's architecture 'Modernised Classicism'. The verticals of the fluted pilasters are crowned with stylised capitals adorned with reliefs depicting Mercury, the Roman god of commerce. The central entrance portal is decorated with an oversized relief with a cartouche displaying the bank's founding date (1871), a head of Mercury, a caduceus, and two putti framed by garlands. Oversized Neoclassical urns stand along the parapet. A clear dialogue – stylistic and visual – exists between this bank building and the Commodity Exchange building, designed by Oleksandr Linetskyi in the 1920s, situated opposite on the square.

After the nationalisation of the bank following the Revolution of 1917, the building was neglected for over a decade until repurposed as the Institute of Physical Education in 1932 (now the Faculty of Physical Education and Sport at H.S. Skovoroda Kharkiv National Pedagogical University). The spacious, well-lit operations hall was turned into a gymnasium. Today the ground-floor premises are leased to restaurants, which, exploiting the lack of control on the part of the authorities, have installed large, brightly coloured signs on the façades. In 2012 the roof was covered with sheets of corrugated iron in a bright-red colour. Since the 2010s both façades have been obscured by large advertising banners. In the 2000s a bronze figure of a violinist was placed on top of the building. All these modifications significantly spoil the appearance of this architectural monument.

My sincere thanks to Iana Klykova for her contribution to this text.

Азовсько-Донський банк (зараз — офісна будівля з крамницею)
Azovsko-Donskoy Bank (now – an office building with a shop)

037 B

майдан Конституції, 14
Konstytutsii Square, 14
Олексій М. Бекетов
Реконструкція: Лев К. Тервен
Oleksii M. Beketov
Reconstruction: Lev K. Terven
1896, 1914

Andriy Kravchuk

⊕ Будівля була частково пошкоджена внаслідок російського удару крилатою ракетою по Палацу праці 2 березня 2022 року. Пошкоджено шибки вітрин першого поверху, зовнішні стіни, оздоблення фасаду, вибито всі вікна.

⊕ This building was partially damaged by a Russian cruise missile strike targeting the Palace of Labour on 2 March 2022. The exterior walls were damaged, and the storefront windows on the ground floor and all windows facing the square were broken.

Ще одна банківська будівля, яку спроєктував архітектор Бекетов, і ще одна будівля Азовсько-Донського банку. Першу будівлю банку звели за проєктом Бекетова в 1896 році, в 1914-му її перебудував архітектор Тервен після переїзду основного відділення банку в будинок Лідваля (№18). Тервен змінив неоренесансний (еклектичний) фасад, прагнучи створити модний у період Першої світової війни неокласичний образ. Спрощений плаский фасад декоровано тонкими ампірними гірляндами та барельєфами на античні сюжети. Над арковими вікнами другого поверху, як і в багатьох інших будинках Старого міста, розташовані рельєфи кадуцеїв. Збереглася оригінальна операційна зала, яку виконали Бекетов і Василь Кричевський.
Упродовж своєї подальшої історії будівля стала прихистком для різних організацій. Упродовж своєї подальшої історії в будівлі розташовувалися різні організації. У 1930 році тут розташовувалась організація буряківників «Бурякоспілка», з 1937 року — Інженерний гідрометеорологічний інститут, а після Другої світової війни — «Центральний лекторій», у якому виступали радянські експерти, поети, проходили кінопокази та концерти. З 1990-х років приміщення здають в оренду під крамниці та офіси.

Another branch of the Azovsko-Donskoy Bank in Kharkiv, this is yet another bank building designed by Oleksii Beketov. The initial structure was erected in 1896. Subsequently it was reconstructed in 1914 to a design by Lev Terven, following the bank's relocation to the newly constructed building at Konstytutsii Square No. 18 designed by Fredrik Lidvall. Lev Terven revamped the Neo-Renaissance (Eclectic) façade with the aim of giving it a more Neoclassical visage in keeping with the fashion during World War I. The result was a simplified, flat façade bedecked with subtle Empire-Style garlands and bas-reliefs inspired by themes from classical antiquity. As on many other buildings in the Old City, there are caduceus reliefs in the area above the arched windows of the first floor. The original operations hall designed by Oleksii Beketov and Vasyl Krychevsky has survived. Over the course of its subsequent history the building has housed various entities. In 1930 it accommodated the Buriakspilka (Beet Growers Union) organisation. Then, from 1937 onwards, it was home to the Engineering Hydrometeorological Institute. After World War II it served as the Central Lecture Hall, where Soviet experts and poets delivered public lectures and film screenings and concerts were held. Since the 1990s spaces in the building have been leased to shops and offices.

Громадська Бібліотека (зараз – Державна наукова бібліотека імені Володимира Короленка Public Library (now – Volodymyr Korolenko Kharkiv State Scientific Library)

038 B

провулок Короленка, 18
Korolenka Lane, 18
Олексій М. Бекетов,
за участю Віктора В. Величка
Oleksii M. Beketov,
assisted by Viktor V. Velychko
1901

⊕ Будівля була частково пошкоджена внаслідок російського ракетного удару 12 березня 2022 року. Пошкоджено оздоблення фасаду та інтер'єри, вибито вікна, зокрема світловий ліхтар над атріумом, зруйновано систему опалення.

Громадська бібліотека завершує собою низку Бекетівських будівель у Старому місті, при цьому є реалізацією (хоч і частковою) проєкту, що приніс архітекторові звання академіка. Бібліотека була відкрита в 1886 році з ініціативи недержавного Харківського Товариства поширення в народі грамотності, заснованого викладачами Харківського імператорського університету на чолі з професором кафедри хімії Миколою Бекетовим – батьком архітектора О. М. Бекетова. 15 років з моменту відкриття бібліотека розміщувалась у невеликих не пристосованих для цього приміщеннях у різних будинках Старого центру. Ініціатором зведення окремої будівлі бібліотеки став голова правління бібліотеки український історик Дмитро Багалій. У 1889 році проєкт безкоштовно розробив архітектор Бекетов, який також входив до правління. Будівництво розпочалося в 1891 році, а у 1901 році бібліотека переїхала до нового приміщення, збудованого за участю архітектора Віктора Величка. Нині бібліотека є найбільшою в Східній Україні, її фонди становлять близько 7 млн примірників, зокрема цінних книжок і періодики. «Одна з найсимпатичніших просвітницьких ініціатив» усе ще залишається найкомфортнішим, найвідкритішим і найдоступнішим

публічним простором для читання та роботи в місті. Під час дослідження, яке передувало написанню цього путівника, я провела кілька років у фондах та залах бібліотеки.

Еклектичний фасад детально пропрацьований. Бекетов – майстер декору та орнаменту, здатний через нього демонструвати статусність і величність споруди – в архітектурі бібліотеки прагнув показати не меншу проти буржуазних фінансових установ важливість громадської будівлі бібліотеки. Як і в інших проєктах, Бекетов фонтанує сплесками маскаронів, класичних архітектурних елементів композитного ордера, об'єднуючи композицію важкими фризами та великомасштабними карнизами. На другому поверсі розташовується читальна зала, яка вражає тонким опрацюванням інтер'єру та розмахом великих форм, а на фасаді відбивається ренесансною аркадою вікон. Вони освітлюють з обох боків простору залу заввишки близько 10 метрів і місткістю 300 читачів. Головний акцент зроблено на стелю, щедро прикрашену рокальним ліпним декором з використанням мотивів листя, пальметти й жіночих масок у стилі модерну (сліди руки Кричевського) та улюбленого прийому Бекетова – збільшених структурованих падуг. Стрижнем внутрішньої організації будівлі є парадні тримаршеві з двома чвертьмайданчиками мармурові сходи, що ведуть у читальний зал. Необхідно зазначити, що в 1894 році саме проєкт «бібліотеки на 1,5 млн томів з галереєю великих людей та нумізматичним кабінетом» для Харкова Бекетов подав на отримання звання академіка архітектури. Однак плани з будівництва були значно більшими і грандіознішими. Оскільки бібліотека мала виконувати важливу соціальну функцію і бути доступною для всіх, Бекетова надихали зразки великих громадських будівель епохи Відродження – паладіанської базиліки у Віченці та бібліотеки Сан-Марко. Комплекс будівель у стилі *Beaux-Arts* мав зайняти весь квартал між провулком Короленка, вулицею Миколаївською, проспектом Героїв Харкова та провулком Слюсарним. Більша частина площі належала приміщенням книгосховищ, що складалися в три великі атріуми. Крім самої бібліотеки тут мали розміститися музей та житловий будинок для працівників бібліотеки. Центральну читальну залу вінчав величезний неоренесансний дугоподібний дах, такий самий, як центральний купол *Tuileries*. Навіть реалізований обсяг читальної зали сьогодні має вельми значні розміри, а зала, яку спроєктував Бекетов під куполом, могла б порівнятися з розмірами вокзалу. Втілено було лише третину із запланованого (ліве крило), хоча Бекетов безуспішно продовжував просувати ідею розширення бібліотеки і за радянської влади аж до 1939 року, розробивши кілька проєктів у різних стилях.

⊕ This building was partially damaged by a Russian missile strike on 12 March 2022. The façade decoration and interiors were damaged, windows were broken, including the roof lanterns above the atrium, and the heating system was destroyed.

Completing the series of buildings by Oleksii Beketov in the Old City, the Public Library is a realisation, albeit only partial, of the project that earned Beketov the distinction of membership of the Imperial Academy of Arts (St Petersburg). Established in 1886 through the efforts of the non-governmental Kharkiv Society for the Advancement of Literacy among the People, founded by Imperial University professors, and presided over by Nikolay Beketov, a professor of chemistry who was Oleksii Beketov's father, for the first 15 years of its existence the Public Library was housed in inadequate, cramped spaces in various buildings in the Old City.

The initiative to construct a dedicated library building came from the Ukrainian historian Dmytro Bahalii, who chaired the library's board. In 1889 Oleksii Beketov, also a board member, produced a design for the building free of charge. Construction commenced in 1891, and in 1901 the library relocated to its new premises, a collaborative effort with the architect Viktor Velychko. Today it ranks as Eastern Ukraine's largest, with a collection of approximately seven million items, including precious books and periodicals. It remains 'one of the most inviting educational initiatives', offering a comfortable, open, and accessible public space in which to read and work in the city. While engaged on the research that preceded the writing of this guidebook, I spent several years working with the library's collections in its reading rooms. The library's Eclectic façade features meticulous detailing.

A master of decoration and ornamentation, Beketov employed these elements here to emphasise the building's status and grandeur, conveying through architecture the library's significance as a public building equal to any bourgeois financial establishment. As in his other projects, here Beketov produces a gush of mascarons and Classical elements in the Composite order and unifies the composition with heavy friezes and large cornices. The reading room on the first floor is impressive for its elaborate interior and sweep of large forms, expressed on the façade by the Renaissance-style arcade of windows. These windows bathe the roughly-10-metre-high hall, capable of accommodating 300 readers, in an abundance of natural light. The main focal point is the ceiling, lavishly adorned with Rocaille stucco decoration featuring motifs of leaves, palmettes, and female masks in the Art Nouveau style (traces of the hand of Vasyl Krychevsky) and complemented by oversized, structured vaults, a favourite device of Beketov. The backbone of the building's interior layout is the three-flight marble principal staircase with its two quarter-space landings, leading to the reading room.

It is worth noting that in 1894 Oleksii Beketov submitted his design for a library for 1.5 million books, complete with a gallery of eminent figures and a numismatic room for Kharkiv, as part of his application for membership of the Imperial Academy of Arts. However, the actual construction plans were far more expansive and grandiose. Given the library's important social function and need to be accessible to everyone, Beketov drew inspiration from Renaissance examples of vast public edifices, such as the Basilica Palladiana in Vicenza and the Marciana Library in Venice. The Beaux Arts style complex of buildings was intended to occupy the entire block bordered by Korolenka Lane, Mykolaivska Street, Slyusarnyi Lane, and Heroiv Kharkova Avenue. The bulk of this space was to be allocated to book depositories arranged as three grand atriums. In addition to the library, the complex was to house a museum and a residential building for library personnel. The central reading room was intended to be crowned by a colossal Neo-Renaissance, arc-shaped roof reminiscent of the central dome of the Tuileries in Paris. Even the actual volume of the reading room today remains impressively vast. Yet under Beketov's original design, the room under the dome would have been comparable in size to a vast railway station. In the end only a third of the initial plan was ever realised – the left wing. In the Soviet era Beketov continued unsuccessfully advocating for the expansion of the library until 1939, by which time he had developed several projects in different styles.

Старе книгосховище
Old Book Depository

039 B

вулиця Миколаївська, 8
Mykolaivska Street, 8
Еммануїл Л. Гамзе
Emmanuil L. Gamze
1929

Нижче по вулиці Миколаївській з основним об'ємом бібліотеки межує будівля книгосховища, яку прибудував 1929 року архітектор Еммануїл Гамзе відповідно до загального проєкту розширення Бекетова, виконаного 1927 року в неокласичному стилі. Проєкт Бекетова й Гамзе містив у собі забудову вулиці Миколаївської аж до провулка Слюсарного із завершенням у вигляді 8-поверхової будівлі. Після Другої світової війни від цього будівництва збереглася лише частина книгосховища. Ця тонка та лаконічна робота конструктивіста Гамзе приємно вражає контекстуальністю підходу до прибудовування нового об'єкта суміжно з еклектичним бічним фасадом Бекетова. Гамзе повторює не тільки колірну гаму оригінальної будівлі, а й вертикальне членування вікон та горизонтальну ярусність фасадів – пропорції та ритм. За допомогою лише простих та аскетичних засобів книгосховищу вдається продовжити ту ритмічність основної будівлі, якої Бекетов досягає за допомогою декоративних елементів.

> The adjacent Book Depository building on Mykolaivska Street, built onto the primary library structure in 1929 by Emmanuil Gamze, was part of the overall project for the library's extension devised in 1927 by Beketov in the Neoclassical style. Beketov and Gamze's project involved developing Mykolaivska Street up to Slyusarnyi Lane, culminating in an eight-storey building. However, after World War II, only a part of the Book Depository was left.

This subtle and concise work by the Constructivist architect Emmanuil Gamze adopts a pleasantly surprising contextuality in its approach to adding a new building to Beketov's Eclectic side façade. Gamze not only replicates the colour scheme of the existing building but also mirrors its proportions and rhythm through the vertical division of his windows and the horizontal tiering of his façade. By simple and ascetic means, Gamze's Book Depository manages to continue the rhythm established by Beketov in the main library building through a profusion of decorative elements.

Нове книгосховище
New Book Depository

040 B

вулиця Миколаївська, 10а
Mykolaivska Street, 10a
Юрій А. Вейцман
Yurii A. Veitsman
1979

1

Висока будівля нового книгосховища (76 метрів) входила до проєкту реконструкції всього комплексу будівель бібліотеки, який розробив архітектор проєктного інституту «Харківпроєкт» Юрій Вейцман наприкінці 1960-х. Будівництво відбувалося в 1968–1979 роках. У межах реконструкції передбачалося свого роду здійснити частину планів Бекетова і зайняти весь квартал до Слюсарного провулка, що, як і у випадку Бекетівських проєктів, так і не було реалізовано. Незважаючи на спільну думку харківських містобудівників про неприпустимість висотного будівництва в історичному центрі міста, ще головний інженер проєктного інституту «Харківпроєкт» та автор модерністського генплану 1962–1964 років Віктор Антонов обстоював будівництво нової, третьої домінанти Старого міста саме на цьому місці. Книгосховище справді стало однією з головних домінант Старого міста та єдиною модерністською поміж них. Але замість сакральних церковних дзвонів бруталістський паралелепіпед виступає в ролі секулярного храму прогресу та знання – храму книги.

Глухий пуристський фасад став, можливо, найвдалішим рішенням для інтервенції в історичне середовище поряд з рясними на декор об'єктами Бекетова. Попри значний розмір і бруталістську форму, висотка, облицьована натуральним каменем, відіграє роль фонової забудови або екрана, що є посередником між міським ландшафтом і небом. Як і в інших об'єктах періоду брежнєвської «золотої» п'ятирічки, у будівлі майстерно витримано пропорції членування фасаду. З боку синагоги (до постання торгового центру «Нікольський») найвигідніше розкривалися три плани й три етапи будівництва бібліотеки різних епох: Бекетова, Гамзе і Вейцмана. Вейцман об'єднав це у триптих. Йому вдалося дотриматися членування вікон Гамзе, вибудувати пропорційно гармонійну висоту будівлі щодо наявних, сполучивши таким чином різнорідні об'єкти в одне ціле. Більшість території бібліотеки в самому центрі міста і далі є пусткою.

> The 76-metre-tall structure of the new Book Depository was conceived as part of Yurii Veitsman's comprehensive project for reconstruction of the library complex. Veitsman was an architect at Kharkivproekt Design Institute in the late 1960s. Construction took place between 1968 and 1979. The intention was to realise part of Beketov's plans over an area encompassing the entire block up to Slyusarnyi Lane. However, like Beketov's own projects, this plan remained unrealised. Although many Kharkiv urban planners shared the common view that tall buildings were incompatible with the historical city centre, Viktor Antonov, an architect, chief engineer at Kharkivproekt Design Institute, and the author of Kharkiv's general plan of 1962–1964, advocated for the construction of a third new vertical landmark on this spot in the

Ivan Ponomarenko

Old City. Indeed, the new Book Depository ultimately emerged as one of the main landmarks, the sole Modernist structure among them. In contrast to the sacral cathedral's bell towers, this Brutalist parallelepiped plays the role of a secular temple of progress and knowledge – a temple of books. The purist, blank façade arguably proved the most felicitous solution for intervening in the historical environment next to Beketov's lavishly decorated buildings. Despite its great size and Brutalist shape, this high-rise, clad in natural stone, functions as a backdrop or 'screen', mediating between the cityscape and the sky. Similar to other structures from Brezhnev's 'golden' five-year plan, the new Book Depository adheres to a well-proportioned façade division. The view from the direction of the Choral Synagogue revealed (prior to the construction of the Nikolsky Mall) three planes of perception at different distances from the viewer and three phases of construction of the library complex from different periods – those of Beketov, Gamze, and Veitsman. Yurii Veitsman united them into a triptych. By aligning the articulation of his façade bays with those designed by Gamze and keeping the height of the new building proportionally harmonious to the existing buildings, he gave these heterogeneous structures a unifying coherence. Nonetheless, the larger part of the library site in the very centre of the city remains wasteland to this day.

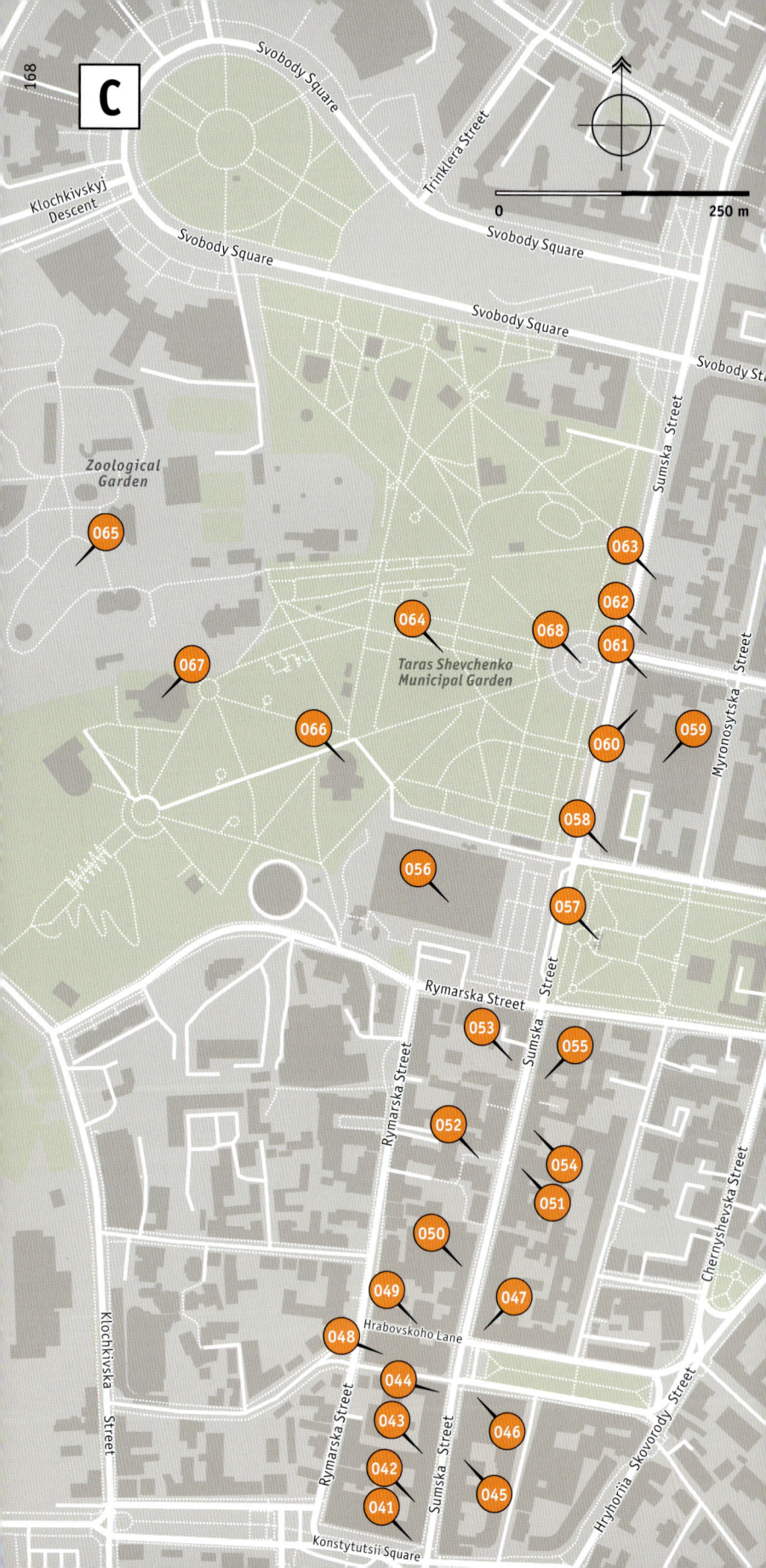

Сумська вулиця

Напрочуд простий маршрут з одного центру до іншого пролягає прямою, наче стріла, Сумською вулицею, що сполучає Старе і Нове місто. Сумська — найголовніша й найвідоміша вулиця Харкова. Про неї писали вірші та прозу, вона знімалася в кіно, тут жили знамениті люди. Хай це просто вулиця, утім саме вона, можливо, є провідним елементом у розумінні та сприйнятті Харкова і того, як містом користуватися. Її різностильова архітектура, вишикувана чітко вздовж червоної лінії загальним щільним фронтом фасадів, створює свого роду вуличний коридор більш як 1 км завдовжки в центральній частині та близько 7 км з вильотом за місто (де вже плавно переходить у Харківське шосе).

Сумська і прилегла до неї мережа паралельних їй вулиць (Мироносицька, Чернишевська, Алчевських, Григорія Сковороди), затиснуті на вузькій ділянці плато між Клочківським і Журавлівським схилами, задовго до появи другого центру сформували лінійну структуру довгого середмістя Харкова.

Попри історичне значення, Сумська і нині є магістраллю, щільно завантаженою громадським і особистим транспортом. Але найхарактерніше для неї — надзвичайно жвавий пішохідний трафік у всю довжину. Інтенсивно заповнена пішоходами упродовж робочого дня, вулиця активно живе і вночі. Такий динамічний рух пояснюється тим, що Сумська є найкоротшим шляхом між двома центрами. Крім того, саме на цю лінію нанизано багато головних громадських будівель і міських просторів — театри, будинки культури і творчості, сад Шевченка, Дзеркальний струмінь у сквері Перемоги, Центральний парк культури і відпочинку, Палац одруження, — утворюючи своєрідний ланцюг культурних локацій. Окрім рекреаційної і культурної функцій, ця вулиця досі виконує й ділову — оскільки тут розташовано безліч офісів і установ, — а також комерційну, адже перші поверхи майже всюди зайняті крамницями, кав'ярнями та ресторанами.

Така ситуація не могла не зробити Сумську більше, ніж просто вулицею. Вона стала місцем променадів, спілкування, зустрічей, відпочинку, ділової біганини і безцільного фланірування — і все це не припиняючи руху. Сумська міцно увійшла в щоденну рутину багатьох харків'ян, стала органічною частиною міської культури, елементом способу життя, взаємодії містян із містом та одне з одним. Її довгі дистанції й комфорт пересування, поєднані з насиченістю різними зручностями та сервісами, заклали харківську своєрідну прогулянкову культуру, подібну до Magnificent Mile в Чикаго.

Ба більше, такі практики говорять про культуру руху в модерному місті. Як і в модерністських генпланах Харкова, динамічні параметри трафіку й інфраструктури були важливіші за статичні архітектурні домінанти і площі. Такі потужні інфраструктурні лінії, як Сумська, сполучають одразу кілька елементів, поєднують багато точок, пунктів призначення, а головне — згуртовують людей. Завдяки розвиткові інфраструктури і тим процесам, що нею скеровуються, місто вбудовувалось у ширший контекст індустріальної культури, а разом з нею, і навіть ще глибше, — модерної культури. І якщо в класичному уявленні площа з давньогрецьких часів є саме тим публічним простором, агорою, де люди збираються, перетинаються, зустрічаються, спілкуються й ухвалюють рішення, — то в модерному Харкові вулиця важливіша за будь-яку площу. Іти вулицею — набагато змістовніше, ніж стояти на площі. За умов, коли площі тотально окуповані машинами, церквами і владою, єдиним місцем для людей залишається вулиця. І лише вона належить людям. Тільки на вулиці вільно вирує соціальне й політичне життя. І хоч численні спроби архітекторів 1980-х зробити Сумську пішохідною не мали успіху, будь-які революційні події, протести й марші історично відбуваються саме тут. Саме вона впродовж століть є місцем масового руху, яке згуртовує городян: тут люди разом ідуть і їдуть, вимагають і діють.

2

Kathrineandi (dreamstime)

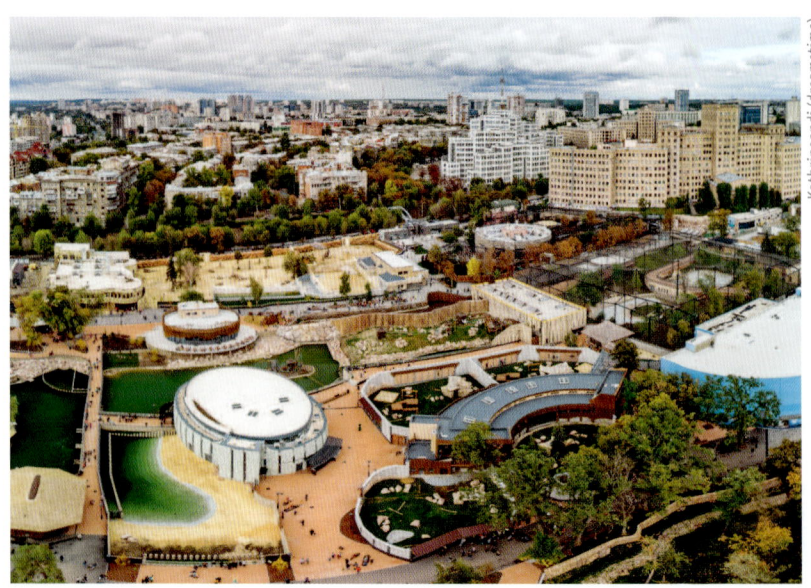

Зоопарк / Zoological Garden

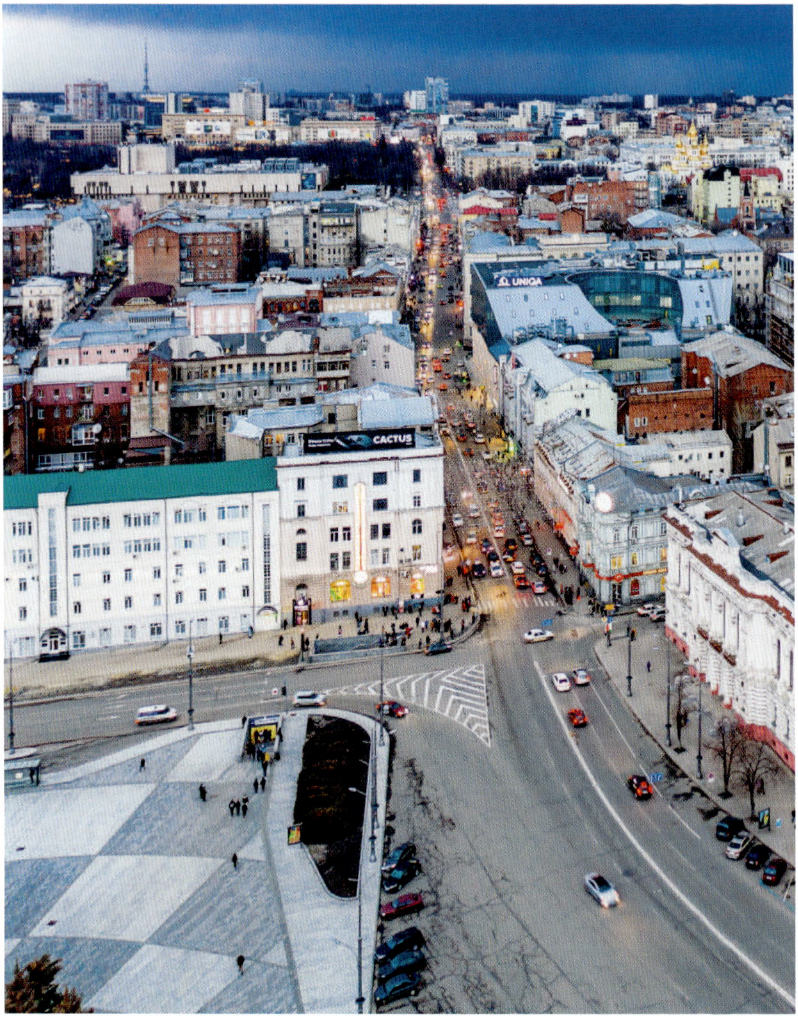

Iryna Fedorenko (dreamstime)

Сумська вулиця / Sumska Street,

Sumska Street

The simplest route from one centre to another is arrow-straight Sumska Street, which connects the Old and New Cities. Sumska Street is Kharkiv's main and most famous thoroughfare. Poems and books have been written about it; it has appeared in films and given homes to notable residents. Despite being just a street, it is perhaps the foundational element for comprehending and perceiving Kharkiv and how to use the city. Its architecturally diverse façades are arranged precisely on the building line, forming a dense street front. This creates a kind of street corridor extending more than one kilometre in its central part and approximately seven kilometres on the way out of the city, where Sumska seamlessly transitions into Kharkivske Highway.

Sumska Street and the adjacent network of streets (Myronosytska, Chernyshevska, Alchevskyh, Hryhoriia Skovorody) running parallel to it, squeezed within the narrow expanse of the plateau between Klochkivskyj and Zhuravlivskyi slopes, shaped the linear structure of Kharkiv's elongated centre well before the second centre emerged.

Despite its historical significance, Sumska Street is still a bustling arterial road used by both public and private transport. But what truly characterises it is the exceptionally high pedestrian activity along its entire length. Sumska sees a continuous flow of pedestrians during the working day and remains lively into the night. Such a dynamic pedestrian flow can be explained by the fact that this is the shortest route between the two city centres. Moreover, it is along this line that many of the city's principal public buildings and venues are strung, including theatres, houses of culture and creativity, Taras Shevchenko City Garden, Dzerkalnyi Strumin in Peremohy Garden, the Central Park for Culture and Recreation, and the Wedding Palace – a chain of Kharkiv's main cultural locations. In addition to its cultural and recreational functions, Sumska retains a strong focus on both business (with numerous offices and institutions) and shopping (its ground floors are predominantly occupied by shops, cafes, and restaurants). Under these conditions Sumska Street could not help but evolve into more than just a street. It became a space for promenades, communication, gatherings, recreation, the rush of business, and idle sauntering – all without interrupting pedestrian flow. Sumska has firmly embedded itself in Kharkivites' daily routine, becoming part of their most deeply rooted everyday practice, urban culture, and lifestyle, shaping the way they interact with both the city and each other in the city. The great distances and ease of movement, along with the street's concentration of various facilities, laid the foundation for a special Kharkivite walking culture, similar to that found on the Magnificent Mile in Chicago.

Furthermore, such practices shed even more light on the phenomenon of movement in a modern city. The Modernist general plans for Kharkiv placed more importance on the dynamic parameters of traffic and infrastructure than static dominant buildings and squares. Powerful infrastructure arteries such as Sumska Street amalgamate multiple elements at once, linking various points, destinations, and, crucially, people. Such arteries are integral to industrial and, consequently, modern culture. While the classical notion of a public space in which people gather, intersect, meet, and communicate has since the time of Ancient Greece traditionally been embodied by a public square, in modern Kharkiv a street is more important than any square. Walking along a street is far more essential than standing in a square. In circumstances where squares are entirely occupied by cars, churches, and the authorities, a street remains the sole space for people. And only a street belongs to people. The street remains the sole venue for social and political life. Despite repeated attempts by architects in the 1980s to pedestrianise Sumska Street – always unsuccessful – this has historically been where revolutionary events, protests, and marches have taken place. From century to century, Sumska has remained a place where people unite – walking, riding, voicing demands, and acting together: a place of mass movement.

Північний банк (зараз – офісна будівля з магазинами)
Northern Bank (now – an office building with shops and cafés)

041 C

вулиця Сумська, 1
Sumska Street, 1
Оскар Р. Мунц, Альфред К. Шпігель
Надбудова: Іван Д. Єрмілов
Oskar R. Munts, Alfred Spiegel
Additional storey: Ivan D. Yermylov
1910, 1926

Наріжна модерна будівля фланкує початок вулиці Сумської і була зведена в 1908–1910 роках за проєктом архітектора нідерландського походження Оскара Мунца та харківського архітектора німецького походження Альфреда Шпігеля. Керував будівництвом архітектор Михайло Піскунов. Конторська будівля «виводить» і продовжує Банківський фронт – низку банків Старого міста – на Сумську. Будівля призначалася для французького Північного банку, який працював з початку XX століття в Російській імперії та був дочірньою компанією *Société Générale*. Після поглинання Російсько-Китайського банку Північний банк змінив назву на Російсько-Азіатський банк, так само залишаючись французьким. Окрім банку, у будівлі на верхніх двох поверхах розміщувався перший у Харкові Жіночий медичний інститут.

Архітектура банку балансує між конструктивним модерном, що використовує прості площини стін, та петербурзьким північним модерном, доповненим стриманим ампірним декором (барельєфи, фестони з медальйонами). Будівля розчленована по горизонталі трьома ярусами: тектонічно важкий цоколь підкреслений грубо обколеним гранітом, другий ярус, облицьований пласкими гранітними плитами, виділяється ритмічними арковими нішами, а верхній – полегшеними іонічними напівколонами. Центральна вісь по вулиці Сумській закріплена ризалітом, завершеним великим двосхилим фронтоном. Центральний еркер, що видовжився на всю висоту будівлі, нюансно виділяється з площини

стіни завдяки обширному заскленню. Окрасою будівлі є експресивні атланти, які фланкують еркер на рівні 4-го поверху. Оголені чоловік і жінка виконані за ескізами петербурзького скульптора Василя Кузнєцова, який працював із такими архітекторами, як Щусєв, Щуко, Фомін, Дмитрієв, Лідваль. У будівлі до цього дня збереглися столярні вироби і кам'яне оздоблення, доступні автентичні вестибюлі, в колишній операційній залі розміщується магазин з восьмигранними мармуровими колонами і ліпленням.

Коли в 1925–1926 роках власником будівлі Північного банку став Народний комісаріат фінансів, оригінальну чотириповерхову будівлю надбудували на один поверх за проєктом молодого архітектора Івана Єрмілова – брата відомого українського художника-футуриста Василя Єрмілова. Єрмілов, як і інші архітектори першої реконструкції Старого міста, здійснив проєкт надбудови так тонко, що це ледь помітно. Із перенесенням столиці з Харкова до Києва 1934 року тут розміщувалися Інститут експериментальної медицини та бібліотека Медичного інституту, а після Другої світової війни – Всесоюзний науково-дослідний інститут організації виробництва та праці чорної металургії. У 1970-х роках на бічний фасад було прикріплено 16-метровий градусник – з того часу популярне серед харків'ян місце для призначення зустрічей.

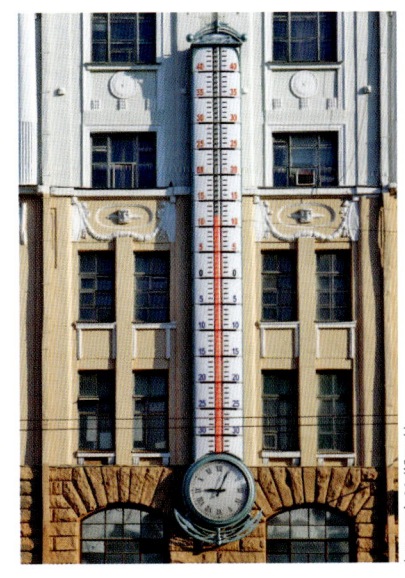

katatonia82 (iStock)

> Designed by Oskar Munts, an architect of Dutch origin, and Alfred Spiegel, a Kharkiv architect of German origin, this Art Nouveau corner building standing at the beginning of Sumska Street extends the Bank Front – a row of bank buildings in the Old City – to Sumska. Construction, which took place between 1908 and 1910, was overseen by the architect Mykhailo Piskunov. This office building was designed for the French Northern Bank (Banque du Nord), a subsidiary of Société Générale, which started operating in the Russian Empire in the early twentieth century. Following a merger with the Russo-Chinese Bank, the Northern Bank changed its name to the 'Russo-Asiatic Bank' while remaining under French ownership. The upper floors of the building accommodated Kharkiv's first Women's Medical Institute.

The bank's architecture strikes a balance between Constructive Style Moderne with its use of simple wall planes and St Petersburg's Northern Moderne style,[1] supplemented with restrained Empire-Style decoration such as bas-reliefs and festoons with medallions. The building is horizontally divided into three tiers: a tectonically heavy plinth emphasised by roughly hewn granite; a second tier faced with flat granite slabs and distinguished by rhythmic arched niches; and an upper tier which stands out for its lightened Ionic engaged columns. An avant-corps, crowned with a large gable, anchors the central axis of the façade along Sumska Street. The central canted bay windows, extending the full height of the building, subtly project from the wall plane with extensive glazing. A notable feature is the expressive atlantes flanking the bay window at the level of the fourth floor. The sculptures of the naked man and woman were crafted by the St Petersburg sculptor Vasily Kuznetsov, known for his collaborations with architects such as Alexey Shchusev, Vladimir Shchuko, Ivan Fomin, Aleksandr Dmitriev, and Fredrik Lidvall. The building retains its original joinery, stone decoration, and lobbies accessible to visitors. The former bank's operations hall now accommodates a shop in which the original octagonal marble columns and stucco decoration have been well preserved.

In 1925–1926, after the Northern Bank building came under the ownership of the People's Commissariat for Finance, an extra storey was added to the original four-storey structure; the young architect was Ivan Yermylov, brother of the renowned Ukrainian Avant-garde artist Vasyl Yermylov. Like his peers who oversaw the first reconstruction of the Old City, Ivan Yermylov executed this superstructure with such subtlety that it was scarcely noticeable. Following the relocation of the capital from Kharkiv to Kyiv in 1934, the building was home to the Institute of Experimental Medicine and the Library of the Medical Institute. After World War II it housed the All-Union Scientific Research Institute for Organisation of Production and Labour in Ferrous Metallurgy. In the 1970s a 16-metre outdoor thermometer was installed on the side façade; this is a popular meeting point for Kharkiv residents.

1 Constructive Style Moderne: one of the variations of Art Nouveau in the Russian Empire, characterised by comparative simplicity of decoration and emphatically constructive design.

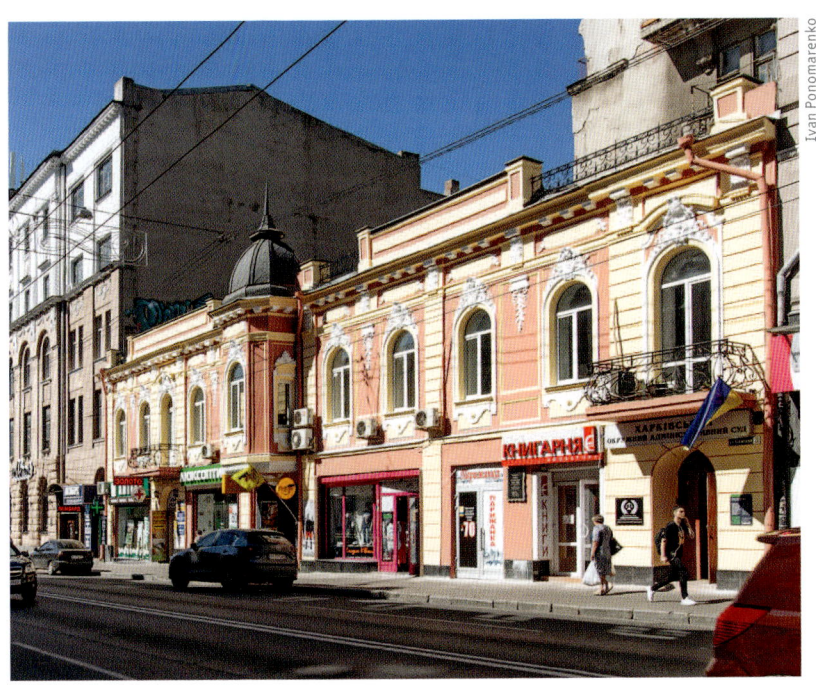

Житловий будинок купців Муравйових (зараз – офісна будівля з крамницями)
Muraviov Merchants House (now – an office building with shops)

042 C

вулиця Сумська, 3
Sumska Street, 3
Емілій Отто Гінш
Emilius Otto Ginsch
1876

Двоповерховий житловий будинок звів на замовлення синів купця Муравйова данський архітектор Емілій Отто (Іван) Гінш, який іммігрував до Харкова у віці 34 років на хвилі ліберальних реформ Російської імперії Олександра II. Внаслідок зміни громадянства та лютеранського віросповідання на православ'я Отто отримав ім'я Іван. Хоча Гінш побудував безліч особняків для харківської еліти, у радянський період історики не приділяли його творчості належної уваги. Виявлення наприкінці 1980-х усіх історичних даних, пов'язаних з його ім'ям, – заслуга харківської краєзнавчині Тетяни Тихомирової.
Усі об'єкти Гінша в Харкові віддзеркалюють ранню європейську еклектику, багату на тонкий якісний ліпний декор і легкі витончені пропорції, які своєю фривольністю ніби наслідують палацову архітектуру рококо. Мініатюрна будівля характеризується випнутим над хідником еркером з восьмигранним куполоподібним завершенням та шпилем. Крім центральної осі будівлі, гранчастий еркер позначає низьку арку, що веде до темного вузького підворіття під ним. Особливу увагу Гінш приділяв декоративному оформленню лиштви та фронтонів аркових вікон, філігранно використовуючи безліч дорогих ліпних елементів – рокайльні мотиви листя, стрічок, квітів та, звісно, мушель.
Під час численних ремонтів будівля втратила частину парапетного оздоблення. У період тоталітарної неокласики архітектор Георгій Іконніков пропонував знести цей будинок, щоб відкрити для вулиці п'ятиповерхівку архітекторів Віктор Естрович і Лев Тервен, що стоїть у дворі, таким чином вилучивши з центральної вулиці міста ідеологічно чужу архітектуру еклектики.

> This two-storey dwelling house was commissioned by the sons of the merchant Muraviov and designed by the Danish architect Emilius Otto (Ivan) Ginsch, who moved to Kharkiv at the age of 34 following Alexander II's initiation of liberal reforms in the Russian Empire. His adoption of Russian citizenship and conversion from

the Lutheran faith to Orthodoxy resulted in his name being changed from Emily-Otto to Ivan. Despite having designed numerous mansions for Kharkiv's elite, Ginsch and his work received little attention from historians during the Soviet period. In the late 1980s the Kharkiv local historian Tetiana Tykhomyrova played a crucial role in uncovering historical data related to his name.

All structures designed by Emilius Otto Ginsch in Kharkiv reflect the European Early Eclectic style, characterised by high-quality stucco decoration and light, elegant proportions with a frivolousness which is reminiscent of the architecture of Rococo palaces. This petite building features an oriel window, topped by an octagonal dome and a spire, suspended over the pavement on the central axis of the main façade and a low arch leading through a dark, narrow passage into the courtyard. Ginsch devoted particular care to the decorative design of the window trims and pediments of the arched windows, making delicate use of many expensive stucco elements, including Rocaille motifs of leaves, ribbons, flowers, and shells.

During the numerous renovations of the building, some of the parapet decoration was lost. In the era of totalitarian Neoclassicism the architect Georgii Ikonnikov proposed demolishing this house to expose the five-storey building designed by architects Viktor Estrovich and Lev Terven standing in the courtyard, with the aim of cleansing Kharkiv's main street of every vestige of Eclectic architecture, deemed ideologically alien.

Прибутковий будинок Харитонова з кінотеатром «Ампір» (зараз – житловий будинок з офісами та рестораном)

043 C

Kharytonov House and Ampir Cinema (now – a residential building with offices and a restaurant)

вулиця Сумська, 5
Sumska Street, 5
Артемій І. Горохов
Artemii I. Gorokhov
1913

Шестиповерховий прибутковий будинок звів архітектор Артемій (Андрій) Горохов, який переїхав до Харкова з Санкт-Петербурга на початку Першої світової війни, на замовлення кінопромисловця і кінопродюсера Дмитра Харитонова. У дворі розташований найбільший на той час кінотеатр Харитонова «Ампір» на 800 місць. Крім того, Харитонов володів кінотеатром «Аполло», кінопрокатною конторою, співпрацював із французькими фірмами «Pathé Frères» та «Gaumont» і фінансував зйомки власних німих фільмів, а пізніше видавав кінематографічний журнал «Южанин». Під час революції Харитонов перевіз кіновиробництво разом із режисером, акторами та зіркою німого кіно Вірою Холодною до Одеси. Проте після того, як радянська влада націоналізувала власність Харитонова, він емігрував до Франції, де продовжував займатися кіновиробництвом. У радянський час кінотеатр «Ампір» перейшов у власність Всеукраїнського фотокіноуправління (ВУФКУ) та був перейменований на Показовий кінотеатр імені Карла Лібкнехта, пізніше – «1-й Комсомольський». Навіть у кризові для кінотеатрів 1990-ті «1-й Комсомольський» працював, не втрачаючи своєї популярності, оскільки був єдиним кінотеатром у Старому місті. Незважаючи на це, у 2008 році разом із кількома іншими муніципальними кінотеатрами його закрили, а приміщення виставили на торги. Отже, як у багатьох інших містах світу, культура кінотеатрів разом із найстарішими з них опинилася під загрозою, витіснена примітивним комерціалізмом.

Будинок Харитонова працює в єдиному комплексі з Північним банком, своїми загальними масами повторюючи конфігурацію та силует типового прибуткового будинку модерну. Висока будівля, як і Північний банк, має яскраво виражений центральний ризаліт із високим ламаним фронтоном. Фасад конструктивно розчленований п'ятьма рядами вертикальних віконних блоків, доповнених прозорими чавунними огорожами балконів. Горизонтально ж фасад членується трьома ярусами, кожен із яких підкреслено рядом арок. Перший ярус, де розташовувався кінотеатр «Ампір», вирізняються широкими віконними прорізами

Ivan Ponomarenko

2

у вигляді трицентрових арок. На тлі загальної скупості обробки перші поверхи щедро декоровані картушами, вінками та гірляндами, а також скульптурами в античній естетиці.

Як і в Північному банку, тут розігрується ампірна тема, що підтримує своєю архітектурою бренд кінотеатру «Ампір». Проте, на відміну від більш раннього модерну, «ампірність» передвоєнного часу має інший характер. Горохов вільно трактує неокласичні елементи пластики, змінюючи їхні пропорції, масштаби, розміри, місце та роль в оформленні будівлі. Унаслідок такого перероблення Горохов отримує своєрідний шарж на ампір, гіперболізуючи запозичені деталі до розмірів формотвірних. Розкріпування стає важливішим за конструкцію, великий руст з елемента тектоніки цоколя стає центральним елементом усього фасаду, ромбоподібні медальйони з ліпного оздоблення перетворюються на стійки, цибульні фронтони набувають грубої сегментованості. Важкість замінює легкість зразка Північного банку. Руст – натуральний камінь. Іронічність – романтичність.

> This six-storey apartment building, designed by the architect Artemii (Andrii) Gorokhov, who moved to Kharkiv from St Petersburg following the onset of

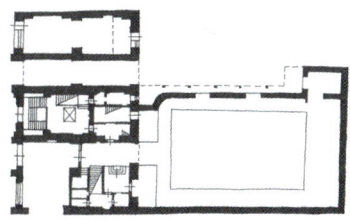

World War I, was commissioned by the industrialist and film producer Dmytro Kharytonov. The inner courtyard contained Kharytonov's then-largest cinema, the Ampir, which had 800 seats. A film industry tycoon, Kharytonov owned not only the Ampir but also the Apollo Cinema, as well as a film distribution company, and collaborated with the French giants Pathé Frères and Gaumont. He funded production of his own silent films and was the founder of *Yuzhanin*, a cinema magazine. The turmoil of the Revolution of 1917 prompted him to relocate his film production, along with his director, actors, and the silent film star Vira Kholodna, to Odesa. Following nationalisation of property by the Soviets, he emigrated to France, continuing his pursuits in the film industry. In the Soviet era the Ampir Cinema came under the ownership of the All-Ukrainian Photo Cinema Administration (VUFKU) and was renamed, becoming the 'Karl Liebknecht Model Cinema', later known as 'the First

Komsomolskyi Cinema'. Even during the 1990s the First Komsomolskyi Cinema remained popular since it was the sole movie theatre in the Old City. In 2008, however, it was forced to close, along with other municipally owned cinemas, and its premises were put up for sale. Thus, as in numerous cities all over the world, the culture of the cinema, including its oldest establishments, succumbed to crass commercialism. The Kharytonov House makes a fitting tandem with the Northern Bank building, its overall masses echoing the configuration and silhouette of a typical Art Nouveau apartment house. This towering structure, like the Northern Bank, features a prominent central avant-corps with a high polygonal gable. The façade is structurally divided by five vertical window blocks, which have see-through cast-iron balcony railings. Horizontally, the façade is divided into three tiers, each underlined by a row of arches. The first tier, which once housed the Ampir Cinema, is notable for its wide window openings in the form of three-centred arches. Against a backdrop of overall decorative parsimony, the first two floors are abundantly adorned with cartouches, wreaths, garlands, and sculptures in an ancient-classical aesthetic. As with the Northern Bank building, here we see the development of an Empire-Style theme – in this case to reinforce the branding of the Ampir Cinema. The pre-WWI 'Empiresque' trend here, however, takes on a different character from earlier Art Nouveau buildings, being a free interpretation of Neoclassical elements of plasticity with altered proportions, scale, size, place, and role in the building's decoration. The result of such recasting is a 'caricature' of the Empire Style in which borrowed details are exaggerated to the extent of becoming formative elements. The façade articulation becomes more important than its load-bearing structure; the large rustication is not just an element illustrating the tectonics of the plinth but a central feature of the entire façade; the diamond-shaped medallions are not just stucco decoration but pillars; and the onion-shaped pediments are roughly segmented. Heaviness replaces the lightness of the Northern Bank; stucco rustication replaces natural stone; and irony replaces romanticism.

Житловий будинок Електротягового заводу
Residential building of the Electric Traction Plant

044 C

вулиця Сумська, 7
Sumska Street, 7
Яків А. Бліндер
Yakov A. Blinder
1952

П'ятиповерховий житловий будинок у стилі сталінського соцреалізму було зведено на місці двох двоповерхових будинків 1870-х років чиновника Грогорія Бразоля. У межах сталінської реконструкції проводились роботи з переобладнання кінотеатра «Ампір» у сусідньому будинку. Передбачалося зробити додаткове фоє в історичному будинку поряд із кінотеатром. У процесі реконструкції історична будівля впала, що за збігом обставин було вигідно заводському лобі, бо давало змогу поставити на центральній вулиці міста будинок для своїх працівників (швидше керівництва). Замість двох історичних будівель на червоній лінії з'явився житловий будинок електротягового заводу (зараз – «Електроважмаш»), побудований за проєктом не індивідуального, а повторного використання. Використання готового проєкту негативно позначився на ансамблі вулиці. Судячи з усього, архітектори не збиралися вписувати нову будівлю у фронт вулиці, що видно з різкого перепаду висот із сусіднім будинком Харитонова. Крім того, житловий будинок став ще одним (разом із житловим будинком Турбогенераторного заводу, Вулиця Університетська, 9) прикладом проєкту, який раніше реалізували архітектори проєктного інституту «Міськбудпроект» Бліндер і Вегман у Запоріжжі в 1949 році. Після певної переробки прямокутний план запорізького будинку трансформували у Г-подібний, завдяки чому будівля набула скошеного та декорованого картушем кута. Як і в Запоріжжі, будинок має великі лоджії з квадратними в перерізі колонами композитного ордера, прикрашені орнаментом із соняшників, зірок, серпів і молотів. При цьому якщо Запоріжжя підпадало під категорію

південного міста, що передбачало адрі-
атичні галереї, аркади та лоджії, то в
холодному Харкові цей прийом вигля-
дає недоречним.

Andriy Kravchuk

> This five-storey residential building,
designed in the style of Stalinist Socialist
Realism, replaced two two-storey houses
from the 1870s owned by Hryhorii Brazol,
a civil servant. During the Stalinist recon-
struction, efforts were made to renovate
the adjacent Ampir Cinema. The plan was
to create an additional foyer in the his-
torical building next to the cinema, but
it collapsed during reconstruction. This
turn of events proved advantageous to
the factory lobby since it provided an op-
portunity to construct a residence for fac-
tory employees (or rather top manage-
ment) on Kharkiv's main street.

Replacing the historical houses on the
building line of the street, the new
apartment block of the Electric Traction
Plant, now the state-owned enterprise
Elektrovazhmash Plant, was a project in-
tended for repeat use on different sites
rather than a bespoke design. The adop-
tion of a ready-made design project had a
negative impact on the overall street en-
semble. The architects evidently had no
intention of integrating the new building
into the street front, as can be seen from
the abrupt difference in height with the
neighbouring Kharytonov House.

This residential building, along with the
house at Universytetska Street 9, built
for the Turbogenerator Plant, is an-
other example of reuse of a project – in
this case, of a design previously realised
in Zaporizhzhia in 1949 by Yakov Blinder
and Georgiy Vegman, architects from the
Miskbudproekt Design Institute. After
some modifications, the layout of the orig-
inal project was adapted to produce an
L-shaped plan, giving the building a cham-
fered corner adorned with a cartouche. Like
its precursor in Zaporizhzhia, the Kharkiv
building has spacious loggias with square-
section columns of the Composite order,
decorated with ornamentation featuring
sunflowers, stars, sickles, and hammers.
However, while Zaporizhzhia was classified
as a southern city, which assumed the use
of Adriatic galleries, arcades, and loggias,
such a design appears somewhat inappro-
priate in the colder climate of Kharkiv.

2

Прибутковий будинок Лисікової-Фреймана (зараз – житловий будинок з крамницями)

045 C

Lysikova-Freiman House (now – a residential building with shops)

вулиця Сумська, 6
Sumska Street, 6
Олександр М. Гінзбург
Oleksandr M. Ginzburg
1910

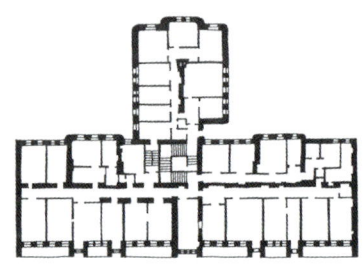

Триповерховий прибутковий будинок зведено в 1887–1889 роках на замовлення Євдокії Лисікової за проєктом архітектора Бориса Покровського в еклектиці. У 1910 році відомий харківський архітектор модерну Олександр Гінзбург надбудував два поверхи і повністю змінив фасад будівлі в дусі сецесії на замовлення спадкоємців нового власника – Ісаака Фреймана, управителя представництва Товариства Цинтенгофської суконної мануфактури. Отже, весь сьогоднішній виразний образ будівлі є результатом роботи Гінзбурга. Гінзбург – самобутній і непересічний український архітектор-інженер єврейського походження, який здобув математичну освіту в Берлінському університеті та інженерну в Харківському технологічному інституті. Він був щирим апологетом сміливого першого інтернаціонального стилю, публікувався як архітектурний та містобудівний критик і розробив один із найдокладніших планів Харкова 1916 року.

Уся будівля ніби розкреслена вертикальними кам'яними елементами, тоді як горизонталь підкреслена майоліковим панно бірюзового кольору, яке широкою стрічкою охопило її між другим і третім поверхом. Характерні хвилеподібні щипці прикрашені великими, драматично вигнутими жіночими фігурами в стилі Альфонса Мухи. Гінзбург розкриває одну з найпопулярніших для модерну тем – води та її міфічних мешканок, русалок. Сумська, 6 – робота періоду кар'єрного зеніту Гінзбурга, виконана в умовах обмежень реконструкції старої будівлі. Тому фасад став результатом не тільки синтезу різних архітектурних шарів чи синтезу мистецтв, а й синтезу форм. Активно висунуті вперед еркери Покровського Гінзбург перетворює на ритмічні потужні пілони. На тлі великоваговості перших трьох поверхів виділяється звивиста криволінійність завершення та флористично-антропоморфного декору. Такий контраст консервативного (симетрія, ордер, тектоніка) та вигадливо модерного (декоративного), ритмічності й масивності конструкції з багатством і надмірністю орнаменту створює перевантаженість і складність архітектури. Що водночас не заважає

Гінзбургу вивести з такого інтенсивного потоку форм цілісний образ будівлі, який створює строкатий східноєвропейський колорит, близький до австро-угорської сецесії.

Як і більшість будівель модерну, прибутковий будинок внесли до списку охорони спадщини лише наприкінці 1980-х. Будівля перебувала в стані руйнування аж до несподіваного падіння однієї з величезних жіночих скульптур на тротуар. Після чого в 1992–1996 роках розпочалася реставрація фасадів за досить якісним проєктом архітектора Харківської філії проєктного інституту «Укрпроєктрестарація» Василя Кортунова. На жаль, вона не торкнулася внутрішніх приміщень і мала певні недоліки, пов'язані із втратою низки реміснічих і мистецьких навичок на пострадянському просторі. Улюблений прийом Гінзбурга – мансардний поверх, укритий металом – не був відновлений у первісному вигляді, так само і нова скульптура русалки, якою замінили ту, що впала, суттєво програє оригіналу.

> This three-storey apartment building, initially designed in the Eclectic style by the architect Borys Pokrovskyi and erected between 1887 and 1889 for Yevdokiia Lysikova, was substantially modified in 1910 by the renowned Kharkiv Art Nouveau architect Oleksandr Ginzburg. For the heirs of Isaak Freiman, the building's new owner and the top executive of the Kharkiv branch of the Zintenhof Textile Factory, Ginzburg added two storeys and completely transformed the façade in the spirit of the Secession. The building's current expressive image is thus entirely the result of Ginzburg's interventions.

Oleksandr Ginzburg, an extraordinary Ukrainian architect-engineer of Jewish descent, studied mathematics at the University of Berlin before graduating from the Engineering Faculty at Kharkiv Technological Institute. He was a vocal adherent of the international Art Nouveau style and the author of both regular essays in architectural criticism and one of Kharkiv's most comprehensive city plans (1916).

This entire building appears as if lined with vertical stone elements, while horizontality is accentuated by turquoise majolica panels girdling it with a broad band between the second and third floors. The distinctive undulating gables are decorated with large, dramatically curved female sculptures resembling work by Alphonse Mucha. Ginzburg here develops a popular Art Nouveau theme – water and its mythical inhabitants, mermaids. Dating to the period when Ginzburg's career was at its zenith, this was a design executed within the constraints of a reconstruction project. The façade is accordingly the result not just of a synthesis of various architectural layers or arts but also of a synthesis of forms. Ginzburg transformed Pokrovskyi's projecting bay windows into rhythmically arranged mighty pylons. The sinuous curvilinearity of the upper floors, replete with floral and anthropomorphic embellishments, stands out from the heaviness of the first three storeys. This contrast between conservatism (symmetry, order, tectonics) and pretentious Art Nouveau (decoration) and between rhythmically structured massiveness and excessively opulent ornamentation gives rise to an architecture which is overloaded and complex. This does not, however, stop Ginzburg synthesising this intense flow of forms into a holistic architectural image with a motley Eastern European flavour that comes close to the Austro-Hungarian Secession.

Like most Art Nouveau buildings, this apartment house was listed for heritage protection only in the late 1980s. It remained in a dilapidated condition until one day one of the massive female sculptures unexpectedly came crashing down onto the pavement. Subsequently, from 1992 to 1996, the façade was restored under the supervision of Vasyl Kortunov, an architect from the Kharkiv branch of the Ukrproektrestavratsia Design Institute. Regrettably, the restoration overlooked the house's interiors and suffered from the loss of artistic and craft skills among post-Soviet restorers. Ginzburg's favoured device, the metal-covered attic storey, was not reinstated in its original form. Furthermore, the new *rusalka* (undine) sculpture is notably inferior to the fallen original.

Торговельно-офісний центр «Ave Plaza»
Ave Plaza Shopping and Office Centre
вулиця Сумська, 10
Sumska Street, 10
Drozdov & Partners
2011

Торговельно-офісний центр «Ave Plaza» розташований на місці пустиря, що утворився наприкінці 1980-х після знесення двох будівель кінця XIX століття. У наріжній еклектичній будівлі з 1940-х років розташовувалася міська філармонія. Під час спроби реконструкції філармонії у 1980-тих, що була здійснена з безліччю технічних помилок, будівля завалилася, і у 1988 році за рішенням міської влади її було підірвано. Знесення філармонії стало одним із перших скандалів, пов'язаних з охороною спадщини у Харкові.

Міська влада неодноразово обіцяла громадськості побудувати нову філармонію, постмодерний проєкт якої в 1989–1990 роках розробили архітектори проєктного інституту «Діпровуз» Віктор Ліфшиць, Олексій Конопльов і Євген Никоненко. Проте незабаром

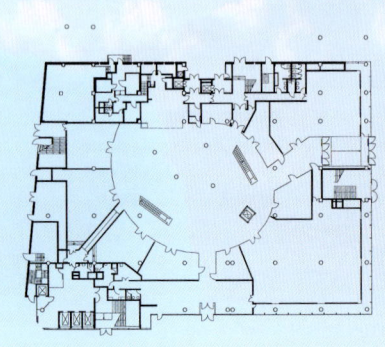

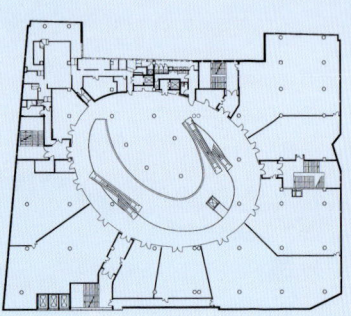

Philipp Meuser

міська влада продала ділянку, яка після ще кількох перепродажів опинилась у власності компанії «Концерн Авек» харківського олігарха Олександра Фельдмана. Замість філармонії новий власник замовив проєкт торговельно-офісного центру в місцевого архітектурного бюро «Drozdov & Partners». «Ave Plaza» є одним із небагатьох великих об'єктів сучасної архітектури у центральній частині міста. Архітектори неодноразово позиціонували проєкт як делікатно вписаний у середовище, оскільки фасад нової будівлі прив'язаний до висоти сусідньої будівлі Гінзбурга (№6). А колір навісних фасадів частково перегукується з кольором будівлі Національного банку Голенищева/Бекетова (№12). Але висота торговельно-офісного центру відповідає висоті будинку Гінзбурга лише на короткому проміжку вздовж вулиці Сумської, потім вона різко зростає вдвічі. Таке збільшення висоти мало компенсуватися прозорістю і злиттям об'єму з небом завдяки використанню скла у його верхній частині. Чого, звісно, не сталося, бо панорамне засклення ще не робило жоден об'єкт невидимим, прозорим або меншим.

Але найважливіше питання, яке порушило будівництво «Ave Plaza», – питання комерціалізації громадського простору (оскільки філармонія виконувала культурно-соціальну функцію), а саме продажу міської землі громадського призначення у приватну власність. Інший аспект – це питання доречності будівництва величезних торговельних центрів у тісному історичному місті, що спричиняє своєю чергою проблеми з логістикою, затори, витіснення дрібних магазинів.

> The Ave Plaza shopping and office centre occupies what was once a wasteland, formed after the demolition of two late nineteenth-century buildings in the late 1980s. One of these was a corner building in the Eclectic style that had housed the City Philharmonic from the 1940s but collapsed due to engineering errors during an attempt to renovate it in the 1980s; in 1988 city officials decided to demolish this building, sparking one of Kharkiv's earliest heritage-preservation scandals. Promises to build a new Philharmonic building were repeatedly made by the city. A Postmodernist project for the new Philharmonic was in fact drawn up in 1989–1990 by the architects Viktor Lifshits, Oleksii Konopliov, and Yevhen Nikonenko from the Diprovuz Design Institute. But shortly afterwards, the city sold the plot, which then changed hands several times until it ended up in the hands of Concern AVEC & Co, a company owned by the Kharkiv oligarch Oleksandr Feldman. Instead of rebuilding the Philharmonic, the new owner opted to erect a shopping and office centre, for which a design was commissioned from Drozdov & Partners, a local firm of architects.

Ave Plaza stands out as one of a few very large contemporary architectural projects in the city centre. The architects have frequently emphasised the delicacy with which they fitted the project into its surroundings – which is why the façade of the new building correlates with the height of neighbouring Lysikova-Freiman House, designed by Oleksandr Ginzburg. The colour of the curtain wall façade partially echoes that of the National Bank of Ukraine building, originally designed by Golenishchev and later reconstructed by Beketov. However, while the centre's height aligns with Ginzburg's building along Sumska Street until approximately the midpoint of the new structure, it abruptly doubles thereafter. The idea was that this escalation in height would be compensated for by transparency: glazing would help the upper section merge with the sky. Naturally, this effect was not achieved: panoramic glazing has never rendered any building invisible, transparent, or smaller.

A more pressing concern arising from the construction of Ave Plaza is the commercialisation of public space, particularly in view of the Philharmonic's cultural and social function – namely, the sale of municipal land intended for public use into private ownership. Another aspect to consider is the appropriateness of constructing vast shopping centres in a cramped historical city, leading to logistical issues, traffic jams, and the displacement of small local shops.

**Державний банк (зараз –
Національний банк України)
State Bank
(now – National Bank
of Ukraine)**

047 C

вулиця Сумська, 12
Sumska Street, 12
*Роман П. Голенищев,
Франциск І. Шустер
Реконструкція: Олексій М. Бекетов,
Володимир М. Петі
Roman P. Golenishchev, Franz I. Shuster
Reconstruction: Oleksii M. Beketov,
Volodymyr M. Peti*
1900, 1932

У двоповерховій неоренесансній бу-
дівлі, зведеній у 1897–1900 роках за
проєктом Романа Голенищева, розта-
шовувалася контора Державного банку
Російської імперії. Петербурзький ар-
хітектор працював у Міністерстві фі-
нансів у Санкт-Петербурзі (за часів мі-
ністра фінансів Сергія Вітте) і проєкту-
вав державні фінансові установи
в багатьох містах Російської імпе-
рії. Голенищев заклав у образі будівлі
пряму цитату флорентійських палаццо
епохи Відродження, зокрема палаццо
Медічі-Рінальді. Наслідуючи прототип,
Голенищев підкреслює масивність па-
ралелепіпеда будівлі, звертаючись до
монументальності рустованої стіни з
де-не-де розставленими арковими ві-
кнами. Нижній поверх рустований під
камінь, догори рустування стає тоншим
й пласкішим, створюючи відчуття міц-
ності та матеріальності пласкої стіни.
Привертає увагу глибоке й тонке про-
працювання мінімально використаних
архітектурних деталей і декоративних
елементів. Дві масивні циркульні над-
брамні арки, розташовані на голов-
ному та бічних фасадах, мають зам-
кові камені, прикрашені левовими го-
ловами, та автентичні металеві ворота.
Приставний портик вхідної групи вико-
наний із використанням доричного ор-
дера. Але головним елементом фасаду
є скопійоване безліч разів подвійне ар-
кове вікно з характерним стрілчастим
завершенням, що повторює вікно ін-
шого палаццо – Строцці.
Уже за радянських часів, у 1929–1932
роках, до будівлі, що стала Державним

банком СРСР, надбудували ще два по-
верхи за проєктом архітекторів Олексія
Бекетова та Володимира Петі. Варто за-
значити, що багатий досвід Бекетова
в історизмі дав йому змогу покращити
пропорції будівлі завдяки надбудові.
Унаслідок цього Банк став ще більш
подібним до флорентійського пала-
ццо. Бекетов прийняв і продовжив яру-
сну структуру Голенищева, окреслену
за допомогою русту та проміжних кар-
низів. Поступкою радянській естетиці
став верхній «полегшений» ярус будівлі
з використанням подвійних напівколон
у простінках вікон. Там само в центрі,
з боку Театрального майдану, з'явилося
п'ять високих аркових вікон, виділених
глухим парапетом із картушем. З боку
головної вулиці – Сумської – Бекетов
залишив монотонний рівний фасад,
що давав змогу продемонструвати ви-
разну та просту тектонічність будівлі.
Особливо вдалим було стримане рі-
шення скошеного кута по Сумській
і Театральному, що не мало «полег-
шення» напівколонами. Саме на ньому
відчутною стає вся міць рустики, по-
силена відступом кожного наступного
ярусу від попереднього.
Спокійна та благородна неоренесан-
сна архітектура добре взаємодіяла з ін-
шими об'єктами Театрального майдану:
першим у Харкові бульваром, що про-
стягся уздовж центральної осі майдану,
вежею Лютеранської кірхи в стилі наці-
онального романтизму (демонтована
у 1958 році) і конструктивістською бу-
дівлею редакцій газет «Вісті ВУЦВК»,
«Селянська правда», «Пролетар»,
«Літературна газета» та Спілки пись-
менників України (Сумська вулиця, 11),
побудованою в 1932 році на місці во-
лодінь родини Гінзбургів (зараз за-
недбана після пожежі у 2010-х).

> Designed by Roman Golenishchev and
constructed between 1897 and 1900,
this two-storey Neo-Renaissance build-
ing housed the office of the State Bank
of the Russian Empire. An architect
from St Petersburg, where he worked for
the Ministry of Finance (led by Finance
Minister Sergei Witte), Golenishchev de-
signed a number of state financial institu-
tions in cities across the Russian Empire.

Here the building's overall image is a direct quote from Florentine Renaissance palazzi, in particular the Palazzo Medici Riccardi. In line with the latter prototype, he accentuated the massiveness of the building's parallelepiped in reference to the monumentality of a rusticated wall with sparsely spaced arched windows. The lower ground floor has stone-like rustication, which becomes flatter and more slender as it rises, creating an impression of robustness and materiality of the wall. Noteworthy is the intricate, understated elaboration of the sparingly applied architectural details and decorative elements. The two grand circular gated arches on the main and side façades have keystones with lions' heads and have retained their original iron gates. The attached entrance portico employs the Doric order. However, the main element on the façades is a mullioned paired window (bifora) with a distinctive lancet hood mould, repeated numerous times in a manner that resembles the windows of another palazzo – the Strozzi.

During the Soviet era the building that had become the State Bank of the USSR was expanded in 1929–1932 with the addition of two storeys by the architects Oleksii Beketov and Volodymyr Peti. Beketov's considerable experience of working in the Historicist style allowed him to use this superstructure to enhance the building's proportions, giving it an even stronger resemblance to a Florentine palazzo. He adopted and extended Golenishchev's structure with its tiers clearly delineated by rustication and intermediate cornices.

Concessions to Soviet aesthetics included the incorporation of an upper 'lightweight' tier with paired engaged columns between the windows. Within this tier, at the centre of the main façade overlooking Teatralna Square, Beketov added five tall arched windows, accentuated by a solid parapet with a cartouche. He retained the monotonous flat façade on Sumska Street to demonstrate the building's clear and straightforward tectonics. Especially successful is his discreet solution for the chamfered corner at the junction of Sumska Street and Teatralna Square, where he refrained from attempting to lighten the corner by using engaged columns on the upper tier. Here the power of rustication becomes tangible, reinforced by the way that each successive tier is stepped back from the preceding one.

This serene and noble Neo-Renaissance architecture interacted harmoniously with other elements on Teatralna Square: Kharkiv's first boulevard stretching along the square's central axis, a Lutheran Church tower in the Neo-Romanesque style (dismantled in 1958), and a Constructivist building at Sumska Street No. 11 housing newspaper editorial offices and the Writers' Union of Ukraine and built in 1932 on the site of a property belonging to the family of Oleksandr Ginzburg (abandoned following a fire in the 2010s).[1]

1 Newspaper editorial offices: 'Visti VUTsVK' (News of the All-Ukrainian Central Executive Committee), 'Selianska pravda' (Peasant truth), 'Proletar' (Proletarian), 'Literaturna hazeta' (Literary newspaper).

Philipp Meuser

Театр (зараз – Харківський академічний український драматичний театр імені Тараса Шевченка)
Theatre (now – Taras Shevchenko Kharkiv Academic Ukrainian Drama Theatre)

вулиця Сумська, 9
Sumska Street, 9
Андрій А. Тон
Перебудова: Болеслав Г. Михаловський
Прибудова корпусу: Борис Г. Клейн,
Євген А. Святченко
Реконструкція: Борис Г. Клейн,
Ніна С. Фурманова
Andrey A. Thon
Reconstruction: Bolesław G. Michałowski
Extension: Boris H. Klein,
Yevhen A. Sviatchenko

048 C

Reconstruction: Boris H. Klein,
Nina S. Furmanova
1841, 1893, 1961, 1964

Безумовним центром композиції Театрального майдану є еклектична будівля найстарішого театру міста, що стоїть просто на осі Театрального бульвару. Приватний театр актора та антрепренера польського походження Людвіга Млотковського було зведено за проєктом міського архітектора Андрія Тона в 1841 році. Будівля в стилі пізнього російського класицизму була маловиразною, як і багато інших робіт Тона в Харкові. Залу для глядачів розраховували на 1020 осіб. Уже за два роки після початку витратного будівництва Млотковський збанкрутував. У 1853 році театр

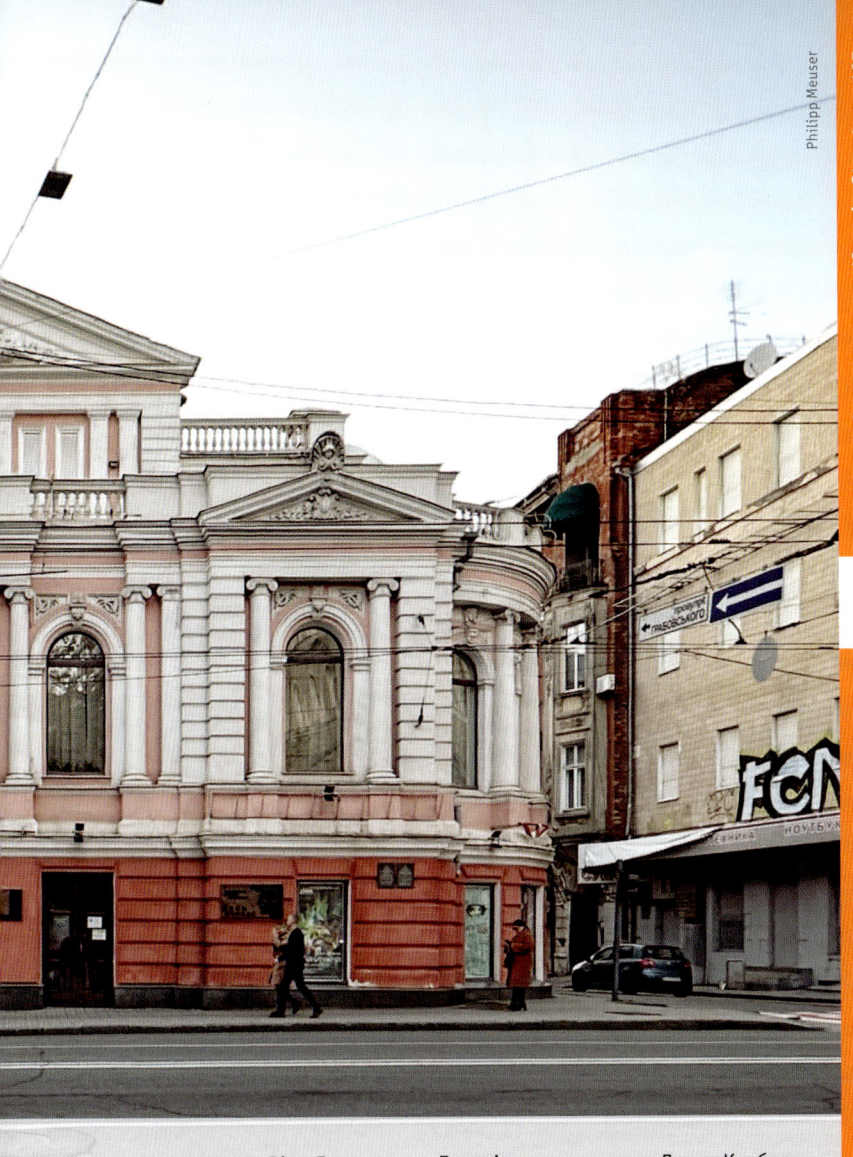

успадкувала його дочка – Віра Дюкова. У 1892–1893 роках вона замовляє проєкт масштабної реконструкції будівлі у харківського архітектора польського походження Болеслава Михаловського. Зберігаючи загальні пропорції і фронтон Тона, будівля набуває пишних багатоярусних форм еклектики, щедро прикрашених куполами, декором і скульптурами. У 1894–1895 роках керування театром перейшло до онуки Млотковського – Олександри Дюкової, яка стала успішною антрепренеркою. Проте, розпочавши нову реконструкцію, вона, як і її дід, опинилася на межі розорення й у 1905 році була змушена продати театр міській владі.

З 1926 року тут розміщувався один із перших українських радянських театрів «Березіль» режисера Леся Курбаса, представника плеяди митців українського Розстріляного відродження. Уся трупа театру переїхала з Києва в тодішню столицю України – Харків – з метою формування авангардистського розуміння театру, що згодом втілилося у десятилітті експериментального синтезу національного, необарокового та сучасного. У 1928 році інтер'єри театру були повністю реконструйовані у стилі конструктивізму під керівництвом архітектора Веніаміна Костенка та художника театру відомого українського авангардиста Вадима Меллера.

У 1930-ті, у період повороту від авангарду до соцреалізму й одночасного згортання українізації, театр як інституцію разом із керівництвом звинуватили у ворожому буржуазному націоналізмі та згубному відриві від російського театру, а більшість членів трупи і працівників театру репресували. У 1933 році «Березіль» закрили, а в 1935 році перейменували на Український драматичний театр імені Тараса Шевченка, що збіглося з відкриттям пам'ятника Шевченку Матвія Манізера та Йосипа Лангбарда й перейменуванням Університетського саду на Сад імені Шевченка. Головного ж режисера «Березоля» звільнили за «український націоналізм», у 1933 році заарештували у справі Української військової організації та звинуватили в замаху на другого секретаря ЦК КП(б)У Павла Постишева, у 1934 році засудили до 5 років ув'язнення за контрреволюційну діяльність, відіславши на будівництво Біломорканалу, у 1937 році розстріляли разом з іншими діячами української культури в урочищі Сандармох (Карелія, РФ).

У 1961 році архітектори проєктного інституту «Харківпроєкт» Борис Клейн і Євген Святченко з боку Римарської вулиці прибудували п'ятиповерховий службовий корпус. Нове приміщення вдалося вписати в загальний об'єм будівлі й не порушити цілісності та стилістики історичної будівлі. Зовсім інакше було з реконструкцією інтер'єрів, виконаною під керівництвом Клейна і Фурманової у 1964 році, під час якої майже всі збережені з 1890-х і 1920-х років інтер'єри були знищені й замінені на модерністські, з використанням білого мармуру, темного дерева й кування. Уже під час Перебудови в 1987 році у межах відновлення інституційної тяглості та реабілітації жертв сталінських репресій відкрито Малу сцену театру, що дістала назву «Березіль», а до її репертуару увійшли відновлені авангардні вистави Леся Курбаса, зокрема «Мина Мазайло».

> The undeniable focal point of the composition of Teatralna Square is the Eclectic structure of the city's oldest theatre, positioned squarely on the axis of the boulevard. The initial building for the private theatre of Ludwig Mlotkowski, an actor and impresario of Polish descent, was designed by Andrey Thon, then Kharkiv's city architect, and constructed in 1841.

The late-Russian-Neoclassical theatre appeared expressionless, much like many of Thon's other works in the city. Its auditorium initially had capacity for 1020. Mlotkowski faced bankruptcy a mere two years after a start was made on the costly construction. In 1853 his daughter, Vira Diukova, inherited the theatre. She asked Bolesław Michałowski, a Kharkiv architect of Polish descent, to execute a large-scale reconstruction project, carried out in 1892–1893. The building retained its original overall proportions and Thon's pediment but was given opulent, multi-level Eclectic forms lavishly decorated with domes, sculptures, and other embellishments. In 1894–1895 Mlotkowski's granddaughter Oleksandra Diukova took over management of the theatre, becoming a successful impresario. After initiating a new reconstruction, however, she, like her grandfather, faced financial difficulties and was compelled to sell the theatre to the city in 1905.

From 1926 forwards, the building housed the Berezil Theatre, a pioneering Soviet Ukrainian troupe led by the director Les Kurbas, a key figure among the Ukrainian cultural luminaries of the Executed Renaissance. The entire troupe relocated from Kyiv to Kharkiv, the Ukrainian capital at the time, with the aim of creating

an Avant-garde conception of theatre. This bore fruit in an almost-decade-long experimental synthesis of the national, the Neo-Baroque, and the contemporary. In 1928 the theatre interiors underwent complete reconstruction in the spirit of Constructivism, overseen by the architect Veniamin Kostenko and the Avant-garde theatre designer Vadym Meller.

During the 1930s, amidst the shift from the Avant-garde to Socialist Realism and the reversal of Ukrainization policies, the theatre as an institution and its management faced accusations of hostile bourgeois nationalism and 'harmful separation from Russian theatre'. Most of the theatre's troupe and employees were repressed. In 1933 the Berezil Theatre closed; it reopened as the Taras Shevchenko Ukrainian Drama Theatre in 1935. This event coincided with the unveiling of the monument to Shevchenko designed by Matvey Manizer and Iosif Langbard and with the renaming of the University Garden as the Taras Shevchenko City Garden. Les Kurbas, the founder and director of Berezil, was fired for 'Ukrainian nationalism', arrested in connection with the Ukrainian Military Organisation in 1933, and accused of attempting to assassinate Pavel Postyshev, the Second Secretary of the Central Committee of the Communist Party of Ukraine. In 1934 he was given a five-year sentence for counter-revolutionary activities and sent to work in the correctional labour camp building the White Sea–Baltic Canal. In 1937, along with other Ukrainian cultural figures, Kurbas was executed at Sandarmokh in the Republic of Karelia (Russia).

In 1961 the architects Boris Klein and Yevhen Sviatchenko from Kharkivproekt Design Institute added a five-storey service building on Rymarska Street to the theatre. The new premises harmonised seamlessly with the theatre's overall volume without altering its integrity or the architectural style of the historical building. The situation with the interior reconstruction overseen by Boris Klein and Nina Furmanova in 1964 took a different turn, however. Nearly all the interiors that had been preserved from the 1890s and 1920s were dismantled and substituted with Modernist designs using white marble, dark wood, and wrought-iron elements. In 1987, during perestroika, as part of the rehabilitation of the victims of Stalin's purges and the restoration of institutional continuity, the theatre's Small Stage was established and named 'Berezil'. Avant-garde productions by Les Kurbas, including *Myna Mazailo*, were revived.

Прибутковий будинок «Рибка» (зараз – житловий будинок з рестораном)
Rybka House (now – a residential building with a restaurant)

провулок Грабовського, 4
Hrabovskoho Lane, 4
Олександр М. Гінзбург,
Іліодор І. Загоскін
Oleksandr M. Ginzburg,
Iliodor I. Zagoskin
1905

Модерний червоноцегляний прибутковий будинок у провулку поряд із театром належав архітектору Олександру Гінзбургу і був зведений за його спільним з Іліодором Загоскіним проєктом. Сумська – вулиця Гінзбурга, тут розташовані його найкращі об'єкти, тут він працював у власному проєктному бюро «Залізобетон», тут він писав свої теоретичні праці і тут же у типографії їх друкував. На верхньому поверсі будинку «Рибка» Гінзбург жив аж до Революції 1917 року, а потім залишив Харків, повернувся тільки в 1924 році. Після повернення та націоналізації майна Гінзбург уже не створював архітектурних об'єктів, а викладав і робив інженерні розрахунки. Після Другої світової війни Гінзбурга обрали головою єврейської громади Харкова, але під час радянської антисемітської кампанії 1948–1949 років його звинуватили в сіонізмі, звільнили, невдовзі він помер. Чотириповерховий будинок виконаний у принципово відкритій червоній цеглі, що, з одного боку, відсилає до харківської промислової архітектури й методу Гінзбургового співавтора, архітектора Загоскіна – майстра «цегляного стилю», – з іншого, до впливу каталонського модернізму з яскравими регіональними рисами й містицизмом. Простота і виразність плаского цегляного мурування контрастує з об'ємними фігурними елементами бетонної пластики. Два трикутні залізобетонні еркери обрамляють будівлю обабіч, що разом із вертикальним членуванням вузьких вікон основного червоноцегляного об'єму додає ноту романтизованої неоготичності. Будівля, яка стала першим реалізованим об'єктом Гінзбурга, мала демонструвати необмежені можливості бетону, виконаного його проєктно-будівельним бюро «Залізобетон». Тому особливу увагу Гінзбург приділяє якісному та зносостійкому залізобетонному декору. Рельєфи водних рослин і квітів прикрашають еркери, на дні яких розташувалися величезні горельєфи натуралістично виконаних хамелеонів. Химерні скульптури летючих риб є водночас і водостоками, і кронштейнами, які підтримують широкий карниз. Орнамент фризу складається із повторюваних зірок Давида. Усередині будинку «рибні» форми розкриваються також у контурах залізобетонних гвинтоподібних сходів. Довершував водний колорит рибний магазин і рибний ресторан, що були на першому поверсі.

Поєднання в архітектурі цегли і бетону, ортогонального і криволінійного, іронії та суворості, романтичності і прагматизму – дуже по-харківськи розкрита тема контрастів. Так само як і не менш харківською була «єврейськість» цієї архітектури. Як свідомий єврей, Гінзбург, подібно до представників інших народів Російської імперії, після революції 1905 року шукав прогресивну національну ідентичність і шляхи конструювання модерного національного стилю. Балансуючи між світським і національним, Гінзбург знаходить вираження сучасної міської/метропольної єврейської архітектури, яка одночасно насичена національним колоритом й уникає вульгарної екзотизації.

З 1969 року в підвалі діяла дитяча спортивна плавальна школа для дошкільнят «Золота рибка», басейни якої розміщувалися в колишніх резервуарах для риб дореволюційного магазину. У 2018 році на першому поверсі був відкритий ресторан «Іммігрант», дизайн якого розробила молода архітекторка Катерина Кушнаренко, зберігши в інтер'єрі деталі первісного оформлення. Зокрема, стару стелю з падугами, виявлену під час ремонтних робіт, архітекторка вирішила законсервувати в оригінальному стані.

Дякую за участь у створенні цього тексту Яні Кликовій.

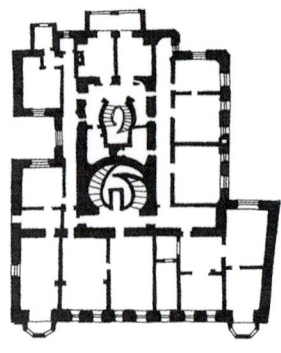

> The Art Nouveau red-brick apartment building situated on the side-street adjacent to the theatre was designed by the architects Oleksandr Ginzburg and Iliodor Zagoskin and owned by the former. Sumska Street is very much Ginzburg's domain: here we find his finest projects, and it was here that he had his own design bureau, Zalizobeton (meaning 'reinforced concrete' in English), where he wrote his theoretical works before having them printed in a nearby printing house. Ginzburg lived on the top floor of the Rybka ('Fish') House until the Revolution of 1917. He left Kharkiv shortly afterwards but returned in 1924. Upon his return and following the Soviet authorities' nationalisation of property, Ginzburg gave up designing architecture; instead, he taught and carried out engineering calculations. After World War II Ginzburg became the elected leader of the Kharkiv Jewish community. During the Soviet anti-cosmopolitan (or rather anti-Semitic) campaign of 1948–1949 accusations of Zionism led to his dismissal; he died shortly afterwards. The decision to leave the red brickwork of this four-storey building exposed was,

on the one hand, a reference to Kharkiv's industrial architecture and the favoured method of Ginzburg's co-architect, Iliodor Zagoskin, a master of the 'brick style', and, on the other, a mark of the influence of Catalan Modernisme with its strong regional features and mysticism. The simplicity and lucidity of the flat brickwork make a vivid contrast with the voluminous concrete figured elements. Framing the building on either side are triangular reinforced-concrete oriel windows – a hint of romanticised Neo-Gothic to go with the vertical division of this red-brick volume's narrow windows. Ginzburg's first realised project, this house set out to show the boundless potential of the concrete produced by his Zalizobeton design and construction firm. Ginzburg accordingly paid great attention to the quality and endurance of the reinforced-concrete decorative elements. The oriel windows are decorated with low reliefs of aquatic plants and flowers, while massive high reliefs of naturalistic chameleons adorn their bottom parts. The chimerical sculptures of flying fish function as both gutters and brackets supporting the broad cornice. The frieze ornamentation has repeated Stars of David. Inside the building, the 'fishy' forms are echoed in the contours of the concrete spiral staircases. The ground floor once housed a fishmonger's and a fish restaurant, completing the aquatic aura.

The combination of brick and concrete, orthogonal and curvilinear, irony and sternness, and romanticism and pragmatism is a very Kharkiv way of revealing

Denys Panchenko

Редакція газети «Южный край» (зараз – офісна будівля з магазинами)
Yuzhnyi Krai Newspaper Building (now – an office building with shops)
вулиця Сумська, 13
Sumska Street, 13
Олексій М. Бекетов
Перебудова: Юлій С. Цауне,
Артемій І. Горохов
Oleksii M. Beketov
Reconstruction: Yulii S. Tsaune,
Artemii I. Gorokhov
1906, 1914

2

the theme of contrasts. Equally Kharkiv is the 'Jewishness' of this architecture. As someone consciously Jewish, Oleksandr Ginzburg, like members of other ethnicities in the Russian Empire, sought a progressive national identity and ways to develop a modern national style after the revolution of 1905. Balancing between the secular and the national, Ginzburg succeeded in finding an expression of modern urban/metropolitan Jewish architecture, infused with a national flavour yet avoiding vulgar exoticism.

From 1969 forwards, the basement accommodated the Golden Fish sports swimming school for preschoolers. The fish tanks of the fishmonger's that existed here at the beginning of the century were transformed into pools for children. In 2018 a restaurant called 'Immigrant' opened on the ground floor. Designed by the young architect Kateryna Kushnarenko, this retains the interior details of the original design. Kushnarenko chose to preserve the old coved ceiling, uncovered during the renovation, in its original state.

My sincere thanks to Iana Klykova for her contribution to this text.

Редакція «Южного края» – складена колективна робота кількох архітекторів. У 1896–1906 роках будинок багаторазово добудовував і перебудовував архітектор Бекетов для Олександра Юзефовича – видавця найбільшої газети Півдня Російської імперії – «Южный край». Впливова незалежна газета виходила двічі на день накладом до 40 000 примірників, покривала весь Донбас, Дніпропетровську, Запорізьку області, Крим, а також російські Білгород і Курськ. Молодий видавець зміг з нуля побудувати успішний бізнес, який дозволив йому стати медійним магнатом Півдня Російської імперії, як і Вільям Херст на початку своєї кар'єри, балансував між високими стандартами критичної журналістики та комерційним рекламним матеріалом. У будівлі розміщувалися редакція та житлові приміщення працівників газети «Южный край», домашня Олександро-Невська церква із

дзвіницею на третьому поверсі. Церква-надбудова, реалізована вже за проєктом архітектора Юлія Цауне, мала вихід на терасу на даху та освітлювалася круглими вікнами-ілюмінаторами, які й зараз помітні з вулиці Сумської. Підсвічений електрикою вітражний іконостас для неї виконали у вітражній майстерні *Franz Xaver Zettler* у Мюнхені, а після встановлення радянської влади його експонували в Музеї атеїзму (зараз він – у храмі Усікновення глави Іоанна Предтечі по вулиці Алчевських, 50А).

До 1910-х років внаслідок усіх трансформацій будівля набула хаотичного й перевантаженого характеру. Тому в 1913–1914 роках санкт-петербурзький архітектор Горохов (який у той час проєктував віллу Юзефовича в кінці вулиці Сумської) стилістично об'єднує всі споруди в єдиний комплекс. Горохов спрощує фасад, позбавляючи його всіх опуклостей та рустувань Бекетова. Це дає змогу продемонструвати складну об'ємно-просторову композицію комплексу, що складається з кількох повздовжніх горизонтальних частин і контрастної до них вертикальної вхідної групи з відкритою вежею (дзвіницею). На тлі голих площин стін Горохов украй стримано розставляє стилізовані колони іонічного ордера, варіації яких у межах одного фасаду складаються в грайливу протопостмодерністську історію. Тут є і версія, близька до ордерного канону, і виконана у вигляді видавленого плоского контуру пілястра, а є і зовсім спрощена до прямокутника з двома квадратами. З одного боку, архітекторові вдається підкреслити ритмічне членування одностильових вікон, що перегукуються з модною в період Першої світової війни модернізованою класикою (наприклад, Азовсько-Донський банк Лідваля або прибутковий будинок страхового товариства «Росія»). З іншого боку, довжина будівлі, її ступінчастість і ярусність разом з ілюмінаторами домашньої церкви на верхньому поверсі створюють дуже модерне динамічне враження. Усе це разом з інтенсивністю міського руху Сумської, журналістською метушнею і двостороннім годинником, колись встановленим біля входу в газету

(загублений у 1990-ті), створює нуарну атмосферу журналістського центру. Оскільки в СРСР не існувало незалежної і тим паче приватної преси, із встановленням радянської влади в 1919 році газету закрили, а будівлю зайняв перший робітничо-селянський уряд Радянської України. У будівлі розташовувалася друкарня видавництва «Соціалістична Харківщина», перейменована у 1928 році на «Червоний друк». Юзефович відмовився емігрувати і втратив усе своє майно, але продовжив мешкати до кінця 1930-х у Харкові.

> The building originally housing the editorial offices of *Yuzhnyi Krai* ('Southern Region') newspaper was a collective effort by a number of architects. Between 1896 and 1906 it went through multiple stages of construction and numerous alterations overseen by the architect Oleksii Beketov for Oleksandr Yozefovich, the publisher of *Yuzhnyi Krai*. This influential independent newspaper was published twice daily, and, with a print run of up to 40,000 copies, had the largest circulation in the south of the Russian Empire. It was distributed throughout the Donbas, the Dnipropetrovsk and Zaporizhzhia regions, and Crimea, as well as in the Russian cities of Belgorod and Kursk. The young publisher established a thriving media enterprise from the ground up, becoming a media tycoon in the southern regions of the Russian Empire. Like the young William Hearst, Yozefovich found a balance between high standards of critical journalism and commercial advertising content.

The building accommodated both the newspaper's editorial offices and living quarters for *Yuzhnyi Krai* staff, as well as the Alexander Nevsky house church, which had a belfry on the top of the building. Situated in a superstructure added by the architect Yulii Tsaune, the church had access to a roof terrace and was lit by porthole windows, which are still visible from Sumska Street. The electrically illuminated stained-glass iconostasis, made by the Franz Xaver Zettler company in Munich, was later removed and displayed in the Museum of Atheism after the Soviets took power. It is now in the Church of the Beheading of John the Baptist at Alchevskyh Street 50A.

As a result of all these transformations, by the 1910s the building had taken on a chaotic, overloaded appearance. So, in 1913–1914 Artemii Gorokhov, an architect from St Petersburg who was then engaged in designing Yozefovich's villa at the end of Sumska Street, stylistically integrated the structure's various parts into a unified complex. Gorokhov simplified the façade, removing all the protrusions and rustication passed down from Beketov. These alterations allowed him to highlight the building's complex three-dimensional composition comprising several elongated horizontal sections juxtaposed with a vertical entrance topped by an open tower serving as a belfry. Against the backdrop of plain wall planes, Gorokhov with extreme restraint placed stylised columns in the Ionic order. The variations of these columns within a single façade form a playful proto-Postmodernist story. Here we see a variant of a column closely aligned with a traditional order alongside another shaped as the extruded, flat contour of a pilaster and another which has been simplified to a rectangle with two squares. On the one hand, Gorokhov managed to emphasise a rhythmic articulation of windows in the same style, echoing the Modernised Classicism that was fashionable during World War I (seen in structures such as the Azovsko-Donskoy Bank by Fredrik Lidvall and the Rossiya Insurance Company House by Hyppolit Pretreaus). On the other, the building's length, its stepped and tiered structure, and the porthole windows of the house church on the top floor made a dynamic, Modernist impression. Coupled with the bustling traffic along Sumska Street, the journalistic commotion, and a double-faced clock (lost in the 1990s) that once adorned the entrance to the building, all this created the noir-like atmosphere of a journalistic hub.

With the absence of an independent or private press in the USSR following the establishment of Soviet rule in 1919, the newspaper was shuttered, and the building was occupied by the first Workers' and Peasants' Government of Soviet Ukraine. Subsequently, it accommodated a printing shop belonging to the Sotsialistychna Kharkivshchyna (Socialist Kharkiv region) publishing house, later renamed 'Chervonyi Druk' ('Red Press') in 1928. Oleksandr Yozefovich, the former owner, declined to emigrate and lost his entire fortune but continued to live in Kharkiv until the late 1930s.

**Рада З'їзду гірничопроми-
словців Півдня Росії (зараз –
Радіотехнічний коледж)**
**Board of the Congress of Mining
Industrialists of the South of Russia
(now – the Radio-Technical College)**
вулиця Сумська, 18, 20
Sumska Street, 18, 20
Болеслав Г. Михаловський (№ 18)
Сергій І. Загоскін, Іліодор І. Загоскін,
Василь Г. Кричевський (№ 20)
Bolesław G. Michałowski (No. 18)
Serhii I. Zagoskin, Iliodor I. Zagoskin,
Vasyl H. Krychevsky (No. 20)
1902, 1907

051 C

У 1906–1907 роках на замовлення Ради
З'їзду гірничопромисловців Півдня
Росії на купленій ними ділянці здійсню-
ється зведення нової адміністративної
будівлі з прибудовою до старої споруди
Ради (архітектор Михаловський). Для
створення єдиного комплексу запро-
шують братів-архітекторів Загоскіних,
які стояли біля початків розвитку про-
єктної справи у Харкові та місцевої ар-
хітектурної освіти. Для художнього
оформлення фасаду брати Загоскіни
запрошують свого давнього колегу та
друга, відомого українського художни-
ка Василя Кричевського.

З'їзд гірничопромисловців Півдня
Росії – перше в Російській імперії не-
державне об'єднання великих про-
мисловців, найбагатших власників
шахт Донецького басейну та Півдня
Російської імперії, яке було ство-
рене для лобіювання інтересів його
учасників. З'їзд гірничопромисловців
Півдня Росії був найпотужнішою і най-
впливовішою організацією в еконо-
міці та політиці Російської імперії, до
неї входили Олександр Ауербах, О. В.
Шеєрман, Петро Горлов (засновник мі-
ста Горлівка), Іван Іловайський (назва
міста Іловайськ походить від прізви-
ща його роду), Олексій Алчевський
(засновник міста Алчевськ), Федір
Єнакієв (місто Єнакієве носить його
ім'я), Микола фон Дітмар та інші. Рада
З'їзду зі штаб-квартирою в Харкові
була постійним виконавчим органом,
який діяв з початку систематичного
видобутку вугілля на Донбасі й аж до
Української революції 1918 року. Рада

опікувалася збутом всього вугілля та
металу, що видобували на Донбасі, за-
лізничними вантажоперевезеннями, от-
риманням державних замовлень та пре-
ференцій, експортом продукції. Під час
Визвольних змагань З'їзд та його адміні-
стративна будівля були осередком під-
тримки Білого руху та активного опору
більшовикам. У 1923 році тут розташо-
вувалися установи Вищої ради народ-
ного господарства України, а з 1936
року – Промислова академія. Після
Другої світової війни і до сьогодні в бу-
дівлі розміщується Радіотехнічний тех-
нікум (зараз – Радіотехнічний коледж).
Еклектична будівля Ради виконана у
формах французького ренесансу. Брати
Загоскіни сполучають нову і стару бу-
дівлі за допомогою західної вставки
з арковим прорізом (проїзд у двір).
Обидва корпуси поєднуються в ан-
самбль не тільки ордерною системою,
а й витонченою художньою грою різних
фактур і метроритмічних відношень,
повторюваних елементів орнаменту.
Головний вхід розташований на цен-
тральній осі нового корпусу, яка макси-
мально навантажена смисловими, архі-
тектурними та декоративними елемен-
тами. Над арковими дверима – балкон
на великих важких кронштейнах, що
утримують плаский портик з двома іо-
нічними півколонами. Як і в інших ви-
падках, вирізняється майстерна ро-
бота Кричевського, здатного наділити
будь-яку будівлю тонким символіз-
мом та романтизмом. Два бічні й цен-
тральний «лицарські» картуші худож-
ник запозичив із фризової теми декору
Михаловського, розвинувши її до осно-
вної. Шість м'яких і тендітних каріа-
тид, що підтримують важкі абатменти
аркових вікон, контрастують із загаль-
ним образом рішучості та діловитості
штаб-квартири.

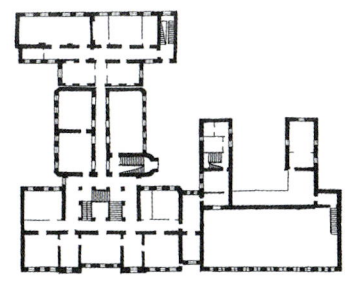

Pavlo Dorohoi

Philipp Meuser

> In 1906–1907 the Board of the Congress of Mining Industrialists of the South of Russia commissioned a new administrative building on a newly acquired plot adjacent to its existing office building, designed by Bolesław Michałowski. The commission to turn the two buildings into a unified complex was given to Serhii and Iliodor Zagoskin, who played an important role in the development of architectural practice and education in Kharkiv. The Zagoskin brothers also brought on board Vasyl Krychevsky, a distinguished Ukrainian artist and their long-time colleague and friend, to decorate the façade. The Congress of Mining Industrialists of the South of Russia, the first non-governmental association of major industrialists, was founded to lobby the interests of its members, who included the wealthiest mine owners in the Donets Coal Basin and the South of the Russian Empire, and was a considerable force in both economics and politics in the Russian Empire. Among its members were: Alexander Auerbach, A. Sheyerman, Pyotr Gorlov (founder of the city of Horlivka), Ivan Ilovaiski (the city of Ilovaisk was named after his family), Oleksii Alchevskyi (founder of the city of Alchevsk), Fyodor Enakiev (after whom the city of Yenakiieve was named), and Nikolay von Ditmar. Headquartered in Kharkiv, the board served as a permanent executive body, functioning from the outset of systematic coal mining in the Donbas until the outbreak of the Ukrainian War of Independence in 1918. It managed the sale of all coal and metal mined in the Donbas, handled railway freight, secured government procurement contracts, preferences, and oversaw export. During the Ukrainian War of Independence, the board and its administrative building were a stronghold supporting the White movement and actively resisting the Bolsheviks. Subsequently, this building accommodated institutions belonging to the Supreme Soviet of the National Economy of Ukraine in 1923 and, from 1936, the Industrial Academy. Since World War II it has housed the Radio-Technical Tekhnicum, now a college.

The eclectic Board of the Congress building was fashioned in the forms of the French Renaissance. The Zagoskin brothers linked their new structure to Michałowski's original building using a recessed insert containing an arched passage leading to the courtyard. The two sections are knit together into a coherent ensemble through the Classical order but, even more so, by a subtle artistic interplay of different textures, rhythmic interrelations, and recurring ornamental elements. The main entrance is positioned on the central axis of the new building, which is laden to the maximum with semantic, architectural, and decorative elements. Projecting above the arched door is a balcony on large corbels supporting a flat portico with two Ionic engaged columns. As in his other projects, Krychevsky's work here is outstanding, showing his ability to imbue any building with subtle symbolism and romanticism. He adopted the 'knightly' cartouches – two flanking the main entrance and a central cartouche crowning the portico – from the frieze theme in Michałowski's decoration, expanding it into the central theme. Six delicate and fragile caryatids, supporting the weighty abutments of the arched windows, contrast with the overall resolute, business-like image of a corporate headquarters.

Прибутковий будинок «Саламандра» (зараз – житловий будинок з крамницями)
Salamandra House (now – a residential building with shops)

вулиця Сумська, 17
Sumska Street, 17
Микола М. Верьовкін
Nikolay N. Verevkin
1915

052 C

Просто навпроти Ради З'їзду гірничопромисловців Півдня Росії стоїть величезна неокласична будівля з глибоким парадним курдонером. Шестиповерховий прибутковий будинок на 64 квартири Всеросійського страхового товариства «Саламандра» зведений на прохідній ділянці між паралельними вулицями – Сумською та Римарською. Страхове товариство «Саламандра» зі штаб-квартирою в Санкт-Петербурзі було засноване в 1846 році й займалося переважно страхуванням від вогню. Саме тому на кутах будівлі в картушах зображені саламандри, які, за легендою, не згорають у вогні. Засновниками та акціонерами страхового товариства були, зокрема, граф Василь Перовський, майбутній керівник Державного банку Російської імперії, барон Олександр фон Штігліц, а також іноземні фінансисти та банкіри – представники торгових домів «Меєр і К°», «Симон Якобі та К°», «Д. Лодер та К°» та інші. З кінця XIX століття «Саламандра» розвиває міжнародний бізнес: першою серед російських страхових компаній отримує дозвіл на роботу в США, а також має офіси в Берліні, Буенос-Айресі, Лондоні, Нью-Йорку, Парижі та Шанхаї.

Прибутковий будинок спроєктував петербурзький архітектор Микола Верьовкін, який будував об'єкти *Саламандри* і в інших містах Російської імперії. Проєктуванню харківської «Саламандри» передував архітектурний конкурс, основне завдання якого – розглянути всі можливі варіанти планування щільної багатоповерхової забудови на вузькій та видовженій ділянці. При цьому передбачуваний високий статус квартир майбутнього будинку вимагав уникнути застарілого двору-колодязя. Хоча першу премію й отримав проєкт молодих архітекторів Редькіна та Бердникова, Верьовкін затвердив скомпільований варіант

Philipp Meuser

із кількох конкурсних планувань. У результаті зведена в 1914–1915 роках будівля має складну конфігурацію в плані, що містить у собі п'ять секцій, три з яких утворюють П-подібний об'єм з курдонером, який є основним фасадом будівлі по Сумській. А другорядний фасад будівлі, орієнтований на вулицю Римарську, являє собою четверту секцію, що сполучається з основною частиною будівлі поздовжньою п'ятою секцією. Дворовий простір має пішохідну зону та вузький проїзд. Прибутковий будинок «Саламандра» виконаний у неокласичній манері, що відгукнулася в санкт-петербурзьких архітекторів-академістів напередодні Першої світової війни. Верьовкін із проєкту в проєкт показував себе послідовним паладіанцем, але тільки масштаб харківської «Саламандри» дозволив йому створити величну та тріумфальну композицію. Фасади будівлі мають тричастинну структуру, розвинену по горизонталі. Тектонічно важкі нижні три поверхи об'єднані арковими нішами «цокольної» основи фасаду, обробленої рустом. Іонічні колони четвертого та п'ятого поверхів утримують потужний розвинений фриз будівлі, одночасно полегшуючи фасад і надаючи йому класицистичної стрункості. Шостий поверх розчленований простими пілястрами, які органічно завершують композицію по вертикалі.

Як і належить паладіанцю, головну роль Верьовкін віддає площині стін і геометрично простим об'ємам будівлі, стримано розставляючи акцентні декоративні елементи в місцях кульмінації композиції. Кути курдонера фланкують дві маскулінні античні фігури та помпезні картуші із зображенням саламандр. Ритмічні прості двоповерхові арки-ніші у глибині також прикрашені картушами. Усередині напівзакритого простору курдонера розігрується камерна світлотіньова гра стін і їхніх декоративних елементів: бюстів, медальйонів, фронтонів. З одного боку, академізм і грандіозність такої архітектури повинні були свідчити про стабільність фінансової імперії «Саламандри» й респектабельність нерухомості, яку вона надавала, дорога оздоба й патетика деталей – про привілейованість орендарів, а все це разом – ширше – про потужність економіки передвоєнної Російської імперії як такої. Але прибутковий будинок не так довго зміцнював добробут компанії-власника. У 1918 році, напередодні

націоналізації всього майна компанії, кошти «Саламандри» було виведено за кордон, емігрував і директор-розпорядник, петербурзький підприємець Микола Бєлоцвєтов. Центральний офіс «Саламандри» переїхав до Копенгагена, де страхова компанія працювала аж до середини 1950-х років. Американський відділ «Саламандри», який став самостійною компанією, також успішно працював аж до визнання США Радянського Союзу в 1933 році, після чого внаслідок багаторічних судів радянський уряд домігся повернення націоналізованих активів та припинення діяльності американської «Саламандри». Після Революції в будівлі діяли урядові установи Ради народних комісарів, які в 1928 році переїхали в нову будівлю Держпрому на майдані Свободи. Після цього розкішні планування були розділені на комунальні квартири. Через більш ніж 100 років завдяки якості архітектури та розташуванню будинок продовжує залишатися буквально найелітнішою нерухомістю в місті.

> Standing directly opposite the Board of the Congress of Mining Industrialists, this grand Neoclassical edifice with a deep front *cour d'honneur* occupies a plot between parallel streets – Sumska and Rymarska. The 64-apartment, six-storey apartment building was built for the Salamandra (Salamander) All-Russian Insurance Company. Established in 1846, Salamandra was headquartered in St Petersburg and primarily specialised in fire insurance – which explains why the building's corners are decorated with cartouches depicting salamanders, to which legend attributes the property of fire-resistance. Salamandra's founders and shareholders included Count Vasily Perovsky, Baron Alexander von Stieglitz (later the first governor of the State Bank of the Russian Empire), and foreign financiers and bankers from trading houses such as Meyer & Co., Simon Jacobi & Co., and D. Loder & Co. In the late nineteenth century Salamandra expanded internationally, becoming the first Russian insurance company permitted to operate

2

in the United States. It had offices in Berlin, Buenos Aires, London, New York, Paris, and Shanghai.

Salamandra House was designed by Nikolay Verevkin, a St Petersburg architect who built a number of properties for Salamandra in various cities across the Russian Empire. Before the design for this building was finalised, an architectural competition was held to explore all possible layouts for a dense, multi-storey structure on a narrow, elongated plot. The planned prestigious status of the apartments meant that the traditional well-like courtyard, an outdated solution, had to be avoided. First prize was awarded to a project by the young architects Redkin and Berdnikov, but Nikolay Verevkin in the end opted for a composite of several layouts submitted for the competition. As a result, this building, erected between 1914 and 1915, possesses a complex layout comprising five sections. Three sections form a U-shaped volume with a *cour d'honneur* serving as the primary façade facing Sumska Street. The secondary façade, oriented towards Rymarska Street, is a part of the fourth section, which is connected to the *corps de logis* (main block) by the longitudinal fifth section. The courtyard area includes both a pedestrian zone and a narrow driveway.

Salamandra House was designed in the Neoclassical style, which resonated with St Petersburg architects from the Imperial Academy of Arts on the eve of World War I. From project to project, Verevkin showed himself a consistent Palladianist. However, it was the scale of the Kharkiv project that allowed him to create a grand and triumphant composition. The building's façades exhibit a horizontally developed three-part structure. The tectonically heavy first three storeys are unified by arched niches in the rusticated 'plinth' base of the façade. The Ionic columns on the fourth and fifth storeys support a mighty frieze, simultaneously lightening the façade and imparting a Classical slenderness. The sixth storey is divided by simple pilasters, which organically complete the composition in the vertical direction.

As befits a Palladianist, Verevkin assigned the main role to this building's wall planes and geometrically simple volumes, placing accented decorative elements with restraint where the composition reaches its culmination. The corners of the *cour d'honneur* are flanked by two masculine ancient-classical sculptures and pompous cartouches depicting salamanders. The rhythmic, simple, two-storey arched niches are likewise embellished with cartouches in recesses. In the semi-open space of the *cour d'honneur* an intimate interplay of light and shadow develops among the walls and the ornamental elements, such as busts, medallions, and pediments.

The academicism and grandeur of such architecture were presumably intended to attest to the stability of the Salamandra Insurance Company's financial empire and the respectability of its real-estate offerings. The expensive decoration and pomposity of the details indicated the privilege of the tenants. In a broader context, these aspects made the building a declaration of the strength of the pre-WWI Russian Empire's economy as a whole. However, the apartment building hardly had time to enhance its owners' wealth. In 1918, anticipating the nationalisation of all company assets, Salamandra transferred its funds abroad, prompting its managing director, Nikolay Belotsvetov, a St Petersburg entrepreneur, to emigrate. The headquarters moved to Copenhagen, where the insurance company continued to operate until the mid-1950s. The American branch of Salamandra, which became an independent entity, prospered until the US recognised the Soviet Union in 1933. After years of litigation, the Soviet government took control of the American Salamandra's assets and terminated its activities.

Following the Revolution of 1917, the building accommodated government institutions of the Council of People's Commissars until they relocated to the new Derzhprom building on Svobody Square in 1928. Subsequently, the building's luxury apartments were divided so as to function as communal apartments (apartments in which each room is occupied by an individual or family, usually unrelated to one another, with the kitchen and sanitary facilities shared by all occupants of the apartment). Over a century later, this building's architectural quality and prime location make it to this day one of the most elite pieces of real estate in Kharkiv.

Philipp Meuser

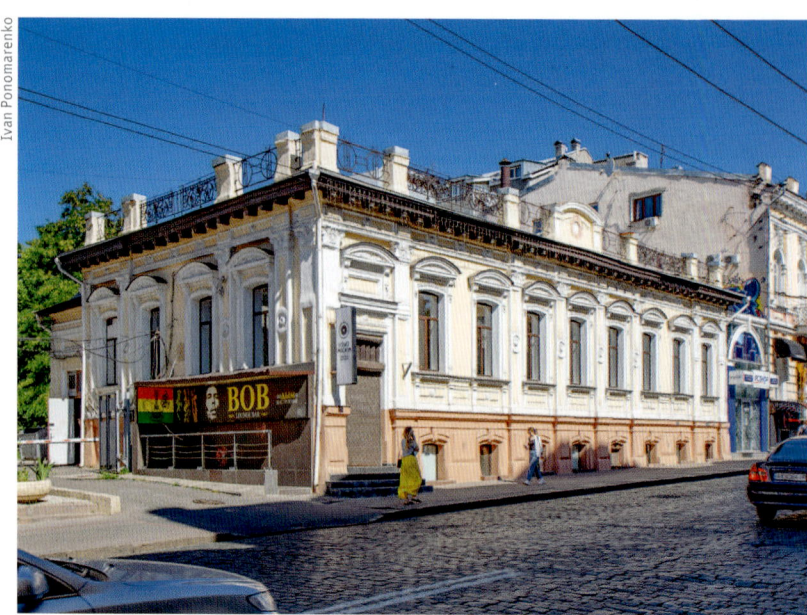

Особняк Міщенка (зараз – кафе)
Mishchenko Mansion (now – a café)

 053 C

вулиця Сумська, 21
Sumska Street, 21
Імовірно Емілій Отто Гінш
Attributed to Emilius Otto Ginsch
1887

Одноповерховий особняк було збудовано в 1881–1887 роках на замовлення купця Якова Міщенка, який торгував цукром і кондитерськими виробами. Власник сам жив у особняку, і тут же був його кондитерський магазин, а в напівідвалі – виробництво цукерок. На подвір'ї й досі збереглися двоповерховий флігель, старовинні каретні та стайня.

Сьогодні невеликий одноповерховий особняк з високим цоколем і напівідвальним приміщенням – один із прикладів старої забудови вулиці Сумської, що вирізняється зі стрункого ряду високих прибуткових будинків і установ своїм невеликим масштабом. Лаконічні пропорції скромного будинку доповнені, як це властиво Гіншу, тонким ліпним декором: розкріповані пілястри мають завершення у вигляді композитних капітелей, а вікна виділені лиштвами та лучковими фронтонами. Наприкінці 1960-х саме його було обрано для реконструкції під кафе

національної кухні «Українські вареники». Реконструкція передбачала збереження деталей багатого ліпного декору та дерев'яних конструктивних елементів: крокви даху, автентичних вузьких сходів. Разом із національною кухнею такий проєкт повинен був стати острівцем колишнього колориту старого Харкова і протиставлятися також одноповерховому молодіжному кафе «Пінгвін», що був навпроти. Поєднували ці два кафе величезні неонові вивіски, закріплені на даху й оформлені в одній стилістиці.

> Erected in 1881–1887, this single-storey mansion was commissioned by Yakiv Mishchenko, a merchant dealing in sugar and confectionery. The ground floor housed living quarters for the owner and a confectionery shop, while production facilities were situated in a semi-basement. The courtyard still contains an old carriage shed and stables.

Today this compact mansion with its elevated ground floor, an example of the historical development on Sumska Street, stands out from the orderly adjacent row of tall apartment and administrative buildings due to its smaller scale. Its understated proportions are complemented by fine stucco decoration, typical of the work of Emilius Otto Ginsch, such as articulated pilasters crowned with Composite capitals and windows accentuated by platbands and curved pediments.

In the late 1960s this mansion was chosen for renovation for use as a café (Ukrainian Varenyky) offering national cuisine. The restoration work provided for the preservation of the opulent stucco decoration and original wooden structural elements, including roof rafters and an authentic narrow staircase. As well as showcasing national cuisine, the project aimed to become an island of the bygone charm of old Kharkiv, contrasting with the likewise single-storey Penguin youth café on the opposite side further down the street. The two cafés had in common large neon signs of similar design mounted on their roofs.

Ivan Ponomarenko

Кафе «Пінгвін» (зараз – паб)
Penguin Café (now – a pub)
вулиця Сумська, 22
Sumska Street, 22
Борис Г. Клейн
Boris H. Klein
1962

054 C

У цій частині вулиці Сумської збереглося кілька малоповерхових будівель класицистичної та еклектичної забудови. У радянський період тут же було зосереджено ареал різноманітних колоритних і популярних закладів харчування з певних тематик як у кухні, так і в оформленні: «Сніжинка», «Топлене молоко», «Погребок», «Харків'янка» («Кулемет»), «Українські вареники» та «Пінгвін».

Кафе «Пінгвін» – невелика модерністська будівля-вставка, побудована у 1962 році впритул до одного зі старих класицистичних будинків на вулиці Сумській. Попри мініатюрний масштаб, архітектура кафе повністю відповідала принципам хрущовської Відлиги. Панорамне засклення символізувало прозорість і свіжість нових ідей, пробудження суспільства після епохи тоталітаризму. А функція об'єкта відображала романтичні віяння «солодких» шістдесятих – кафе для молоді з легкою музикою, морозивом та молочними коктейлями. Відвідувачі не відгороджувалися від зовнішнього міського середовища глухими стінами, а, навпаки, зливались із ним завдяки прозорості свого «акваріума». Вочевидь, у формах модернізму архітекторові Борису Клейну було значно комфортніше, ніж за умов реконструкції великих еклектичних форм Бекетова. Фасад акуратної будівлі членується по вертикалі косим зсувом площин скління, летюча лінія плаского даху лежить на асиметричному трикутному пілоні, прикрашеному сходами, що наче ширяють у повітрі над тротуаром. На даху була величезна неонова вивіска з назвою «Пінгвін» курсивом на зразок американських придорожніх закусочних.

> In this part of Sumska Street there remain several low-rise Neoclassical (late eighteenth- / early nineteenth-century) and Eclectic buildings. During the Soviet era a variety of distinctive and popular cafés and restaurants, each with a specific theme in cuisine and design, were concentrated in this area – places such as Snizhynka (Snowflake), Toplene moloko (Baked Milk), Pohrebok (Cellar), Kharkivianka, Ukrainian Varenyky, and Penguin.

Penguin Café is a compact Modernist structure that was inserted in 1962 adjacent to one of the oldest Neoclassical houses on Sumska Street. Despite its modest size, the café's architecture was completely aligned with the principles of the Khrushchev Thaw. Its panoramic glazing symbolised transparency and freshness of new ideas and a societal awakening after the totalitarian era. The building's function reflected the romantic vibe of the 'sweet' sixties: this was a café catering to young people with light music, ice cream, and milkshakes. Visitors were not fenced off from the surrounding urban environment by blank walls but blended in with it through the transparency of their 'aquarium'.

Boris Klein, the café's architect, obviously felt much more comfortable working with Modernist forms than reconstructing grand Eclectic architecture, such as Oleksii Beketov's Volzhsko-Kamsky Bank. This tidy building's façade is vertically divided by oblique shifts of its glazed surfaces. The flying line of the flat roof rests on an asymmetrical triangular pylon with a staircase that seems to float above the pavement. The rooftop used to have a substantial neon sign with the name 'Penguin' in italics in the spirit of American roadside cafés.

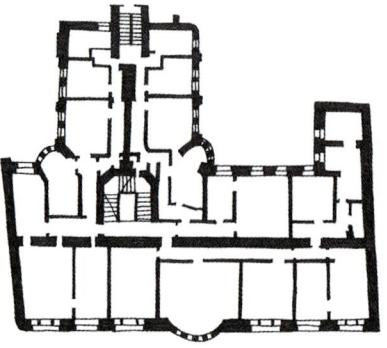

Прибутковий будинок Ліфшиця (зараз – житловий будинок з крамницями)
Lifshits House (now – a residential building with shops)

055 C

вулиця Сумська, 26/Sumska Street, 26
Олександр М. Гінзбург
Oleksandr M. Ginzburg
1910

Будівля модерного прибуткового будинку, збудованого за проєктом архітектора Олександра Гінзбурга, належала інженерові-технологу Гершу Ліфшицю. Як і будинок «Рибка», будівлю спроєктував Гінзбург у відкритій цеглі, прикрашеній бетонними еркерами та декоративними елементами (на жаль, цегла неодноразово зафарбовувалася).

Загальний об'єм великого чотириповерхового будинку з високим цоколем вирізняє конструктивний поділ усього фасаду ритмом вертикальних високих вікон, що групуються в чотири западисті триповерхові ніші та три опуклі еркери. Таке чергування западистих та опуклих елементів створює ілюзію нашарування та «глибини» фасаду. Натомість у силуеті будівлі подібна пульсація досягається чергуванням висот гіпертрофованих фронтонів нагорі. Три великі вигнуті фронтони у формі стилізованих волют чергуються з чотирма пласким фронтонами у формі лиштви. Центральна частина виділена широким, порівняно з двома іншими, еркером і центральним фронтоном, що тяжіє над іншими. На відміну від інших об'єктів Гінзбурга, у будинку Ліфшиця декор відходить на другий план порівняно з ритмічною грою вертикальних і горизонтальних членувань, лише підтримуючи та відтіняючи її пласким орнаментом. Але незмінною рисою роботи Гінзбурга залишається архітектурна іронія, закладена як у вільному поводженні з пропорціями й функціями традиційних архітектурних деталей, так і в елементах декору. Аскетичний інтер'єр будинку оздоблений безліччю невеликих скульптур у вигляді веселих чортів. Ритмічне чергування членувань і форм будинку Ліфшиця відображено і в ритмі міського середовища, що є довкола

2

об'єкта. Одноповерхове кафе «Пінгвін» із суцільним заскленням, за ним – двоповерховий будинок на п'ять вікон і триповерховий будинок на сім вікон (№24) разом із чотириповерховим семичастинним прибутковим будинком Ліфшиця (№26) становлять яскраву ступінчасту живописну композицію з розвитком від малої форми до великої.

> This Art Nouveau apartment building, designed by Oleksandr Ginzburg, was the property of the engineering technologist Hersh Lifshits. As with 'Rybka' House, Ginzburg opted for exposed brick on the façade, along with concrete oriel windows and decorative elements. Regrettably, the brickwork has disappeared under multiple layers of paint, significantly altering the building's image.

The overall volume of this substantial four-storey building with an elevated ground floor is distinctive for the structural division of its entire façade through a rhythmic arrangement of tall vertical windows. These are grouped into four recessed three-storey niches and three projecting oriel windows. The alternation of recessed and projecting elements creates an illusion of layering and 'depth' of the façade. A similar pulsating effect is generated by the building's silhouette with its alternation of the heights of the hypertrophied pediments at the top. Three large open pediments in the form of stylised volutes alternate with four flat pediments in the form of hood moulds. The central section is accentuated by an oriel window that is wider than those at the sides and a more dominant pediment. Unlike in other projects by Ginzburg, here decoration plays a secondary role to the rhythmic interplay of vertical and horizontal divisions, merely supporting and shading it with flat ornamentation. However, a constant feature of Ginzburg's work is the architectural irony he puts into his free treatment of the proportions and functions of traditional architectural details, as well as in decorative elements. The house's ascetic interior is adorned with numerous small sculptures portraying cheerful devils.

The rhythmic alternation seen in the articulation and forms of the Lifshits House is also reflected in the rhythm of the surrounding urban environment. The vibrant, stepped composition starts with the single-storey Penguin Café with its panoramic glazing, continues with a two-storey, five-bay building and a three-storey, seven-bay apartment building (No. 24), and culminates in the four-storey, seven-part Lifshits House (No. 26) – a picturesque sequence that progresses from smaller to larger forms.

Харківський національний академічний театр опери та балету імені Миколи Лисенка

056 C

Mykola Lysenko Kharkiv State Academic Opera and Ballet Theatre

вулиця Сумська, 25
Sumska Street, 25

*Сергій М. Миргородський,
Віктор Д. Єлізаров, Н. В. Чуприна,
Роман-Енріке М. Гупало
Serhii M. Myrhorodskyi, Viktor D. Elizarov,
N. V. Chupryna, Roman-Enrique M. Gupalo
1991*

◈ Будівля була частково пошкоджена внаслідок кількох російських ударів крилатою ракетою та реактивною артилерією по середмістю 1 та 12 березня 2022 року. Пошкоджено дах, скління, зокрема світлові ліхтарі над великою залою.

Новий Оперний театр (Стара Опера була розташована на Римарській, 21) був побудований на місці трьох історичних будівель (Будинок купецького зібрання, двоповерховий житловий будинок, Інститут шляхетних дівчат) та частини Саду ім. Шевченка (колишній Університетський сад). Центральна вісь Оперного театру проходить по осі Дзеркального струменя (популярна паркова альтанка 1940-х) і так і нереалізованого проєкту 1930-х – Театру масового музичного дійства. Опера – частина серії великомасштабних об'єктів Київського зонального науково-дослідного інституту експериментального проєктування (КиївЗНДІЕП) авторства Сергія Миргородського для Харкова (Готель «Мир», 24-поверхівка на Салтівці). Через свої циклопічні розміри і величезний бюджет будівництво Опери спіткала участь «радянського довгобуду» (1967–1991), навколо якого десятиліттями точилися суперечки, протести й суди. Попри це Театр було урочисто відкрито у жовтні 1991 року за 3 місяці до розпаду СРСР.

Початковий проєкт мав риси радянського модернізму 1960-х, проте після численних змін до кінця 70-х набув форм радянського бруталізму. Всупереч уявленню про бруталізм як

Philipp Meuser

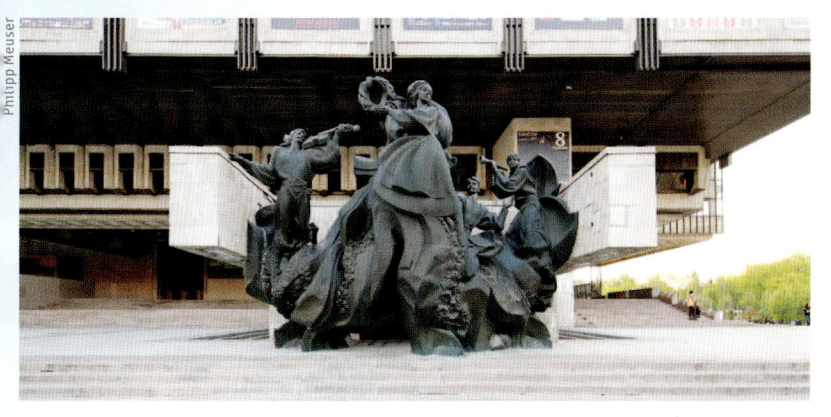

виключно залізобетонну, дешеву та соціальну архітектуру, радянський бруталізм складно назвати залізобетонним та дешевим: замість відкритого бетону використовувалися консервативні будівельні технології та облицювання дорогими натуральними матеріалами (мармур, інкерманський камінь, туф, граніт). Крім того, об'єкти радянського бруталізму рідше виконували утилітарні функції та слугували за житло, а частіше були підпорядковані функціям влади та її репрезентації. Перебуваючи в «гонці озброєнь» періоду Брежнєвського застою, радянський «владний стиль» прагнув не поступатися державному американському бруталізму 1960–1970-х. Недарма будівля харківської Опери має більше спільного з будівлею мерії Бостона, ніж із Королівським театром у Лондоні.

Споруда із загальною площею 7 гектарів являє собою масивний паралелепіпед-пластину світлого вапняку, що

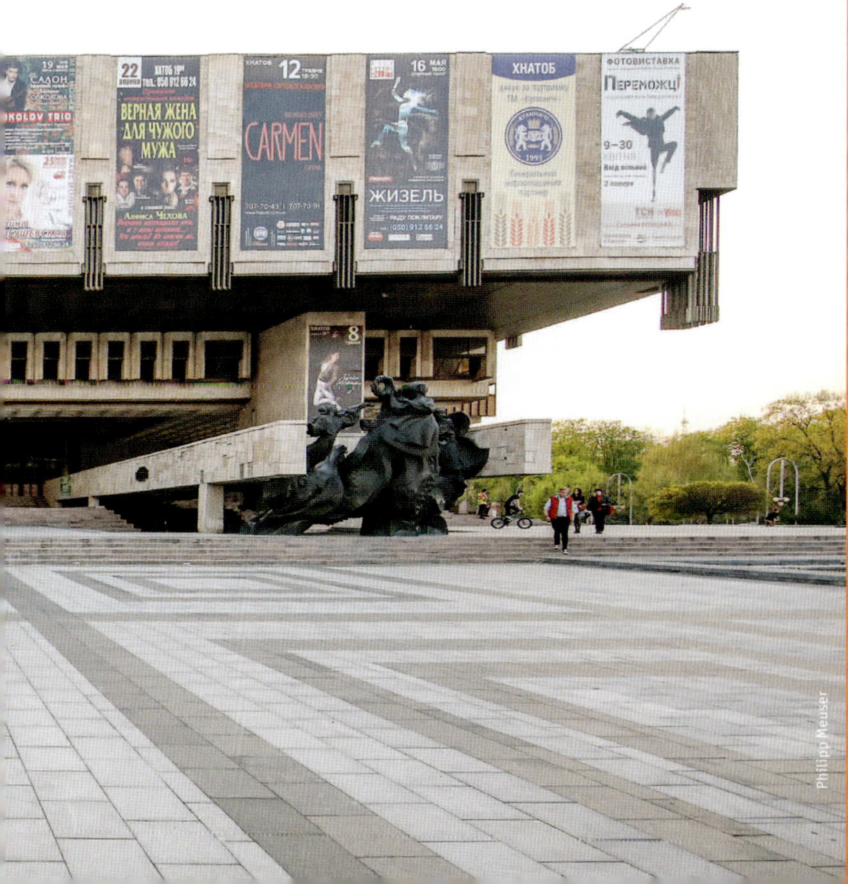

Philipp Meuser

стоїть на стилобаті, зібраному зі складного комплексу сходів межиріцького граніту. Нова Опера задумана не тільки для виконання своєї безпосередньої функції (два театральні зали можуть одночасно приймати 2000 глядачів), а і як багатофункціональний культурний центр із розвиненою системою публічних просторів. Театральний комплекс має чотиричастинну структуру вертикального зонування: на 1-му, підземному, рівні – паркінг, магазини та ресторани; на 2-му, вуличному, рівні – загальнодоступні міські громадські простори; на 3-му, буферному, рівні – простір перехідного типу між зовнішньою вулицею та внутрішнім фоє цоколю; на 4-му рівні – безпосередньо театр.

У самому паралелепіпеді розігрується окреме від зовнішнього світу внутрішнє життя театру (майстерні, репетиційні, гримерки, кабінети) та його глядачів (з безліччю камерних та парадних публічних просторів, кулуарів, рекреацій, лоджій та балконів). Місцем зустрічі артистів та глядачів є 2 модерністські зали: затишна Мала зала на 400 місць, виконана в натуральному дереві та мармурі, та грандіозна Велика зала з приголомшливою скляною стелею другого світла на 1500 місць. Пропрацювання внутрішнього оздоблення Опери заслуговує на окрему увагу: кожне місце, кожен ракурс, кожна деталь складаються в єдину картину, доповнену нюансним освітленням. Оздоблювальні роботи майстрів з каменю, дерева, металу та

скла виконані на незвично високому для будівельної культури СРСР рівні. Не забутий і радянський синтез мистецтв, що розкрився тут у всій красі, – скульптури, рельєфи, кераміка, художнє скло, кування, плитка, летеринг. Розкішні іскристі інтер'єри перетворюють ХАТОБ на бруталістський палац, а численні сценарії взаємодії з архітектурою – на штучне місто-фортецю.

Такий бруталізм став візитівкою київської архітектурної школи, що досягнула

Philipp Meuser

свого апофеозу в період «розвиненого соціалізму». Але харківська архітектурна спільнота не прийняла київський «владний стиль», буквально розцінивши його як колоніальний підхід Києва щодо Харкова. Київський бруталізм суперечив модерністській традиції Харківської архітектурної школи, що спирається насамперед на конструктивістське коріння міжвоєнного періоду. Незадоволеними залишилися й пам'яткоохоронці, основною претензією яких була тотальна

неспіврозмірність масштабу об'єкта навколишньому історичному середовищу. Зовсім інакше комплекс був сприйнятий міською вуличною культурою. Різні ком'юніті та групи впродовж 30 років використовують публічні простори театру з численними майданчиками та сходинками для вуличного мистецтва й екстремального спорту (велосипедисти BMX, скейтери, ролери, брейк-дансери і паркур). Просто зустрічі, відпочинок і «зависання» на «Оперці» або «Квадраті» стали частиною міських практик молоді й дітей. Отже, хоч Опера і повинна була стати квінтесенцією брежнєвської офіційної архітектури та формального міського простору, вона стала насамперед місцем неформальної молодіжної культури. Київзендіепівський «комплексний містобудівний» підхід і, ширше, радянський архітектурний гуманізм відобразився тут у синтезі об'ємної архітектури та громадських просторів навколо як невіддільної частини архітектурного задуму. Архітектори якісно, а головне, щиро опрацювали дизайн громадських просторів, прорахувавши численні сценарії, заклавши різноманітність активностей. Громадські простори як усередині будівлі, так і зовні залучають до взаємодії: ними цікаво проходити, обходити їх, досліджувати, торкатися. Велика кількість деталізованого вуличного дизайну та різноманітність вуличних форм провокують на нестандартне використання архітектурного простору – лежати, засмагати, плавати в басейнах, гратися. Таким чином весь комплекс став своєрідним ігровим майданчиком, штучним ландшафтом і рекреацією у великому масштабі.

На жаль, саме ці величезні простори «порожнечі» Опери є під загрозою забудови, обмеження, закриття. У 2014 році міська влада замінила оригінальний дизайн ліхтарів, лавок і фонтанів (який перегукувався як із загальним виглядом будівлі, так і з елементами його інтер'єрів) на «сучасний». Також був змінений дизайн водних елементів: кам'яну скульптуру «Любителя чаю», що ефектно стояла посеред водоймища, перенесли, та й саме «водне дзеркало» перетворили на звичайний фонтан зі струменями. Оскільки Оперу не охороняють як об'єкт спадщини, її архітектура може бути перебудована, а оздоблення та дорогі «нетеплоефективні» інтер'єри ризикують бути термомодернізованими.

⊕ This building was partially damaged by Russian cruise missile and rocket artillery strikes targeting the city centre on 1 and 12 March 2022. The roof and glazing were affected, including the roof lanterns above the main auditorium.

> Replacing the old opera house at Rymarska Street 21, Kharkiv's new opera house rose up on a site that had previously housed three historical structures – the House of the Assembly of Merchants, a two-storey residential building, and the Institute for Noble Maidens – together with a part of Shevchenko City Garden, previously known as 'University Garden'. The central axis of the theatre complex aligns with the axis of Dzerkalnyi Strumin (Mirror Stream), a popular gazebo from the late 1940s, and an unrealised project from the 1930s, the Theatre of Mass Musical Action. The opera building is one of a series of large-scale architectural projects designed by Serhii Myrhorodskyi of KyivZNDIEP (Kyiv Zonal Scientific Research Institute of Experimental Design) for Kharkiv; others are Hotel Mir and a 24-storey apartment block in the Saltivka residential area. Due to its cyclopean size and enormous budget, the opera house was unable to escape the fate of becoming a Soviet *dovgobud* (protracted construction project): construction dragged on from 1967 to 1991 and was a focus of controversy, protests, and litigation for decades. Nevertheless, the opera and ballet theatre was finally inaugurated in October 1991, a mere three months before the collapse of the Soviet Union; it was given the name of a Ukrainian composer, Mykola Lysenko.

The initial design bore the hallmarks of 1960s Soviet Modernism. By the late 1970s, however, after numerous alterations, the project had taken on the forms of Soviet Brutalism. It is often thought that Brutalism was reinforced-concrete, socially oriented, and cheap, but this will not do as a description of Soviet Brutalism, which was neither concrete nor cheap. Instead of exposed concrete, Soviet Brutalism made use of conservative construction technologies, alongside cladding with expensive natural materials such as marble, Inkerman stone, tuff, and granite. Furthermore, Soviet Brutalist buildings were less about utilitarian functions and housing; their purpose was more to serve and represent the Soviet authorities. In the arms race between the Soviet Union and the United States in the Brezhnev era of stagnation,

Dimitrij Zadorin

the Soviet 'power style' made every effort not to fall behind the governmental American Brutalism of the 1960s and 1970s. No wonder that Kharkiv's opera house possesses more similarities with Boston City Hall than with the Royal National Theatre in London.

Covering an area of seven hectares, this structure is a massive parallelepiped slab of light-coloured limestone atop a stylobate composed of an intricate complex of stairs in Mezhyritskyi granite. The new opera house was conceived not just to perform its core function – to house two theatre halls accommodating 2000 spectators simultaneously – but also as a multifunctional cultural centre with a well-developed system of public spaces. The theatre complex has a four-part vertical zoning structure: the first, underground, level serves as a basement with parking, shops, and restaurants; the second (street level) consists of urban public spaces that are accessible to everyone; the third acts as a buffer, introducing a transitional space between the street outside and the ground-floor foyer inside; and the fourth is dedicated to the theatre itself.

Inside the parallelepiped the opera house's inner life – played out in workshops, rehearsal rooms, dressing rooms, and administrative offices – unfolds

2

Philipp Meuser

independently of the outside world, as does the life of the spectators in numerous public spaces both ceremonial and more private, backstage areas, recreational facilities, and loggias, and on balconies. The meeting place for artists and audiences comprises two Modernist auditoria: a cosy, smaller hall with 400 seats finished in natural wood and marble, and a grand main auditorium with 1500 seats featuring an impressive glass ceiling providing a second source of light. The meticulous interior design is especially noteworthy: each spot in the building, each viewing angle, each detail contributes to a unified picture, enhanced by nuanced lighting. The craftsmanship displayed in the stone, wood, metal, and glass finishes, skilfully executed by artisans, is of an unusually high level given the state of the culture of building in the USSR. Furthermore, the Soviet synthesis of arts is here revealed in its full splendour in the form of sculptures, reliefs, ceramics, art glass, wrought-iron elements, tiles, and lettering. The luxurious, sparkling interiors transform the opera house into a Brutalist palace, while the many

different scenarios for engaging with the architecture turn it into an artificial fortress-city.

This kind of Brutalism became the hallmark of the Kyiv architectural school, which reached its peak during the era of 'developed socialism'. However, the architectural community in Kharkiv did not appreciate Kyiv's 'power style', perceiving it as an expression of the capital's colonialist attitude to Kharkiv. Kyiv's Brutalism contradicted the Modernist tradition of Kharkiv's own architectural school, which was primarily based on Constructivist roots from the interwar period. Heritage preservationists were discontent with the building too; their main complaint was its disproportionality with the surrounding historical environment. Urban street culture, on the other hand, has perceived the complex in a wholly different light. For over three decades, diverse communities and groups have utilised the opera house's public spaces, which are rich in open, flat surfaces, platforms, steps, and railings, for street art and extreme sports such as BMX, skateboarding, inline skating,

breakdancing, and parkour. Simply gathering, relaxing, and hanging out at 'Operka' or 'Kvadrat', as the theatre is informally known by the city's residents, have become common urban practices of youth and children.

Thus, while intended as the epitome of the official architecture and formal urban space of the Brezhnev era, the opera house has become, among other things, a hub for informal youth culture. The integrated urban planning approach introduced by KyivZNDIEP and, more broadly, Soviet architectural humanism are here expressed in the synthesis of volumetric architecture and surrounding public space as an integral aspect of the architectural concept. The architects approached the design of the public spaces with a profound and, most importantly, sincere commitment, envisioning numerous scenarios and providing a variety of activities. The public spaces, both inside and outside the building, beckon users to interact with them; they are intriguing to traverse, wander around, explore, and engage with tactfully. The abundance of detailed street design and multiplicity of street forms provoke unconventional uses of the architectural space: people lie down, sunbathe, swim in the fountains, play games. The entire complex has become a kind of playground, an artificial landscape, and a recreational facility on a grand scale.

Regrettably, it is precisely expansive spaces of 'emptiness' such as these that are in danger of being built up, restricted, or closed. In 2014 the city officials authorised replacement of the original design of the streetlights, benches, and fountains (which resonated with both the overall look of the building and its interior elements) with something in a more 'contemporary' style. The water features also underwent a redesign: the Tea Lover stone sculpture, which used to stand impressively in the centre of a reflecting pool, was relocated, while the water mirror itself was turned into an ordinary fountain with jets. Given that the opera house does not have protected status as a heritage site, its architecture can be rebuilt. Moreover, the drive for energy efficiency and thermal modernisation poses a threat to costly yet 'energy-inefficient' interior finishing.

2

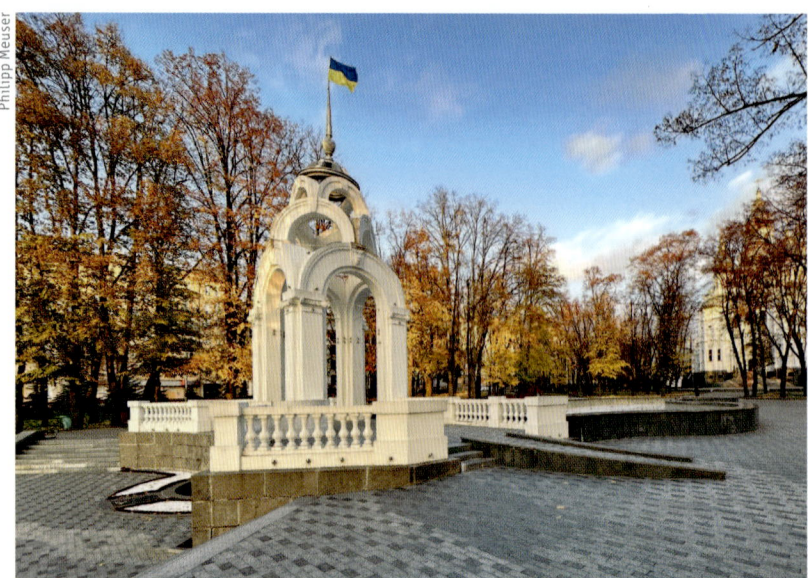

«Дзеркальний струмінь»
у сквері Перемоги
**Dzerkalnyi Strumin in
Peremohy Garden Square**
вулиця Сумська, 34
Sumska Street, 34
*Ганна С. Маяк, Олександр М. Касьянов,
Віктор І. Корж
Hanna S. Maiak, Oleksandr M. Kasianov,
Viktor I. Korzh*
1947

У XIX столітті на місці сьогоднішнього скверу Перемоги було міське кладовище та невелика Мироносицька церква. У 1930 році, разом із Миколаївською та Каплунівською, вона була підірвана нібито з необхідності використовувати її цеглу для нового будівництва. Як і в інших подібних випадках у СРСР, за утилітарною причиною (хай то цегла, будівництво доріг, басейнів або прокладання трамвайних рейок) ховалася ідеологічна боротьба з релігією. Явище набуло систематичного характеру, одним із найвідоміших його проявів став підрив у 1937 році Михайлівського Золотоверхого монастиря в Києві та оголошення конкурсу на Палац рад на його місці.

У Харкові міжнародний конкурс на проєкт будівництва на місці Мироносицької церкви Театру масового музичного дійства було оголошено в 1930 році, він став не менш гучною подією

в архітектурному житті Радянського Союзу періоду першої п'ятирічки. На нього подали роботи приблизно 145 архітекторів, 100 з них були іноземними, зокрема Вальтер Ґропіус, Марсель Бреєр, Зденко Стрижич, Осип Кларвейн, Норман Бел Ґеддес, Альфред Кастнер. Після цього в інших великих містах СРСР з того ж року прокочується ціла хвиля аналогічних конкурсів на розроблення нової типології культурно-масової споруди. Стимулом до пошуків радянської типології синтетичного театру стали ідеї Вальтера Ґропіуса та його Тотального театру, представленого ще в 1927 році. У Харкові ж Ґропіус посідає лише дев'яте місце. Першу премію здобули брати Весніни – лідери об'єднання сучасних архітекторів (ОСА) й фаворити багатьох всесоюзних архітектурних конкурсів цього періоду. Як завжди у Весніних, їхня грандіозна споруда вирізнялася простотою та лаконічністю форм. Велика кругла зала на 4000 місць нагадувала «літальні тарілки», які значно пізніше, у 1960-ті, стали трендовими у всьому світі (від Оскара Німеєра з алац Національного конгресу у Бразиліа, 1958–1960, до Флоріана Юр'єва з будівлею Інституту науково-технічної та економічної інформації у Києві, 1965–1971). На жаль, у 1934 році після перенесення столиці з Харкова до Києва, а головне, зі зміною ідеологічного курсу з модернізму на соцреалізм будівництво театру було зупинено. У 1936–1937 роках за зміненим проєктом під керівництвом Віктора Троценка було зведено лише фундамент, підвал і службові приміщення театру, після чого будівництво і зовсім зупинилося, а на місці «тарілки» організовано тролейбусне депо. Реалізована частина театру була перебудована під привілейований житловий будинок (вулиця Чернишевська, 15).

У 1946 році в межах сталінської повоєнної реконструкції міста тут посаджено сквер Перемоги. Основною авторкою скверу, як і інших зелених зон міста, була ландшафтна архітекторка Ганна Маяк. Центральне місце в композиції скверу посідав витончений фонтан-альтанка «Дзеркальний струмінь», виконаний у 1947 році за проєктом Віктора Коржа і відомий як неофіційний символ Харкова. На створення харківського «Струменя» архітектор надихався схожою альтанкою «Скляний струмінь», побудованою в Кисловодську наприкінці XIX століття. Сквер Перемоги був тихою оазою тінистої зелені в галасливому центрі, а штучний ставок разом із фонтаном-альтанкою та мальовничою вербою довгі роки демонстрували харківським студентам-архітекторам як навчальний приклад із курсу ландшафтної архітектури.

У 2013 році міська влада повернулася до давньої ідеї будівництва «невеликої» каплиці на гроші московського девелопера харківського походження Павла Фукса. Це викликало громадський протест, оскільки проєкт передбачав знищення великої кількості дерев. Незважаючи на це, у 2015 році замість каплиці на місці фундаменту «тарілки» Весніних виріс величезний дев'ятикупольний храм Російської православної церкви у псевдоісторичному стилі з підземним паркінгом. Будівля була зведена за незатребуваним проєктом архітектора Павло Чечельницький (між іншим, брат головного архітектора міста Сергія Чечельницького на той момент) Воскресенського кафедрального собору для міста Полтави. Окрім знищення дерев парку, церква змінила канонічну панораму ділянки. Був втрачений і «листівковий краєвид»

на «Дзеркальний струмінь» на тлі щільного екрана зелені, що розкривається з боку Оперного театру. Тепер псевдобарокові золоті бані пригнічують своєю величезною масою мініатюрну пам'ятку Харкова.

> In the nineteenth century the grounds of today's Peremohy (Victory) Garden Square contained a city cemetery and the small Myronosytska Church. In 1930 the church, along with St Nicholas Cathedral and Kaplunivska Church, was demolished, ostensibly out of necessity, so that its bricks could be used for new construction. As elsewhere in the USSR, a utilitarian pretext (whether bricks, construction of roads or a swimming pool, or installation of tram rails) masked an ideological struggle against religion. This phenomenon became systematic, highlighted by one of its most notable instances – the demolition by implosion of St Michael's Golden-Domed Monastery in Kyiv in 1937, followed by the architectural competition for the Palace of the Soviets, which was to be built in its place.

In Kharkiv an international competition was launched in 1930 to design the Theatre of Mass Musical Action on the site of Myronosytska Church – an event that was just as significant for the architectural life of the Soviet Union during the first five-year plan as the competition for the Kyiv Palace of Soviets. Projects were submitted by around 145 architects, including 100 from abroad, such as Walter Gropius, Marcel Breuer, Zdenko Strižić, Ossip Klarwein, Norman Bel Geddes, and Alfred Kastner. This triggered a wave of similar competitions in other major cities of the USSR, starting in that year, all aimed at developing a new type of building for cultural mass events. The impetus behind the quest for a Soviet synthetic-theatre typology stemmed from concepts introduced by Walter Gropius and his Total Theatre as early as 1927. In the Kharkiv competition, however, Gropius' project was placed ninth. First prize was awarded to the Vesnin brothers, leading members of OSA (the Organisation of Contemporary Architects) and favourites in numerous architectural competitions across the Soviet Union in this period. As was usual

in their work, their grand structure stood out for its simplicity and laconism of form. The vast, circular, 4000-seat auditorium resembled a 'flying saucer', a design trend that gained global popularity in the 1960s (from Oscar Niemeyer's National Congress Palace in Brazil, 1958–1960, to Florian Yuriev's Institute of Scientific, Technical, and Economic Information in Kyiv, 1965–1971). Sadly, following the relocation of the capital of Soviet Ukraine from Kharkiv to Kyiv in 1934 and particularly the shift in ideological direction from Modernism to Socialist Realism, construction of the theatre was halted. A modified project supervised by Viktor Trotsenko resulted in the erection of just the theatre's foundation, basement, and service premises in 1936–1937. Thereafter, construction ceased entirely, and a trolleybus depot was built in place of the 'saucer'. The constructed part of the theatre complex was later repurposed for use as a residential building for privileged residents at Chernyshevska Street 15.

In 1946, as part of the post-WWII Stalinist reconstruction of the city, Peremohy Garden Square was established on this site. Its main author was Hanna Maiak, a landscape architect who designed various green areas throughout the city. The centerpiece of the layout was the Dzerkalnyi Strumin (Mirror Stream), an elegant gazebo with a fountain, created by Viktor Korzh in 1947 and now widely considered the unofficial symbol of Kharkiv. The architect drew inspiration for the Mirror Stream from the Glass Stream, a similar gazebo constructed in Kislovodsk at the end of the nineteenth century. The garden was a tranquil oasis of shady greenery amidst the bustling city centre. The man-made pond, fountain, gazebo, and picturesque willow tree were for years held up to local architecture students on a course in landscape design as a shining example.

In 2013 city officials revisited the long-standing idea of constructing a 'small' chapel, to be funded by Pavel Fuks, a Moscow-based construction developer of Kharkiv descent. The proposal caused a public outcry due to the planned destruction of a large number of trees. Despite this, in 2015, instead of a chapel, a massive nine-cupola Orthodox church with an underground car park was erected in a pseudo-historical style on the site of the foundations of the Vesnin brothers' 'saucer'. Owned by the Moscow Patriarchate, this building was based on an unsolicited project for the Resurrection Cathedral in Poltava by the architect

Pavlo Chechelnytskyi (incidentally, the brother of Kharkiv's then chief architect, Serhii Chechelnytskyi). As well as necessitating the destruction of trees in the garden, the church altered the site's canonical panorama and disrupted the 'postcard view' of the Mirror Stream against dense greenery, seen from the direction of the Opera House. The pseudo-Baroque golden domes now bear down upon the miniature Kharkiv landmark with their sheer mass.

Житловий будинок Авіазаводу
Residential building of the Aviation Plant

058 C

вулиця Сумська, 36/38
Sumska Street, 36/38
Борис Г. Клейн
Boris H. Klein
1953

У 1953 році за проєктом Бориса Клейна було збудовано семиповерхову наріжну будівлю для працівників (переважно керівництва) Харківського авіазаводу. Будівля виконана в межах серії соцреалістичних інтервенцій у міське середовище періоду сталінської реконструкції міста. Цей проєкт став черговою неокласичною невдачею архітектора в історичному середовищі. Важка і тривіальна архітектура не відповідає модерним і конструктивістським будівлям, що стоять поряд. До того ж використання типової секції не дозволило узгодити висоту козирка нової будівлі з висотою сусідніх історичних будівель. На всій довжині першого поверху довгий час діяло культове студентське кафе швидкого харчування «Харків'янка» – в народі «Кулемет» (сьогодні поділено на безліч невеликих кафе та ресторанів).

> In 1953 a seven-storey corner building was designed by Boris Klein for the employees – in fact, mainly the top management – of Kharkiv Aviation Plant. The structure was built as part of a series of Socialist Realist interventions in the urban texture during the Stalinist reconstruction of the city. This project was another Neoclassical failure by Boris Klein in a historical environment. The weighty and trivial architecture fails to harmonise with the adjacent Art Nouveau and Constructivist buildings. Furthermore, the use of a standard section prevented the height of the new building's cornice from aligning with the level of the neighbouring historical buildings. For a long time the entire ground floor was occupied by Kharkivianka, a fast-food café legendary among students, who nicknamed it 'Kulemet' (Machine Gun). Now, however, this space has been divided into a number of smaller cafés and restaurants.

Ivan Ponomarenko

Будинок Держстраху (зараз – Харківський національний університет міського господарства імені О. М. Бекетова)[1]
Derzhstrakh House (now – O. M. Beketov National University of Urban Economy)[2]

вулиця Сумська, 40
Sumska Street, 40

Олександр Г. Молокін,
Георгій Д. Іконніков, Євген О. Лимар
Oleksandr G. Molokin, Georgii D. Ikonnikov,
Yevhen D. Lymar
1927

059 C

1 У 2021 році Кабінет міністрів України своїм рішенням реорганізував Харківський національний університет будівництва та архітектури приєднавши його до Харківського національного університету міського господарства імені О. М. Бекетова.

2 In 2021 the Cabinet of Ministers of Ukraine decided to reorganise Kharkiv National University of Civil Engineering and Architecture by merging it with the O. M. Beketov National University of Urban Economy.

Будинок Держстраху будувався у 1925–1927 роках за проєктом метрів харківської конструктивістської архітектури Молокіна, Іконникова й Лимаря, він належав Управлінню державного страхування (Держстрах) – його центральному офісу в Україні. Держстрах підпорядковувався Народному комісаріату фінансів СРСР (Москва) і займався страхуванням майна, транспортних перевезень, експорту та імпорту, здійснюючи загальне керівництво і нагляд за всіма страховими операціями в Радянській Україні.

Молокін та Іконников неодноразово виступали співавторами у проєктах, обидва мали репутацію статусних і шанованих в архітектурній спільноті майстрів. Ще дореволюційний архітектор старої школи Молокін був професором, членом *Royal Institute of British Architects (RIBA),* викладав, консультував, входив до багатьох комісій і був автором конкурсного завдання Держпрому.

Але на архітектурі будівлі позначилася не тільки привілейованість архітекторів, що її спроєктували, а й респектабельність замовника в особі Наркомату

Philipp Meuser

фінансів. Шестиповерхова будівля Держстраху з курдонером виконана в лаконічних чистих формах конструктивізму. Акуратна, пластична, насичена деталюванням будівля своїми пропорціями, невеликим масштабом і характером членування відповідає історичному середовищу вулиці Сумської. Характерною прикметою епохи стала терасована пласка експлуатована покрівля з огорожею з тонких металевих труб. При цьому симетрична організація фасаду, великий руст цоколя під рваний камінь і композиція з глухих балконів на потужних кронштейнах, що звужуються трикутником донизу, разом із характерним картушем і флагштоком у центрі мають риси ар-деко. Діловий офісний стиль 1920-х підтримується ритмом багатьох ажурних вікон. Держстрах як своєрідне протиставлення приватним багатим страховим компаніям Російської імперії (як, наприклад, страхове товариство «Росія») відповідає їм своєю естетикою нових, але не менш статусних архітектурних форм. Відомий будинок страхової компанії «Саламандра», розташований нижче по вулиці, в сірому неокласицизмі також має курдонер, балкони і картуші, на що нова будівля Держстраху реагує елегантністю модернізму.

З 1934 року, після перенесення столиці з Харкова до Києва, у будівлі розміщувався Інститут підвищення кваліфікації інженерно-технічних працівників із гуртожитком. Після Другої світової війни до Будинку Держстраху переїхав Харківський інженерно-будівельний інститут (ХІБІ), який до цього розміщувався у власному конструктивістському кампусі на проспекті Науки (зараз – Харківський інститут радіоелектроніки). Для цього було здійснено перепланування, а в 70-ті вхідна група, що складається з важкого доричного портика, антаблемент якого був прикрашений декоративними кулями, була замінена засклeним тамбуром, типовим для громадських будівель періоду розвиненого соціалізму. «Обов'язковим» атрибутом радянської будівлі з курдонером стала блакитна ялина, висаджена в його центрі, яка врешті закрила весь фасад. Протягом довгих років заклад

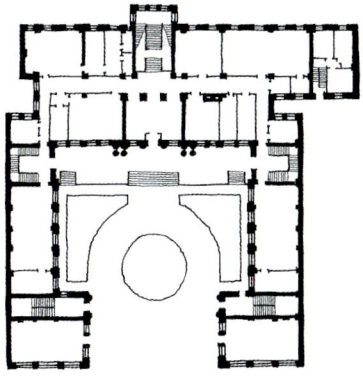

вищої освіти був лідером у підготовці архітекторів у Харкові та місцем продовження традицій Харківської архітектурної школи.

2

> Constructed between 1925 and 1927, Derzhstrakh House was designed by Oleksandr Molokin, Georgii Ikonnikov, and Yevhen Lymar, esteemed masters of Constructivist architecture in Kharkiv. It was commissioned by the Derzhstrakh (State Insurance Administration) central office in Ukraine under the People's Commissariat for Finance of the USSR, based in Moscow. Derzhstrakh handled property, transport, export, and import insurance, managing and overseeing all insurance operations in Soviet Ukraine.

Molokin and Ikonnikov frequently collaborated on architectural projects; both had high status and were respected figures in the architectural community. Oleksandr Molokin, an old-school professional, whose career began before the Soviet era, was a professor and a member of the Royal Institute of British Architects (RIBA). His involvements spanned teaching, consulting, participation in diverse commissions, and authorship of the competition brief for Derzhprom.

The design of the Derzhstrakh building, however, reflected not only the privileged status of its architects but also the respectability of its client, the People's Commissariat for Finance. This six-storey building with a *cour d'honneur* embodies the pure, laconic forms of Constructivism: it is tidy, expressively shaped, and rich in details. Its proportions, compact scale, and the way its façade is articulated make it commensurate with its historical setting on Sumska Street. The building includes a characteristic feature of the Constructivist era – a terraced flat roof with slender metal-pipe railings. At the same time, the symmetrical façade arrangement, the large-block rustication of the ground floor reminiscent of rough-faced stone, the balconies with parapets supported by powerful brackets that taper downwards in a triangular shape, and the distinctive cartouche and flagpole at top centre are characteristics of Art Deco. The business-like office style of the 1920s is sustained by the rhythm of the multitude of openwork-like windows. In a pointedly contrasting response to the wealthy privately owned insurance companies of the Russian Empire (such as the Rossiya Insurance Company), Derzhstrakh puts forward its own aesthetic of new, yet equally status-oriented architectural forms. The notable apartment building of the Salamandra Insurance Company, located just down the street and designed in a grey Neoclassical style, also features a *cour d'honneur*, balconies, and cartouches. Constructed a dozen years later, the new Derzhstrakh building responds to this with the elegance of Modernism.

Following the relocation of the capital from Kharkiv to Kyiv in 1934, Deryhstrakh House accommodated the Institute for Advanced Training of Engineering and Technical Workers and a dormitory. After World War II Kharkiv Civil Engineering Institute moved here from its previous location in its Constructivist campus on Nauky Avenue (now occupied by the National University of Radio Electronics); the building was redeveloped for this purpose. In the 1970s the main entrance with its heavy Doric portico and entablature embellished with decorative stone balls was substituted with a glass vestibule, a common feature in public buildings during the era of 'developed socialism'. A 'mandatory' attribute of a Soviet building with a *cour d'honneur* was a blue spruce tree planted in the centre of the courtyard; ultimately, the tree would conceal the entire façade. For decades this institution of higher education led the training of architects in Kharkiv, continuing the tradition of the Kharkiv architectural school.

Архітектурний факультет Харківського інженерно-будівельного інституту (зараз – Харківський національний університет міського господарства імені О. М. Бекетова)
Faculty of Architecture of Kharkiv Engineering and Construction Institute (now – O. M. Beketov National University of Urban Economy)
060 C
вулиця Сумська, 42
Sumska Street, 42
Юрій Л. Пундик
Yuri L. Pundik
1987

У межах розширення площ Харківського інженерно-будівельного інституту (ХІБІ) у 1987 році на місці спеціально знесеного для цього двоповерхового будинку XIX століття архітектор проєктного інституту «Діпровуз» Юрій Пундик звів нову будівлю архітектурного факультету. Проєктування в 1982–1984 роках відбувалося у співпраці з викладачами ХІБІ. П'ятиповерхова будівля-вставка – рідкісний приклад постмодернізму в Харкові, що відображає харківський підхід до цього стилю. У її архітектурі синтезовані риси двох сусідніх будівель: конструктивістського колишнього Будинку Держстраху справа і неокласичного прибуткового будинку Аладьїної зліва. Архітектурний факультет вбирає простоту й аскетизм конструктивізму. Архітектура його тераси, розташованої на задньому плані, обігрує тераси Будинку Держстраху (ХІБІ). Тоді як гіперболізоване кругле вікно-ілюмінатор його надбудови відіграє роль ремінісценції конструктивізму, що пов'язує воєдино не лише новий та старий об'єми ХІБІ, а й є стилістично перехідним елементом між естетикою 1920-х і постмодернізмом 1980-х. За словами Юрія Пундика, візуально пов'язати новий корпус зі старим по верхньому поверху йому запропонував архітектор-шістдесятник та викладач ХІБІ Вадим Васильєв (співавтор кіноконцертної зали «Україна»). У будинку Аладьїної архітектор Пундик запозичує лише одну деталь – стилізовану колону, також гіперболізуючи її майже до абсурду. Промальовуванням капітелі колони іонічного ордера зайнявся інший викладач ХІБІ Володимир Кравець. При цьому основний об'єм будівлі втілений гранично аскетично у вигляді сітки квадратних вікон на пласкій стіні. Усі три просторово-художні шари (тераса – основний об'єм – колона в арці) витримані в сірих кольорах, що, з одного боку, апелюють до основної гами фронту вулиці Сумської, з іншого – ширше – до основного харківського кольору. Тож радянська архітектура Харкова навіть у постмодернізмі продовжує залишатися вкрай суворою, віддаючи перевагу холодному методизму, а не чуттєвій спонтанності.

> As part of the expansion of Kharkiv Engineering and Construction Institute, a new Faculty of Architecture building was erected in 1987. Designed by Yuri Pundik from Diprovuz Design Institute, this five-storey structure replaced a two-storey, nineteenth-century house that had been demolished to make way for it. Spanning from 1982 to 1984, the design process involved collaboration with professors from the Civil Engineering Institute. A rare example of Postmodernism in Kharkiv, the Faculty of Architecture Building embodies a purely Kharkiv approach to this architectural style. Its design synthesises features from two adjacent buildings – the Constructivist former Derzhstrakh House on its right and the Neoclassical Aladina House on its left. The Faculty of Architecture Building absorbs the simplicity and asceticism of Constructivism. The design of the terrace, which occupies a background position, echoes the terraces of the Derzhstrakh building. The hyperbolised porthole window in the superstructure acts as a reminiscence of Constructivism, not only linking the new and old buildings of the Civil Engineering Institute but also serving as a stylistically transitional element between the aesthetics of the 1920s and the Postmodernism of the 1980s. Yuri Pundik has said that the idea of using the top storey to visually connect the new and the old buildings was suggested by Vadym Vasyliev, an architect, *shistdesiatnyk* ('sixtier' or 'man of the 60s'), and professor at the Civil Engineering Institute who coauthored the Ukraina Cinema and Concert Hall. Pundik took just one detail from Aladina House for this design – a stylised column, which he likewise hyperbolised almost to the point of absurdity. The capital of the Ionic column was painstakingly drawn by Volodymyr Kravets, another professor at the Civil Engineering Institute. Meanwhile, the building's main volume was resolved in an exceedingly ascetic fashion as a grid of square windows on a flat wall.

All three spatial-artistic layers (the terrace, the main volume, the column in the arch) are in grey hues, a reference both to the primary palette of Sumska Street's street front and, more broadly, to the dominant colour scheme in Kharkiv as a whole. Thus, even in Postmodernism, Kharkiv's Soviet architecture remains utterly austere, favouring a cold methodicality over sensual spontaneity.

Прибутковий будинок Аладьїної (зараз – житловий будинок з рестораном)
Aladina House (now – residential building with restaurant)

061 C

вулиця Сумська, 44
Sumska Street, 44
Юлій С. Цауне
Yulii S. Tsaune
1912

Триповерховий прибутковий будинок з магазином на першому поверсі та рестораном у бельведері звів на замовлення дворянки Лідії Аладьїної архітектор латвійського походження Юлій Цауне. Цауне працював архітектором в Управлінні Курсько-Харківсько-Севастопольської залізниці (пізніше – Південна залізниця) та переїхав до Харкова у 1895 році для проєктування Харківського вокзалу. Спроєктував тут безліч яскравих об'єктів модерну та романтичної неоготики. Будівля відображає стрімке захоплення архітектора передвоєнного періоду спробами синтезувати неокласику та модерність. З одного боку, Цауне вибирає симетричну композицію, обтяжену двома високими ризалітами, та інтенсивно обіграє ордерну систему. З іншого, вільний підхід до пропорцій ордерних елементів і класичного декору, перебільшеного масштабу проти розмірів будівлі, повертають роботу Цауне до забутої на той момент еклектики. Цоколь першого поверху обтяжений рельєфним рустом під рваний камінь, доричним ордером, замкове каміння аркових вікон декоровано левовими головами. Центральну частину будівлі прикрашає шестиколонний плаский іонічний портик, на парапеті якого розставлено чотири античні скульптури. Саме тут на даху розміщена нехарактерна для клімату Харкова тераса з бельведером, соляріем і рестораном з краєвидом на Університетський сад (міський сад Шевченка). Ця рекреаційна функція позначилися на полегшеній і дещо курортно-фривольній, «південній» архітектурі верхнього ярусу будівлі. Експлуатований плаский дах виділявся перголами солярію, на опорах яких розставлені декоративні кулі. Тут же кути ризалітів зафіксовані окремо розташованими коринфськими капітелями.

У 1920–1925 роках, до переїзду в будівлю на майдані Свободи, тут був Центральний комітет Комуністичної партії. До перенесення столиці з Харкова до Києва у 1934 році – Народний комісаріат внутрішньої та зовнішньої торгівлі. Після цього протягом усього радянського часу будівля залишалася елітним житловим будинком для партійного керівництва.

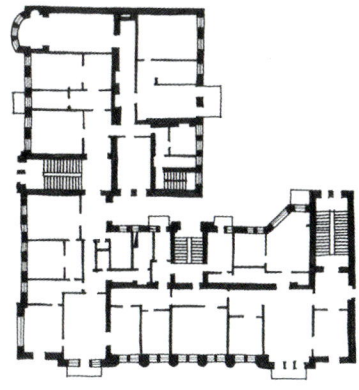

> The Latvian-born architect Yulii Tsaune designed this three-storey apartment building with a ground-floor shop and a restaurant in its roof-top belvedere for Lidiia Aladina, a noble-woman. Tsaune served as an architect in the Kursk-Kharkiv-Sevastopol Railway Administration (later known as 'Southern Railways'), relocating to Kharkiv in 1895 to design Kharkiv Railway Station. He is the author of numerous noteworthy Art Nouveau and romantic Neo-Gothic buildings across the city.

Aladina House reflects this pre-WWI architect's fascination with attempts to synthesise classical tradition and modernity. On the one hand, he opted for a symmetrical composition, weighed down by two tall avant-corps, and played inventively with the order system. On the other, his free handling of the proportions of elements of the Classical order and decoration, exaggerated in scale relative to the building's size, is a return to Eclecticism, a style that had been largely forgotten by this time. The plinth comprising the ground floor groans with the weight of rough-faced rustication and the Doric order, while the arched window keystones are embellished with lions' heads. The central part of the building has a six-columned flat Ionic portico with four classical sculptures on the parapet. On the roof itself we find an open terrace with a belvedere, a solarium, and a restaurant overlooking University Garden (now Shevchenko City Garden) – elements not typical for Kharkiv's climate. The same recreational function is reflected in the lighter, frivolous architecture of the building's upper tier – architecture that would be more at home in a resort in the south of the country. A distinctive feature is the useable flat roof with its solaria containing pergolas with decorative balls atop pillars. The upper corners of the avant-corps are secured by stand-alone Corinthian capitals.

In 1920–1925 Aladina House was repurposed to accommodate the Central Committee of the Communist Party before the latter moved to a new building on Svobody Square. Following this, until the capital moved from Kharkiv to Kyiv in 1934, the former apartment building was occupied by the People's Commissariat of Foreign and Internal Trade (Narkomtorg). Thereafter, for the rest of the Soviet era, it remained an elite residential building for the Communist Party leadership.

Прибутковий будинок братів Оршанських
Orshanskyi Brothers House

вулиця Сумська, 46
Sumska Street, 46
Архітектор невідомий
Architect unknown
1916

Чотириповерховий наріжний прибутковий будинок – цікавий приклад стриманого/зрілого конструктивного модерну, який при цьому не переходить у неокласику. Будинок зведено у 1909–1916 роках на замовлення іменитих братів Оршанських: юриста Мойсея та професора Харківського університету, доктора психіатрії Ісаака. Конструктивний модерн позбавлений багатого декору флористичного модерну (як ранні роботи Гінзбурга), натомість головну роль у ньому відіграє пластика форм та об'ємів. Такий модерн є стилістично перехідним щодо модернізму і дуже близьким до харківського конструктивізму, який з'явився десятиліттям пізніше. Недарма будівлі конструктивного модерну особливо «добре працюють» поряд із сірим конструктивізмом у просторі вулиць.

Головний акцент будинку Оршанських зроблено на наріжному двоповерховому еркері – єдиному елементі, що помітно виступає з усього гранично плаского фасаду. Гладенька поверхня і проста закруглена форма еркера підкреслюється членуванням вузьких вікон. Так само гладенько закругленим є і сам кут будівлі та його високий фронтон, що разом з еркером створює ефект паралельно накладених площин. Тинькування контрастної грубої фактури відбиває рівень верхнього поверху та фронтону, а прості закруглені карнизи – лінію парапету, водночас чорні прозорі металеві огорожі із зигзагоподібним орнаментом додають будівлі графічності. З майбутнім міжвоєнним модернізмом або навіть ар-деко будівлю споріднює не лише мінімалізм і пласкі фасади, а й тонка нюансна робота зі штукатурки. У штукатурних роботах використано кілька прийомів «тинькування», поширеного у польському та чехословацькому

міжвоєнному модернізмі. Зокрема, тут тиньковані шари створюють елегантний площинний геометричний орнамент – трикутники, зигзаги, розетки з квадратів. Іншим східноєвропейським посиланням є характерне для польського барокового або більш пізнього – «двіркового» – стилю вертикальне овальне слухове вікно на фронтоні.

> This four-storey corner apartment building is an interesting example of a restrained or mature Constructive Style Moderne which avoids transitioning into Neoclassicism. Erected between 1909 and 1916, the house belonged to the esteemed Orshanskyi brothers. Moisei was a lawyer; Isaak, a professor at Kharkiv University and a doctor of psychiatry. Constructive Moderne has none of the opulent decoration seen in floral Art Nouveau (such as in Oleksandr Ginzburg's early works); in it the main role is played by the plasticity of the shapes and volumes. This kind of Art Nouveau is stylistically transitional towards Modernism and has a great deal in common with Kharkiv Constructivism, which emerged a decade later. No wonder that buildings designed in the Constructive Style Moderne look particularly apt when seen next to grey Constructivist buildings in the same street space.

The primary emphasis in the Orshanskyi brothers' house is on the two-storey, corner oriel window, which is the sole noticeably protruding element on this extremely flat façade. The window's smooth surface and straightforward, rounded shape are emphasised by the division of the narrow window openings. The building's corner and its tall gable are both smoothly rounded as well. Together with the oriel window, this creates an effect of parallel, overlapping planes. The stucco, with its contrasting rough texture, visually separates the upper tier with the gable from the lower storeys, while the simple rounded cornices delineate the line of the parapet. Black openwork metal railings with a zigzag pattern further enhance the building's graphic crispness.

What ties this house to the coming interwar Modernism, or even Art Deco, is not just its minimalism and flat façades but also the finely nuanced stucco work. Employing techniques commonly found in Polish and Czechoslovakian interwar Modernism, the façade uses several layers of stucco to form an elegant planar geometrical pattern comprising triangles, zigzags, and rosettes shaped from squares. Another reference to Eastern European architecture is the vertical oval gable window, typical of Polish Baroque or later *Styl dworkowy*.

Житловий будинок
Residential building

вулиця Сумська, 48
Sumska Street, 48

Петро Ю. Шпара, Петро І. Арєшкін
Petro Y. Shpara, Petro I. Areshkin
1953

063 C

У 1953 році два двоповерхові будинки (№ 48 і 50) XIX століття були надбудовані та об'єднані в один великий 5–6-поверховий будинок за проєктом архітектора Петра Шпари за участю Петра Арєшкіна. Після цього, вже у 1955 році, саме Шпара на десятиліття Відлиги стане головним архітектором Харкова. Шпара закінчив Київський архітектурний інститут і був учнем Павла Альошина, ще у 1930-ті приїхав до Харкова для участі в роботі архітектурної бригади соцміста «Новий Харків». На відміну від агресивних та уніфікованих інтервенцій інших архітекторів, які будували в період соцреалізму в історичному центрі Харкова, житловий будинок Шпари відображає індивідуальний і середовищний підходи. Обережна і спокійна архітектура Шпари, який неодноразово працював у співавторстві з майстрами минулого (Альошин, Бекетов), демонструє його повагу до спадкоємних традицій. Як містобудівник, він вписує свою будівлю і до комплексу всієї ділянки, і до комплексу всієї вулиці Сумської. Архітектура нового об'єкта, пов'язана зі старим будинком Оршанських, що стоїть поряд, ніби продовжує його: за габаритами – козирки і

Andriy Kravchuk

висо́ти будівель збігаються; текстурно та колористично – завдяки одному тону штукатурки; пропорційно – витримано ритм членувань. Напівкруглий еркер, що акцентує кут модерного будинку Оршанських, відбивається у протилежному куті кварталу у вежеподібному навісному еркері будинку Шпари. Ступінчаста будівля, яка складається з об'ємів, накладених одне на одного, має таким чином акцент на верхньому куті. Це врівноважує композицію всієї ділянки.

Цоколь будинку розчленований високими вітринами магазинів, що підтримують естетику парадної та торгової вулиці міста. Вхідні групи складаються з великовагових порталів зі складними архітектурними обломами та

Andriy Kravchuk

2

геометрично вписаними в них глухими й балюстрадними балконами. Головну архітектурну історію Шпара розігрує на верхніх поверхах і на даху будівлі. Крім шишок, розставлених на парапеті, та низки ренесансних кронштейнів силуетність підтримується витонченими високими трубами димоходів. Конотацію із замковою архітектурою має зовсім не властивий традиційному соцреалізму, високо навішений вузький наріжний еркер, завершений гранчастим шпилем. З одного боку, така пристрасть до замкової теми пов'язана з американською новою готикою 20–30-х, що надихала повоєнних соцреалістів. З іншого, особняк, розроблений Загоскіним і Кричевським наприкінці XIX століття, що стоїть безпосередньо поряд і є рясним на готичний декор (Сумська №52), не міг не стати вихідною точкою для Шпари, який був знайомий з авторитетом Кричевського. За проєктом передбачалося будівництво другого такого ж будинку, що дало б змогу сформувати композицію з двох віддзеркалених наріжних еркерів, які фланкують вхід у внутрішньоквартальний наскрізний сквер. На жаль, цікавий лінійний сквер, який у народі прозвали «Протяг» («Сквозняк»), забудували в 1990-ті розважальним комплексом «Метрополь», привласнивши публічну зелену зону в центральній частині міста.

Vlad Ponov

> In 1953 the architect Petro Shpara, aided by Petro Areshkin, combined two nineteenth-century, two-storey houses (No. 48 and No. 50) and added several floors to create a substantial five-to-six-storey residential building. Subsequently, from 1955 forwards, Shpara was the chief architect of Kharkiv for the decade of the Khrushchev Thaw period. A graduate of Kyiv Architectural Institute who had trained under Pavlo Alyoshyn, he had arrived in Kharkiv in the early 1930s to join the 'brigade' of architects tasked with designing and constructing the New Kharkiv socialist city.

Unlike the aggressive and uniform interventions undertaken in Kharkiv's historical centre by other architects under Socialist Realism, Shpara's residential building represents an approach which is individual and environmental. Shpara had collaborated on numerous occasions with past masters like Alyoshyn and Beketov; his careful, tranquil work reflects his respect for continuous traditions. As an urban planner, he wove this building into both its site and the broader ensemble of Sumska Street. Linked to the adjacent house of the Orshanskyi brothers, the new building seems to extend it: in terms of dimensions (the buildings align in height and canopy level); in terms of façade finishing (they have similar stucco texture and tone); and in terms of proportions (the buildings' articulations sustain a consistent rhythm). The semicircular oriel window which accentuates the corner of the Moderne-style house of the Orshanskyi brothers is mirrored on the opposite corner of the street block in the tower-like oriel window of Shpara's building. The stepped structure consisting of overlapping volumes emphasises the upper corner, harmoniously balancing the composition of the entire site.

The building's plinth is divided by tall display windows that maintain the aesthetic of a city street dedicated to parades and shopping. The entrances consist of heavy portals with intricate architectural mouldings; balconies (some with parapets, others with balustrades) are geometrically inscribed in the portals. The main architectural story, however, unfolds on the building's upper floors and roof. Elegant tall chimney stacks, alongside pine cones on the parapet and a series of Renaissance brackets, sustain the expressiveness of the building's silhouette. The high narrow, corner oriel window, crowned with a broach spire, a feature entirely uncharacteristic of traditional Socialist Realism, introduces connotations of castle architecture. This predilection for the castle theme might relate to the American New Gothic of the 1920s and 1930s, which served as inspiration for post-WWII Socialist Realist architects. On the other hand, the nearby mansion (No. 52), which has an abundance of Gothic decoration and was designed by Iliodor Zagoskin and Vasyl Krychevsky in the late nineteenth century, could not have helped but serve Shpara as a starting point given the esteem in which Krychevsky was held. The original design project envisaged the construction of a second similar building. This would have resulted in a composition with two mirrored corner oriel windows flanking the entrance to a courtyard garden leading through the street block. Sadly, this interesting linear park, nicknamed 'Protiah' (The Draught) by locals, was built over in the 1990s with the Metropol entertainment complex – an appropriation of public green space in the city centre.

Університетський сад (зараз – Міський сад імені Тараса Шевченка)
University Garden (now – Taras Shevchenko City Garden)

064 C

вулиця Сумська, 35
Sumska Street, 35

Територія саду, що займає на сьогодні приблизно 27 гектарів, у XVIII столітті належала роду козацької шляхти Шидловських. У 1792 році, як заставне майно, відійшла до молдавського княжого роду Кантемирів. Після цього сад занехаяли, його купив у 1804 році Харківський імператорський університет, щоб влаштувати Університетський сад. Тоді ж для будівництва кампусу і майбутнього розширення Університет придбав землі, що займали велику територію, разом

3sbworld (iStock)

із сьогоднішнім майданом Свободи, районом Задержпром'я, вул. Культури до Маяковського. Так, Університет, а до того приватні власники, «утримували» від забудови велику територію в центрі міста, а місто в цьому напрямі розвивалося слабко аж до самого кінця XIX – початку XX століття.

Сад був заснований як університетський ботанічний сад на базі саду Шидловських-Кантемирів. Майже всі проєкти планування Саду мали ландшафтний характер – за принципом так званого англійського парку. Відповідно до проєктів німецьких садівників Цетлера, Стровальда, Бартельса вільне планування мало зберегти природність ландшафту з крутими схилами і старим урочищем, що перетинає його посередині. Прямолінійний розвиток передбачався лише для основної

прогулянкової алеї по центральній осі Саду. З 1935 року на ній стоїть пам'ятник українському поетові Тарасу Шевченку, а до того був пам'ятник засновнику Університету – Василю Каразіну.

Завдяки ініціативі професора Делявіна з 1804 року в західній частині Саду функціонує Ботанічний сад Університету. На його понад 5,5 га росли понад 380 видів дерев, чагарників, загалом понад 1000 рослин. В оранжереях були колекції приблизно 800 тропічних і субтропічних культур. Ботанічний сад і далі залишався базою для науково-дослідної роботи біологічного факультету університету. У 1855 році в північній частині було збудовано Ветеринарний інститут за проєктом архітектора Михайла Львова (зараз – Палац дитячої та юнацької творчості, Сумська вулиця, 37).

А з 1886 року в північно-східній частині розпочав роботу один із найстаріших в Україні зоопарків.

У 1920-ті роки сад зберігає ландшафтний характер, у ньому з'являються дерев'яні конструктивістські павільйони, а перепланування, виконане архітектором Петром Крупком, торкнулося переважно зони зоопарку з будівництвом у ньому конструктивістських павільйонів для тварин. У 1935 році в саду виокремлюються регулярні ділянки, а зі зведенням пам'ятника Шевченку сад отримує його ім'я.

У повоєнний період переплануванням саду, як й інших зелених зон Харкова, керувала ландшафтна архітекторка Ганна Маяк. Її план мав комбінований ландшафтно-регулярний характер з обережним пробиванням кількох нових осей та впровадженням регулярних паркових елементів, властивих соцреалізму. Зокрема, за її проєктом у 1955 році на західному схилі саду було збудовано грандіозні каскадні сходи зі штучним водоспадом у неокласичному стилі, що вели до вулиці Клочківської. Ганна Маяк розширила асортимент рослин, ввела рідкісні породи дерев, чагарників, висадила квіткові партери та розарії. Крім того, Ганна Маяк боролася за збереження та надання охоронного статусу 100-річним дубам Саду.

У 60-ті архітектори загалом продовжили тенденцію збереження ландшафту парку з невеликими інтервенціями нового павільйонного будівництва в його структуру. Зокрема, у період Відлиги в парку з'явилися модерністські об'єкти ККЗ «Україна» та кафе «Кристал». Крім того, Сад увійшов до програми розвитку зелених насаджень модерністського генплану Віктора Антонова 1962–1964 років – так званого «зеленого клину Харкова», що розвивався за моделлю «сквер – сад – парк – лісопарк – ліс». Крім того, у 1963 році частина парку – Ботанічний сад – увійшла до республіканського реєстру пам'яток архітектури як складова комплексу університетських будівель разом з Університетською вулицею та Успенським собором.

У 70-ті по центральній осі парку на місці фонтана 30-х років архітектор Клейн збудував величезний модерністський фонтан. У 1980-ті архітектор Сергій Миргородський разом із будівництвом Нового Оперного театру розробив проєкт масштабної реконструкції всього Саду. Але завдяки економічній кризі періоду розпаду СРСР старовинний парковий ансамбль не спіткала доля тотального пізньорадянського перероблення.

Вочевидь, зі стрімким зростанням добробуту України ситуація докорінно змінилася у 2016–2019 роках, коли було здійснено масштабну реконструкцію міського саду на суму приблизно 25 млн євро. Прозорість використання міських коштів міською радою, тодішнім головним архітектором міста Сергієм Чечельницьким, архітектурною фірмою *Arof Ltd.* та її директоркою Тетяною Полівановою (з 2019 року головний архітектор міста), а також десятками інших підрядників викликала сумніви в активістів і Харківського антикорупційного центру. Внаслідок реконструкції попередній вигляд й атмосферу саду було повністю втрачено, перебудовано більшість архітектурних об'єктів, знищено фонтани, каскад, урочище та автентичний парковий міст XIX століття, вирубано десятки дерев, знесено всі об'єкти зоопарку, включно з конструктивістськими, замість них зведено нові. На жаль, у 2019 році каскад Ганни Маяк було повністю перебудовано й зневоднено відповідно до проєкту архітектора Артема Прощенка. Будівництво, яке виконувала компанія «Планета Буд», коштувало 3,2 млн євро, виділених з міського бюджету. Будівництво триває і до сьогодні, а цілісність як природного екокомплексу, так і пам'ятки ландшафтної архітектури втрачено.

>In the eighteenth century the site of this garden, which currently covers around 27 hectares, was owned by the Shydlovsky Cossack *szlachta* (noble) family. In 1792 the land, then under a mortgage, was transferred to the house of Cantemir, a Moldavian noble family. Subsequently, the garden fell into disrepair before being acquired in 1804 by Kharkiv Imperial University with the aim of establishing a university garden. At the same time, in order to build a campus and allow for future expansion, the university purchased extensive land beyond the garden, including present-day areas such as Svobody Square, the district of Zaderzhpromia, and Kultury Street as far as Mayakovskoho Street. This means that the university and the land's previous private owners kept a considerable area in the city centre from development; in fact, the city's expansion in this direction continued to be weak until the late nineteenth and early twentieth centuries.

It was here that, based on the garden that had taken shape during the time of the Shydlovskys and Cantemirs, the university established a botanical garden. Most of the projects for layouts of the garden were landscape-oriented, adhering to the principles of the English landscape garden. The design devised by the German gardeners Zetler, Strovald, and Bartels provided for a free-flowing plan to conserve the natural landscape with its steep slopes and the old ravine traversing the garden's centre. The only piece of rectilinear development planned was the main promenade along the garden's central axis. In 1935 the main alley received a monument to the esteemed Ukrainian poet, Taras Shevchenko; a statue honouring Vasily Karazin, the university's founder, had already been erected by this time.

The initiative of a certain Professor Delyavin, the Botanical Garden has been operational on the western side of the garden since 1804. Its expanse of over 5.5 hectares contained over 380 species of trees and shrubs, making a total of more than 1000 plants. The orangeries sheltered collections comprising nearly 800 tropical and subtropical crops. The Botanical Garden continued to serve as a base for research work at the university's Faculty of Biology. In 1855 the Veterinary Institute, designed by architect Mykhailo Lvov, was constructed in the north part of the garden (now the Palace of Children and Youth at Sumska Street 37). Subsequently, in 1886, one of Ukraine's oldest zoos opened in the northeastern part.

In the 1920s Constructivist wooden pavilions were added, but the garden retained its landscape character. Led by the architect Petro Krupko, the redevelopment project primarily impacted the zoo area, where Constructivist pavilions were erected for the animals. In 1935 sections of a formal garden were created, and, following the installation of a monument to Taras Shevchenko, the garden was renamed in his honour.

After World War II the landscape architect Hanna Maiak supervised the redesign of this garden and other green spaces in the city. Her plan involved a combination of landscape and formal garden design, the careful creation of several new axes, and incorporation of formal garden elements typical of Socialist Realism. In 1955 Maiak designed a grand cascade staircase with an artificial waterfall in the Neoclassical style on the garden's western slope leading down to Klochkivska Street. She expanded the assortment of plants, including rare species of trees and shrubs, and created flower parterres and rosariums. She also endeavoured to preserve, and secure conservation status for, the garden's century-old oak trees.

During the 1960s architects generally continued the trend of maintaining the garden's landscape character; there were minor interventions in its structure in the form of new pavilions. Specifically, during the Khrushchev Thaw period, the garden acquired Modernist structures, including the Ukraina Cinema and Concert Hall and Café Crystal. Shevchenko City Garden was included in the Kharkiv Green Wedge programme for developing green spaces in Viktor Antonov's Modernist general plan of 1962–1964. The City Garden became part of a scalable model for the development of green spaces, based on the 'garden square–garden–park–urban forest–forest' principle of hierarchy both inside and outside the city. Additionally, in 1963, part of the garden – the Botanical Garden – was listed as an architectural monument of republican significance as part of the university complex, along with Universytetska Street and Assumption Cathedral.

During the 1970s an enormous Modernist fountain designed by the architect Boris Klein took the place of the 1930s fountain on the garden's central axis. In the 1980s, while building the new Opera and Ballet Theatre, the architect Serhii Myrhorodskyi devised a large-scale reconstruction project for the entire garden. However, owing to the economic crisis accompanying the collapse of the Soviet Union, the ancient garden ensemble was spared the fate of late-Soviet sweeping redevelopment.

As independent Ukraine's prosperity surged, the situation evidently changed drastically, marked by an enormous €25 million reconstruction of the City Garden between 2016 and 2019. However, the lack of transparency regarding how funds were being used by the city council, Serhii Chechelnytskyi (the then chief architect of Kharkiv), the architectural firm Arof Ltd., the latter's director, Tetiana Polivanova (now the city's chief architect since 2019), and numerous other contractors raised concerns among activists and the Kharkiv Anticorruption Centre. The reconstruction project resulted in complete loss of the garden's former appearance and atmosphere. Most of the architectural structures were rebuilt, the fountains and cascade were demolished, dozens of trees were cut down, the ravine and the original nineteenth-century bridge over it were destroyed, and all the zoo buildings, including the Constructivist pavilions, were razed to the ground and replaced with new structures. Sadly, in 2019 Hanna Maiak's cascade suffered a complete transformation, including the loss of its water, to a design by the architect Artem Proshchenko. The construction carried out by Planeta Bud cost the city €3.2 million. Some areas and structures in the garden are still under redevelopment; the integrity of both the natural ecosystem and this monument of landscape architecture has been lost.

Зоологічний сад (зараз – Зоопарк)
Zoological Garden

вулиця Сумська, 35
Sumska Street, 35

Зоологічний сад був у власності Південно-Російського товариства акліматизації. Ініціатором його відкриття та першим директором був професор зоології Харківського університету Олександр Ф. Брандт, який також входив до Товариства акліматизації. Історія зоопарку почалася з ініціативи Товариства щодо створення публічного Акваріума. Але їхнім першим реалізованим проєктом стала відкрита в 1895 році на ділянці землі дослідного поля Університетського саду завбільшки приблизно 2,5 га бджільницько-шовківницька станція. Вона розміщувалася в дерев'яному будинку, зведеному за проєктом братів Сергія та Іліодора Загоскіних. У 1900–1906 роках було збудовано пташник, акваріум, віварій. У 1911 році Товариство акліматизації запустило широку публічну кампанію зі збору коштів, що дало змогу будувати нові приміщення, літні вольєри, закуповувати тварин.

У 1919 році зоологічний сад переходить у порядкування Народного комісаріату землеробства УРСР, а у 1924 році – Міськкомгоспу, тоді ж його перейменували в зоопарк. У 1926 році територію зоопарку розширили до 20 га, а за проєктом архітектора Петра Крупка на ній будують зимові павільйони для мавп і слонів оригінальних конструктивістських форм. У 1929 році Петро Крупко та Юрій Афанасьєв розробили проєкт реконструкції зоопарку, що передбачав будівництво нового пташника, антилопника, великих вольєрів для копитних, розширення старих і будівництво нового великого ставу для водоплавних птахів. У 1932 році за проєктом архітектора Павла Ширшова будують головний вхід до зоопарку в стилі ар-деко. Монументальні вхідні пілони прикрашають скульптурами білих ведмедів та чорних пантер, стінки огорожі – барельєфами. У 1963 році зведено мінімалістський бегемотник. Пізніше в зоопарку з'являється безліч цікавих об'єктів повоєнного модернізму й ландшафтного дизайну. Зоопарк має не лише розважальну функцію, а й функціонує як наукова база для Університету.

У 2016 році зоопарк закрився на масштабну реконструкцію, прозорість фінансування якої неодноразово ставала

Philipp Meuser

об'єктом уваги активістів, журналістів та Харківського антикорупційного центру. Сумарний кошторис становив приблизно 60 млн євро, зокрема понад 15 млн євро на будівництво океанаріуму. Проєкт реконструкції виконувала афілійована компанія з архітектурною фірмою *Arof Ltd.* та архітекторка Мая Поліванова – донька головної архітекторки міста Тетяни Поліванової (з 2019-го). У підсумку попередній вигляд, атмосфера, своєрідні архітектурні пам'ятки міжвоєнного конструктивізму та повоєнного модернізму повністю втрачені. На 5 років

територія зоопарку перетворилася на будівельний майданчик: було викорчувано дерева, змінено ландшафт, здійснено тотальне втручання у природний комплекс. У 2021 році демонтовано оригінальний конструктивістський пішохідний міст («Зоологічний») 1930-х через Клочківський узвіз. Замість елегантних і легких форм міжвоєнного модернізму на схили було нагромаджено невідповідний ландшафту арковий міст вартістю 0,8 млн євро. Широкий переріз його високих конструкцій повністю перекрив панораму на головну пам'ятку району – Держпром.

> The Zoological Garden was owned by the South-Russian Acclimatisation Society. Its first director and the moving force behind its establishment was Alexander Brandt, a professor of Zoology at Kharkiv University and a member of the society. The garden's history can be traced back to the society's proposal to create a public aquarium. The first project actually to be realised, however, was an apiculture and sericulture station, which opened in 1895 on a 2.5-hectare plot in the experimental field of the University Garden and was housed in a wooden building designed by the brothers Serhii and Iliodor Zagoskin. Between 1900 and 1906 an aviary, an aquarium, and a vivarium were added, and in 1911 the society launched a major public fundraising campaign, which enabled the construction of new facilities and summer enclosures and the acquisition of animals.

In 1919 the Zoological Garden fell under the jurisdiction of the People's Commissariat for Agriculture of Soviet Ukraine. In 1924 it was transferred to the Urban Communal Economy Administration before eventually being renamed 'Kharkiv Zoo'. The zoo expanded to 20 hectares in 1926, when winter pavilions were built for monkeys and elephants in distinctive Constructivist forms designed by Petro Krupko. In 1929 Petro Krupko and Yurii Afanasie devised a reconstruction project involving the creation of a new aviary, a pavilion for antelopes, extensive enclosures for ungulates, and the expansion of the existing structures, alongside the addition of a large pond for waterfowl. The main entrance created in 1932 to a design by Pavlo Shyrshov in the spirit of Art Deco displayed sculptures of polar bears and black panthers on monumental pylons, while bas-reliefs adorned the border walls. A minimalist pavilion for hippos was built in 1963, followed by the realisation of various interesting post-war Modernist architectural structures and landscape designs. In addition to serving as an entertainment venue, the zoo functioned as a research base for Kharkiv University.

In 2016 the zoo shut its doors for a large-scale reconstruction. The design and construction phases dragged on for years. Concerns about the transparency of financing repeatedly drew the attention of journalists and activists from the Kharkiv Anticorruption Centre. The overall estimate for the project was approximately €60 million, with over €15 million allocated specifically for construction of an oceanarium. The reconstruction project was devised by a company associated with Arof Ltd. and by the architect Maya Polivanova, daughter of Kharkiv's chief architect, Tetiana Polivanova (who took up this position in 2019). Its realisation has resulted in the complete eradication of the zoo's original appearance and atmosphere, as of unique architectural monuments of inter-war Constructivism and post-WWII Modernism. The five years of total construction involved the uprooting of dozens of trees and complete alteration of the landscape, interfering severely with the natural ecosystem.

In 2021 the original 1930s-era Constructivist pedestrian bridge, known as 'Zoological Bridge', crossing Klochkivskyj Descent and leading to the zoo's north entrance, was dismantled. Instead of this elegant, light, interwar Modernist design, an arched bridge, out of proportion with the landscape and costing the city €0.8 million, was plonked down between the two slopes. The wide cross-section of its towering metal structures has completely blocked the panoramic view of the area's main landmark – Derzhprom.

Кафе «Кристал»
Café Crystal

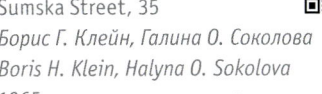

066 C

вулиця Сумська, 35
Sumska Street, 35
Борис Г. Клейн, Галина О. Соколова
Boris H. Klein, Halyna O. Sokolova
1965

Модерністська форма кафе, яка легко запам'ятовується, стала достоту культовою для архітекторів і звичайних харків'ян. Повністю прозора будівля має форму усіченої гранованої призми, перевернутої догори дриґом, що в результаті нагадує кристал простого огранювання. У дусі архітектури Відлиги будівлю накриває кругле залізобетонне перекриття – одночасно дах і козирок для зовнішньої тераси, яка оперізує будинок по колу. Зі всієї харківської архітектури 60-х «Кристал» найбільш близький до західного *mid-century modern* своїм контрастом гладенько обштукатуреного бетону, округлостей і тотального заскління з графічним розклінням. Внутрішня структура також підпорядкована окружності, у центрі якої – естрада з пірамідоподібним світловим ліхтарем над нею. Таким чином бетонне перекриття ніби ширяє в повітрі над деревами. А вночі скляна форма горить яскравим світлом і відкриває активне життя, що відбувається всередині. Завдяки легкому збиранню та дешевизні проєкт став типовим, його неодноразово повторювали в багатьох містах від Донбасу до Криму. Як і у випадку з кафе «Пінгвін», у модернізмі Клейн створює легкі, винахідливі, дотепні об'єкти, що при цьому передають дух епохи.

> The memorable Modernist shape of this café has acquired a cult following among both architects and ordinary Kharkivites. The fully transparent building has the form of an inverted, truncated, faceted prism that resembles a simple cut crystal. In the spirit of the architecture of the Khrushchev Thaw, it is capped with a circular reinforced-concrete slab, which serves as both a roof and a canopy for the encircling outdoor terrace. Among 1960s Kharkiv architecture Café Crystal is the closest to the mid-century modern movement thanks to the contrast between the rounded curves of its smooth-plastered concrete shapes and the graphic pattern of the window panes of its wrap-around glazing. The internal layout is likewise governed by the circle: in the centre is a stage beneath a pyramid-shaped skylight. This creates a sense of the concrete slab floating in the air above the trees. At night the glass structure radiates a bright light, displaying the vibrant life going on inside it. Due to its simplicity of assembly and cost-effectiveness, this project became a standard design that was replicated in numerous cities from Donbas to Crimea. As we can see from another of his works, the Penguin Cafe, Boris Klein had a talent for creating works of Modernist architecture that were light, inventive, and witty and, in essence, captured the spirit of the time.

Pavlo Dorohoi

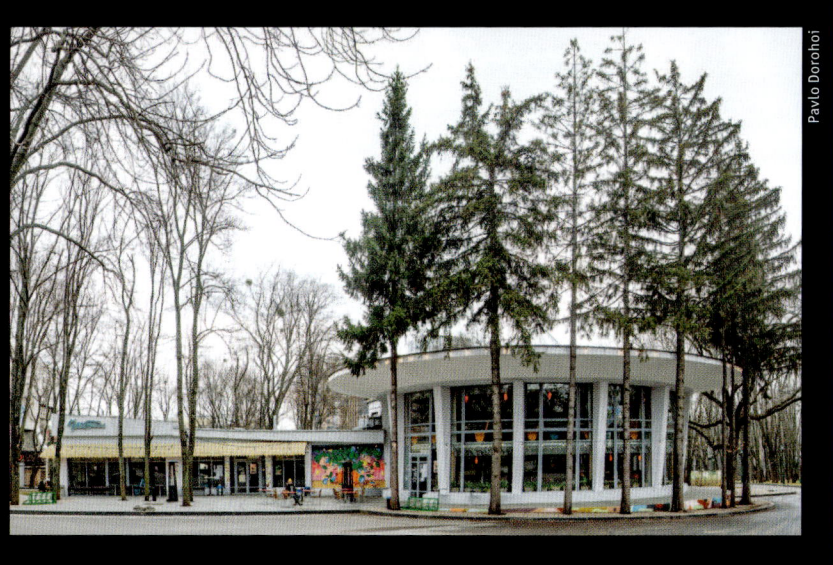

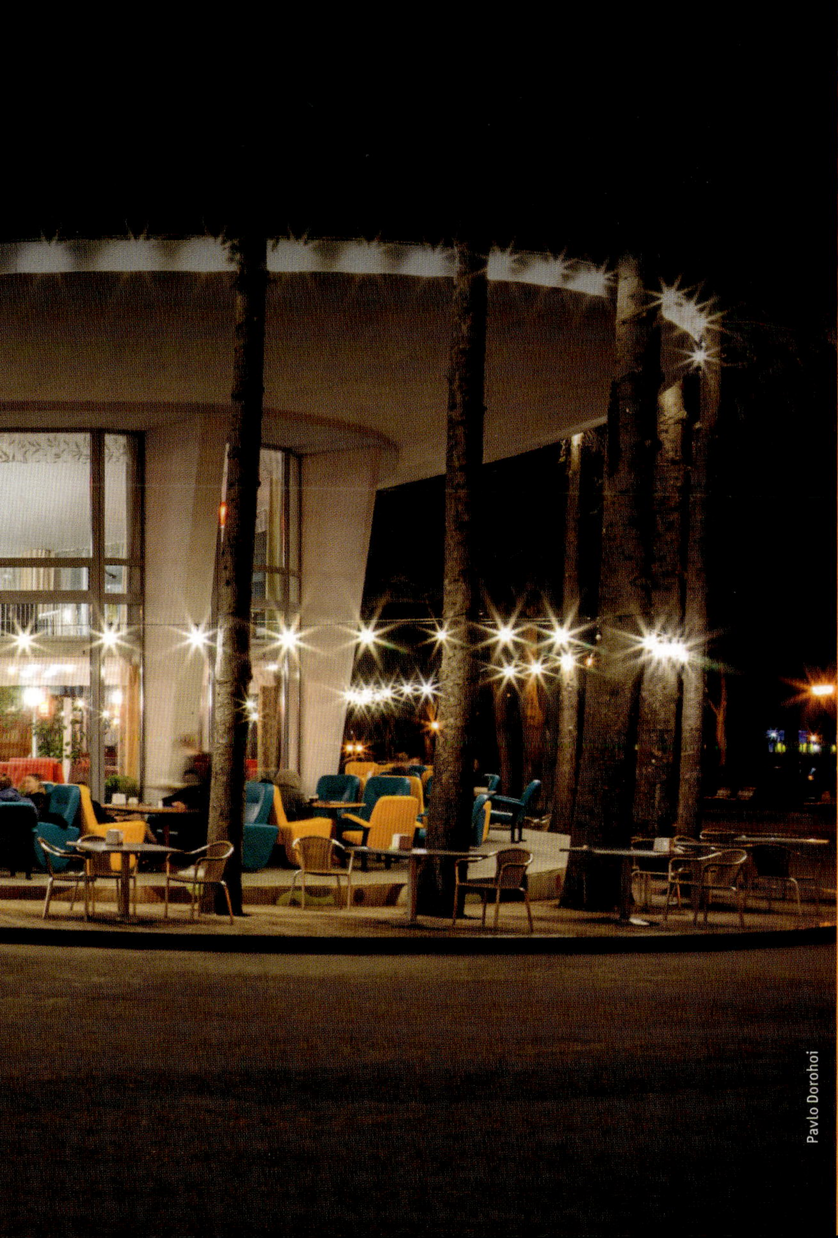

Pavlo Dorohoi

Кіноконцертна зала «Україна»
Ukraina Cinema and Concert Hall

067 C

вулиця Сумська, 35
Sumska Street, 35

Вадим С. Васильєв, Юрій О. Плаксієв,
Володимир О. Реусов, Левон Б. Фрідган
Vadym S. Vasyliev, Yurii O. Plaksiiev,
Volodymyr O. Rieusov, Levon B. Fridgan
1963

Будівництво іконічного об'єкта періоду хрущовської Відлиги – кіноконцертної зали «Україна» – проводилося у 1960– 1963 роках. У 1958 році міська рада оголосила конкурс на сучасну відкриту музичну естраду з навісом, у якому перемогли два різні проєкти молодих харківських архітекторів-шістдесятників Вадима Васильєва та Юрія Плаксієва. Через близькість підходів архітекторам запропонували підготувати спільний проєкт. Тоді, замість літньої естради, архітектори аргументували необхідність будівництва багатофункціональної зали, яка могла б вміщувати глядачів як для концертів, так і для широкоформатних кінопоказів, публічних дискусій, дебатів, що якнайкраще відображало демократичний дух епохи Відлиги. «Україна» стала однією з перших у країні споруд із вантовими покриттями сідлоподібної форми. Зовнішній і внутрішній вигляд будівлі органічно пов'язані з його оригінальним конструктивним рішенням. Основне навантаження від тонкої армоцементної оболонки та тримального аркового контуру передається на два потужні фундаментні ядра. Для роботи над інженерно складною вантовою спорудою були залучені фахівці та технології Харківського проєктного інституту «ПромбудНДІпроект», що спеціалізувався на великопролітних промислових спорудах і будівництві мостів.

Будівля фактично зливається з горбистим ландшафтом Саду Шевченка, а її криволінійний силует, підкреслений низкою ребер каркаса засклення, нагадує величезну тварину, можливо, кита, що спочиває на хвилях зелені. Завдяки використанню промислового тонованого скла у відвідувачів зали розмивалася межа між зовнішнім і внутрішнім просторами. Величезні панорамні вікна давали змогу 2000 глядачам споглядати густе мереживо крон дерев старого парку одночасно з концертними виступами та широкоформатними кінофільмами навіть у денний час.

Відповідно до політики тотальної економії хрущовської соціальної архітектури, будівництво зали коштувало в 4–5 разів дешевше, ніж типові кінотеатри. Будівля виконана з підкреслено дешевих і простих матеріалів і має усього 2 «надмірності», і ті на ентузіазмі авторів. На вході – мозаїчне панно, що зображує складну взаємодію «перемішаних» одне з одним жінки, рояля, Держпрому і сонця. Особливістю мозаїк, виконаних власноруч архітектором Васильєвим (наприклад, проспект Науки – «футболісти Авангарду»), є їхня принципова дешевизна. Вони виготовлені з уживаної плитки й так званого «бою» – битої плитки, наданої Харківським плитковим заводом. Битим гранітом «брекчія» в дусі 60-х було підкреслено цоколь будівлі. Виконана за ескізами Плаксієва шрифтова неонова конструкція «Кіноконцертна зала» (курсивом) та «Україна» (архітектурним шрифтом) була іншою прикрасою будівлі або, за словами архітектора, її «біжутерією».

2

Архітектура будівлі оприявнює загальну для світового *mid-century modern* тенденцію розробки криволінійних оболонок і складних за формою великопролітних конструкцій. Покоління харківських архітекторів 1960-х відкрито надихалося роботами західних П'єра Луїджі Нерві, Ееро Саарінена, Бакмінстера Фуллера та водночас місцевого представника арнуво Олександра Гінзбурга. І Плаксієва, і Васильєва можна зарахувати до так званих радянських «оболоночників» – архітекторів-інженерів і новаторів, захоплених як біонікою, так і винаходами в сфері конструкцій. На подив сталінських соцреалістів, шістдесятники власноруч розраховували свої експериментальні ванти, сітчасті, купольні та монолітні конструкції. У 1950–1960-ті експерименти з подібними конструкціями були поширені у Західній Європі та Північній Америці, після чого, у 1960–1970-ті ці тенденції прийшли й до Радянського Союзу та країн соцтабору. Але для внутрішнього українського контексту архітектура зали «Україна» означала значно більше, ніж пошук естетики легких форм чи прогресивних технологій. Вона маніфестувала тріумфальне повернення модернізму, творчої свободи, а водночас – подолання темних сталінських часів. «Молодість» і «чистота» стали спільним меседжем

архітектури визволення 1960-х, а двоє молодих і зухвалих архітекторів – героями цілого покоління.

Про «Україну» писали газети й журнали, вона отримала безліч премій, разом із Держпромом та «Дзеркальним струменем» стала неформальним символом Харкова, була відкрита і схвалена першим секретарем компартії України Петро Шелест. У 1970 році за цим проєктом збудували кіноконцертний зал «Ювілейний» у Херсоні. У 1980 році будівля увійшла до списку пам'яток архітектури, стала одним із небагатьох об'єктів повоєнного модернізму зі всієї України, що охороняються державою. І хоча відповідно до закону про охорону спадщини на пам'ятках архітектури можна проводити тільки реставраційні роботи, у 2019 році міська адміністрація розпочала реконструкцію будівлі зі зміною як конструктивних, так і оздоблювальних елементів на «сучасні». До того ж керівництво принципово відмовилося від функції кінотеатру. Тендер на реставраційні роботи виграло комунальне (муніципальне) підприємство «Харківське ремонтно-будівельне підприємство», кошторис робіт якого склав 1,8 млн євро. Внаслідок реконструкції з автентичних елементів будівлі збереглися лише арки, троси, залізобетонне покриття й мозаїка. Решту було замінено на весь асортимент матеріалів найближчого будівельного

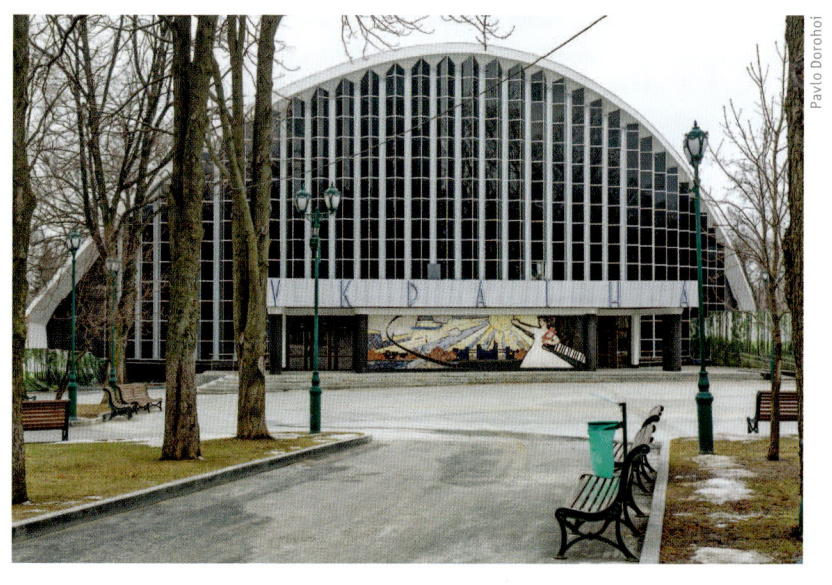

Pavlo Dorohoi

супермаркету: пінобетон, пластик, металопластик, штучний граніт, лінолеум, натяжна стеля, пінопласт тощо. Панорамне засклення не відновлено, замість нього збудовано глухі стіни з пінобетону, на які прикріплено навісний фасад, що імітує скло. Через це внутрішній простір став темним і потребує постійного електричного освітлення. Найбільше постраждав інтер'єр. Не відчуваючи цінності архітектури модернізму, нові автори вирішили не використовувати оригінальний проєкт 1960-х, а розробити власний дизайн. Попри очевидність вибору на користь трендової естетики 60-х, архітектори віддали перевагу естетиці нічних клубів 1990-х з алюмінієм, холодним світлом та штучними матеріалами в темно-синій гамі. Реконструкція, зроблена за гроші платників податків, порушивши цілісність об'єкта спадщини та знищивши його автентику, не змогла використати потенціал будівлі навіть для нових ідей. Адже зала з панорамним заскленням, дерев'яною підлогою та білою криволінійною стелею Плаксієва і Васильєва могла б не поступатися найкращим панорамним залам із кіноконцертною функцією, як-от будівля Нідерландського інституті кіно *EYE* у Амстердамі.

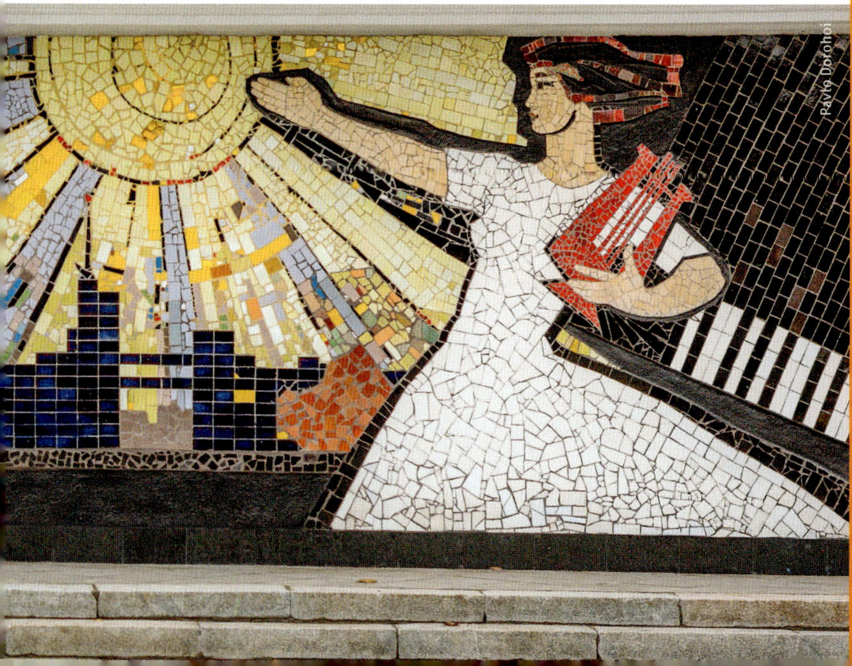

Pavlo Dorohoi

> The construction of Ukraina Cinema and Concert Hall, an iconic building from the Khrushchev Thaw period, spanned from 1960 to 1963. In 1958 the city council held a competition for a modern outdoor stage with a canopy. The competition was won by two young Kharkiv architects, *shistde-siatnyky* ('sixtiers' or 'people of the 60s'), Vadym Vasyliev and Yurii Plaksiiev, who submitted two separate designs. Given their closely aligned approaches, the architects were asked to collaborate on a joint project. Instead of just a summer stage, they argued for the need for a multifunctional hall to accommodate concerts, wide-format film screenings, public discussions, and debates – a perfect reflection of the democratic spirit of the Thaw. Ukraina Cinema and Concert Hall was one of the first structures in the country with a double-curvature cable design with a saddle roof. Its external and internal appearance naturally derives from this structural solution. The primary load from the thin reinforced-concrete shell and two load-bearing parabolic concrete arches, which shape the structure's outer edges, is transferred to the two powerful foundation cores. To tackle the engineering issues raised by the complex cable structure, experts and technologies from PrombudNDIproekt Design Institute, which specialised in designing and building long-span industrial structures and bridges, were brought in.

The building literally melds with the hilly terrain of Shevchenko City Garden. Its curvilinear silhouette, emphasised by the series of ribs of the glazing frame, resembles a colossal creature, perhaps a whale, resting amid waves of greenery. The use of industrial tinted glass blurred the boundary between indoor and outdoor space for visitors to the hall. The vast panoramic windows enabled 2000 spectators to contemplate the dense lace of tree crowns of the old garden during concert performances and film screenings, even in daylight.

In line with the policy of extreme cost-cutting in social architecture under Khrushchev, the construction of the hall cost four to five times less than cinemas of standard design. Utilising defiantly inexpensive and basic materials, the architects included only two design elements that might be considered 'excesses' – a mosaic and a neon sign, both born of their enthusiasm. The mosaic at the entrance unfolds a story of the complex interaction of a woman, a piano, Derzhprom, and the sun, all 'mixed' together. An exceptional trait of Vasyliev's handcrafted mosaics (such as the Avangard Footballers mosaic at Nauky Avenue, 41/43) is their fundamentally low cost: they were created from recycled ceramic tiles or unuseable broken tiles supplied by Kharkiv Tile Plant. The building's plinth was accentuated with breccia granite tiles in the spirit of the 1960s. Produced to sketches by Plaksiiev, the neon sign bearing the italicised lettering 'Kinokontsertnyi zal' (Cinema and Concert Hall) and 'Ukraina' in an 'architectural' sans serif font was another of the building's elements of decoration or, as the architect put it, its 'bijouterie'.

The building's design mirrors the general trend for global mid-century modern, focusing on the creation of curvilinear shells and intricately shaped long-span structures. The generation of Kharkiv's architects of the 1960s openly took inspiration from works by Western architects such as Pier Luigi Nervi, Eero Saarinen, and Buckminster Fuller, as well as from a local representative of the Art Nouveau movement, Oleksandr Ginzburg. Both Plaksiiev and Vasyliev can be classified as Soviet *obolonochnyks* – a cohort of architect-engineers and innovators focused on designing various shells and with a passion for bionic architecture and advancements in the field of structures.[1] Surprisingly for the Socialist Realist architects, their young counterparts from the generation of the *shistdesiatnyky* were themselves capable of carrying out calculations for experimental tensile structures, gridshells, thin-shell domes, and monolithic structures. During the 1950s and 1960s experiments with similar structures were widespread in Western Europe and North America; subsequently, in the 1960s and 1970s, these trends came to the Soviet Union and the Eastern Bloc. In the Ukrainian context the design of Ukraina Hall meant much more than just a quest for

---

1 *Obolochnyk*: from Ukrainian *obolonka* (shell).

an aesthetic of light forms or progressive technologies: it was a sign of the triumphant return of Modernism, creative freedom, and, at the same time, the overcoming of the dark Stalinist times. 'Youth' and 'purity' became a general message of the 1960s architecture of liberation, with two audacious young architects emerging as the heroes of an entire generation.

The hall received extensive coverage in newspapers and magazines and garnered numerous awards. Inaugurated and endorsed by Petro Shelest, First Secretary of the Communist Party of Ukraine, it became an unofficial symbol of Kharkiv, alongside Derzhprom and Dzerkalnyi Strumin. In 1970 Uvileynyi Cinema and Concert Hall was erected to the same design in Kherson. In 1980 Ukraina Hall was listed as an architectural monument, becoming one of just a few post-WWII Modernist structures in Ukraine to be protected by the state.

Despite heritage-protection laws allowing only restoration work to be carried out on architectural monuments, in 2019 the City Council set about reconstructing this building, replacing both its structural elements and finishes with what they termed 'modern' materials. City officials dismissed outright the idea of continuing to use its cinematic function. The Kharkiv Repair and Construction Enterprise, a municipally owned corporation, secured the reconstruction contract through a tender with an estimate of €1.8 million. Only the arches, cables, reinforced-concrete shell, and mosaic were retained from the original design. Everything else was substituted with a range of materials sourced from the nearest supermarket selling construction materials – foam concrete, plastic, plastic-steel profiles, synthetic granite, linoleum, polystyrene, and more. The panoramic glazing was removed, and the entire space between the outer edges of the front arch and the ground was filled with solid-foam concrete covered with a curtain wall imitating glass. This created a darkened interior space, necessitating the use of electric lighting at all times. The interior suffered the most. Disregarding the value of Modernist architecture, the new authors decided not to use the original 1960s design but to develop their own. Although the obvious thing would have been to employ the fashionable aesthetic of the 1960s, the architects preferred a 1990s nightclub aesthetic with aluminium, cool lighting, and faux materials in a deep-blue palette. Violating the integrity of this heritage site and undermining its authenticity, the reconstruction, undertaken at the taxpayers' expense, failed to utilise the building's potential even for the implementation of new ideas. The hall designed by Yurii Plaksiiev and Vadym Vasyliev with panoramic glazing, a wooden floor, and a white curvilinear ceiling could, after all, have been as good as top-notch panoramic halls with cinematic and concert functions, such as Eye Filmmuseum in Amsterdam.

2

Pavlo Dorohoi

Пам'ятник Тарасу Шевченку
Monument to Taras Shevchenko

068 C

вулиця Сумська, 37
Sumska Street, 37

Матвій Г. Манізер, Йосип Г. Лангбард
Matvey G. Manizer, Iosif G. Langbard
1935

Український поет XIX століття Тарас Шевченко – національний герой і символ боротьби за незалежність України – був не лише письменником, художником, а й громадсько-політичним діячем, який постраждав від репресій царського режиму. За антиімперіалістичну критику Миколу I на довгі роки заслав Шевченка в пустельні степи сучасного Казахстану із забороною писати й малювати. Попри все, пронесений крізь віки вислів Шевченка «Боріться – поборете!» став мотто Революції Гідності 2013–2014 років. При цьому пам'ятник Шевченку, створений санкт-петербурзьким скульптором, встановлено на місці іншого пам'ятника діячу, який є не менш важливим для Харкова, – засновнику Університету Василеві Каразіну. Після відкриття пам'ятника в 1935 році Університетський сад було перейменовано на Сад імені Шевченка. Спроби вбудувати борців за незалежність українського народу у радянський конструкт із присвоєнням їхніх антиколоніальних і пронародних поглядів стали характерною особливістю культурної політики комуністичної партії у національних республіках.

Міська рада ухвалила рішення про спорудження пам'ятника Тарасу Шевченку ще у 1929 році. Місцем для нього було обрано майдан Конституції (тоді – майдан Тевелєва) у Старому місті біля будівлі Всеукраїнського центрального виконавчого комітету (ВУЦВК) – колишнього Дворянського зібрання. Саме на тлі будівлі парламенту Української республіки постать борця за її незалежність повинна була передавати максимальне смислове навантаження. У 1930– 1931 роках було проведено міжнародний конкурс, у якому взяли участь понад сотню скульпторів. Однак жоден із проєктів не прийняли для реалізації. Більшість робіт були виконані в радикально-авангардистській естетиці (кубо-футуризм, модернізм, супрематизм тощо), натомість влада вже схилялася до консервативних і реалістичних рішень. У 1933 році було проведено повторний конкурс, у якому брали участь, зокрема, Віра Мухіна, Іван Кавалерідзе, Федір Кричевський і Сергій Меркуров, Адольф Страхов, Анатоль Петрицький, Йосип Чайков. Стилістика пам'ятників суттєво змінилася порівняно з першим конкурсом: чітко простежується соцреалістичний вплив і неокласичні обмеження. Переможцем було названо проєкт петербурзького скульптора Матвія Манізера та білоруського архітектора Йосипа Лангбарда, прийнятий до реалізації після низки доробок. Змінилось і місце майбутнього пам'ятника. У 1934 році столицю України перенесено до Києва, куди переїжджає і ВУЦВК, а його харківську будівлю реконструюють під перший у СРСР Будинок піонерів. Розташування національного героя перед будинком дитячої творчості, мабуть, розцінили як недоречне, тоді як поставити пам'ятник на тлі дерев Саду було найбільш нейтральним рішенням. Постамент пам'ятника, розроблений архітектором Лангбардом, є структурою для нарації, висловленої вже скульптором Манізером. Модерністська блискуча брила полірованого лабрадориту має гострі та динамічні форми, що тяжіють до ар-деко. Наростальна ступінчаста композиція складається з найпростіших геометричних фігур – високої і вузької трикутної призми, якою рухається 4,5-метровий Шевченко. Трикутник як динамічніша форма виконує тут, з одного боку, роль айсберга, з іншого – символізує стрілу, яка спрямовує народ за курсом його лідера – Шевченка. Постамент Шевченка обрамлений спіраллю сходів, що означає спіраль ступінчатого розвитку українського народу на шляху до свого визволення. На цих сходах розташовані 16 характерів – іпостасі українського народу, пригнічені царизмом, але які через боротьбу та опір досягають волі. Висота фігур удвічі менша за висоту Шевченка, що височіє над ними, і дуже близька до людського зросту. Для їх створення скульптор Манізер залучив позувати акторів трупи авангардного театру «Березіль» (Наталія Ужвій,

Pavlo Dorohoi

Амвросій Бучма, Лесь Сердюк, Іван Мар'яненко, Сусанна Коваль та інші), закритого у 1933 році після арешту та звинувачення головного режисера, Леся Курбаса, у контрреволюційній діяльності. Перші вісім постатей – образи пригноблених і непокірних українців із творів Шевченка (Катерина з немовлям, закатовані та вмираючі козаки, кріпак, що рве кайдани, селяни в рабстві) і сам Шевченко в образі рекрута; наступні чотири – робітники та протестувальники Революції 1905– 1907 і Жовтневої революції 1917 року (студент, робітники-революціонери, матрос броненосця «Потьомкін»); останні чотири – нове покоління вільних українців, яке твердо стоїть на ногах і впевнено дивиться в майбутнє (шахтар, колгоспник, червоноармієць і студентка з робфаку).

Отже, зі скрутного становища український народ через революційну боротьбу зі зброєю в руках встає з землі. І саме жіночі образи показують початкову та кінцеву точку процесу емансипації українського народу. Героїня поеми Шевченка сільська дівчина Kateryna, ошукана московським солдатом, тримає на руках немовля, разом з яким її викинуто на маргінес суспільства (для образу позувала найвідоміша українська акторка театру та кіно Наталія Ужвій). На звороті спіралі їй протиставлена незалежна дівчина того ж віку з книгою в руках, яка очолює процесію героїв. Студентка «робочого факультету» (факультету для підготовки малограмотних

селян і робітників до вступу у заклади вищої освіти, зокрема університет) символізує рівні права та можливості для жінки в СРСР, зокрема й освітні. Фігура самого Шевченка стоїть рівно посередині цієї драматичної композиції і водночас на межі між його часом, героями його творів та новим часом, новими героями. Шевченко в одязі рекрута-солдата тут уже не національний символ, а представник того ж народу, про який він писав. Стоячи в натовпі своїх героїв, він напружено і сумно спостерігає за несправедливістю своєї сучасності, за життям пригноблених народів і колоніальним становищем України. Інший Шевченко, вже національний символ, височіє на високому трикутному постаменті: він самотній, але діяльний, упевнено проходить над своїми героями, над натовпом і над сучасним Харковом, суворо вдивляючись у обличчя сучасних перехожих.

Але архітектура пам'ятника передбачає певний сценарій взаємодії з ним. Поет – рупор Революції, і його місце на вулиці разом із протестувальниками, на трибуні, він має читати свої вірші та підтримувати революційний порив. Тому весь постамент символізує трибуну – трибуну для поета, на якій стоїть Шевченко. Проте біля підніжжя пам'ятника – справжня кам'яна трибуна, і вона вакантна. Будь-який перехожий може стати на цю трибуну та заговорити з вулицею, з народом, виголосити промову, свою позицію чи свою поезію. Доступна для кожного архітектура пам'ятника провокує на пасіонарність і стимулює суспільний діалог. У 2013–2014 роках саме пам'ятник Тарасу Шевченку став місцем зборів усіх акцій протесту Харківського Майдану. Трибуна біля підніжжя пам'ятника була сценою для спікерів як з натовпу, так і сучасних поетів-революціонерів, як-от Сергій Жадан.

> The nineteenth-century Ukrainian poet Taras Shevchenko – a national hero and a symbol of the struggle for Ukrainian independence – was not merely a writer and a painter but also a significant political and public figure who fell victim to the tsarist regime. For his anti-imperialist criticism Shevchenko was sentenced by Nicholas I to many years of exile in the desert steppes of today's Kazakhstan, where he was forbidden to write or paint. Nevertheless, nearly two centuries later, Shevchenko's phrase 'Keep fighting: you are sure to win!' became the rallying cry of the Revolution of Dignity in 2013–2014.

The monument to Shevchenko created by Matvey Manizer, a sculptor from St Petersburg, replaced another honouring a figure of no less importance for Kharkiv – Vasily Karazin, the founder of Kharkiv University. Following the monument's unveiling in 1935, University Garden was renamed 'Shevchenko City Garden'. Efforts to integrate fighters for independence of the Ukrainian people into the Soviet construct by appropriating their anti-colonial and pro-populace views were characteristic of the Communist Party's cultural policy across the national republics.

City officials decided to erect a monument to Taras Shevchenko in 1929. The site chosen was the present-day Konstytutsii Square in the Old City, near the VUTsVK (All-Ukrainian Central Executive Committee) building, which had previously housed the Assembly of Nobility. The idea was that against this backdrop of the building of the republic's supreme legislative, administrative, and executive state authority, the figure of a fighter for Ukraine's independence would carry the utmost semantic significance. An international competition was conducted in 1930–1931 involving over 100 sculptors, yet none of the designs submitted were approved for implementation. Most of the proposals leaned heavily towards radical Avantgarde aesthetics such as Cubo-Futurism, Modernism, and Suprematism, whereas the authorities were inclining towards more conservative and realist solutions by this time.

Participants in a second competition, held in 1933, included Vera Mukhina, Ivan Kavaleridze, Fedir Krychevsky, Sergey Merkurov, Adolf Strakhov, Anatol Petrytsky, and Joseph Chaikov. The style of the projects submitted differed markedly from those for the initial competition, showing clear Social Realist influences and adherence to Neoclassical restrictions. The winning project by the St Petersburg sculptor Matvey Manizer and the Belarusian architect Iosif Langbard was eventually accepted for execution after undergoing several modifications. The location planned for the upcoming monument was also changed. When the capital of Ukraine moved to Kyiv in 1934, VUTsVK followed suit, leaving its Kharkiv building to be converted into the Soviet Union's first House of Pioneers. Placing the national hero in front of a house for children and youth was apparently deemed inappropriate; the trees in University Garden offered a more neutral backdrop for the monument.

The monument's pedestal, designed by the architect Langbard, serves as a structure for the narrative expressed by the sculptor Manizer. The gleaming Modernist block of polished labradorite displays sharp and dynamic forms that lean towards Art Deco. The ascending stepped composition consists of basic geometric shapes. There is a slender, tall triangular prism from which the 4.5-metre-tall figure of Shevchenko strides. As the most dynamic shape, the triangle both acts as an iceberg and, on the other hand, symbolises an arrow guiding the people along the course set by their leader – Shevchenko. Encircling Shevchenko's pedestal is a spiral of steps, signifying the spiral of dialectical step-by-step progression of the

Ukrainian people towards their liberation. Upon this staircase stand 16 characters representing hypostases of the Ukrainian people, which, although oppressed by tsarism, achieves freedom through its struggle and resistance. The statues' height is half that of the towering Shevchenko figure at the top, making them of almost human height.

Manizer engaged actors from the Avantgarde Berezil Theatre troupe, such as Nataliia Uzhvii, Amvrosii Buchma, Les Serdiuk, Ivan Marianenko, and Susanna Koval, to pose for the sculptures. All these actors had witnessed the closure of their theatre in 1933 after the arrest of its director, Les Kurbas, on charges of counter-revolutionary activities. The first eight figures are characters depicting oppressed and rebellious Ukrainians from Shevchenko's works: Kateryna with a child, tortured and dying Cossacks, a serf breaking his shackles, and enslaved peasants – with Shevchenko himself portrayed as a military recruit. The next four figures represent the workers and protesters of the Revolution of 1905 and the October Revolution of 1917: a student, revolutionary workers, and a sailor from the battleship *Potemkin*. The last four figures are the new generation of liberated Ukrainians, standing steadfast and gazing confidently into the future: a miner, a *kolhospnyk* (collective-farm worker), a Red Army soldier, and a female *rabfak*[1] (workers' faculty) student.

Thus, from an oppressed position the Ukrainian people rose up from the ground through revolutionary struggle, weapons in hand. And it is the female characters that show the starting and final points of the process of this emancipation. The heroine of Shevchenko's poem, a young country woman named Kateryna, has been deceived by a Moscow soldier. She holds a baby. Both mother and child have been cast to the margins of society (the model for this sculpture was Nataliia Uzhvii, one of the most famous Ukrainian actresses of both stage and film). At the apex of the spiral, on the left side of the monument, stands an independent young woman of similar age; in contrast to Kateryna, she holds a book and leads a procession of characters. As a student at a workers'

faculty, or 'rabfak', she symbolises equal rights and opportunities for women in the Soviet Union, especially in education.[1]

At the rear of the monument, directly behind the main figure of Shevchenko, another figure of Shevchenko stands precisely at the midpoint of this dramatic composition and concurrently at the juncture between his own era (likewise the era of the characters in his works) and the new era of new heroes. This Shevchenko, dressed as a military recruit, is portrayed not as a national symbol but as a representative of the people he was writing about. Amidst the crowd of characters from his own works he stands tensely and sadly observing the injustices of his time, the lives of oppressed peoples, and the colonial position of Ukraine. The Shevchenko atop the monument, on the other hand, is already a national symbol, towering on a lofty triangular pedestal – solitary yet resolute, striding confidently above his heroes, above the crowd, and above modern Kharkiv, gazing sternly down upon the faces of today's passers-by.

The monument's design presupposes a scenario for interaction with it. The poet is a herald of revolution, and his place is on the streets alongside protesters, on a platform, reciting his poems, bolstering the revolutionary impulse. Hence the entire pedestal symbolises a tribune – a stage for the poet, with Shevchenko standing above it. Yet at the monument's base lies a real stone tribune – and it is vacant. Any passer-by can ascend and address the street and the people, give a speech, and share his or her position or poetry. Accessible to all, the architecture of the monument stimulates public dialogue and stokes a desire for collective change. During the Revolution of Dignity in Kharkiv in 2013–2014 the Monument to Taras Shevchenko became the epicentre for all protest activity; the tribune served as a stage for both speakers from the crowd and contemporary revolutionary poets, such as Serhiy Zhadan.

1 *Rabfak*: an institution where uneducated workers and peasants receive training for admission to higher education, including university, through correspondence courses, allowing them to continue working as they study.

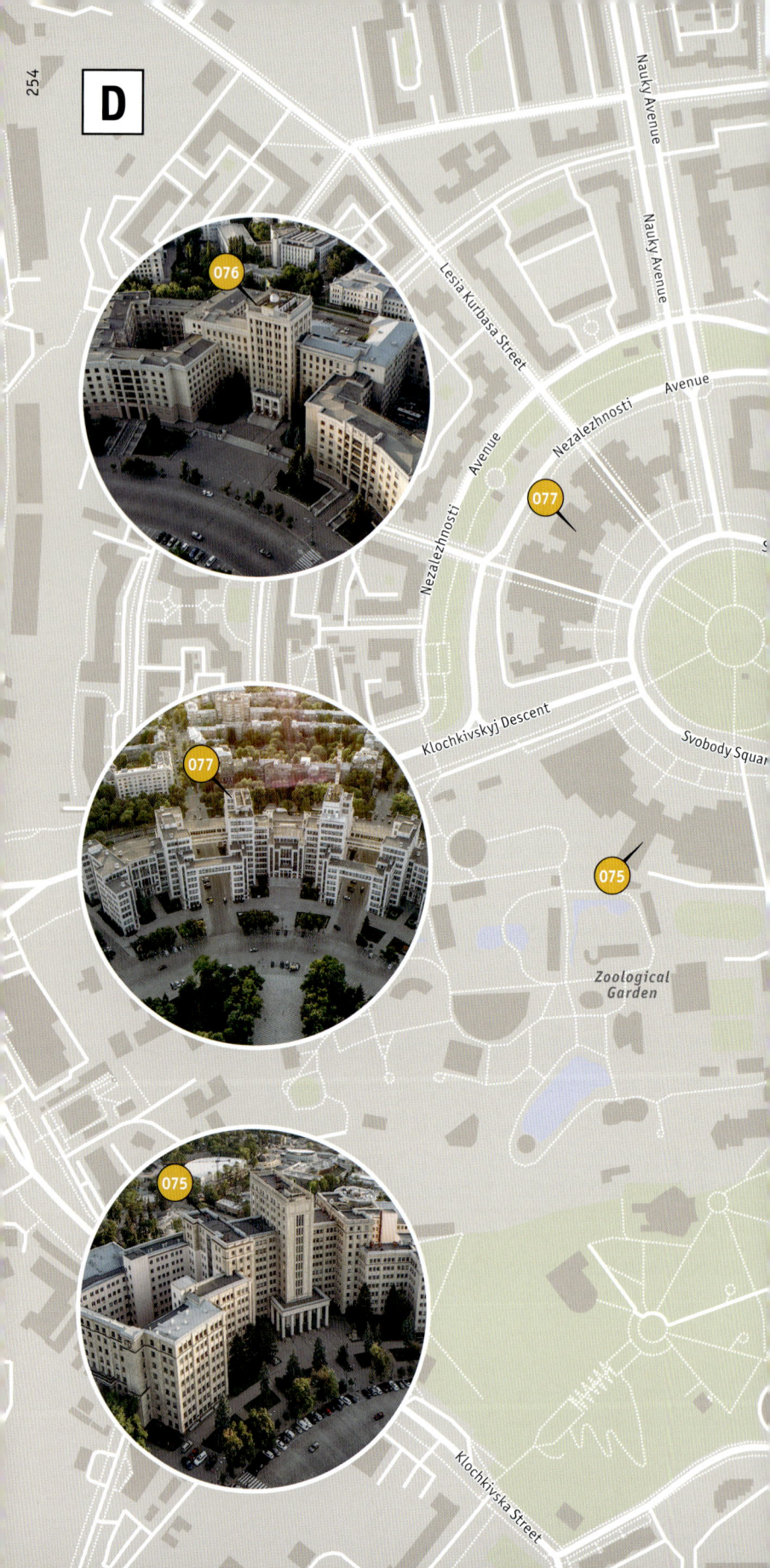

D

Nauky Avenue

Nauky Avenue

Lesia Kurbasa Street

Nezalezhnosti Avenue

Avenue

Nezalezhnosti

076

077

077

Klochkivskyj Descent

Svobody Square

075

075

Zoological Garden

Klochkivska Street

Новий центр
The New Centre

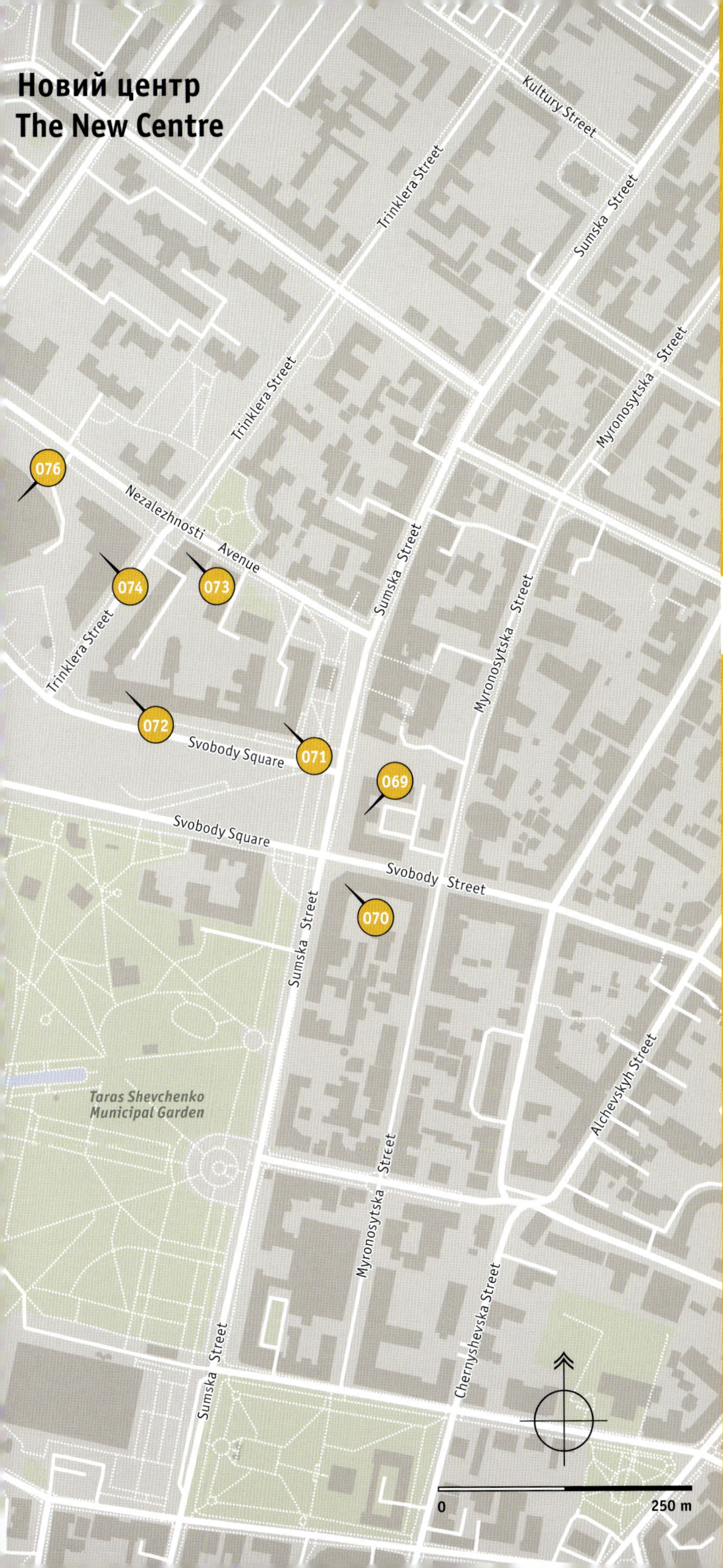
Kultury Street
Trinklera Street
Sumska Street
Myronosytska Street
Trinklera Street
076
Nezalezhnosti Avenue
074
073
Sumska Street
Myronosytska Street
Trinklera Street
072
Svobody Square
071
069
Svobody Square
Svobody Street
070
Sumska Street
Taras Shevchenko Municipal Garden
Alchevskyh Street
Myronosytska Street
Chernyshevska Street
Sumska Street
0
250 m

Новий центр

От ми й дісталися зі Старого центру до Нового, зі старого дореволюційного життя у нове, пореволюційне. У 1919 році «пролетарський» Харків проголосили столицею молодої радянсько-української держави. Нова столиця потребувала нового урядового центру, що поєднував би в собі як грандіозну модерністську архітектуру, так і всі необхідні для володорювання державоформуючі функції. Як і у випадку інших «новоутворених столиць» — Бразиліа, Чандиґарха чи Каунаса, — нова влада завжди прагне створити показовий містобудівний комплекс, що не лише уособлюватиме нову, кардинально відмінну від старої реальність, але й маніфестуватиме свою візію майбутнього. На сучасній ґуґл-мапі, вже не кажучи про історичні аерофотознімки, очевидний разючий контраст між циклопічним масштабом Нового центру і щільною забудовою старого міста. Подібно до величезної механістичної деталі, з якогось дива кинутої тут позаземними цивілізаціями, чи до чужорідного тіла, зануреного в живу й згодливу тканину архаїчного міста, комплекс і сьогодні, майже за століття після будівництва, залишається надто сучасним навіть для сучасної реальності.

Майдан Свободи (що до 1993 року носив ім'я одіозного засновника ДПУ і НКВС, голови ВСНГ СРСР Фелікса Дзержинського) може здатися типовим прикладом радянського офіційного простору. Того, де монументальна архітектура обламлює величезну порожнечу, якою радянські громадяни ходять виключно рівними шеренгами. Справді, на прямокутній плац-парадній частині майдану регулярно здійснювалися такі традиційні радянські практики, як військові паради, демонстрації, народні гуляння, сільськогосподарські виставки. Кругла ж частина біля Держпрому слугувала кульмінацією в маршрутах міських масових дійств, які рухалися зі Старого центру в Новий і далі, в напрямі Центрального парку і комуни ФЕД (що теж містить в

абревіатурі ініціали Дзержинського). А 1964 року, коли на хвилі брежнєвської ленініани на центральній осі площі встановили величезну статую Володимира Леніна, її простір остаточно був замаркований приналежним до радянського ідеологічного конструкту. Але чи справді Майдан Свободи є спадщиною радянського тоталітаризму, як це на позір здається? Всупереч стереотипам, новий центр збудовано не зовсім «в чистому полі», а на колишніх університетських землях. Ще 1831 року для цього місця архітектор Васильєв розробив проєкт класицистичного кампуса Університету. Відтак він більш ніж за двісті років до модерністської двоцентрової системи завбачив децентралізовану модель розвитку міста. Хоча ці плани й не були реалізовані, вже починаючи з другої половини XIX століття район площі поступово обростав новими корпусами університету: Ветеринарний інститут (нині — Палац дитячої та юнацької творчості), зоопарк і комплекс будівель університетської клініки — «Клінічне містечко» (нині — Обласна лікарня). Після націоналізації земель більшовиками, у 1923—1924 роках Харківський міськвиконком провів внутрішній конкурс на містобудівне рішення Нового центру, де виграла пропозиція архітектора Віктора Троценка про створення круглої площі з радіально-кільцевою структурою вулиць навколо неї. Відтак розпочалася ціла декада всесоюзних архітектурних конкурсів на проєкти основних будівель площі.

Майдан Свободи в радянських і пострадянських книгах зазвичай трактується винятково через естетичні й об'ємно-композиційні характеристики його форм — ансамблевість. У такій трактовці майдан представляється нічим іншим як ідеальним макетом радянських архітекторів, котрі зібрали об'єми будівель в чітко вивірену супрематичну композицію. Порожня площа завбільшки з величезне поле в 15 га складається з двох частин: прямокутної і круглої, що разом утворюють щось на кшталт петлі, розташованої перпендикулярно до Сумської. Партер прямокутної плац-парадної частини відіграє роль першого плану, врізаючись у простір ансамблю, і дозволяє спостерігати Держпром з далекого ракурсу — силуетно. Праворуч майдан фланкований тонкою пластиною-паралелепіпедом готелю «Інтернаціональ» (нині — готель «Харків») і прибудованою до нього після Другої світової війни соцреалістичною будівлею Міськбудпроєкта. Ліворуч, навпроти готелю, порожнечу площі візуально продовжує напівпрозорий екран зелені саду Шевченка, завдяки чому композиція ансамблю залишається асиметричною. Торець площі по вулиці Сумській фіксовано громіздкою коробоподібною будівлею Центрального комітету Комуністичної партії (нині — Обласна державна адміністрація). Далі ця ортогонально-площинна історія переходить у криволінійну: кругла частина майдану зациклює рух по колу і розкриває другий план разом із перлиною всього комплексу — Держпромом. Окрім Держпрому круглу площу облямовують іще дві віялоподібні багаторівневі будівлі: Будинок проєктів і Будинок кооперації (нині в обох розташований Харківський національний університет імені Василя Каразіна). Із центру круглої площі променями розходяться вулиці, що прямують між будівлями (проспект Науки і Клочковський узвіз) і під переходами Держпрому (вулиці Леся Курбаса і Юри Зойфера). Все разом створює сценографію міського руху з багатьма планами і розкриттями, яка пропонує власну модерністську відповідь традиційному розумінню площі. Але попри всю вишуканість містобудівної композиції — чи достатньо естетичних категорій і аналізу форм для трактування модерністської архітектури? Адже в модернізмі, як відомо, «форма слідує за функцією». За якою ж функцією слідує весь простір площі й його окремі елементи — будівлі?

Площа планувалася як адміністративний центр із комплексом будівель для вищих органів влади. Тобто мала стати найважливішим місцем не лише в Харкові, але й в усій Україні — буквально «місцем влади». Але якої саме влади? Дві будівлі прямокутної плац-парадної частини — готель

«Інтернаціональ» і ЦК КП(б)У — належали до партійної гілки радянської влади. Своєю чергою, круглу частину називали урядовим центром, адже саме тут планувалося зведення Будинку Уряду України (пізніше, через перенесення столиці й уряду до Києва, перепрофільований у Будинок проєктів) і інших будівель, також не приналежних до партійної та ідеологічної гілки влади. На відміну від централізованої партійної влади, що чітко підпорядковувалася керівництву в Росії, наявність власного уряду з системою міністерств (наркоматів), який мав контролювати економіку, соціальну сферу, внутрішню і зовнішню політику країни, свідчила про автономію України від Москви.

Отже, в ядрі круглої площі мало розташовуватися серце управління всієї Радянської України. На одній історичній світлині 1920-х років у центрі кола виднієтся зелений острівець, облямований словами: «Керувати по-новому». Але що ж, на думку очільників республіки, означало — керувати по-новому? З 1921 по 1928 роки управління країною ґрунтується на Новій економічній політиці (НЕП). У провідних секторах економіки — промисловості й сільському господарстві — діяльність здійснювалася через державні промислові трести й організації сільськогосподарської і споживчої кооперації. Функція управління потребувала не лише створення інститутів влади, але й розробки відповідних їм форм — оболонок для внутрішніх процесів. Типології будівель періоду НЕП відображають структуру економіки й економічних відносин, що існували тоді. Відтак архітектура площі слугує метафорою економічної моделі, яка стоїть на принципах: автономія управління, що здійснюється через уряд, децентралізація й орієнтація на отримання прибутку — через промислові трести, взаємовигідний обмін між містом і селом — через кооперацію. Їм відповідали три елементи: Будинок уряду, Будинок трестів (що став відомий за назвою Будинок державної промисловості, або Держпром) і Будинок кооперації. З 1925 по 1930 рік влада України організовує кілька архітектурних конкурсів на проєкти трьох

3

Будинків. У 1929—1930 роках, певно, у зв'язку з планами перенесення столиці з Харкова до Києва, необхідність у Будинку уряду зникла, і недобудову було передано під проєктні, зокрема архітектурні й містобудівні, організації, вона отримала інше призначення, а відтак і назву — Будинок проєктів. Це зробило архітектуру третім стовпом у зазначеній політекономічній тріаді Радянської України.

Круговий рух площі, наче у вирву, закручує ці функції по колу знов і знов, подібно до того, як рухається навколо власної осі земна куля. Кругла площа в такому разі, на думку автора Держпрома і Будинку уряду, архітектора Сергія Серафімова, стає моделлю організованого світу — моделлю нової комуністичної світобудови. У її центрі немає пам'ятника чи будівлі. Центр залишається вакантним. У нього може стати будь-який перехожий, перетворившись, подібно до вітрувіанської людини доби Відродження, на центр всесвіту. Всесвіту українського національного Відродження.

Новий центр міг би стати місцем репрезентації української влади, демонстрацією власної стратегії через архітектуру. Тут могли б вершитися політика й економіка, могли б вухвалюватися доленосні рішення, точитися дебати і здійснюватися волевиявлення народу. Але в 1927 році починається фаза згортання НЕП і насадження командно-адміністративної системи з її форсованою

індустріалізацією й колективізацією. На початку 1930-х модернізм (включно з конструктивізмом, авангардом, футуризмом тощо), а разом із ним навіть та обмежена свобода творчості й об'єднань ліквідується, натомість насаджується єдиний дозволений соціалістичний реалізм. Для України ці процеси обертаються низкою трагедій 1932–1938 років: Голодомор, Великий терор, Розстріляне Відродження та інші репресивні злочини радянської влади.

Перенесення столиці з опального Харкова до «сакрального» Києва в 1934 році остаточно завершує цю харківсько-українську історію модернізму, відігравши фатальну роль для урядового центру. Місце, сконструйоване для влади, стає покинутим владою (як і весь покинутий владою Харків). А всі будівлі, зведені для розміщення центральних органів влади, — геть непотрібними. Пізніше консервативні сталінські критики стверджуватимуть, що Новий центр був містобудівною помилкою, зайвим порожнім простором і марнуванням народних грошей, замовчуючи справжні причини його закинутості й непотрібності, так само не надто розводячись про столичний період Харкова як такий.

Починаючи від середини 1930-х років більшість будівель змінила свої питомо непівські та столичні функції: Будинок кооперації став Військовою академією, статус Центрального комітету Комуністичної партії знизили до обласного, а в повоєнні часи в Будинок проєктів зі Старого міста переїхав університет. Держпром став адміністративною будівлею без жодної специфічної функції. Повоєнна сталінська реконструкція залишила соцреалістичний слід в образі Нового центру і внесла сум'яття в його сприйняття. Спроби «приховати» гучне модерністське минуле відобразилися в масштабному проєкті «декорування» конструктивістських фасадів неокласичними деталями (колонами, балясинами, карнизами тощо), оздобленням керамічною плиткою і вапняком, іншими архітектурними «надмірностями», створивши цілий шар сталінської фальш-декорації. Внаслідок такої візуальної маніпуляції пересічній людині важко здогадатися, коли саме збудовано цей грандіозний архітектурний ансамбль — у 1920-ті чи в 1950-ті, — а відтак, якій добі належить ця спадщина: сталінському тоталітаризмові чи українському націонал-комунізму. Така ілюзія вводить в оману й деяких істориків архітектури, котрі в 2010-х роках намагалися долучити ансамбль майдану Свободи до списку Всесвітньої спадщини ЮНЕСКО разом із Мінськом, Києвом і Москвою як взірець повоєнної соцреалістичної архітектури.

Але попри всі намагання сталіністів стерти історію Харкова, так само як колись попри намагання імперіалістів стерти історію українського козацтва, цей комплекс із модерністських будівель з міцними залізобетонними стінами й переходами, що розвертається по колу, творить фортецю із цитаделлю, яка височіє над рікою, подібно до замку нової ери, — фортецю націонал-комунізму. У панорамі міста відображається стара та нова фортеця — козацька і комуністична, барокова і конструктивістська. Старе місто з його дзвіницями церков й Нове місто з вежами Держпрому слугують метафорою взаємодії багатошарового минулого і спланованого майбутнього. І якщо традиційна фортеця має могутніми стінами закривати місто від вторгнення, то модерністська фортеця відкрита. А проїзди, що її розсікають, обертаються відкритою брамою до нового міста, запрошуючи до нового життя.

The New Centre

> Now we move from the Old Centre to the New, from the old pre-Revolutionary to the new post-Revolutionary life. In 1919 'proletarian' Kharkiv was declared capital of the young Soviet-Ukrainian state. The new status needed a new administrative centre, one that would mix grand Modernist architecture with all the state-formative functions essential for governance. Much as in the case of other 'young capitals', such as Brasilia, Chandigarh, and Kaunas, the new authorities aspired to create an exemplary urban complex that embodied not just a new reality radically different from the old one but also a new vision of the future. The stark contrast between the cyclopean scale of the New Centre and the dense urban environment of the Old City is immediately apparent on a Google map, not to mention on historical aerial photographs. Resembling a massive mechanical component dropped here for some reason by an extraterrestrial civilisation or a foreign body embedded in the living and malleable tissue of an archaic city, this complex seems somehow still too modern – even even for modern reality, nearly a century after its construction.

Svobody (Freedom) Square[1] may appear to be a typical example of a Soviet official space – a space where monumental architecture frames a vast emptiness and where Soviet citizens walk exclusively in formation. Indeed, the rectangular parade-ground segment of this square was regularly used for traditional Soviet practices such as military parades, demonstrations, festivities, and agricultural fairs. The circular part of the square near Derzhprom was a destination for routes taken by the city's mass actions and marches moving from the Old to the New City and as a transitional point for routes

1 Until 1993, the square bore the name of Felix Dzerzhinsky, an odious Bolshevik revolutionary of Polish origin. He was the founder and chairman of the main Soviet secret police organisations, the Cheka and the OGPU, later known as NKVD. Additionally, Dzerzhinsky served as the director of the Supreme Soviet of the National Economy (VSNKh).

that went even further, towards the Central Park for Culture and Recreation and the FED commune.[2] In the wake of Brezhnev's Leniniana, in 1964, with the installation of a massive statue of Vladimir Lenin on the central axis of the square, this space's place in the Soviet ideological construct was sealed once and for all. However, is Svobody Square really the legacy of Soviet totalitarianism that it might seem at first sight?

Contrary to stereotypes the New Centre was not constructed entirely 'in an empty field' but on land that had formerly belonged to Kharkiv University. As far back as 1831, the architect Yevhen Vasyliev had designed a Neoclassical project for a university campus on this site – anticipating a decentralised model for the city's development more than two centuries before the Modernist two-centre system came into being. Although these plans were not realised, by the second half of the nineteenth century new university structures had begun to be built in the vicinity of the square: the Veterinary Institute (now the Regional Palace of Children and Youth Creativity), the zoo, and the complex of university clinic buildings known as 'Klinichne mistechko' (Clinical Town; now the Regional Clinical Hospital). Following the Bolsheviks' nationalisation of land, the Kharkiv City Executive Committee organised an internal competition in 1923–1924 to find an urban planning solution for the New Centre. The winning design was a proposal by the architect Viktor Trotsenko for the creation of a circular plaza with a radial concentric structure of streets around it. This was followed by a decade of all-Union architectural competitions for designs for the main buildings of the complex on the square.

In Soviet and post-Soviet literature Svobody Square is usually interpreted solely through its aesthetic and spatial compositional characteristics – i.e. its qualities as an architectural ensemble. In this interpretation the square is nothing less than an ideal model crafted by Soviet architects who arranged the

building volumes into a meticulously calibrated Suprematist composition. The deserted square – in effect a vast, 15-hectare, field – comprises two elements: a rectangular parade-ground part and a circular part that forms a sort of noose perpendicular to Sumska Street. The rectangular part is the foreground when you enter this space; it offers a distant, angled view of the silhouette of Derzhprom. On the right, it is flanked by the slender slab-shaped parallelepiped of Hotel Internatsional (now Kharkiv Hotel) and the Miskbudproekt building, a post-WWII addition in the Socialist Realist style. On the left, opposite the hotel, the square's emptiness is visually extended by the translucent screen of greenery in Shevchenko City Garden. This allows the composition of the square to retain its asymmetry. The short end of the square on Sumska Street is anchored by the heavy box-shaped building of the Central Committee of the Communist Party (now the Regional State Administration). This orthogonal planar narrative then transitions into a curvilinear one: the circular part of the square loops the movement in a circle, revealing the background, along with the crown jewel of the entire complex – Derzhprom. Besides by Derzhprom, the circular part of the square is framed by two other fan-shaped, multi-levelled buildings: the House of Projects and the House of Cooperation (both now occupied by V. N. Karazin Kharkiv National University). From the centre of the round pedestrian square streets radiate outwards like rays, passing between buildings (Nauky Avenue and Klochkivskyj Descent) and beneath the skybridges of Derzhprom (Lesia Kurbasa Street and Yury Zojfera Street). Collectively, this layout forms a scenography of urban movement with openings up and views of various depths – a Modernist reply to the Classical understanding of a square.

Yet, despite all the grace of the urban-planning composition, can aesthetic categories and analysis of forms alone suffice for a comprehension of Modernist architecture? After all, in Modernism, as we know very well, 'form follows function'. What function does the entire

2 The children's labour commune was named after Felix Edmundovich Dzerzhinsky, whose acronym formed the name for the FED factory, renowned for manufacturing rangefinder cameras.

space of the square and its individual elements – the buildings – follow?

Svobody Square was conceived as an administrative centre with a complex of buildings for the supreme authorities. This means that it was intended to be the most significant location not just in the city but throughout Ukraine – quite literally, 'the site of power'. But what kind of power precisely? The rectangular parade-ground part had two key buildings – *Hotel Internatsional* and the *Central Committee of the Communist Party building* – both of which were affiliated with the with the party branch of Soviet authority. The round part of the square was designated as the government centre because it was initially intended for the House of Government of Ukraine (later repurposed into the House of Projects due to the relocation of the capital and government to Kyiv), along with other buildings that were not affiliated with party or ideological power. In contrast to centralised party authority, which was strictly subordinate to the leadership in Russia, the existence of its own government, complete with ministries (People's Commissariats) exercising control over the republic's economy, social sphere, and domestic and foreign policy, testified to Ukraine's autonomy from Moscow.

Hence the core of the round part of the square should have been the heart of governance for all Soviet Ukraine. A historical photograph from the 1920s shows the centre of the circle occupied by a green island framed with the slogan 'Govern in a new way.' But what did it mean, in the view of the republic's leaders, to govern in a new way? From 1921 to 1928 governance of the republic was grounded in the New Economic Policy (NEP). In the main sectors of the economy – industry and agriculture – operations were conducted through state industrial trusts and organisations of agricultural and consumer cooperation. The functions of managing these entities necessitated not only establishing appropriate institutions of power but also developing architectural forms that would align with them – envelopes to contain the internal processes. The typologies of buildings from the NEP period reflect the

structure of the economy and economic relations at the time. The square's architecture accordingly serves as a metaphor for an economic model based on the following principles: autonomy of governance executed through the government; decentralisation and profit orientation, through industrial trusts; and mutually beneficial urban-rural exchange, through cooperation. Corresponding to these principles were three elements: the House of Government, the House of Trusts (later known as the House of State Industry or Derzhprom), and the House of Cooperation. Between 1925 and 1930 the Ukrainian authorities organised a number of architectural competitions for the designs of these three buildings. In 1929–1930, seemingly due to emerging plans to move the capital from Kharkiv to Kyiv, the necessity for the House of Government waned, so the building, already under construction, was handed over to design organisations, including in the fields of architectural and urban planning. Thus it acquired a new purpose and, correspondingly, a new name – the House of Projects. This made architecture the third pillar in the political-economic triad of Soviet Ukraine.

The circular motion around the square, like a funnel, swirls these functions in circles, again and again, much like the globe rotates on its axis. In this instance the circular plaza, as described by Sergei Serafimov, the architect of Derzhprom and the House of Government, becomes a model of an ordered world – a representation of a new communist cosmogony. At its centre is neither a monument nor a building. The centre remains vacant. Every passerby has the liberty to step into it, thus him- or herself becoming the centre of the universe, just like the Renaissance Vitruvian Man. It was the universe of the Ukrainian national renaissance.

The New Centre could have been a place for representing Ukrainian power, an opportunity to demonstrate its policies through architecture. Here politics and economics could have been decided, fateful decisions taken, debates conducted, and the will of the people expressed. However, in 1927 a start was made on winding down the NEP and imposition

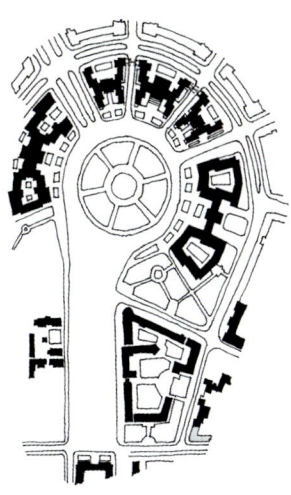

of the administrative-command system; forced industrialisation and collectivisation followed. From 1932 witnessed the elimination of Modernism (including Constructivism, the Avant-garde, and Futurism), along with the suppression of freedom of creativity and association and the imposition of conservative Socialist Realism instead. For Ukraine these processes continued with a series of tragedies from 1932 to 1938: first the Holodomor, then the Stalinist repressions, the Great Purge, the Executed Renaissance and other repressive crimes of the Soviet regime.

The relocation of the capital from Modernist Kharkiv to 'sacred' Kyiv in 1934 finally wrapped up the Kharkiv-Ukrainian chapter of Modernism. This was fatal for the government centre. A space intended for power found itself abandoned by power – just as the entire city of Kharkiv. Buildings constructed to house central authorities were now simply redundant. Later, conservative Stalinist critics would argue that the New Centre was an urban-planning mistake – an empty, redundant space and a waste of people's money; they neglected to mention the true reasons behind its emptiness and redundancy; and they also failed to say anything about the epoch when Kharkiv had been capital of the Ukrainian SSR.

From the mid-1930s forwards, most of the buildings underwent a change of function from the functions they had originally had in connection with the NEP or Kharkiv's status as capital. The House of Cooperation became the Military Academy; the Central Committee of the Communist Party building was demoted to housing a regional committee *(obkom)*; and in the post-WWII period the university moved from the Old Centre to the House of Projects. Derzhprom became an administrative building devoid of any specific function. The post-WWII Stalinist reconstruction left its Socialist Realist footprint on the New Centre's image, introducing confusion into its perception. Efforts to 'conceal' the bold Modernist past took the form of a major project to 'decorate' Constructivist façades with Neoclassical details (columns, balusters, cornices, etc.) and embellishments such as ceramic tiles, limestone, and other architectural 'superfluities'. This created an entire layer of Stalinist false scenery – a visual manipulation which makes it difficult for the average person to guess when exactly this grandiose architectural ensemble was constructed (the 1920s or the 1950s?) and, consequently, to which era this heritage belongs (Stalinist totalitarianism or Ukrainian national communism?). This illusion has even misled architectural historians, some of whom in the 2010s sought to nominate the Svobody Square ensemble for inclusion in the UNESCO World Heritage List, grouping it with Minsk, Kyiv, and Moscow as the legacy of post-WWII socialist architecture. Despite all the efforts of the Stalinists to erase Kharkiv's history, just as the imperialists had once tried to erase the history of the Ukrainian Cossacks, this complex of Modernist buildings unfolding in a circle with robust reinforced-concrete walls and passages forms a fortress with a citadel standing tall above the river: a castle for a new era, a fortress of national communism. The city panorama displays both the old and the new fortresses – the Cossack and the Communist, the Baroque and the Constructivist. The Old City, with the bell towers of its cathedrals, and the New City, with the towers of its Derzhprom, are a metaphor for the interplay between a multi-layered past and a blueprinted future. Whereas the purpose of a traditional fortress is to enclose the city within sturdy walls to prevent invasion, the Modernist fortress is open. And the thoroughfares cutting through it turn into gates flung open to admit us to a new city – and a new life.

Центральний комітет Комуністичної партії (більшовиків) України (зараз – Харківська обласна державна адміністрація)
Central Committee of the Communist Party (Bolsheviks) of Ukraine (now – Kharkiv Regional State Administration)

вулиця Сумська, 64
Sumska Street, 64

Яків А. Штейнберг
Реконструкція: Володимир М. Орєхов,
Веніамін П. Костенко,
Борис М. Мірошниченко,
Лариса Г. Савенко
Yakov A. Steinberg
Reconstruction: Volodymyr M. Oriekhov,
Veniamin P. Kostenko,
Borys M. Miroshnychenko,
Larysa G. Savenko
1931, 1954

⊕ Будівля була частково зруйнована внаслідок російського удару крилатими ракетами 1 березня 2022 року. Втрачено основні конструкції будівлі, зокрема її правого крила, зовнішні стіни, дах та верхні поверхи, оздоблення фасаду, вибито всі вікна. Серйозних пошкоджень зазнали численні навколишні будівлі в районі майдану Свободи. Тоді загинули 44 особи. 28 серпня 2022 року російська армія повторно обстріляла будівлю реактивною артилерією.

Будівля Центрального комітету Комуністичної партії (більшовиків) України (ЦК КП(б)У), що скидалася на просту білу коробку, посідала важливе місце в ансамблі майдану Свободи, фіксуючи протилежний круглому урядовому центру полюс і закріплюючи торець плац-парадної частини. Радикально модерністський будинок ЦК КП(б)У було зведено за проєктом Якова Штейнберга. Київський архітектор єврейського походження Штейнберг переїхав до Харкова у 1928 році й став головним архітектором Всеукраїнського будівельного тресту «Індубуд». Крім того, що він стояв біля джерел типізації і стандартизації житла, був членом Товариства сучасних архітекторів України, Штейнберг – один із найоригінальніших українських теоретиків

конструктивізму. Його будівлі 1920–1930-х років випередили свій час, але будівля ЦК КП(б)У й сьогодні могла б скласти конкуренцію сучасним архітекторам за своєю сучасністю.

Під час реконструкції старих будівель Губернського земського управління під ЦК КП(б)У у 1930–1931 роках Штейнберг підніс принцип надбудови до абсолюту, зробивши його основою художнього задуму. У архітектора було завдання надбудувати дві дореволюційні різностильові дво-триповерхові будівлі – неоренесансну архітектора Адольфа Мінкуса (1900) та неоампірну архітектора Віктора Величка (1914) – ще на три поверхи. Традиційний підхід передбачає, що будівлю, яку надбудовують, видозмінюють відповідно до стилю надбудови або, навпаки, надбудова повторює стиль будівлі, над якою її зводять. Штейнберг запропонував залишити старі будівлі в тому вигляді, в якому вони є, а над ними розмістити нову сучасну структуру. Для цього Штейнберг вирішує не спирати зовнішню стіну надбудови на тримальні стіни старих будівель. Натомість використовує новий залізобетонний каркас, на який спираються консольні балки, нависаючи над старою будівлею і тримаючи поверхи надбудови. З боку вулиці Свободи добудовує ще один новий об'єм, що виходить на майдан Свободи сходово-ліфтовим вузлом, вестибюлем і балконом для вітання демонстрацій. З північної частини – залу для зборів з їдальнею. Отже, старі будівлі опиняються у своєрідному «ковпаку» нової архітектури.

За цією архітектурною концепцією стоять роздуми Штейнберга про необхідність прориву не лише трьох вимірів об'єму, а й четвертого виміру – часу. На думку Штейнберга, якщо зберігати історичні будівлі (зокрема буржуазні) у всьому їхньому різноманітті чергувань епох і стилів, а «поряд з ними», «над ними» або «на них» зводити контрастні та сучасні будови, то рух на такій вулиці стане наочною демонстрацією діалектичного розвитку історії – тобто історичного матеріалізму. Але крім філософії історії, Штейнберг береться й за інші тези Карла Маркса. Через архітектуру ЦК КП(б)У він інтерпретує основну

категорію марксизму – базису та надбудови, що перебувають у діалектично суперечливих відносинах одне до одного. Маючи базис чи економічну основу суспільства з його структурою класів з попереднього часу, Радянський Союз формує нову надбудову, тобто ідеологію та громадські інститути. Стара, вигадливо й дрібно декорована будівля так само є базисом, на якому Штейнберг зводить просту і струнку «надбудову». Для підкріплення своєї теорії проєктну пропозицію Штейнберг оформлює як колаж із використанням фотографій старого Земства, доповнених напівпрозорим кресленням нової надбудови. Будівля повністю реалізована відповідно до проєкту Штейнберга в 1931 році. Але в переломний для Харкова 1934 рік, аргументуючи падінням штукатурки з «надбудови» і скориставшись переїздом Штейнберга до Києва, все ліплення зі старої частини – «базиса» – збили, а будівля набула єдиного офіціозного стилістичного характеру. За утилітарними причинами ховався дедалі інтенсивніший процес викорінення вільнодумства як у лавах ЦК КП(б)У, так і в архітектурі.

За Другої світової війни будівлю ЦК КП(б)У була частково зруйнована. Під час її реконструкції в 1951–1954 роках було остаточно знесено весь основний фасад Штейнберга: як «історичну»

частину, так і консольну надбудову. Через це будинок було відсунуто углиб від червоної лінії вулиці. При цьому його частина на вулиці Свободи й зала для зборів були збережені, внаслідок чого нова споруда набула параметрів, подібних до старої. Нову будівлю вже Обласного комітету комуністичної партії (Обком) звели за проєктом архітектора Орєхова, який працював у соцреалізмі, та колишнього конструктивіста Костенка. Харківський обком став «стандартом» владного стилю періоду сталінських повоєнних реконструкцій. Великий коринфський ордер, важковаговий антаблемент і величезний картуш з гербом СРСР та прапорами створюють усереднений образ будь-якої будівлі органів центральної влади будь-якого міста СРСР. Уподобаний проєкт було використано кілька разів, зокрема для будівлі Міністерства вугільної промисловості в Донецьку. Отже, глибока інтелектуальна робота Штейнберга, що містила комуністичний маніфест, виголошений через архітектуру, замістили фальшивим портиком, де колони не несуть антаблемент, а лише відіграють роль декорації. А історичний розвиток матеріалізму закінчився остаточним падінням як шару буржуазного, так і міжвоєнного національ-комуністичного періоду, і все це натомість було заміщено на похмурий офіціоз сталінізму.

3

⊕ This building was partially destroyed by Russian cruise missile strikes on 1 March 2022. The main load-bearing structures, including those of the right wing, together with the exterior walls, roof, upper floors, and façade decoration, were destroyed. All windows were broken. Numerous surrounding buildings on Svobody Square also sustained significant damage in this attack, which resulted in an estimated 44 casualties. On 28 August 2022 the Russian army launched another round of rocket artillery strikes at the building.

The building of the Central Committee of the Communist Party (Bolsheviks) of Ukraine (CP(b)U), which once resembled a simple white box, took up an important position in the ensemble of Svobody (Freedom) Square, consolidating the opposite pole to the circular governmental centre and anchoring the end of the parade-ground part of the square. This radically Modernist structure was designed by Yakov Steinberg, a Jewish architect originally from Kyiv who relocated to Kharkiv in 1928 to take up the role of chief architect at Indubud All-Ukrainian Construction Trust. Steinberg not only stood at the origins of housing typification and standardisation and was a member of the Society of Modern Architects of Ukraine but was also one of the most ingenious Ukrainian Constructivist theorists. The buildings he designed in the 1920s and 1930s were conspicuously ahead of their time. Even today, the Central Committee building could rival in contemporaneity the work of many contemporary architects.

In reconstructing the buildings of the Governorate Zemstvo Administration to create the Central Committee building in 1930–1931, Steinberg elevated the principle of the superstructure to an absolute, making it the foundation of his artistic concept. The brief required the addition of three floors to two existing two-and-three-storey buildings in different styles: a Renaissance-style structure designed by Adolf Minkus in 1900 and an Empire-style building designed by Viktor Velychko in 1914. Steinberg proposed a departure from the conventional approach whereby either a pre-existing building is adapted to harmonise with the style of the superstructure or, vice versa, the superstructure is designed to echo the style of the storeys beneath it. Instead, he suggested retaining the old buildings as they were and installing a new modern structure above them. To achieve this, he decided not to place the exterior walls of the superstructure directly on top of the load-bearing walls of the old buildings but to employ a new reinforced concrete frame to hold cantilever beams overhanging the old buildings and supporting the superstructure. Another new section was erected on the Svobody Street side; this faces Svobody Square with a corner block containing the main entrance, foyer, stairs, lift, and a balcony for greeting demonstrations. An assembly hall with a canteen was constructed on the north side. The old buildings were thus enveloped in a kind of a cocoon of new architecture.

Behind this architectural concept lay Steinberg's thoughts on the necessity of breaking through not just the three spatial dimensions but also the fourth dimension – time. Steinberg argued that constructing contrasting modern structures 'next to', 'above', or 'on' preserved historical buildings (including bourgeois buildings) with their succession of different epochs and styles turns movement along such a street into a visual demonstration of the dialectical progression of history – essentially an epitome of historical materialism. But, aside from delving into the philosophy of history, Steinberg also engaged with other of Karl Marx's theses. Through the architecture of the Central Committee building he interpreted the key categories of Marxism – base and superstructure, which stand in dialectical contradiction to one another. Inheriting the base or economic foundation of society and its class structure, the Soviet Union was forming a new superstructure, i.e. ideology and social institutions. Similarly, the pretentiously and meticulously decorated old Zemstvo buildings were the 'base' upon which Steinberg constructed a simple and slender 'superstructure.'

To support his theory, Steinberg submitted his project proposal as a collage that combined photographs of the existing old buildings with a translucent sketch of the proposed new extension.

Steinberg's design for the building was realised and completed in its entirety by 1931. However, in 1934, a pivotal year for Kharkiv, taking advantage of the fact that Steinberg had relocated to Kyiv and citing as a reason that plaster was falling from the superstructure, the stucco decoration adorning the old façade, Steinberg's 'base', was removed. This gave the building a uniformly formal stylistic character. The ostensibly utilitarian motives for the modification concealed the process of eradication of freethinking that was gaining momentum both in the Central Committee of CP(b)U and in architecture.

During World War II the building was partially destroyed. Reconstruction carried out between 1951 and 1954 involved the complete dismantling of the main façade designed by Steinberg – both the historical part and the cantilevered superstructure. This meant that the structure was moved back further from the building line of the street. Simultaneously, the section containing the assembly hall on Svobody Street was retained; thus similar parameters were laid down for the new building as for the old one. The revised structure accommodated the Regional Committee of CP(b)U (Obkom) and was designed by Volodymyr Oriekhov, an architect known for his work in the Socialist Realist style, together with the former Constructivist Veniamin Kostenko. The Kharkiv Obkom set the standard for the power style during the period of Stalinist post-WWII reconstructions. The grand Corinthian order, heavy entablature, and large cartouche with the Soviet coat of arms and flags gave this building the look of any building projecting state power in any city in the USSR. This much loved design was reused multiple times, notably for the Ministry of Coal Industry building in Donetsk.

Steinberg's profound intellectual work, an architectural interpretation of the communist manifesto, was thus supplanted by a false portico and columns that neither supported an entablature nor served any structural function, being merely decoration. The historical development of materialism ended with the ultimate fall of both the bourgeois and the interwar national-communist layers, replaced instead by the dull officiousness of Stalinism.

Державне підприємство «Гипрококс»
Giprokoks State Enterprise
вулиця Сумська, 60
Sumska Street, 60
Єлизавета Любомілова
Yelyzaveta Liubomilova
1954

070 C

⊕ Будівля була значно пошкоджена внаслідок російського удару крилатими ракетами по будівлі Харківської обласної державної адміністрації 1 березня 2022 року. Пошкоджено зовнішні стіни, оздоблення фасаду, вибито майже всі вікна.

Нейтральну офісну будівлю звела харківська архітекторка Єлизавета Любомілова для Державного інституту з проєктування підприємств коксохімічної промисловості (Гипрококс) у межах сталінської перебудови і декорування майдану Свободи у повоєнний період. Будівля Гипрококсу організовує чіткий фронт уздовж вулиці Сумської і задає перспективу вулиці Свободи, що починається тут. Далі по вулиці разом із п'ятиповерховою будівлею Науково-дослідного інституту основної хімії (НІОХІМ) Любомілова формує квартал. Але насамперед, судячи з мас та пропорцій, архітекторка прагне вписати цю будівлю в ансамбль майдану Свободи, врівноважуючи його східний бік.

Композиційним ядром Гипрококсу є скошений кут, що виходить на майдан. На такому інтенсивному транзитному перехресті він виконує роль «розширювача» вуличного простору та вузла пішохідного руху. Очевидно, що архітектура будівлі підпорядкована архітектурі нового Обкому партії Орєхова та Костенка: Любомілова звертається до схожих декоративних елементів, майже ідентичних карнизів, узгоджує пропорції та габарити. Як і інші будівлі майдану Свободи, виконані під час повоєнної реконструкції, Гипрококс прикрашений великим коринфським ордером на противагу іонічному, що використовувався у Старому місті.

І як і в інших об'єктах сталінського неокласицизму, особливо вирізняються інтер'єри, щедро декоровані деревом, мармуром, міддю. Досі зберігся

3

268

вестибюль Гипрококсу з тамбуром із червоного дерева, мармуровими сходами, прикрашеними декоративними ліхтарями. На першому поверсі з високим цоколем працювала Аптека №1 з вітринами з червоного дерева (закрита у 2010-х, зараз на її місці бар).

⊕ This building was heavily damaged by Russian cruise missile strikes targeting the Kharkiv Regional State Administration on 1 March 2022, which affected the external walls and façade decoration and broke almost all its windows.

This neutral office building was designed for the State Institute for the Design of Coke and Chemical Industry Enterprises (Giprokoks) by Yelyzaveta Liubomilova, a female architect from Kharkiv, as part of the post-WWII reconstruction and decoration of Svobody Square. The Giprokoks building organises a clear street front along Sumska Street and sets up the perspective view of Svobody Street that originates at this point. Together with the adjoining five-storey building of the Scientific Research Institute of Basic Chemistry (NIOCHIM), it forms an entire street block extending to Myronosytska Street. Above all else, however, judging by its masses and proportions, Liubomilova's intention was

to fit this building into the ensemble of Svobody Square in order to balance its eastern side.

The compositional core of the Giprokoks building is its chamfered corner facing the square. Situated on a bustling transit intersection, the corner serves as an 'expander' of the street space and a hub for pedestrian traffic. The building's architecture is evidently subordinate to Oriekhov's and Kostenko's renovated Obkom of the Communist Party (Bolsheviks) of Ukraine: Liubomilova employs similar decorative elements and nearly identical cornices and aligns proportions and dimensions accordingly. Akin to other structures on Svobody Square built during the post-WWII reconstruction, the Giprokoks building is embellished with a substantial Corinthian order as a counterweight to the Ionic order predominant in the Old City.

As with other Stalinist Neoclassical buildings, the interiors stand out, being lavishly decorated with wood, marble, and copper. The mahogany vestibule in the foyer and the marble staircase adorned with decorative post lanterns have survived. The ground floor with its raised plinth, once accommodated Pharmacy No. 1, which had fine mahogany display cases (the pharmacy closed in the 2010s; a bar now exists in its place).

Будинок проєктних і будівельних організацій, «Міськбудпроект» (зараз – офісна будівля з крамницями)

071 D

House of Design and Construction Organisations, Miskbudproekt (now – an office building with shops)

майдан Свободи, 8
Svobody Square, 8

Георгій Г. Вегман, Есфір Н. Бельман, Д. А. Морозов

Georgiy G. Vegman, Esfir N. Belman, D. A. Morozov

1954

⊕ Будівля була значно пошкоджена внаслідок російського удару крилатими ракетами по будівлі Харківської обласної державної адміністрації 1 березня 2022 року. Пошкоджено зовнішні стіни, оздоблення фасаду, вибито майже всі вікна.

На місці сьогоднішньої будівлі був триповерховий медичний факультет Університету, збудований у 1882 році за проєктом Болеслава Михаловського та зруйнований під час Другої світової війни. Наріжну неокласичну будівлю прибудували до торця готелю «Інтернаціонал» («Харків»). Головним автором проєкту був Георгій Вегман – відомий радянський архітектор-конструктивіст, який навчався та працював до війни в Москві. Після Другої світової війни архітектор був дискримінований за німецькою національністю і відісланий на роботу до Харківської філії проєктного інституту «Міськбудпроект», у «вигнанні» він провів 26 років.

П'ятиповерхова офісна будівля призначалася для проєктного інституту «Міськбудпроект» та низки інших проєктних і будівельних організацій на заміну Будинку проєктів на майдані Свободи, який передали Університету. Харківське відділення московського тресту «Міськбудпроект» (рос. «Горстройпроект» (з 1964 року ЦНДІП містобудування) було проєктним інститутом, що конкурував з харківською філією «Діпромісто» (з 1964 року «Харківпроект»). Головним архітектором Міськбудпроекту був сам Вегман, який у цей період виконував низку великих проєктів сталінських реконструкцій радянських міст, зокрема масштабну реконструкцію Запоріжжя. Безумовно, Вегман проєктував будинок Міськбудпроекту під свою організацію.

Незважаючи на те що Міськбудпроект вибивається зі стилістики готелю «Інтернаціонал» («Харків»), що стоїть поруч, композиційно він підтримує і квартал, і весь майдан Свободи, врівноважуючи і завершуючи його ансамбль. Міськбудпроект як прибудова до готелю створює з ним єдиний комплекс, з повагою, наскільки це можливо у соцреалізмі, вписуючись у нього. Пропорції нового об'єму вирахувані відповідно до пропорцій двох пластин готелю. А монотонно розкріплований спокійний фасад не перетягує увагу від динамічної структури готелю.

3

Vlad Popov

⊕ The building was heavily damaged by Russian cruise missile strikes targeting the Kharkiv Regional State Administration on 1 March 2022, which affected the exterior walls and façade decoration and shattered almost all its windows.

The site of the present-day building was previously occupied by the three-storey Faculty of Medicine of Kharkiv University, designed by Bolesław Michałowski in 1882 and destroyed during World War II. The Neoclassical corner building was built onto the side of the Internatsional Hotel, now known as 'Kharkiv Hotel'. The principal author was Georgiy Vegman, a prominent Soviet Constructivist architect who studied and worked in Moscow during the interwar period. After World War II, however, Vegman faced discrimination due to his German nationality and was exiled to the Kharkiv branch of Miskbudproekt Design Institute, where he ended up spending 26 years of his career.

The five-storey office building was assigned to Miskbudproekt Design Institute and various other design and construction organisations, serving as a substitute for the House of Projects on Svobody Square when the latter was repurposed for use by Kharkiv University. As a branch of Moscow's Gorstroyproekt Trust (renamed 'the Central Scientific Research and Design Institute of Urban Planning' in 1964), Kharkiv's Miskbudproekt was a rival design institute to the Kharkiv branch of Dipromisto Design Institute (which became Kharkivproekt Design Institute in 1964). As chief architect of Miskbudproekt, Vegman himself executed several significant Stalinist reconstruction projects in Soviet cities during this period, including the large-scale reconstruction of Zaporizhzhia. There can be no doubt that Vegman designed the Miskbudproekt building specifically for his own organisation.

Although the style of the Miskbudproekt building diverges from that of the adjoining Hotel Internatsional, compositionally it supports the block and Svobody Square as a whole, balancing and finalising the ensemble of the square. Attached to the hotel, the Miskbudproekt forms a coherent complex with it, fitting in delicately – as much as this is possible in Socialist Realism. The proportions of the new volume have been calculated to align with the proportions of the two slab-shaped hotel sections. The serene, monotonously articulated façade does not draw undue attention to itself, doing nothing to distract from the dynamic shape of the hotel.

Готель «Інтернаціонал» (зараз –готель «Харків») Internatsional Hotel (now – Kharkiv Hotel)

072 D

майдан Свободи, 7
Svobody Square, 7
Григорій О. Яновицький (також перебудова)
Hryhorii O. Yanovytskyi (also reconstruction)
1936, 1956

⊕ Будівля була частково пошкоджена внаслідок кількох російських ударів крилатими ракетами, реактивною артилерією та балістичними ракетами по майдану Свободи 1 березня, 28 серпня 2022 року і 30 грудня 2023 року. Пошкоджено зовнішні стіни, оздоблення фасаду, вибито майже всі вікна.

«Інтернаціонал» передбачався як готель для іноземних туристів, що своєю місткістю (511 номерів) відповідав би туристичним потокам у столицю Радянської України. Іноземний туризм у «закриту» країну СРСР був під повним контролем держави. Довгий час частина іноземних туристів проходила партійною (Комуністичний інтернаціонал, Комінтерн) і громадською (Міжнародна організація допомоги борцям революції, МОДР) лініями. У 1929 році було утворено акціонерне товариство «Інтурист», що взаємодіяло з Народним комісаріатом закордонних справ і Народним комісаріатом зовнішньої торгівлі. І хоч «Інтурист» проводив за кордоном широку рекламну кампанію із запрошення туристів у відкритий і гостинний СРСР, опинившись тут, вони потрапляли під постійне спостереження ДПУ та НКВС. Для управління «ринком» туристичних послуг і контролю за туристами «Інтурист» розвивав власну інфраструктуру, зокрема мережу готелів. Крім клієнтів «Інтуриста», готель «Інтернаціонал» міг розміщувати гостей Комінтерну, що не мав власних готелів, а в роки першої п'ятирічки потік іноземних фахівців зі США,

Німеччини, Австрії та інших країн. До Другої світової війни у готелю був інший вигляд: його архітектура, перебуваючи в тих самих масах і структурі, взагалі не мала декору. Колишній готель «Інтернаціонал» (сьогодні «Харків») спроєктував у 1930–1936 роках у конструктивізмі молодий харківський архітектор Григорій Яновицький, син голови Харківського відділення Товариства колишніх політкаторжан і засланих поселенців. Модерністський готельний комплекс простих форм складався з двох тонких коробок уздовж майдану та одного корпусу із закругленим торцем уздовж вулиці Трінклера, доповнених ще двома корпусами у дворі. На Всесвітній виставці мистецтв і техніки у Парижі в 1937 році за цей проєкт Яновицький отримав гран-прі. Проєкт преміювали серед багатьох інших радянських експонатів, зокрема архітектурних. Відбором об'єктів до радянського павільйону (як і вибором скульптури Робітника та Колгоспниці Віри Мухіної) займався Наркомат закордонних справ, а комісаром павільйону був виходець із Харкова – Іван Межлаук. Показову архітектуру політично та дипломатично значущого готелю «Інтернаціонал»

відрізняла, крім грандіозного масштабу, експресивність і динамічність композиції. Попри розмір, Яновицькому вдалося зберегти відчуття легкості та гостроти завдяки поєднанню пропорційно довершених паралелепіпедів-пластин. Найрізкіше враження справляв об'єм пластини найбільшого спального корпусу номерів, загрозливо вузький торець якого був спрямований своїм вістрям просто на Держпром. Композиція з гострих паралелепіпедів поєднувалася високим засклений цоколем стилобату, що закруглюється в дусі стрімлайн модерну на вулицю Трінклера. Тут був величезний ресторан із терасою на даху. У будинку чітко простежується метафора величезного багатопалубного океанічного лайнера. Корабель «Інтернаціонал» рухається на захід, у бік Урядового центру від будівлі ЦК КП(б)У, символізуючи ідею та напрям експорту революції. Водночас будинок спрямовано чітко до центру круглого майдану Урядового центру, тобто в метафоричний центр економічної світобудови радянської державної системи. Отже, з одного боку готель є частиною ансамблю круглого майдану, з іншого – обрамляє плац-парадну частину разом із будинком ЦК КП(б)У. Будівля належить до періоду перших п'ятирічок і тому має риси зрілого конструктивізму, тобто ар-деко або постконструктивізму: вирізняється перебільшеним масштабом, у простоті форм уже наявне відчуття розкоші, монументальності, приправленої агресивною пластикою. Скульптурно виконаний цоколь сусідить із рустом, а аттик прикрашений симетрично розташованими квадратними вікнами і вже відсилає до архітектури Риму. Як і в іншій роботі Яновицького того ж періоду – житловому будинку для Танкобудівного заводу, – модернізм тут має мілітарний нагнітальний характер. При цьому він виражений у впевненій, спокійній та елегантній манері: асиметрія компенсується легким флером естетики модернізованого неокласицизму (що створює схожість з архітектурою фашистської Італії).

Завершений якраз до Паризької всесвітньої виставки, готель для іноземних туристів відкрився тоді, коли СРСР уже розгорнув стрімкий курс на ізоляцію та закриття країни від іноземців і зовнішнього світу. За всіма напрямами наростає політика авторитаризму: починається наймасштабніша хвиля політичних чисток – сталінських репресій, країна занурюється в шпигуноманію: потік іноземних фахівців припиняється, а багатьох із них заарештовують за звинуваченням у шпигунстві, діяльність Комінтерну згортається, його лідерів знищують, репресованим стає і комісар радянського павільйону в Парижі Межлаук. Для Харкова ситуація посилюється ідеологічним перенесенням столиці до Києва та позбавленням Харкова всіх преференцій столичного статусу. Тому архітектурний символ комуністичної дипломатії та радянської гостинності – готель «Інтернаціонал» – так і не виконав своєї глобальної місії.

Під час війни будівля постраждала, проте всі конструктивні елементи не були зруйновані, а їхній стан давав змогу відновити первісний вигляд. Незважаючи на це, у 1956 році в межах «декорування» центру міста у сталінський соцреалізм Яновицький був змушений власноруч переробити фасад готелю. Перебуваючи під ідеологічним тиском, архітектор тяжко переживав зміни проєкту, який прославив його в 1930-ті. Унаслідок перебудови було змінено лише фасад з боку майдану Свободи. З боку двору та вулиці Трінклера будівля зберегла первісний конструктивістський вигляд. Яновицький прикріпив до обох паралелепіпедів великий карниз, повністю прибрав стилобат із закругленою частиною, яка неминуче видавала б його конструктивістську сутність. Ресторан був перенесений у прибудову прямокутних контурів з арковими вікнами. Вхідна група позначалася непереконливим портиком, наче приставленим до будівлі. Декорування спростило складний драматизм архітектури «Інтернаціоналу» та відволікло від її мілітаристсько-інтернаціонального характеру. Промовисту назву «Інтернаціонал» змінили на «Україну». Процес реконструкції затягнувся на довгі роки, під час яких готель стояв напівпорожній, а архітектор Яновицький встиг померти. Центральна влада втратила інтерес до готелю, а Інтурист уже планував нові забудови: у 1964 році зведено невеликий готель «Інтурист» на проспекті Науки, з того ж року розпочато будівництво величезного готельного комплексу «Мир». Лише у 1970-ті, коли стару будівлю передали міській владі, реконструкцію було завершено, готель уведено в експлуатацію. До нього прибудували новий корпус, а назву змінили на «Харків». Сьогодні готель перебуває у власності харківського бізнесмена Олександра Давтяна. Незважаючи на виграшне розташування в самому центрі міста, як і в повоєнні роки, готель стоїть у напівзанедбаному стані і є здебільшого лише місцем для величезних рекламних банерів (для зручності їх розміщення власник зрізав з фасаду оригінальні балкони). Але варто зазначити, що Яновицький зробив тількикосметичні й точкові зміни у фасаді, а прикріплені елементи не мають конструктивного навантаження, тому «сталінський шар» легко піддається демонтажу.

⊕ This building's exterior walls and façade decoration were badly damaged by Russian cruise missile strikes targeting the Kharkiv Regional State Administration on 1 March 2022, 28 August 2022, and 30 December 2023, which also shattered almost all its windows.

Built as a hotel for foreign tourists, the 511-room Internatsional (International) was intended to accommodate the influx of visitors to the capital of Soviet Ukraine. Tourism from abroad to the 'closed' USSR was tightly controlled by the state. For a long time foreign tourists came through either party (Communist International or Comintern) or public (International Red Aid) channels. Founded as a joint-stock company in 1929, Intourist worked closely with the People's Commissariat for Foreign Affairs and the People's Commissariat of Foreign Trade. Contrary to the extensive promotional campaign organised by Intourist abroad to attract tourists to the open and hospitable USSR, visitors, once they arrived, found themselves under constant surveillance by the State Political Administration (GPU) and the People's Commissariat for Internal Affairs (NKVD). To manage the 'market' in tourist services and maintain control over tourists, Intourist developed its own infrastructure, including a network of hotels. Besides clients of Intourist, Hotel Internatsional accommodated guests from the Comintern, which had no hotels of its own, as well as a flow of foreign specialists from the USA, Germany, Austria, and other countries, who poured into the country during the First Five-Year Plan. Until World War II Hotel Internatsional had a different appearance – with the same mass and structure but no decoration. Designed by the young Kharkiv architect Hryhorii Yanovytskyi, son of the chairman of the Kharkiv branch of the Society of Former Political Prisoners and Exiled Settlers, the hotel was built between 1930 and 1936 in a Constructivist style. The simple forms of its Modernist design comprised two slender box-like sections on the square, one section with a rounded end on Trinklera Street, and two additional sections in the courtyard. At the International Exposition of Art and Technology in Modern Life in Paris in 1937 Yanovytskyi received the Grand Prix for this project, one of many Soviet exhibits, including architectural works, to receive an award. The selection of objects for the Soviet pavilion, including Vera Mukhina's *Worker and Kolkhoz Woman* sculpture, was overseen by the People's Commissariat for Foreign Affairs; the pavilion's commissioner was Ivan Mezhlauk, a native of Kharkiv.

In addition to its grand scale, the demonstrative architecture of the politically and diplomatically significant Hotel Internatsional stood out for its expressive and dynamic composition. Despite the building's great size, Yanovytskyi managed to maintain a sense of lightness and acuteness by combining proportionally perfect slab-shaped parallelepipeds.

Denys Panchenko

The most visually striking of these was the larger slab-like volume housing guest rooms, whose tip on its menacingly narrow side façade pointed directly at Derzhprom. The composition comprising acute parallelepipeds was connected by a high glazed stylobate, which curved into Trinklera Street in a manner reminiscent of Streamline Moderne. Here there was a large restaurant with a roof terrace. The metaphor of the enormous multideck ocean liner was clearly legible. The Internatsional ship was heading west from the Central Committee of CP(b)U building towards the governmental centre – a symbol of the idea of exporting the revolution and of the direction which this exportation was to take. Simultaneously, the hotel was pointed at the middle of the circular plaza of the governmental centre, i.e. at the metaphorical centre of the economic 'cosmogony' of the Soviet state system. The hotel was thus part of the ensemble of the circular part of the square and at the same time, together with the Central Committee building, framed the parade-ground part of the square.

Dating to the era of the initial five-year plans, Hotel Internatsional already featured traits of mature Constructivism, i.e. in this case Art Deco or Post-Constructivism. The design had an exaggerated scale yet, alongside simplicity of form, exuded a sense of luxury and monumentality, flavoured with an aggressive plasticity. The sculptural plinth coexisted with a rusticated façade, while the attic featured symmetrically positioned square windows referring to ancient Roman architecture. As in another project by Hryhorii Yanovytskyi from the same period the residential building of the Locomotive Factory – this building's Modernism had a militaristic and brooding character. At the same time, it expressed itself in a confident, composed, and elegant manner: the asymmetry was compensated by the subtle flair of a modernised Neoclassical aesthetics (resembling the architecture of fascist Italy).

Completed just in time for the International Exposition in Paris, the hotel for foreign tourists opened at a moment when the USSR had already changed course and was moving at full steam towards isolation and sealing itself off from foreigners and the outside world. Authoritarianism was taking hold in all directions. The Stalinist repressions were the severest imaginable form of political purge. The country plunged into spy mania: the influx of foreign specialists was halted, and many who were already in the USSR were arrested on espionage charges. The Comintern was wound down and its leaders were killed, along with Ivan Mezhlauk, the commissioner of the Soviet pavilion in Paris. The situation for Kharkiv in particular deteriorated after the capital moved to Kyiv and Kharkiv lost all the benefits associated with the status of capital city. So, as an architectural symbol of communist diplomacy and Soviet hospitality, Hotel Internatsional ultimately fell short of its global mission.

The building endured some damage during World War II, yet all its structural elements remained relatively intact. Restoration of its original appearance would thus have been possible. Nonetheless, in 1956, as part of the campaign to 'decorate' the city centre in the Stalinist Socialist Realist style, Hryhorii Yanovytskyi was forced to redesign the hotel's façade. Under ideological pressure, he barely coped with having to change the project that had brought him fame in the 1930s. His alterations were accordingly confined solely to the façade overlooking Svobody Square, while in the courtyard and on the Trinklera Street side his original Constructivist design remained unchanged. He appended a substantial cornice to both parallelepipeds and entirely removed the stylobate with its rounded part, which would otherwise inevitably have betrayed the building's Constructivist origins. The restaurant was moved to a rectangular annex with arched windows. The entrance was marked by a lame portico that seemed merely pinned onto the façade. The decoration simplified the sophisticated and dramatic character of the Internatsional's architecture, distracting from its militaristically internationalist essence.

The hotel's self-explanatory name, 'Internatsional', was changed to 'Ukraine'. The reconstruction process dragged on for years. Meanwhile, the hotel remained half empty and Yanovytskyi had time to pass

3

away. The central authorities lost interest in the hotel, while Intourist itself was already laying plans for new buildings: a compact Intourist Hotel was erected in 1964 at Nauky Avenue, 21, and a start was made that same year on groundwork for the massive Mir hotel complex at Nauky Avenue 27a. It was not until the 1970s that the old Internatsional building was handed over to the municipal authorities, its reconstruction was completed, and it started receiving guests. Additionally, a new high-rise section was built onto it, and its name was changed to Kharkiv Hotel.

The hotel is now under the ownership of the Kharkiv businessman Oleksandr Davtian. Despite its prime location in the heart of the city, the building is again, as in the post-WWII period, in a semi-abandoned state. It is mainly used as a giant billboard; the owner has sliced off the original balconies to make it easier to place advertisements on the façade. Yanovytskyi, it should be pointed out, made only cosmetic and local changes to the building; the elements he attached carry no structural load. So, the 'Stalinist layer' can easily be dismantled in the future.

Tom Skipp

Новий корпус готелю «Харків» / Kharkiv Hotel, new building

073 D

проспект Незалежності, 8
Nezalezhnosti Avenue, 8
Ніна С. Фурманова, Борис Г. Клейн
Nina S. Furmanova, Boris H. Klein
1976

Будівля була частково пошкоджена внаслідок російського удару балістичними ракетами по готелю «Kharkiv Palace» 30 грудня 2023 року. Пошкоджено зовнішні стіни та скління, вибито майже всі вікна.

Після передання старого готелю міській владі внутрішні інтер'єри були майже повністю збережені в оригінальному вигляді. А для збільшення загальної місткості у 1976 році збудовано новий кутовий корпус на перетині вулиці Трінклера та проспекту Незалежності. Варто визнати, що рішення міської влади збудувати нову окрему будівлю

було не найгіршим, оскільки прибрало необхідність у будь-якій перебудові старої будівлі готелю. Що, враховуючи зазвичай низьку якість реконструкції історичних інтер'єрів у СРСР, неодмінно призвело до їх повної втрати.

Прилеглу шістнадцятиповерхову будівлю спроєктували архітектори проєктного інституту «Харківпроєкт» Ніна Фурманова та Борис Клейн. Із втратою статусу столиці та, як наслідок, обмеженнями на висотне будівництво за межами столиць радянських республік питання багатоповерхівок стало ідеєю-фікс для харківських архітекторів. У своєму інтерв'ю 2017 року Фурманова з гордістю сказала: «Я, маленька жінка, захищала проєкт перед дядьками й змогла захистити висотку. Мій готель видно з самого вокзалу, як і Держпром! Я жінка, але зробила домінанту в місті!»

Проста й лаконічна архітектура будівлі не претендує на провідну позицію в ансамблі майдану Свободи і, попри те що є його частиною, виконує функцію тла. Фурманова не збиралася вписувати нову будову до конструктивістського комплексу Яновицького. Такий підхід не створює жодного непорозуміння: очевидно, тут перед нами архітектура 1970-х, а тут —1930-х. Суцільне скління кутової секції створює багато світлих приміщень усередині будівлі. Алюміній і білий мармур, спільний для періоду «розвинутого соціалізму», відображає діловий стриманий стиль. Зараз новий корпус готелю «Харків», як і інші його частини, належить бізнесменові Олександру Давтяну. Саме ця частина готелю успішно функціонує, у 2000-ті тут зроблено ремонт, в межах якого збережено оригінальний вигляд будівлі та його оздоблювальні матеріали, підтримано й загальну естетику 70-х.

◈ The building was partially damaged by Russian ballistic missile strikes targeting Kharkiv Palace Hotel on 30 December 2023, which affected its exterior walls and glazing and broke almost all its windows.

When the old hotel was handed over to the municipal authorities, the interiors were predominantly preserved in their original state. In 1976 a new corner section was added at the intersection of Trinklera Street and Nezalezhnosti Avenue to increase overall capacity. It must be acknowledged that the city's decision to construct a separate new structure could have been worse: it avoided the necessity of reconstructing the old hotel building. Given the typically poor quality of historical interior restoration in the Soviet Union, such reconstruction would most likely have led to the complete loss of the interior.

The adjacent 16-storey building was designed by Nina Furmanova and Boris Klein, both architects from Kharkivproekt Design Institute. With Kharkiv's loss of its status as capital and the subsequent restrictions on high-rise construction except in capitals of the Soviet republics, multi-storey buildings became an idée fixe for local architects. In a 2017 interview Nina Furmanova proudly remarked, 'I, a small woman, defended the project in front of men and secured approval for a high-rise. My hotel is visible from the railway station, just like Derzhprom! I'm a woman, but I created a vertical landmark in the city!'

The simple, laconic architecture of this extension does not vie for a leading position in the Svobody Square ensemble. It is a part of the ensemble but content to serve as a backdrop. Furmanova had no intention of blending the new structure into Hryhorii Yanovytskyi's Constructivist complex. This approach avoids the creation of uncertainty: here we have the architecture of the 1970s, while over there, on Trinklera Street, we have the architecture of the 1930s. The corner section's continuous glazing ensures ample well-lit space inside the building. The aluminium and white marble, common during the period of developed socialism, reflect a businesslike, moderate style.

The businessman Oleksandr Davtian is currently owner of the new section of the Kharkiv Hotel, as well as of other parts of this complex. This particular section has continued to function as a hotel. When it underwent renovation in the 2000s, the original appearance and finishing materials were preserved, and the overall 1970s aesthetic was maintained.

3

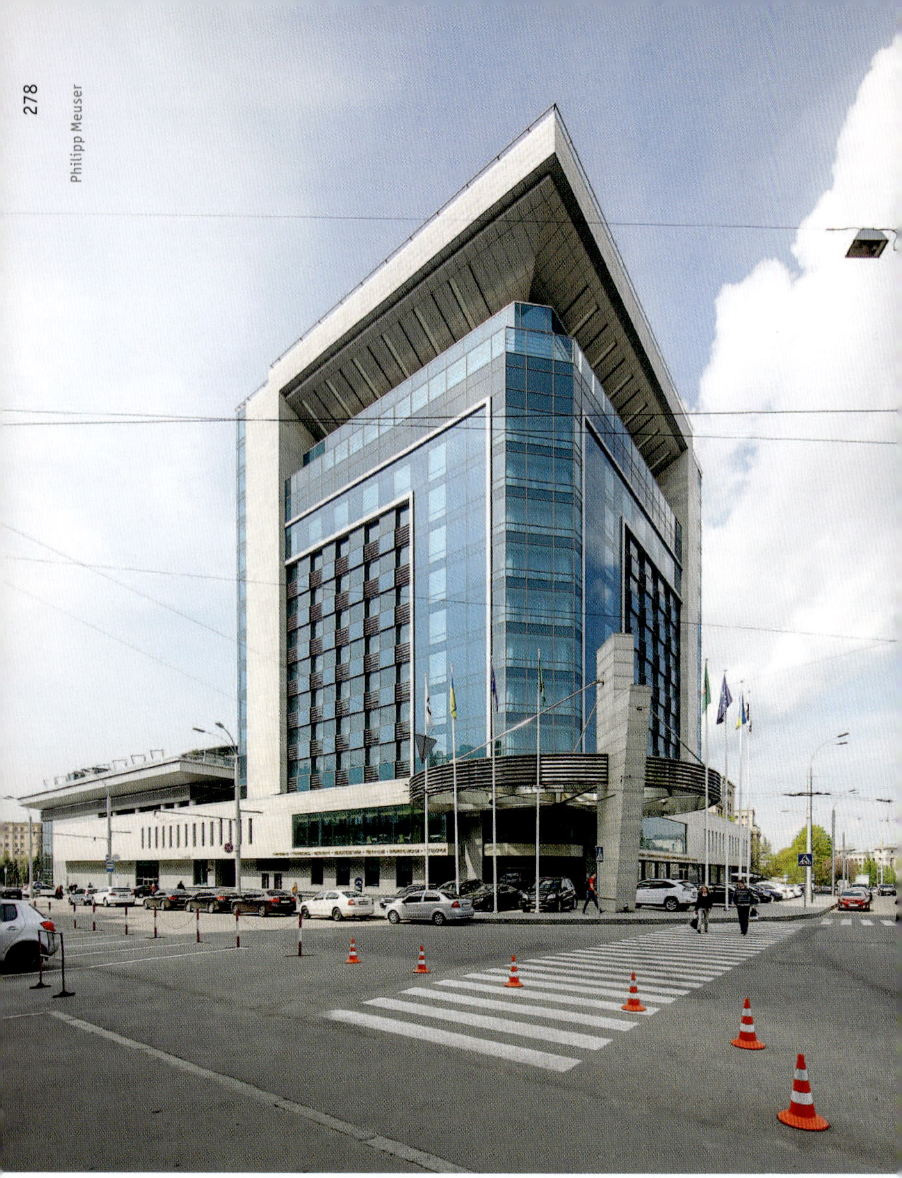

Philipp Meuser

Dadikonna (iStock)

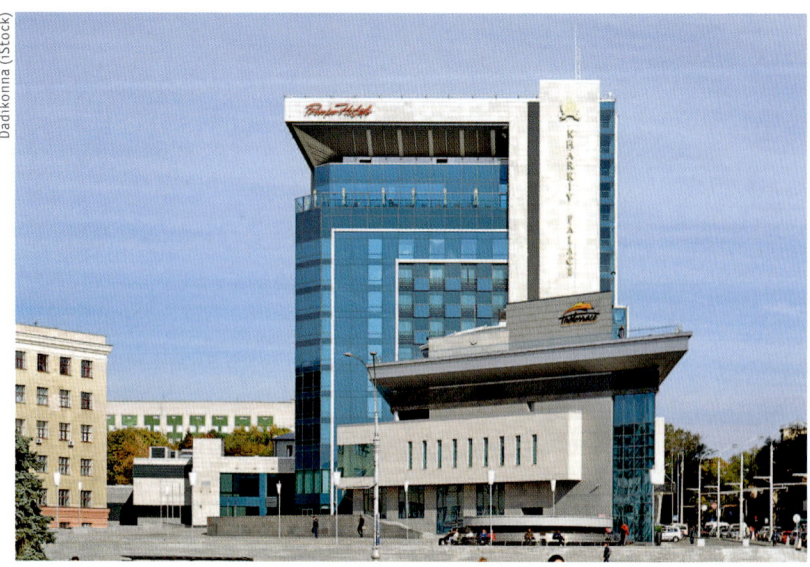

Готель «Kharkiv Palace»
Kharkiv Palace Hotel

проспект Незалежності, 2
Nezalezhnosti Avenue, 2
Сергій В. Бабушкін,
Олександр В. Свистунов
Serhiy V. Babushkin,
Oleksandr V. Svystunov
2012

074 D

⊕ Будівля була частково зруйнована внаслідок російського удару балістичними ракетами 30 грудня 2023 року. Значно пошкоджено основні конструкції будівлі, зовнішні стіни, дах та скління, зруйновано інтер'єри, вибито всі вікна. Серйозних пошкоджень зазнали численні навколишні будівлі в районі перехрестя проспекту Незалежності та вулиці Трінклера.

Новий готель збудовано у межах підготовки інфраструктури міста до чемпіонату з футболу Євро-2012, що проходив в Україні. На місці готелю було порожнє місце, поросле зеленню, де «зависали» тинейджери. До Другої світової війни там стояв хімічний корпус медичного факультету Університету, зведений у 1911–1914 роках за проєктом архітектора Віктора Величко (зруйнований у 1943 році). Замовником будівництва нового готелю стала компанія «Development Construction Holding» харківського бізнесмена Олександра Ярославського (власника заводу ХТЗ і колишнього власника футбольного клубу «Металіст»). Проєктуванням займалося київське архітектурне бюро Сергія Бабушкіна, головного архітектора Києва з 1996 по 2003 рік, сумнозвісного хаотичною реконструкцією майдану Незалежності та іншими скандальними проєктами у стилі кітчу. Також над проєктом працював співробітник Бабушкіна – нинішній головний архітектор Києва (з 2016 року) Олександр Свистунов. Така ситуація – запрошення київських архітекторів з поганою репутацією для будівництва на головному історичному майдані міста і їхня груба інтервенція у наявний ансамбль – була сприйнята місцевою спільнотою експертів, архітекторів та містобудівників як глибока неповага до культурної спадщини Харкова.

Крім того, проєкт розробляли для іншого міста, де його не реалізували. Застосування невикористаного готового проєкту було актом повного ігнорування історичного контексту та навколишнього середовища Харкова задля власних інтересів. Унікальний конструктивістський ансамбль майдану Свободи 1920–1950-х, у формуванні якого брали участь відомі архітектори ХХ століття, заслуговував на індивідуальний підхід. Висока 11-поверхова будівля не відповідає своєю стилістикою, кольорами, матеріалами, пропорціями іконічним об'єктам конструктивізму. Готель змінив панораму та всі перспективні краєвиди ансамблю майдану Свободи. Така нетактовна поведінка архітекторів і замовника свідчить про повне нерозуміння ні цінності архітектурної спадщини, ні свого місця в ньому.

⊕ The building was partially destroyed by Russian ballistic missile strikes on 30 December 2023. The main load-bearing structures, exterior walls, roof, interiors and glazing were badly damaged, and all windows were broken. At the same time, numerous surrounding buildings at the intersection of Nezalezhnosti Avenue and Trinklera Street also sustained significant damage.

Kharkiv Palace Hotel is a new hotel built as part of the preparations for UEFA Euro 2012, co-hosted by Ukraine and Poland. The space it occupies was once an overgrown wasteland where teenagers often hung out. Before World War II it housed the Chemical Building of the Faculty of Medicine for Kharkiv University, designed by Viktor Velychko and constructed between 1911 and 1914 (demolished in 1943). The new hotel was commissioned by Development Construction Holding, which is owned by the Kharkiv businessman Oleksandr Yaroslavskyi, who is also the proprietor of Kharkiv Tractor Plant and used to own Metalist Football Club. The design is by a Kyiv-based architecture firm led by Serhiy Babushkin, who was chief architect of Kyiv from 1996 to 2003 and is notorious for the chaotic reconstruction of Maidan

3

Nezalezhnosti and other scandalous kitschy projects. Oleksandr Svystunov, the current chief architect of Kyiv (since 2016), collaborated with Babushkin on this project. The local community of experts, architects, and conservators regarded this situation – disreputable architects from Kyiv being asked to build something on the city's main historical square and making a blatant intervention in the established architectural ensemble – as a case of severe disrespect for Kharkiv's cultural heritage.

To make matters worse, the project had originally been conceived for a different city, where it was never realised. Utilisation of an unused ready-made design was an act of complete disregard for the historical context and Kharkiv's urban environment and served no purpose other than personal interests. The unique Constructivist ensemble of Svobody Square, formed by renowned twentieth-century architects between the 1920s and 1950s, merited an individual approach. The towering 11-storey new building fails to align in style, colours, materials, or proportions with the neighbouring iconic Constructivist structures. Ultimately, the hotel building has altered the panorama and all perspective views of the Svobody Square ensemble. This tactless behaviour by the architects and the client demonstrates their complete misunderstanding of both the value of architectural heritage and their own place within it.

Будинок проєктів (зараз – Харківський національний університет імені Василя Каразіна) `075` D

House of Projects (now – V. N. Karazin Kharkiv National University)

майдан Свободи, 4
Svobody Square, 4

Сергій С. Серафимов,
Марія О. Зандберг-Серафимова
Реконструкція: Веніамін П. Костенко,
Іван Д. Єрмілов, Віктор І. Лівшиць,
Всеволод К. Комірний

Sergei S. Serafimov,
Maria A. Zandberg-Serafimova
Reconstruction: Veniamin P. Kostenko,
Ivan D. Yermilov, Viktor I. Lifshits,
Vsevolod K. Komirnyi
1932, 1957

⊕ Будівля була частково пошкоджена внаслідок кількох російських ударів крилатими ракетами та дроном-камікадзе по майдану Свободи і району Задержпром'я 1 березня 2022 року і 2 січня 2024 року. Пошкоджено зовнішні стіни, оздоблення фасаду, вибито понад 550 вікон.

У 1927 році відбувся архітектурний конкурс на Будинок Уряду Радянської України. У будівлі мали розміщуватися всі центральні державні органи: уряд

(Рада народних комісарів, РНК), парламент (Всеукраїнський центральний виконавчий комітет, ВУЦВК), всі міністерства (народні комісаріати) та інші центральні урядові установи УРСР. Крім цього, тут планувалися зали для з'їздів і зборів на 1500 осіб, 5 малих зал, їдальня, центральна бібліотека з читальною залою, архів. Першу премію отримав проєкт харківського архітектора Олександра Лінецького, другу – Сергія Серафимова і Марії Зандберг. У 1929 році, можливо, вже передчуваючи перенесення столиці, а відповідно

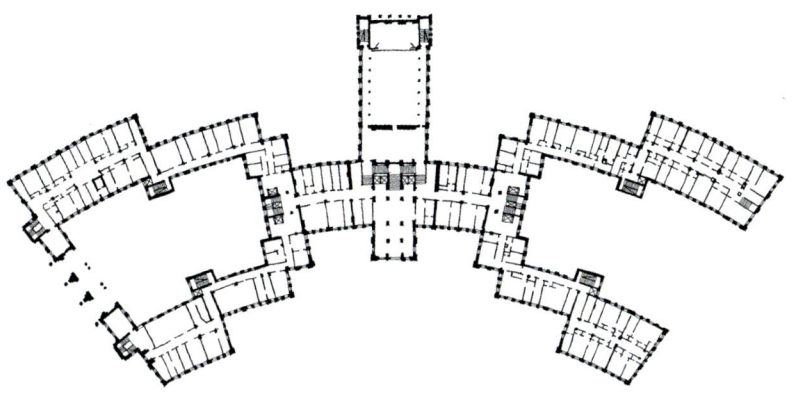

3

Denys Panchenko

і уряду, РНК зупинила будівництво. На тому самому місці й за тими самими параметрами було вирішено зводити будинок для проєктних організацій України. У 1930 році у знову оголошеному конкурсі першу премію здобув проєкт «Наздогнати та перегнати» автора Держпрому Сергія Серафимова та його дружини архітекторки ВХУТЕІНа Марії Зандберг-Серафимової. Через стислий термін будівельники відразу ж розпочали реалізацію Будинку проєктів у збірному залізобетонному каркасі, конструктивні елементи якого (балки, колони) виготовляли окремо в майстерні.

Уже в 1932 році у хмарочосі зібралися майже всі архітектурні та будівельні організації Харкова, у яких працювали тисячі українських архітекторів, інженерів, містобудівників. У цьому архітектурно-будівельному хабі розміщувалися Діпромісто, Діпромаш, Діпромез, Коксобуд, Хембуд, Стромбуд, Промбуд, Холодобуд, Будтрест, Індубуд, Цивільбуд із загальною кількістю працівників до 5500 осіб. Крім операційних приміщень, у будівлі були аудиторія на 500 осіб, просторе фоє для виставок проєктів, зала на 200 осіб, 2 зали на 100 осіб, технічна бібліотека на 100 000 томів із кімнатами для індивідуальних занять, архіви малюнків і креслень, їдальня на 1000 осіб, буфет, копіювальна, розмножувальна, палітурна, модельна, макетна, слюсарно-механічна, електротехнічна та столярна майстерні. Отже, Будинок проєктів став прототипом нової архітектурної типології – проєктного інституту, згодом основної структурної одиниці проєктної справи в СРСР. Саме на початку 1930-х років проєктні інститути перебували на стадії свого становлення, почавши централізований перехід від невеликих автономних контор і бюро до великих ієрархічних організацій – гігантів проєктної справи, які розробляли проєктну документацію в індустріальних масштабах. Циклопічні розміри Будинку проєктів віддзеркалюють не лише величезні темпи будівництва в УРСР, а й потужності її архітектурної сфери, а разом із нею й обсяги виробництва самої української

архітектури на цій «фабриці проєктів». Для типології проєктного інституту Серафимов і Зандберг запозичують просторову організацію свого ж конкурсного проєкту Будинку уряду, що нагадує в плані літеру «Ж». Але якщо в Будинку уряду розгалужені крила будівлі слугували для розподілу гілок влади та наркоматів, то в Будинку проєктів – розподілу проєктних інститутів. Розкриті двори-курдонери, що мали окремі входи, давали змогу розмежувати людські потоки та автономізувати проєктні організації. Тут, як і у випадку з Держпромом, в основі художнього задуму була логістична структура зв'язків і маршрутів руху. Також із проєкту Будинку уряду в Будинок проєктів перейшла ступінчаста структура силуету, створена з площин корпусів, які, накладаючись один на один із зсувом, формували своєрідні просторові амфітеатри. Такі амфітеатри-курдонери розкривалися на всі чотири сторони світу, що робило всі фасади однаково важливими. Отже, будівля-монумент або будівля-скульптура створює різноманіття виграшних ракурсів в обході, особливо ефектно замикаючи дальні ракурси. «Капітолійське» розміщення на вершині височини, успадковане від Будинку уряду, дає змогу Будинку проєктів у Новому місті відігравати рівноцінну дзвіницям Старого міста роль у панорамі Харкова.

Переробляючи Будинок уряду, великоваговість і помпезність, відповідні органам влади, замінили легкістю та мінімалізмом будівельної сфери Будинку проєктів. Істотно полегшила композицію заміна двох симетричних центральних веж, подібних до веж на Будинку уряду Білорусі Йосипа Лангбарда, на одну тонку, мов пластина, вежу, завершену витонченим солярієм. Цю вежу Серафимов метафорично називає ножем, що розсікає будинок на дві частини. Щоб посилити ефект розсічення та відокремлення вежі від об'єму всієї будівлі, з її боків розміщують вертикальні скляні смуги, які створюють враження прозорості, а під час заходу сонця – відчуття нуменозності «божественного» світіння. І якщо Держпром характеризує велика кількість веж –

автономних вертикальних конекторів, або «ліфтів», – то в Будинку проєктів лише одна вежа-стрижень зав'язує на собі всі горизонтальні сполучення та нанизує всі поверхи. При цьому Будинок проєктів беззаперечно підтримує Держпром масштабом, ритмом і членуваннями, відтіняє його, не претендуючи на головну роль. Як і в Держпромі, крила будівлі з'єднуються драматичними переходами низько – на рівні другого поверху і високо – на рівні дев'ятого. Значно більшою мірою, ніж у Держпромі, у Будинку проєктів приділено увагу площині стін. Стрічкове засклення залишає матеріально відчутною їхню білу гладеньку поверхню. Будівля без сумніву випередила свій час, виявившись ближчою до повоєнної модерністської архітектури Ле Корбюзьє та Оскара Німеєра, ніж до міжвоєнного конструктивізму.

Під час Другої світової війни Будинок проєктів постраждав, майже повністю вигорівши зсередини, після чого приблизно десять років стояв занедбаним. Одні великі проєктні інститути, наприклад Діпромісто, переїхали до нової столиці – Києва. Інші розпочали будівництво власних будівель по всьому Харкову, який став «містом проєктних інститутів». У 1951 році пошкоджену будівлю передали Харківському державному університету на честь його 150-річчя. У 1954 році архітектори Діпровузу (Веніамін Костенко, Олександр Касьянов, Володимир Липкін) здійснили соцреалістичний проєкт грандіозного за своїми масштабами декорування модерністської будівлі. Відкриті двори-курдонери було забудовано, вони перетворилися на закриті колодязі. Переходи прибрано, а засклені частини будівлі

закладено. Центральна вежа повинна була вирости до 15 поверхів і увінчатися не тільки величезним шпилем, а й скульптурою Сталіна – «корифея науки». Крім цього, за словами проєктувальника, який згодом став головним архітектором Діпровузу, Віктора Лівшиця, вся площина стін мала бути «одягнена в сорочку», тобто в шар плитки, ліпнини та декору. У результаті всіх цих трансформацій конструктивістська будівля набувала вигляду Московського державного університету на Воробйових горах. На щастя, декрет про боротьбу з надмірностями, що вийшов у 1955 році, не дозволив усім декораторським планам архітекторів реалізуватися. У повоєнний період узгоджувати будинки заввишки понад 12 поверхів доводилося через комісію в Москві. Там московські архітектори, зокрема Руднєв, чия будівля Московського університету якраз добудовувалася, категорично відхилили проєкт у стилі сталінської неокласики. До оригінального вигляду архітектори не повернулися, але й соцреалістичний варіант реалізувати не наважилися. У результаті унікальний об'єкт модернізму частково перебудували та облицювали керамічною плиткою, він став черговим прикладом «обдирної» архітектури – все ще має козирки та портики, але вже позбавлений буяння сталінського декору. Конструктивістський шедевр став полоненим шару сталінських поліпшень, за яким, попри все, і зараз ховається його авангардна сутність. У головному корпусі Університету навчаються студенти-історики, а для них критичне ставлення до минулого, робота з пам'яттю та спадщиною є суттю професії. Тому керівництву Університету варто було б щонайменше розмістити інформаційний бокс з історією пам'ятки модернізму, проілюстрований архівними фотографіями 1930-х. Щонайбільше – відкрити оригінальні модерністські фасади, що стало б символічним кроком до подолання сталінізму та його історичних маніпуляцій. Хоча і без того всі останні 20 років неякісна плитка сама обвалюється з фасаду, природно відкриваючи минуле.

3

⊕ This building was partially damaged by Russian cruise missile strikes and a kamikaze drone attack targeting Svobody Square and Zaderzhpromia district on 1 March 2022 and 2 January 2024. Its exterior walls and façade decoration were affected, and more than 550 windows were broken.

In 1927 an architectural competition was held to design the House of Government of Soviet Ukraine. The structure was intended to accommodate all central government bodies: the government (Council of People's Commissars or Radnarkom), the parliament (All-Ukrainian Central Executive Committee or VUTsVK), all ministries (people's commissariats), and various state agencies of the Ukrainian SSR. Additionally, it was supposed to contain a hall for congresses and assemblies for 1500 people, five smaller auditoriums, a canteen, a central library with a reading room, and an archive. Top prize went to a design by the Kharkiv architect Oleksandr Linetskyi, while Sergei Serafimov and Maria Zandberg won second prize. In 1929, seemingly anticipating the relocation of the capital and the government to Kyiv in 1934, Radnarkom called a halt on construction. It was decided that the site would be used for a building with the same parameters housing Ukrainian design organisations – the House of Projects. In 1930 the 'Catch Up and Overtake' project by Sergei Serafimov, the co-author of Derzhprom, and his wife, the architect Maria Zandberg-Serafimova from the Higher Art and Technical Institute (Vhutein), was awarded first prize in a new competition. Because of the pressing deadline, construction began immediately, using a pre-fabricated reinforced-concrete frame and

Pavlo Dorohoi

structural elements (beams and columns) manufactured separately in a workshop.

By 1932 the skyscraper had brought together nearly all Kharkiv's design and construction organisations, drawing in thousands of Ukrainian architects, engineers, and urban planners. This architectural hub accommodated Dipromisto, Dipromash, Dipromez, Koksobud, Khembud, Strombud, Prombud, Kholodobud, Budtrest, Indubud, and Tsyvilbud, employing a combined staff of up to 5500. Besides its operational spaces, the building had an assembly hall for 500, a spacious foyer for exhibitions of projects, an auditorium for 200, two auditoriums seating 100 each, a technical library holding 100,000 items with rooms for individual studies, an archive of drawings and sketches, and a canteen serving up to 1000, as well as copying, binding, model, mechanical, electrical engineering, and joinery workshops.

The House of Projects was the prototype of a new architectural typology – the design institute, a type of organisation which eventually became the primary structural unit in the Soviet design industry. In the early 1930s design institutes were in their formative stages, as a centralised transition got under way from small autonomous offices and bureaus to substantial hierarchical organisations – giant design offices that generated design documentation on an industrial scale. The cyclopean dimensions of the House of Projects reflect not just the rapid pace of construction in Soviet Ukraine but also the capacity of its architectural sector and the volumes of Ukrainian architecture produced in this 'factory of projects' in particular.

For the design institute typology, Serafimov and Zandberg-Serafimova adopted the massing of the building from their own competition project for the

3

House of Government, which resembled the Cyrillic letter Ж in shape. In the latter the branched wings of the House of Government were intended to provide separate spaces for the different branches of power and ministries; in the House of Projects they served to compartmentalise the various design institutes. The open courtyards, designed as *cour d'honneurs* with separate entrances, helped separate flows of foot traffic and so make the design institutes autonomous. Much like at Derzhprom, the artistic concept relied on a logistical structure of connections and pathways for movement. The stepped silhouette structure, formed by the overlapping planes of the sections with a slight offset to create something resembling spatial amphitheatres, was also derived from the House of Government project. These amphitheatres or *cour d'honneurs* open towards all four points of the compass, ensuring equal significance for all façades. This means that this building-as-monument or building-as-sculpture offers various advantageous viewing angles as one moves around it, presenting itself in an especially impressive manner when viewed from a distance. A 'capitol-like' position atop the hill, inherited from the House of Government, allows the House of Projects in the New Centre to play the same role in Kharkiv's panorama as the bell towers in the Old Centre.

During the redesign of the House of Government, the heaviness and pomposity appropriate to a building for the state authorities gave way to a lightness and minimalism that characterised the construction industry embodied in the House of Projects. The composition became notably lighter: the two symmetrical central towers seen in Iosif Langbard's House of Government in Minsk were replaced with a single slim, slab-like tower topped with an elegant solarium. Serafimov metaphorically dubbed this tower a 'knife' slitting the building into two parts. To heighten the impression of cutting and separating the tower from the rest of the structure, vertical glass strips were introduced on its sides, creating a sense of transparency, and at sunset, a feeling of a numinous 'divine' glow. While Derzhprom is characterised by

a multitude of towers – autonomous vertical connectors or 'lifts' – the House of Projects features only one tower/rod that ties all the horizontal connections to itself and strings together all the floors. At the same time, the House of Projects undoubtedly supports Derzhprom in scale, rhythm, and articulation, highlighting it without stealing its limelight and remaining somewhat in its shadow. As in the case of Derzhprom, the building's wings are linked by dramatic skybridges both low down, at the level of the first floor, and high up, at the level of the eighth floor. In the House of Projects there is much more focus on the planes of the walls than at Derzhprom. The ribbon windows preserve the tangible materiality of the smooth white wall surface. Undoubtedly ahead of its time, this building is in fact closer to the post-WWII Modernist architecture of Le Corbusier and Oscar Niemeyer than to interwar Constructivism.

In World War II the building suffered extensive damage: fire destroyed everything apart from the walls and load-bearing structure, after which it stood abandoned for about ten years. Some major design institutes, such as Dipromisto, relocated to the new capital, Kyiv, while others set about building their own offices across Kharkiv, transforming it into a 'city of design institutes'. In 1951 the disfigured building was handed over to Kharkiv University to mark its 150th anniversary.[1] Then, in 1954, architects from Diprovuz Design Institute (Veniamin Kostenko, Oleksandr Kasianov, Volodymyr Lypkin) devised an ambitious project to decorate the Modernist building in the Socialist Realist style on a grand scale. The two open *cour d'honneurs* were closed off: the one on the east side of the building by an eight-storey section that turned it into a well-like courtyard; the other on the northwest side by a wall housing a one-storey section and two arches. The skybridges were to be removed and glazed areas closed up. The intention was that the central tower would be 15 storeys tall and topped by not just an immense spire but also a sculpture of Stalin – a 'coryphaeus of science'. Additionally, as

---

1 From 1936: Maxim Gorky Kharkiv State University; now – V. N. Karazin Kharkiv National University.

Andriy Kravchuk

3

revealed by Viktor Lifshits, an architect engaged in the project who was later appointed chief architect of Diprovuz Design Institute, the entire surface of the walls was to be 'dressed in a "shirt"' of tiles, stucco decoration, and embellishment. All these changes would have transformed the Constructivist building into something resembling Moscow State University on Sparrow Hills. Thankfully, Khrushchev's decree 'On the Elimination of Excesses in Architecture and Construction' of 1955 prevented the realisation of all the architects' decorative plans. After World War II, all buildings exceeding 12 storeys in the Soviet Union required approval from a special commission in Moscow. When the Kharkiv University reconstruction project came before this commission, the Moscow architects, including Lev Rudnev, whose main building of Moscow State University was then nearing completion, dismissed this Stalinist Neoclassical design outright. The Kharkiv architects did not revert to the original Modernist look but neither did they dare to implement the Socialist Realist version. In the end, the unique Modernist structure was partially reconstructed and clad in ceramic tiles,

becoming another instance of 'stripped off' architecture. It still had canopies and porticos, albeit without the exuberance of Stalinist decoration.

Serafimov and Zandberg-Serafimova's Constructivist masterpiece appears to be imprisoned in a layer of Socialist Realist 'improvements', behind which, despite everything, its Avant-garde essence remains concealed. In the main building of Kharkiv University student historians immerse themselves in their profession's core aspects – critical examination of the past and engagement with memory and heritage. Given this, the university administration should, at the very least, have installed an information stand outlining the history of this Modernist heritage site, accompanied by archive photos from the 1930s. They could, though, have done much more: they could have opted to reveal the original Modernist façades, as a symbolic step towards overcoming Stalinism and its manipulations of history. Even in the absence of such measures, for the last 20 years the low-quality tiles have been sporadically peeling off the façade: a natural unveiling of the past.

Будинок кооперації (зараз – Північний корпус Харківського національного університету імені Василя Каразіна)
House of Cooperation (now – the Northern Building of V. N. Karazin Kharkiv National University)

майдан Свободи, 6
Svobody Square, 6

Олександр І. Дмитрієв, Оскар Р. Мунц
Перебудова: Йосип Н. Заков,
С. Гольдштейн, Петро Ю. Шпара,
П. А. Бельчинов
Завершення: Петро Ю. Шпара,
В. І. Дюжих, Ніна О. Лінецька,
Н. П. Євтушенко
Alexander I. Dmitriev, Oskar R. Munts
Reconstruction: Iosif N. Zakov,
S. Goldstein, Petro Y. Shpara,
P. A. Belchinov
Completion: Petro Y. Shpara,
V. I. Diuzhykh, Nina O. Linetska,
N. P. Yevtushenko
1931, 1935, 1954

⊕ Будівля була частково пошкоджена внаслідок російського удару балістичними ракетами по готелю «Kharkiv Palace» 30 грудня 2023 року. Пошкоджено зовнішні стіни, оздоблення фасаду, вибито вікна.

У 2004 році будівлю на північному боці майдану Свободи передали Харківському національному університету, а до того вона належала Військовій академії імені Говорова, яку розформували через непопулярність серед абітурієнтів. Незважаючи на це, будівля продовжує бути відомою як Будинок кооперації, хоча як Будинок кооперації вона не працювала жодного дня. Але що ж таке радянська кооперація, хто з ким у ній мав кооперуватися і, відповідно, для якої функції була створена ця будівля?

Сільськогосподарська та споживча кооперація була одним зі стовпів Нової економічної політики. Сільському господарству разом із промисловістю було відведено центральне місце в економіці, а тому й у ансамблі Урядового центру. Тут мали діяти Всеукраїнський кооперативний банк «Українбанк», Всеукраїнський союз споживчих кооперативних організацій (Вукоопспілка), Українське кооперативне страхове товариство (Коопстрах) і всі основні сільськогосподарські кооперативи: Харківський центральний робітничий кооператив (Церобкооп), Всеукраїнський союз сільськогосподарської кооперації «Сільський господар» (Сільгосподар), Всеукраїнська спілка садово-городніх, виноградарських та бджільницьких кооперативів (Плодоспілка), Всеукраїнська спілка скотарсько-молочно кооперації «Добробут», Всеукраїнське кооперативне товариство зі збуту та експорту продукції птахівництва «Кооптах», «Бурякоспілка» та інші. Загальна кількість працівників усіх організацій становила до 3800 осіб. Кооперативи займалися централізованою закупівлею товарів у сільськогосподарських виробників за визначеними державою цінами і становили в такий спосіб конкуренцію приватній торгівлі. Натомість виробники сільськогосподарської продукції отримували промислові товари (сільськогосподарські машини та техніку) для використання у своєму виробництві, які без цього неможливо було придбати. Закуплені сільськогосподарські товари кооперативи реалізовували серед міського населення через роздрібну мережу магазинів. Кооперативи були відносно автономними підприємствами, які успішно конкурували з приватною торгівлею, посідаючи домінантне місце на ринку сільськогосподарської продукції. До того ж вони вели самостійну зовнішньоекономічну діяльність, мали власні представництва «Коопукр» у Великій Британії, Німеччині та Канаді.

У 1929 році було організовано Пайове кооперативне товариство будівництва та експлуатації Будинку кооперації та одразу розпочато будівництво. Проєкт ленінградських архітекторів, академіка Олександра Дмитрієва та Оскара Мунца, обрала експертна комісія, до якої увійшли Олексій Щусєв, Віктор Веснін, Іван Рерберг та інші. Його купили для Будинку кооперації з проєктів, поданих у 1927 році на конкурс зовсім іншої будівлі – Будинку уряду (в ньому виграв проєкт Олександра Лінецького). На той момент Дмитрієв – визнаний авторитет старої школи – уже будував у Харкові як до Революції (Управління південних залізниць на Привокзальній площі, 1), так і після (Клуб залізничників на вул. Велика Панасівська, 83а). Архітектор Мунц також пройшов шлях від архітектора модерну до радянського неокласициста (Волховська ГЕС, Будинок уряду в Баку) і також будував у Харкові (Північний банк, вулиця Сумська, 1). Будинок кооперації мав завершити ансамбль майдану, а його двадцятиповерхова вежа – стати найвищою будівлею міста. У лівому крилі розташовувалася сільська кооперація, у правому – споживча кооперація, у центральній вежі – міжкооперативні організації. Крім того, у будівлі мали бути зала засідань на 850 осіб, дві зали на 300 і 250 осіб, бібліотека з читальною залою, загальне машинно-лічильне бюро, музей кооперації, кухня, їдальня, приміщення на 70 номерів для приїжджих до столиці у справах кооперації, поштово-телеграфна контора, амбулаторія.

(Пост)конструктивістський проєкт Дмитрієва й Мунца мав риси конструктивізму 1920-х (простота об'ємів і оздоблення, мінімум декоративних елементів, динамічність композиції). При цьому вже тяжів до майбутньої тоталітарної класики (монументалізм, симетрія, композиція, що наростає до центру). Такий зрілий конструктивізм відображав пошук нових типологій соціалістичних «палацових» будівель, був своєрідним зразком для майбутніх

3

«7 сестер» у Москві. Водночас саме в цьому проєкті, ще позбавленому «надмірностей», якнайкраще помітно вплив американського ар-деко, хмарочосів 1920-х і навіть більше – вплив проєкту архітектора Васильєва, надісланого на цей же конкурс з еміграції в Нью-Йорку. Але ключовим залишається діалог (або навіть полеміка) Дмитрієва з будинком Держпрому Серафимова. І якщо сусідній, більш ранній, Держпром руйнує не лише необхідність, а й саме поняття двору чи будь-якого іншого закритого простору, створюючи «будівлю навпаки» – розчиняючи її у вулиці, то Будинок кооперації стверджує традиційну матеріальність і впевнено повертається не просто до двору, а до двору-колодязя. Перебуваючи з різних боків модерністських барикад, Дмитрієв професійно опонує Серафимову, через свою архітектуру обґрунтовує позицію неокласицистів.

З початком сталінського курсу «на побудову соціалізму в окремо взятій країні» та встановленням командно-адміністративної економіки будь-які квазіринкові відносини були заборонені, разом із приватною торгівлею та автономною кооперацією. Уже в 1930-ті в СРСР з'явилася повна державна монополія на закупівлю та подальший розподіл сільськогосподарської продукції, а в межах колективізації приватних фермерів та їх об'єднання було ліквідовано та замінено колективними господарствами (колгоспами), державними сільськогосподарськими підприємствами (радгоспами), які були позбавлені права розпоряджатися своєю продукцією. Метою колективізації був централізований контроль над усією сільгосппродукцією та продаж затребуваного зерна в США для отримання коштів на закупівлю іноземних технологій і обладнання для форсованої індустріалізації. Це призвело до однієї з найбільших трагедій українського народу – Голодомору 1932–1933 років. Кооперація ж як форма економічних відносин стала більше не потрібна владі, непотрібною виявилася і сама будівля, що слугувала її функції. Побудовані на той момент ліве та праве крило в 1935 році були передані Військово-господарській академії, підпорядкованій Народному комісаріату оборони. Новий замовник зажадав зробити соцреалістичні зміни до проєкту та зменшити висоту центрального хмарочоса до відповідного вже не столичному статусу Харкова.

3

Від участі у змінах власного проєкту архітектор Дмитрієв ухилився, тому для цього було залучено архітекторів Йосипа Закова, С. Гольдштейна, Петра Шпару та П. Бельчинова. Новий проєкт спотворив витонченість і дженджуристість архітектури Дмитрієва, змінивши його легкі й гострі пропорції на великоваговові та громіздкі. Вежу знизили до 15 поверхів, а середній ярус східчастої композиції розтягнули, що зробило перепади східців менш помітними та спокійнішими. Таке вирівнювання екстремумів, можливо, було ближчим і звичнішим консервативним військовим, ніж форми ар-деко, які стрімко линуть угору.

Оскільки на початку Другої світової війни будівля не була завершена, у 1950-ті команда архітектора Петра Шпари розробила ще один проєкт, який таки дав змогу Академії відкритися у 1954 році. У цій реконструкції Шпара показує себе як делікатний архітектор, чутливий до методів попередніх майстрів. Хоч він і був змушений вкотре знизити центральний корпус до 12 поверхів, йому вдалося синтезувати проєкт пізніх 1920-х Дмитрієва/ Мунца та проєкт пізніх 1930-х Закова/ Гольдштейна. На тлі епохи повоєнного

соцреалістичного оптимізму архітектура будівлі вбирає всю естетику тоталітарної класики, зберігаючи її напруження і сувору монументальність як композиційно, так і декоративно (елементи вуличного дизайну, проста пластика фасаду і мінімум архітектурних деталей, рустована штукатурка). І попри зміну функції та зміну епох, будівля залишає за собою належність і до ансамблю майдану, і до 1930-х як таких.

⊕ This building's exterior walls, façade decoration, and windows were damaged by Russian ballistic missile strikes targeting Kharkiv Palace Hotel on 30 December 2023.

In 2004 the building on the north side of Svobody Square was transferred to Kharkiv National University, having previously been under the ownership of the Govorov Military Academy, which was disbanded due to its unpopularity among students. Despite this, the building is still referred to as 'the House of Cooperation', even though it never served its original function for so much as a day. What, though, was Soviet 'cooperation'? Who was meant to cooperate with whom? And what was the building's intended function?

Agricultural and consumer cooperation was one of the pillars of the New Economic Policy. Alongside industry, agriculture was allocated a central position in the economy and therefore in the ensemble of the governmental centre as well. The House of Cooperation was intended to house various key entities, including the Ukrainbank All-Ukrainian Cooperative Bank, the All-Ukrainian Union of Consumer Cooperative Organisations (Vukoopspilka), the Ukrainian Cooperative Insurance Society (Koopstrakh), and major agricultural cooperatives, such as the Kharkiv Central Workers' Cooperative (Tserobkoop), the Silskyi Hospodar All-Ukrainian Union of Agricultural Cooperatives (Silhospodar), the All-Ukrainian Union of Gardening, Viticulture, and Beekeeping Cooperatives (Plodospilka), the Dobrobut All-Ukrainian Union of Cattle Breeding and Dairy Cooperation, the Kooptakh All-Ukrainian Cooperative Society for the Sale and Export of Poultry Products, and Buriakspilka. The combined workforce of these organisations was in the region of 3800 employees. The cooperatives were part of the system of centralised procurement of goods from agricultural producers at prices set by the government, thereby competing with private trade. In exchange, agricultural producers received otherwise unobtainable industrial goods such as agricultural machinery and equipment necessary for their production. The cooperatives sold the agricultural products to the urban population through their own retail network. Functioning as relatively autonomous enterprises and competing effectively with private trade, the cooperatives came to dominate the market in agricultural products. Additionally, they engaged in independent foreign economic activity, having their own 'Koopukr' representative offices in Great Britain, Germany, and Canada.

In 1929 the Cooperative Society for Construction and Operation of the House of Cooperation was established. Construction began immediately. The design project by Alexander Dmitriev, a member of the Imperial Academy of Arts, and Oskar Munts, both from Leningrad, had initially been submitted in 1927 for the architectural competition for an entirely different building – the House of Government – in which Oleksandr Linetskyi had won first prize. Now it was chosen by an expert committee that included Alexey Shchusev, Viktor Vesnin, Ivan Rerberg, and others, and was purchased with the intention of being used for the House of Cooperation. A well-established figure from the old school, Dmitriev had already constructed buildings in Kharkiv, both before the Ukrainian War of Independence (the Southern Railways Administration building at Pryvokzalna Square 1) and afterwards (the Railway Workers' Club at Velyka Panasivska Street 83a). Munts likewise underwent a long journey from Art Nouveau to Soviet Neoclassical architect (the Volkhov Hydroelectric Plant, the House of Government in Baku) and had also worked as an architect in Kharkiv (the Northern Bank at Sumska Street 1). The House of Cooperation was intended to complete the square's ensemble; its 20-storey tower was to be the city's tallest building. The left wing was designated for agricultural cooperation, the right wing for consumer cooperation, while the central tower was reserved for inter-cooperative organisations. Additionally, the building was to have an assembly hall for 850 people, two auditoriums for 300 and 250, a library with a reading room, a calculations bureau, a museum of cooperation, a kitchen, a canteen, a small hotel with 70 rooms for visitors to Soviet Ukraine's capital on cooperation-related matters, a postal and telegraph office, and an ambulatory clinic.

Dmitriev and Munts' Post-Constructivist project retained features of 1920s Constructivism (simplicity in massing and finishing, minimal decoration, and a dynamic composition). At the same time, it gravitated towards the coming Totalitarian Classical architecture (monumentalism, symmetry, and a composition which ascended towards its central point). This mature Constructivism reflected the pursuit of novel type of Socialist Realist 'palace' building, serving as a sort of prototype for Moscow's future Seven Sisters. At the same time,

3

this project, which is still free of architectural 'excesses', shows the clear influence of American Art Deco, 1920s skyscrapers, and, even more, the project submitted to the same competition by Nikolai Vasilyev from his New York emigration. It is the dialogue (or even polemic) between Dmitriev and Serafimov's Derzhprom building, however, that remains key. The neighbouring Derzhprom building, erected before Dmitriev's, obliterates not just the need for but also the very concept of a courtyard or any other enclosed space, creating an 'inside-out' building – dissolving it (the courtyard) in the street; the House of Cooperation, on the contrary, affirms a traditional materiality, confidently returning to not merely a courtyard but also one that resembles a narrow well. Being on the other side of the Modernist barricade, Dmitriev opposes Serafimov – thereby justifying the principles of Classicist architects through his architecture.

With the launch of Stalin's policy of 'building socialism in one country' and the establishment of a command economy, all quasi-market economic relationships, including free trade and autonomous cooperation, were prohibited. By the 1930s the USSR had instituted a complete state monopoly on the purchase and distribution of agricultural products. Agricultural collectivisation led to the abolition of private farmers and their associations, to be replaced with *kolhosps* (collective farms) and *radhosps* (state-owned agricultural enterprises), which had no right to dispose of their own produce. The prime objective of collectivisation was centralised control of all agricultural production and vastly boosted sale of grain, a product in high demand, to the USA to fund the purchase of foreign technologies and equipment needed to fuel forced industrialisation. This resulted in one of the gravest tragedies for the Ukrainian people – the Holodomor, the man-made famine of 1932–1933.

Since cooperation as a form of economic relations was no longer needed by the authorities, neither was a building

Pavlo Dorohoi

that served this function. The left and right wings, already completed, were handed over to the Military Economics Academy, which was under the jurisdiction of the People's Commissariat of Defence, in 1935. The new client demanded Socialist Realist changes to the design and that the height of the central skyscraper be reduced in keeping with the fact that Kharkiv no longer had the status of capital of a Soviet republic. Dmitriev refused to take part in altering his own project, so this task was given to Iosif Zakov, S. Goldstein, Petro Shpara, and P. Belchinov. The new design disrupted the elegance and panache of Dmitriev's architecture, replacing his lightness and slenderness of proportion with a heavy bulkiness. The tower was cut down to 15 storeys, and the middle tier of the step-shaped composition was stretched, rendering the differences between the 'steps' less conspicuous and calmer. This levelling of the building's prominent parts was perhaps something with which the conservative military felt more familiar and so more comfortable

than with the soaring forms of Art Deco. The building had not been completed by the onset of World War II, so another project was developed in the 1950s by the team of Petro Shpara. The academy opened its doors in 1954. In this reconstruction project Shpara showed himself a delicate architect who was attuned to the methods of his predecessors. Although compelled once more to reduce the central section, this time to 12 storeys, he managed to synthesise the late-1920s design by Dmitriev/Munts with the late-1930s design of Zakov/Goldstein. Amid the optimism of the post-WWII Socialist Realist era, this building's architecture absorbed the entire aesthetic of totalitarian architecture, retaining its tension and severe monumentality in both composition and decoration (the elements of street design, the simple plasticity of the façade, the minimal architectural details, and the rusticated plaster). Despite changes in function and era, the building maintains its affiliation with the ensemble of the square as well as with the 1930s.

3

Будинок Державної промисловості (Держпром)
House of State Industry (Derzhprom)

077 D

майдан Свободи, 2
Svobody Square, 2
Сергій С. Серафимов, Самуїл М. Кравець,
Марк Д. Фельгер
Sergei S. Serafimov, Samuil M. Kravets,
Mark D. Felger
1928

⊕ Окрім побічної шкоди від кількох російських ударів крилатими ракетами та дроном-камікадзе по майдану Свободи і району Задержпром'я 1 березня 2022 року і 2 січня 2024 року, будівля була пошкоджена внаслідок прямого влучання керованої авіа бомби 28 жовтня 2024 року. Частково зруйновано одну з секцій будівлі, пошкоджені дах, зовнішні стіни й перекриття, оздоблення фасаду, вибиті вікна.

І нарешті кульмінація ансамблю колишнього урядового центру України (будинок Державної промисловості) будівля-маніфест українського конструктивізму, відома під абревіатурою Держпром. Величезна залізобетонна споруда, що займає три квартали та здіймається на 57 м над Нагірним плато, – не лише вінець архітектури Нового центру Харкова, а й вершина модернізму України. При цьому, попри аскетичність форм і брутальність залізобетонних текстур, саме Держпром є улюбленцем харків'ян, предметом їхньої безапеляційної гордості, символом стійкості та модерності Харкова. Унікальність та універсальна цінність Держпрому для світової культури вже з 2000-х стимулює дискусії щодо внесення його до списку ЮНЕСКО, що зробило б його першою модерністською будівлею на фоні вже існуючих в Україні 7 об'єктів світової спадщини. У 2004 році Держпром було включено до попереднього списку ЮНЕСКО. Однак згодом, багато в чому через реконструкцію, яку провів власник будівлі — Комунальне підприємство «Держпром», об'єкт виключили з тимчасового списку. У 2017 році Держпром повторно включили до попереднього списку ЮНЕСКО, а у 2018 році Кабінет міністрів України

вніс його до Державного реєстру нерухомих пам'яток України за категорією національного значення. У вересні 2023 року Держпром серед 20 інших об'єктів культурної спадщини по всій Україні (щоправда, єдиний у Харкові) було внесено Комітетом ЮНЕСКО до Міжнародного списку культурного надбання, яке перебуває під підвищеним захистом. Передбачається, що цей захід збільшить його імунітет під час війни, що потенційно дозволяє компетентним органам усіх 87 держав-учасниць Другого протоколу 1999 року до Гаазької конвенції 1954 року переслідувати або екстрадувати гаданих злочинців.

Сьогодні Держпром є обов'язковим пунктом паломництва любителів архітектури XX століття з усього світу. За свою майже сторічну історію його демонстрували інтуристам і делегатам, йому присвячували вірші поети, він дивував німецьких окупантів, його приїжджали вивчати інженери, перед ним схилялися історики. Як і будь-яке «велике будівництво», Держпром перетворився на пам'ятник величі радянської влади, що репрезентував її досягнення і всередині СРСР, і далеко на Заході. Мандруючи з одного журналу до іншого, з однієї хроніки до іншої, захоплюючи та дивуючи, Держпром із прориву

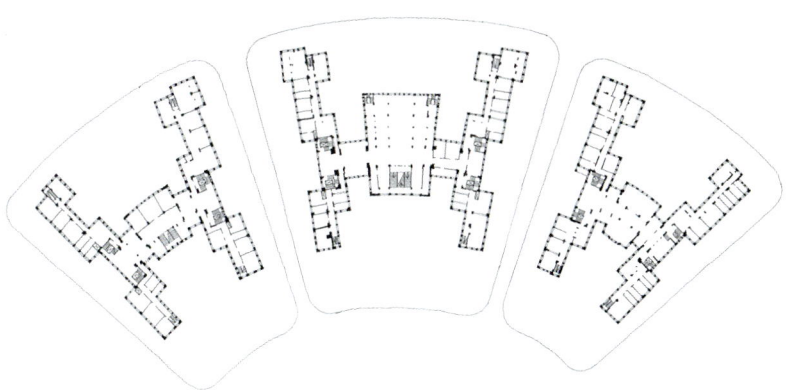

українського модернізму України перетворився на ікону радянського/російського авангарду. Не дивно, що всі заслуги за його створення мали перейти не до українського Харкова, а бути поділеними між російськими Ленінградом і Москвою.

Але, по-перше, незважаючи на те що Держпром справді був спроєктований архітекторами, які на той момент мешкали й працювали в Ленінграді, навряд чи можна говорити про їхню особливу «російськість». Сергій Серафимов народився у Трабзоні (Туреччина), а навчався в Одеському художньому училищі. Архітектор єврейського походження Марк (Мордха) Фельгер не лише навчався в Одесі, а й народився там же. Єврей Самуїл Кравець народився у

Вільнюсі (Литва). Начальник будівництва цивільний інженер Павло Роттерт мав німецьке походження та народився в Білостоку (Польща), ще до початку Першої світової війни переїхав до Харкова працювати в управлінні Південних залізниць.

По-друге, за архітектурою стоять процедури ухвалення рішень та процеси їх реалізації. Проєкт Серафимова-Кравця-Фельгера під девізом «Непроханий гість» здобув першу премію на всесоюзному відкритому конкурсі, організованому українською владою в травні 1925 року. І так само, як у наш час нікого не дивує виграш британця Девіда Чіпперфілда в конкурсі на реконструкцію Нового музею в Берліні, тоді здивування не викликав виграш команди

3

ленінградських архітекторів. У журі входила низка політиків: представники державного замовника – Вищої ради народного господарства (ВСНХ) України, члени Пайового товариства з будівництва та експлуатації «Будинку державної промисловості», представники профспілок та рад робітників. Експерти були представлені двома ще дорадянськими архітектурними асоціаціями – Московським архітектурним товариством та Ленінградським товариством архітекторів-художників, а також представниками архітектурно-інженерних шкіл Києва (Київський художній інститут) та Харкова (Харківський технологічний інститут), зокрема організатор конкурсу Олександр Молокін і майбутній керівник будівництва Держпрому цивільний інженер Павло Роттерт. До серпня 1925 року на конкурс подалися 19 проєктів. За їхніми анонімними девізами ховалися такі архітектори, як Олексій Щусєв, Іван Фомін, Володимир Щуко, Олександр Дмитрієв, Олексій Бекетов, Микола Васильєв, Андрій Білогруд, Олександр Гінзбур, Олександр Лінецький, Дмитро Дяченко, Яків Штейнберг, Ной Троцький, Володимир Гельфрейх та інші.

Але саме від того, як сформульовано питання, залежить, якою буде відповідь, а від того, як поставлено завдання, залежить результат – безпосередньо проєкт. Програму та завдання конкурсу на Держпром прописав професор Харківського технологічного інституту (ХТІ) Олександр Молокін спільно з міським інженером-будівельником Яковом Кенським на підставі консультацій із замовниками. Уже в ньому містився не лише детальний опис функціоналу Держпрому, параметри необхідних приміщень, а й зовнішні характеристики будівлі. Із завдання зрозуміло, що величезна 6–11-поверхова будівля займатиме три квартали, а простори двох міжквартальних вулиць, що проходять крізь будівлю, можуть бути оформлені у величезні арки або проїзди з переходами над ними. Було розкрито й головну містобудівну роль Держпрому в ансамблі урядового центру та всього міста. Описано й інші ключові характеристики будівлі: від залізобетонних

конструкцій, експлуатованих пласких дахів, балконів до модерністської естетики простоти та сучасних технологій. Отже, проєкт, який здобув першу премію під зухвалим девізом «Непроханий гість», був найточнішою відповіддю на конкурсне завдання, продиктоване українськими архітекторами та українською владою.

Проєкт являв собою величезну структуру, безліч вертикальних елементів якої – веж офісних приміщень, – пульсуючи різною висотою, складалися в три блоки, розірвані двома вулицями та пов'язані на рівні 3, 5 і 6-го поверхів горизонталлю залізобетонних переходів. Неординарний теоретик і представник ще старої, дореволюційної архітектурної школи Серафимов вважав, що «архітектура, в якій немає думки, не виправдовує зусиль, витрачених на неї». Поетика об'ємно-просторового рішення Держпрому і сьогодні дає змогу з першого погляду зчитувати теоретичну та філософську думку, закладену в ній. Думку-міркування про матеріалізм та соціалізм як такі й нові засоби управління для їх досягнення. Засобом же донесення думки служить архітектура.

Проте архітекторам мало розробити нову архітектурну мову, мало досягти «єдності художньої, раціонально-виробничої та технічної», мало «мислити цілими комплексами, ансамблями небачених розмірів». Об'єм тут не є метою самою по собі, метою є масовий процес пізнання, який здійснюється через масовий рух. Усвідомленості руху допомагає його театралізація за допомогою ритму й світла, так само як і «грандіозність» самої сценографії штучного середовища. Держпром демонструє революційний підхід до традиційних взаємин архітектурної форми й простору, де нематеріальна «порожнеча» вже відіграє головну роль щодо матеріальних стін: «простір неначе розриває і пронизує будівлю, розчиняючи її в собі». Отже, учасник руху стає свідком не тільки таїнства створення архітектури, а й акту її анігіляції, ба більше, він долучається до спів-дії цьому. По-третє, архітектуру створює не лише головний архітектор, а й уся команда. А архітектуру таких масштабних об'єктів, як Держпром, створюють

3

величезні команди фахівців різних сфер. І якщо домінування теоретичної думки Серафимова у концепції будівлі незаперечне, Фельгер після перемоги в конкурсі зовсім не брав участі в проєктуванні. Кравець, навпаки, став основною фігурою і розробки всієї проєктної документації, і її реалізації на будівельному майданчику. Роль головного архітектурного менеджера зробила саме його рушійною силою всіх проєктних процесів. Ще до того, як в СРСР було впроваджено методи організації проєктної справи американськими проєктувальниками Альберта Канна, Кравець з нуля організував проєктну інституцію нового типу – бюро, здатне управляти значною кількістю суміжних фахівців і паралельних процесів, створювати колосальні обсяги різноманітної проєктної документації в найкоротші терміни – від новаторського конструктиву, промальовування інтер'єрів до спеціально розробленої айдентики й типографіки. Саме діяльність власних архітектурного, конструкторського та санітарно-технічного бюро зробило Держпром одним із перших прикладів комплексного підходу до проєктування в СРСР.

Але не менш важливо, що зібрані навколо Кравця молоді інженери й архітектори (Михайло Луцький, Борис Грицевський, Іван Таранов-Бєлозеров,

Яків Ліхтенберг та інші) здебільшого були студентами ХТІ (крім Якова Штейнберга, який закінчив Київський художній інститут). Саме інституційна база ХТІ з експериментальними лабораторіями та штатом викладачів і студентів інженерно-будівельних напрямів (зокрема архітектурний факультет, що діяв іще з дореволюційних часів) стала джерелом інтелектуальних ресурсів і технологій для проєктування та будівництва Держпрому.

Архітектура Держпрому проголошує не просто принципову відмову від декору як застарілого художнього засобу – «непотрібного одягу», а перетворює саму «роздягненість» будівлі на основу художнього задуму – естетику оголеної структури, залізобетонного скелета. Ця теоретична концепція ідеолога проєкту Серафимова потребувала своєї практичної реалізації. А будівля складної форми і колосального масштабу, що не мала аналогів, вимагала абсолютно нових методів на всіх етапах проєктування та будівництва. Команда інженерів ХТІ впроваджувала експериментальні рішення, нові матеріали й технології на рівні як загальної конструктивної схеми будівлі, так і її окремих конструкторських рішень. Насамперед це монолітне залізобетонне будівництво, розроблене конструкторським бюро під керівництвом інженера Михайла

Рудника. Монолітний залізобетонний каркас давав змогу зводити багатоповерхові будівлі – хмарочоси – ще з часів школи Чикаґо, але інженери Олександр Прейсфрейнд і Мендель Пайков винайшли новий метод розрахунку статично невизначених систем для залізобетонного каркасу Держпрому. Метод дав можливість не тільки досягти приголомшливих естетичних результатів, що не поступаються ідеям японських метаболістів кінця 1950-х, а й забезпечував сейсмічну стійкість структури всієї будівлі, об'єднаної в одну просторову систему. Запозичений із промислової архітектури прийом використання віконного отвору і металевої рами разом з віконними перетинками як цілісної жорсткої конструкції замкнутого контуру уможливлював створення величезних площин суцільного скління. А використання дерев'яної опалубки для зведення зовнішніх залізобетонних стін створювало динамічну і гнучку форму оболонки, що на багато років випередила принципи «béton brut» Ле Корбюзьє і Нових бруталістів 1950–1960-х років.

І, звісно, багатопрогінні монолітні переходи монококового типу – не тільки головна архітектурна характеристика Держпрому, а й головне інженерне відкриття. Навантаження в переходах несе як зовнішня тонка залізобетонна оболонка, так і внутрішній силовий каркас, що складається з повторюваних замкнутих залізобетонних рамних контурів прямокутного перерізу. Переходи нарощувалися сегментами з двох боків назустріч один одному і з'єднувалися посередині за принципом, аналогічним кесонному з тонеле- і метробудівництва. Це дало змогу створити найтоншу конструкцію, схожу на хребет, завдовжки 36-38 м, що вільно ширяє в повітрі.

Саме досвід, методи та технології будівництва Держпрому пізніше були використані під час будівництва першої лінії Московського метрополітену в 1930-ті. З Харкова до Москви переманені Метробудом були не лише Самуїл Кравець, Павло Роттерт та Михайло Рудник, а й молода українська команда інженерів, архітекторів, будівельників Держпрому.

Академіка Серафимова заворожувало завдання конструювання архітектури як моделі світобудови: «Я намагався вирішити Держпром як частину організованого світу». Такий акт перетворення фрагментарної та хаотичної дійсності на єдність ритмічного малюнка подібний до модерністської архітектурної симфонії. У авангардній музиці на кшталт «Завод. Музика машин» Олександра Мосолова (1928) гуркіт залізного листа, який міг би вважатися шумом, що псує гармонію, стає органічною частиною музичного твору на рівні з академічними інструментами. Так само в Держпромі утилітарні сполучні елементи будівлі – сходи, ліфтові шахти, коридори та переходи – з «потворних» для архітектури комунікацій, які необхідно приховати від очей у дворі або в товщі будівлі, стають її головною прикрасою, ба більше – її сутністю. Марксистська архітектура тут не просто протиставляється «пласким буржуазним фасадам», їй уже недостатньо розглядатися і як окремому замкненому на собі об'єму, натомість архітектори роблять кардинальний стрибок у трактуванні будівлі як інфраструктурного об'єкта. Облицьовані в залізобетонну оболонку переходи матеріалізують у просторі невидимі для ока внутрішні процеси роботи будівлі. Нависаючи високо в небі над проїжджою частиною, «комунікатори», що пронизують Держпром наскрізь, перетворюють його вже не на будівлю, а на міст. Міст як соціал-демократичну метафору суспільних горизонтальних зв'язків, що, подібно до стрижня-хребта, утримують на собі всю хаотичну і податливу масу світобудови.

Проте якщо «form follows function», тоді якій же функції відповідає форма Будинку державної промисловості? Сьогодні Держпром зайнятий безліччю державних контор і організацій. Але він будувався не стільки для потреб бюрократичного апарату, скільки для особливого типу інституцій, що майже повністю зникли ще на початку 1930-х років – для українських промислових трестів. Саме на системі трестів і синдикатів ґрунтувалася Нова економічна політика (НЕП) у галузі державної промисловості. Завдяки достатньо широкій автономії промислові трести (до яких належали заводи, фабрики, шахти) могли не лише відносно вільно вести господарську діяльність, а й самостійно розподіляти прибуток, реінвестуючи його у виробництво або ж спрямовуючи на соціальне будівництво (житло для робітників, культурну,

медичну інфраструктуру тощо). Таким чином разом з елементами приватної власності, малого бізнесу, кооперації, концесіями НЕП була свого роду гібридом між соціалістичною та капіталістичною формами державної політики. Настільки вимушена для Леніна економічна реформа НЕП надала в 1920-ті роки незнаний для подальших десятиліть тоталітаризму рівень економічних свобод, зокрема у сфері зв'язків із Заходом. Економічна форма, запозичена зі США, – трести – вимагала відповідної архітектурної форми, також запозиченої з-за океану, – офісного хмарочоса, але побудованого соціалістичним способом.

Хоч капіталістичну, хоч соціалістичну архітектуру створюють не лише архітектори та інженери – її спів-дизайнерить замовник, а об'єм формується не тільки художньо, а й бюджетом. Соціалізм не скасовує архетипічної ролі замовника у процесі виробництва архітектури. Ба більше, в таких умовах його роль лише зростає. Загальна ж рамка про «державного» замовника в СРСР не означає якусь гомогенну владу і тим паче Московську владу. І якщо НЕП була інструментом, то загальний метод управління господарством у 1920-ті роки можна назвати децентралізаційним. На противагу політиці централізації командно-адміністративної системи, встановленої Сталіним пізніше, у 1930-ті, децентралізація, перш за все економічна, яка здійснювалася через систему ВРНГ, давала змогу республіці зберігати автономію від Росії. Влада над власною економікою та промисловістю по суті означала владу над ресурсом, засобами виробництва та капіталом, що залишалися в Україні.

Архітектуру Держпрому «замовляла» ціла низка стейкхолдерів, різнорівнево пов'язаних між собою. Але всіх їх об'єднувала секторальна належність до економіки та адміністративна належність до ВРНГ, що мала характер не так ієрархічного підпорядкування, як співробітництва. Отже, якщо Держпром і можна вважати пам'ятником радянській владі, то варто уточнити, якій саме. Адже він плоть від плоті – матеріальна інтерпретація базису – економіки України, що стоїть на промисловості, пам'ятник децентралізаційної автономії України.

3

Головним замовником виступав сам ВРНГ – наркомат УРСР, який з 1919 до 1932 року виконував функції міністерства економіки, до нього входила і промисловість. При цьому ключові адміністративні та процесуальні рішення узгоджувалися через Українську економічну раду (УЕР) – державний міжвідомчий координаційний орган. Зокрема, за рішенням УЕР у березні 1925 року було засновано Пайове товариство, до якого належали всі основні промислові трести України («Південсталь», «Цукротрест», «Хімвугілля», «Укршкіртрест», «Південмаштрест», «Укртекстильтрест», «Укртютюнтрест», «Коксобензол», «Укртрестсільмаш», «Укрсилікаттрест», «Фарфор-фаянс-скло», «Укрдержбуд», «Укрдержспирт», «Українліс», «Олійтрест», «Папіртрест», «Укрмахортрест»), а також Промбанк, Зовнішторг, Держторг і Харківський окружний виконавчий комітет Ради робітничих, селянських та червоноармійських депутатів. Понад два десятки трестів мали не просто орендувати приміщення чи «в'їхати» в нову адміністративну будівлю, а й буквально інвестувати власні кошти у будівництво майбутніх офісів так званим пайовим, кооперативним способом.

Саме технологічні процеси та логіка роботи трестів лежали в основі всієї структури будівлі, яка певний час мала назву «Будинок трестів». Архітекторам довелося врахувати інтереси майже тридцяти абсолютно різних та самостійних компаній, організацій та їхніх колективів: кожному офісу потрібна була денна норма освітлення, провітрювання та окремий вхід – звідси характерна порізаність фасадів Держпрому та його багате скління. І якщо у підході до великих відкритих робочих приміщень можна побачити пряме наслідування американської офісної моделі з її опенспейсами та офісними модулями, склінням і пульсаційною схемою організації руху та розведення потоків (ліфти, сходи, входи-виходи), то розвинена структура спільних публічних просторів додавала хмарочосу необхідної соціалістичності. Загальнодоступні та різноманітні рекреаційні простори для публічних активностей, розвитку й відпочинку всередині будівлі та на її пласких дахах (фізкультура, їдальні, бібліотека, клуб, зали зборів) мали створювати безпрецедентний рівень комфорту, гігієни й залученості працівників до соціальної взаємодії – радянський *business-style*.

І якщо за Серафимовим архітектура – це думка, яку висловив доступною мовою архітектор, то Держпром – політичний маніфест. Наближаючись до свого сторіччя, Держпром уже не потребує ні архітектора, ні перекладача, ні гіда, він сам здатний проголошувати свою думку і сам здатний вести в грандіозну й багатолінійну історію українських 20-х. Проєкт Держпрому є живим пам'ятником короткій епосі, коли українська націонал-комуністична держава з її Новою економічною політикою була здатна побудувати один з найвеличніших шедеврів світової архітектури XX століття. А перший соціалістичний хмарочос, збудований у складчину, на відміну від традиційно закритих державних установ чи заплутаних сучасних офісних багатоповерхівок манифестував ідеї прозорості, доступності та свободи пересування. Будівля «переступає» через вулиці, «рухається», крізь неї можна пройти переходами, з легкістю опинившись у будь-якій точці. Неначе міст, архітектура не «огороджувала», а давала змогу долати перепони, з'єднувати людей, організації, сфери та сектори економіки.

Серафимов говорив: «Архітектура – музика, але музика буває різна. Є музика, яка будується на простому мотиві. І є дев'ята симфонія Бетховена». І якщо ця будівля – симфонія, то це симфонія стукоту дверей та шурхіту вертушок, потоків працівників та управлінців, швидкостей та об'ємів, строкатого та різноголосого, що одночасно співіснує у спільному просторі – Держпром. Це симфонія українського НЕПу та українських ревучих двадцятих. Але водночас це й симфонія згасання української державності та падіння українського Відродження. Уже 1927 року Сталін почав відкрито згортати НЕП, а до межі 1929–1930-го про колишню свободу господарювання ніхто вже не пам'ятав. Москві, що готувалася до війни, більше не цікаві були економічні експерименти, як і неортодоксально ліві програми. Для форсування темпів будівництва військово-промислового комплексу потрібна була

жорстка вертикалізація влади й тотальна централізація промисловості, що можливо лише в плановій економіці та командно-адміністративній системі. Після розформування трестів Держпром з огляду на непотрібність був перетворений на рядову адміністративну будівлю, заселену десятками бюрократичних організацій з так добре всім нам знайомими клітками кабінетів та приймалень, задушливими й темними коридорами, закритими переходами і дахами.

У 2021 році на одному з експлуатованих дахів Держпрому було відкрито оглядовий майданчик із входом через 6-й під'їзд. Через бойові дії Росії проти України і постійні обстріли Харкова вихід на дах наразі закритий.

Цей текст багато в чому завдячує дискусіям з істориком та моїм другом Ярославом Переходьком, з яким у 2021 році ми писали текст про Держпром для журналу «L'Officiel». З весни 2022 року Ярослав захищає Україну у складі ЗСУ, у тому числі на Харківському напрямку.

⊕ In addition to collateral damage from several Russian cruise missile strikes and a kamikaze drone attack targeting Svobody Square and Zaderzhpromia district on 1 March 2022 and 2 January 2024, the building was damaged by a direct hit by a guided bomb on 28 October 2024, which partially destroyed one of the sections of the building, the roof, exterior walls and slabs, and affected façade and broke windows.

And finally, the culmination of the ensemble of the former government centre of Ukraine is the House of State Industry – the building-manifesto of Ukrainian Constructivism known by the abbreviation 'Derzhprom'. This enormous reinforced-concrete structure spanning three blocks and towering 57 metres above the Nahirne Plateau is not only the crown of the architecture of the New Centre of Kharkiv but also the pinnacle of Modernism in Ukraine. And despite the asceticism of its forms and the brutality of its reinforced-concrete textures, it is Derzhprom that has been the cherished favourite of local residents, a source of unquestionable pride, and a symbol of the city's resilience and modernity.

From the 2000s onwards, the uniqueness and universal value of Derzhprom in the realm of world culture sparked discussions regarding its potential inclusion in the UNESCO list. This recognition would mark it as the first Modernist building among the seven already existing World Heritage Sites in Ukraine. In 2004 Derzhprom secured a place on the UNESCO short list. However, primarily due to the reconstruction undertaken by the building's owner, Derzhprom Communal Enterprise, the structure was subsequently removed from this list. In 2017 Derzhprom was included in the UNESCO short list again, and in 2018 the Government of Ukraine officially designated it as part of the State Register of Nationally Significant Immovable Monuments of Ukraine. In September 2023, among 20 other cultural properties across Ukraine (though in Kharkiv only), Derzhprom was

3

put on the International List of Cultural Property under Enhanced Protection by the UNESCO Committee. This measure is supposed to increase its immunity in the course of the ongoing war, potentially enabling competent bodies of all 87 states that are parties to the 1999 Second Protocol to the 1954 Hague Convention to prosecute or extradite alleged offenders.

Today Derzhprom is an obligatory place of pilgrimage for fanciers of twentieth-century architecture worldwide. Over its nearly-century-long history it has been shown to foreign tourists and delegates, inspired poets, surprised the German occupiers, attracted engineers as an object of study, and earned the worship of historians. Much like every Soviet 'Great Construction Project', Derzhprom became a monument to the mightiness of Soviet power, representing its achievements not only to the USSR but also far away in the West. As it migrated from one magazine to another and from one chronicle to the next, garnering expressions of rapture and astonishment, Derzhprom was transformed from a breakthrough of Ukrainian Modernism into an icon of Soviet/Russian Constructivism/ Avant-garde. It comes as no surprise that the credit for its creation was not given to Ukrainian Kharkiv but shared between Russian Leningrad and Moscow.

First, even though Derzhprom was indeed designed by architects who at the time resided and worked in Leningrad, they can hardly be described as particularly 'Russian'. Sergei Serafimov, born in Trabzon (Turkey), studied at the Odesa Art School (Ukraine). Mark (Mordecai) Felger, an architect of Jewish origin, not only studied in Odesa but was also born there. Samuil Kravets, a Jew, was born in Vilnius (Lithuania). Derzhprom's head of construction, the civil engineer Pavlo Rottert, was of German origin and born in Białystok (Poland); he moved to Kharkiv before the outbreak of World War I to work at the Southern Railways Administration.

Second, behind any work of architecture lie decision-making procedures and processes for their implementation. The project by Serafimov, Kravets, and Felger, under the motto 'Uninvited Guest,' took first prize in the all-Union open competition organised by the Ukrainian authorities in May 1925.

Just as, more recently, the victory of David Chipperfield in the competition for the restoration of the Neues Museum in Berlin has raised no eyebrows, so the victory of the team of Leningrad architects in 1925 was not surprising either. The jury comprised various political figures, including representatives of the state as the client (in this case: the Supreme Soviet of the National Economy of Ukraine [VSNKh]), members of the Shared Cooperative Society for Construction and Operation of the House of State Industry, and representatives of trade unions and soviets of workers. The experts on the jury came from two pre-Soviet architectural associations – the Moscow Architectural Society and the Leningrad Society of Architects and Artists – as well as from architectural and engineering schools in Kyiv (Kyiv Art Institute) and Kharkiv (Kharkiv Technological Institute, KhTI), including the competition organiser Oleksandr Molokin and the future head of construction of Derzhprom, the civil engineer Pavlo Rottert. By August 1925, 19 projects had been submitted to the competition. Their anonymous mottos concealed works by architects such as Alexey Shchusev, Ivan Fomin, Vladimir Shchuko, Alexander Dmitriev, Oleksii Beketov, Nikolai Vasilyev, Andrii Bilohrud, Oleksandr Ginzburg, Oleksandr Linetskyi, Dmytro Diachenko, Yakov Steinberg, Noi Trotsky, Vladimir Helfreich, and others.

Furthermore, the way a question is formulated predetermines the answer, just as the way architectural terms of reference are set ultimately shapes the result – the project itself. The programme and terms of reference for the Derzhprom competition were drawn up by Oleksandr Molokin, a professor at KhTI, in collaboration with the municipal civil engineer Yakov Kenskyi, based on consultations with the clients. These guidelines not only provided a detailed description of Derzhprom's functionality and the parameters of the spaces required but also outlined the building's exterior characteristics. The terms of reference made it clear that the substantial 6-11-storey building would span three blocks, and the space passing through the building along the two streets between the blocks could be designed using massive arches or thoroughfares with passages above them. It also revealed

Derzhprom's dominant role from the point of view of urban planning in the ensemble of the new governmental centre and the city as a whole. The competition brief detailed other key features of the building, from the use of reinforced-concrete structures, functional flat roofs, and balconies to the Modernist aesthetic of simplicity and cutting-edge technologies. This means that the project that was awarded first prize under the daring motto 'Uninvited Guest' was the most precise response to the competition brief dictated by Ukrainian architects and the Ukrainian authorities.

The project took the form of a colossal structure composed of numerous pulsating vertical elements of different heights – office towers grouped into three blocks, separated by two streets and linked at the third, fifth, and sixth floors by horizontals in the form of reinforced-concrete skybridges. An extraordinary theoretician and representative of the old, pre-Revolutionary architectural school, Serafimov once said, 'Architecture without thought is not worth the effort spent on it.' The poetics of Derzhprom's massing even today allow us to discern at first glance the theoretical and philosophical thought embedded in it. This is thinking, expressed through the medium of architecture, on materialism and socialism and on new means of governance by which they may be achieved.

Yet, for architects, it is insufficient to develop a new architectural language; it is insufficient to achieve 'unity of the artistic, rational-productional, and technical'; it is not enough to 'think in terms of entire complexes and ensembles of unprecedented dimensions'. Volume here is not an end in itself: the goal is a mass process of cognition, carried out through mass movement. Awareness of movement is facilitated by its theatricalization through rhythm and light, as well as by the 'grandiosity' of the scenography of the built environment itself. Derzhprom demonstrates a revolutionary approach to the traditional relationship between architectural form and space. Here it is immaterial 'emptiness' that comes to the fore, relegating the material walls to a secondary role: 'space appears to rip apart and pierce the building, dissolving it within itself.' Therefore, participants in the

movement not only witness the mystery of the creation of architecture but also the act of its annihilation; moreover, they actually contribute to it.

Third, architecture is created not just by the chief architect but by the entire team. The architecture of large-scale objects such as Derzhprom is created by large teams of specialists from various fields. If the dominance of Serafimov's theoretical thinking in this building's concept is undeniable, Felger, having won the competition, played no part in subsequent design work at all. The central figure here, however, turned out to be Kravets, who oversaw the development of all the project documentation and its implementation at the construction site. The role of chief architectural manager made him the driving force behind all the project processes. Even before the American industrial architect Albert Kahn introduced methods for organising architectural practice in the Soviet Union, Kravets launched a novel type of design institution from scratch – a bureau capable of efficiently managing a large number of specialists from related fields, overseeing parallel processes, and creating large volumes of diverse design documentation in the shortest possible time, ranging from innovative structural design and interior detailing to bespoke identity and typography systems. Operating its own architectural, design, and sanitary engineering bureaus made Derzhprom one of the earliest examples of the integrated approach to architectural design in the Soviet Union.

However, it is equally crucial to note that the young engineers and architects gathered around Kravets (Mykhailo Lutskyi, Borys Hrytsevskyi, Ivan Taranov-Biloziorov, Yakov Likhtenberg, and others) were mostly students at Kharkiv Technological Institute (except for Yakov Steinberg, who was a graduate of the Kyiv Art Institute). It was the institutional support provided by KhTI with its experimental laboratories and staff of professors and students in civil engineering fields (including the Faculty of Architecture, which had existed since before the Revolution) that generated the intellectual resources and technologies for the design and construction of Derzhprom. The architecture of Derzhprom does not merely declare a fundamental

3

rejection of decoration as an obsolete artistic means – 'unnecessary clothing' – but also elevates the very 'nakedness' of the building to the core of its artistic concept: the aesthetic of the exposed structure, the reinforced-concrete skeleton. This theoretical notion espoused by the project's main ideologist, Serafimov, demanded practical realisation. And an unprecedented monolithic reinforced-concrete edifice of immense scale and sophisticated form likewise required entirely new methods at every stage of the project's development and construction. A team of engineers from KhTI introduced experimental designs, novel materials, and technologies both at the scale of the building's overall structural design and for specific design solutions. Foremost among these innovations was the technology of complex monolithic and compound construction using reinforced concrete devised by the design bureau headed by engineer Mykhailo Rudnyk. Monolithic reinforced-concrete frames had enabled the construction of high-rise buildings – skyscrapers – since the days of the Chicago School, but here the engineers Oleksandr Preisfreind and Mendel Paikov developed a new method for calculating statically indeterminate systems for Derzhprom's reinforced-concrete frame. This method not only made it possible to achieve impressive aesthetic results – as good as anything conceived after World War II by the Japanese Metabolists – but also ensured the seismic stability of the entire building structure, consolidated into a single spatial system. Originating in industrial architecture, the approach of employing a window opening and a metal frame, along with window mullions, as a rigid closed-contour structure made it possible to create expansive planes of continuous glazing. Meanwhile, the use of formwork in constructing exterior walls of reinforced concrete produced a dynamic, flexible form for the shell, anticipating by many years the principles of béton brut architecture developed by Le Corbusier and the New Brutalists in the 1950s and 1960s.

Likewise noteworthy, of course, are the multi-span monolithic monocoque skybridges. These are not only Derzhprom's primary architectural characteristic but also an engineering discovery borrowed from airplane design. The load in these passages is borne by both the thin exterior reinforced-concrete shell and the internal load-bearing frame, which is comprised of repeating closed reinforced-concrete frame contours with a rectangular cross-section. The skybridges were built up in segments pushed out from each side towards each other to converge in the middle, employing a principle akin to the caisson method used in tunnel and metro construction. This facilitated the creation of a slender structure resembling a spine, 36–38 metres in length, floating freely in the air. The experience, methods, and construction technologies developed at Derzhprom were subsequently applied in the construction of the first line of the Moscow Metro during the 1930s. Metrostroy attracted not only Samuil Kravets, Pavlo Rottert, and Mykhailo Rudnyk from Kharkiv to Moscow but also a team of young Ukrainian engineers, architects, and builders who had worked on Derzhprom.

Serafimov was entranced by the philosophical challenge of constructing architecture as a model of the universe: 'I tried to solve Derzhprom as a particle of the organised world'. This act of transforming a fragmented and chaotic reality into a unity of rhythmic pattern resembles a Modernist architectural symphony. In Avant-garde music, such as 'Factory. Music of Machines' by Alexander Mosolov (1928), the rumble of an iron sheet, which could be considered noise that ruins harmony, becomes an organic part of a musical work on a par with academic instruments. We find the same in Derzhprom, the building's utilitarian connecting elements – stairs, elevator shafts, corridors, and skybridges: elements which are typically viewed as engineering systems that 'disfigure' the architecture and need to be concealed in the courtyard or deep inside the building – become its primary decoration and, moreover, its essence. It is not just that Marxist architecture is here contraposed to 'flat bourgeois façades'; it is no longer sufficient for it to be regarded as a separate, self-contained volume. Instead, the architects have taken a radical leap in interpreting the building as an infrastructural object. Encased in reinforced-concrete shells, the skybridges are a spatial materialisation of work processes inside the building that are invisible from the outside. Suspended high in the sky above the thoroughfares, these 'connectors' piercing Derzhprom transform it into a bridge as opposed to a mere building. As a social democratic metaphor for horizontal public relations, the bridge is like a spine/rod supporting the entire chaotic, pliable mass of the universe.

However, if 'form follows function', then what function does the form of the House of State Industry follow? Today Derzhprom accommodates various offices for state and private organisations. It was built, however, less for the needs of the bureaucratic apparatus and more for a specific type of institution which had nearly vanished by the early 1930s – the Ukrainian industrial trust. The New Economic Policy (NEP) in the state industry sector was based precisely on the system of trusts and syndicates. Due to a relatively high level of autonomy, industrial trusts, which included plants, factories, and mines, could not only engage in economic activity with relative freedom but also independently manage their own profits. They could reinvest their earnings in production or use them for social construction, such as housing for workers and development of cultural and medical infrastructure. The NEP, together with elements of private property, small business, cooperation, and concessions, accordingly represented a sort of hybrid of socialist and capitalist forms of state policy. The economic reform embodied in the NEP, which Lenin felt compelled to adopt, granted a degree of economic freedom in the 1920s that was inconceivable in the subsequent decades of totalitarianism and even extended to relations with the West. Trusts, an economic form borrowed from the USA, required a corresponding architectural form, also borrowed from overseas – an office skyscraper, but one constructed in a socialist way.

Whether capitalist or socialist, architecture is shaped not only by architects and engineers but also by clients, and the volume of a building is formed both artistically and by the available budget. Socialism does not eliminate the archetypal role of the client in the process of producing architecture; in fact, in this context, the role of the client becomes even more prominent. The generic framework of a 'state' client in the Soviet

Philipp Meuser

3

Union does not imply some homogeneous authority or, furthermore, the authority of Moscow. And although the NEP was a tool, the overall approach to economic governance in the 1920s can be characterised as decentralisation. In contrast to the later policy of centralisation and the centralising role played by the command-administrative system established by Stalin in the 1930s, decentralisation – above all, economic decentralisation – was implemented through the Supreme Soviet of the National Economy (VSNKh). This allowed the Ukrainian republic to maintain autonomy from Russia. Authority over its own economy and industry essentially meant authority over the resources, means of production, and capital that remained in Ukraine.

The architecture of Derzhprom was 'commissioned' by a number of stakeholders interconnected through multi-level relationships. However, they all shared sectoral affiliation with the economy and administrative alignment with the VSNKh, characterised more by collaboration than by hierarchical subordination. So, if Derzhprom may be considered a monument to Soviet power, it is worth specifying to which power in particular. After all, it is flesh born from flesh – a material embodiment of a basis, i.e. the Ukrainian economy, which is rooted in the industrial sector. It is a monument to the decentralised autonomy of Ukraine. The principal client was the

Supreme Soviet of the National Economy (VSNKh) itself – a People's Commissariat of the Ukrainian SSR which functioned as the Ministry of Economics from 1919 to 1932, overseeing the industrial sector. At the same time key administrative and procedural decisions were reached through the Ukrainian Economic Council, a state interdepartmental coordinating body. Under a decision taken by the latter council, the Cooperative Society for Construction and Operation of the House of State Industry was established in March 1925. This comprised all the primary industrial trusts of Ukraine, including Pivdenstal, Sakharotrest, Khimvuhillia, Ukrshkirtrest, Pivdenmashshtrest, Ukrtekstyltrest, Ukrtabaktrest, Koksobenzol, Ukrtrestsilmash, Ukrsylikattrest, Farfor-Faians-Sklo, Ukrderzhbud, Ukrderzhsspyrt, Ukrainlis, Maslotrest, Bumtrest, and Ukrmakhortrest. Additionally, it included entities such as Prombank (Industrial Bank), Zovnishtorh (People's Commissariat for Foreign Trade), Derzhtorh (State Export-Import Department), and the Kharkiv District Executive Committee of the Soviets of Workers', Peasants', and Red Army Soldiers' Deputies. More than two dozen trusts had not merely to lease or 'move into' a new administrative building but also to literally invest their own funds in the construction of future office premises through a so-called 'shared' or cooperative approach. It was the technological processes and operational logic of the trusts that laid the foundation for the entire structure of the building, which for a time was referred to as 'the House of Trusts'. The architects had to consider the interests of almost 30 entirely different, independent companies, organisations, and their teams: each office required compliance with natural-light and ventilation standards and a separate entrance – hence the distinctive jaggedness of Derzhprom's façades and expansive glazing. If in the approach to the design of vast open workspaces we can discern a direct imitation of the American model of the office building with its open areas, office modules, glazing, and a pulsating scheme for organising movement and separating flows (by means of elevators and large numbers of staircases, entrances, and exits), a well-developed structure of shared public spaces added the necessary socialist touch to the skyscraper. Publicly accessible and diverse recreational spaces for communal activities, development, and relaxation inside the building and on its flat roofs (including areas for physical education, canteens, a library, a club, and assembly halls) aimed to create an unprecedented level of comfort, hygiene, and employee engagement in social interaction – a Soviet business style.

If, as Serafimov argued, architecture is thought articulated in an accessible language by an architect, then Derzhprom is a political manifesto. As its centenary approaches, Derzhprom no longer needs an architect, an interpreter, or a guide – it is

Ihor Tailwind (iStock)

itself capable of proclaiming its thought and leading us into the grand, multi-linear history of the Ukrainian 1920s. The design of Derzhprom is a living monument to the brief era when the Ukrainian national communist state, with its New Economic Policy, was able to construct one of the greatest masterpieces of twentieth-century world architecture. Unlike traditional closed state institutions or intricate contemporary office towers, the first socialist skyscraper, built by clubbing together, manifested the ideas of transparency, accessibility, and freedom of movement. 'Stepping over' the streets, this 'moving' building can be traversed through skybridges to effortlessly reach any point in it. Like a bridge, the architecture did not 'enclose'; instead, it facilitated the overcoming of barriers, connecting people, organisations, spheres, and sectors of the economy.

Serafimov said: 'Architecture is music, but music can be different. There is music that is built on a simple motive. And there is also Beethoven's Symphony No. 9.' If this building were a symphony, it would be a symphony of slamming doors, whirring revolving doors, flows of employees and managers, speeds and volumes, the motley and the polyphonic – all coexisting simultaneously in a shared space. It embodies the symphony of the Ukrainian NEP and the Ukrainian Roaring Twenties. However, it also resonates as a symphony of the fading of Ukrainian statehood and the fall of the Ukrainian Renaissance. By 1927 Stalin had already commenced openly curtailing the NEP, and by the early 1930s no one remembered the economic freedom that had existed a short while previously. As it prepared for war, Moscow lost interest in economic experiments and unorthodox leftist programmes. To force the pace of construction of the military-industrial complex, strict verticalization of power and total centralisation of industry was necessary, and this was achievable only in a planned economy and a command-administrative system. With the dissolution of the trusts, Derzhprom, deemed superfluous, became an ordinary administrative building occupied by dozens of bureaucratic organisations – with the familiar cubicle-like offices and reception rooms, its corridors now stuffy and dim, its skybridges and roofs closed off.

In 2021 an observation deck, accessible through entrance No. 6, was set up on one of Derzhprom's functional flat roofs. However, owing to Russia's aggression against Ukraine and the persistent shelling of Kharkiv, access to the roof is presently prohibited.

This text owes much to my discussions with my friend, the historian Yaroslav Perekhodko. Together, we authored an article on Derzhprom for L'Officiel *in 2021. Since the spring of 2022, Yaroslav has been defending Ukraine as part of the Armed Forces, including in the Kharkiv region.*

Історичні нотатки
Historical Notes

Анастасія Боженко, Євгенія Губкіна
Anastasiya Bozhenko, Ievgeniia Gubkina

Дике Поле
The Wild Field

Територія, на якій в середині XVII століття сформується історичний регіон Слобідська Україна, за часів Київської Русі входила до складу Переяславського та Чернігівського князівств. Після монголо-татарської навали на мапах західноєвропейських картографів майбутня Слобожанщина разом із Донбасом і Півднем України отримує назву Дике Поле (Loca Deserta, Dziki pola, Campi Deserti, Wilde Feld) і стає частиною Великого Степу, набуваючи характеру фронтиру. Дике Поле було об'єктом жадання для Московії, Польського Королівства, Османської

імперії, Великого Князівства Литовського, проте жодна держава не змогла одержати повний контроль над цими землями. Крім того, тут змішуються кочовий і осілий способи життя, мусульманство і християнство, постає нова військова культура, яка суміщає як західні, так і східні елементи.

> The land upon which the historical region of Slobidska Ukraine would take shape in the middle of the seventeenth century belonged during the era of Kyivan Rus' to the domains of the Pereiaslav and Chernihiv principalities. Following the Mongol-Tatar incursions, the future Slobozhanshchyna, together

with the Donbas and the southern expanse of Ukraine, was denoted on maps drawn by Western European cartographers as 'the Wild Field' (also known as 'Loca Deserta', 'Dziki pola', 'Campi Deserti', or 'Wilde Feld') and became part of the Great Steppe, acquiring the character of a frontier. The Wild Field was coveted by Muscovy, the Kingdom of Poland, the Ottoman Empire, and the Grand Duchy of Lithuania. Yet none of these powers was able to attain full control over this territory. Moreover, this was a land where nomadic and settled lifestyles and Islam and Christianity mixed, giving rise to a new military ethos that fused both western and oriental elements.

Козацька фортеця на фронтирі
Cossack frontier fortress

Формування історичного регіону Слобідська Україна припадає на середину XVII сторіччя, на часи Української революції. «Колонізація» Слобожанщини відбувалася, з одного боку, як цілеспрямована експансія Москви, що почалася ще з XVI сторіччя, а з іншого, як стихійне заселення переселенцями з Правобережної України, що тоді перебувала у складі Речі Посполитої, – як у прикладі з Харковом. Дати заснування Харківської фортеці в джерелах варіюються від 1653 до 1657 року. Спочатку вона була укріплена лише невеликим острогом, до середини XVIII сторіччя її фортифікації становили земляні вали, бастіони й вежі.

Невдовзі Харків стає полковим містом, тобто тут зберігався полково-сотенний устрій (полк був специфічною військово-адміністративною одиницею, де полковник виконував функції як очільника військового підрозділу, так і голови адміністративної одиниці). Так само було на території Гетьманщини, хіба що харківські полки підпорядковувалися білгородському воєводі. Відмінною рисою Слобожанщини порівняно з іншими регіонами було право «займанщини», тобто можливість зайняти стільки території, скільки можна обробити, й це робило її привабливою для переселенців. Іншими економічними привілеями були право на вільне винокуріння та право на вільну торгівлю. Також формується місцева еліта, що складається з козацької старшини: роди Донець-Захаржевських, Квіток, Шидловських, Тев'яшових, Куликовських, від яких згодом пішло місцеве дворянство. На відміну від сусідніх земель Гетьманщини, посада полковника тут поступово стала успадковуваною. Козацьке самоврядування діяло до середини XVIII сторіччя, а тоді його поступово почала обмежувати імперська адміністрація. Самоврядування на території Слобідської України було остаточно скасовано 1765 року за Катерини II. Архітектурним стилем козацтва стало бароко, яке на території Слобожанщини набуло регіональних рис, отримавши назву Слобідське бароко.

> The historical region known as 'Slobidska Ukraine' emerged in the middle of the seventeenth century, coinciding with the period of the Khmelnytsky Uprising. 'Colonisation' of Slobozhanshchyna took place, on the one hand, as a deliberate expansion of Muscovy, begun as early as the sixteenth century, and, on the other, as unplanned and spontaneous settlement by migrants from right-bank Ukraine, then part of the Polish-Lithuanian Commonwealth, as exemplified by the case of Kharkiv. Different dates are given by different historical sources for the establishment of Kharkiv Fortress, ranging from 1653 to 1657. Initially, the fortifications here consisted of little more than a stockade, yet by the mid-eighteenth century the fortress boasted a fortified rampart, bastions, and towers.

Soon Kharkiv gained the status of regimental city. The regimental districts in Slobidska Ukraine were similar to the ones that existed in the Cossack Hetmanate. A regimental district was a distinct military-administrative entity in which the colonel was both the leader of a military contingent and the head of an administrative unit. However, unlike in the Cossack Hetmanate, the regiments in Slobidska Ukraine were subject to the jurisdiction of the *voivode* (governor) of Belgorod. What set Slobozhanshchyna apart from other territories was the so-called right of *zaimanshchyna*, i.e. the principle of homesteading, which allowed people to seize as much unoccupied land as they could cultivate, making this area attractive to prospective immigrants. Further economic privileges include the rights to untaxed distillation and free trade. A native aristocracy also took shape, consisting of Cossack elders, including the Donets-Zakharzhevsky, Kvitka, Shydlovsky, Teviashov, and Kulikovsky families, who subsequently formed the bedrock of the local gentry. In contrast to neighbouring territories in the Hetmanate, the post of colonel gradually became hereditary. Cossack self-governance persisted until the mid-eighteenth century, when it began to be gradually curtailed by the imperial administration. Self-government on the territory of Slobidska Ukraine was finally abolished in 1765 under

Catherine II. The architectural style employed by the Cossacks was Baroque, which in Slobozhanshchyna evolved into a distinct regional variant known as 'Slobidske Baroque'.

Харківський колегіум
Kharkiv Collegium

Хоча Харківський колегіум і не є прямим попередником Університету, все ж він істотно вплинув на становлення Харкова як освітнього центру. У 1726 році архієрейська школа єпископа Єпіфанія Тихорського переїздить із Бєлгорода до Харкова. Барокова будівля колегіуму розташовувалася на території Покровського монастиря. Православні колегіуми були свого роду гібридом єзуїтського колегіуму й місцевої освітньої традиції, зокрема братських шкіл, відтак колегіуми почали долучали українські землі до загальноєвропейського освітнього контексту.

Окрім освітньої функції, Харківський колегіум виконував іще одну: був центром барокової культури міста. При колегіумі діяв шкільний театр, а в 1759–1760 роках тут викладав поетику відомий філософ і просвітник Григорій Сковорода. Програма містила як традиційні для єзуїтських колегіумів латину, риторику, грецьку, так і предмети, спущені згори імперією заради реалізації її потреб у військових фахівцях. Так, у 1768 році в Харківському колегіумі з'явилися додаткові класи з технічних дисциплін: інженерної справи, геодезії, поглибленого вивчення математики, європейських мов (німецької і французької), а також саме в Харківському колегіумі було закладено підвалини архітектурної освіти. Однак у 1817 році, на продовження імперських освітніх реформ, колегіум починає функціонувати як суто духовний заклад (втім, назву він зберігав до 1841 року).

> Although not a direct antecedent of Kharkiv University, Kharkiv Collegium had a strong influence on the development of Kharkiv as an educational centre. In 1726 Bishop Epiphanius Tikhorsky's episcopal school moved from Belgorod to Kharkiv, where its Baroque edifice stood in the grounds of Pokrovskyi Monastery.

Orthodox collegiums were a hybrid of Jesuit colleges and local educational tradition, including fraternal schools. This amalgamation made these Ukrainian territories to some extent a part of the broader European educational context.

In addition to its educational role, Kharkiv Collegium was also a focal point for the city's Baroque cultural scene. The educational establishment included a school theatre, and the eminent philosopher and educator Hryhorii Skovoroda taught poetics here in 1759–1760. The curriculum included both disciplines that were traditional in Jesuit colleges, such as poetics, Latin, rhetoric, and Greek, and subjects imposed by the Russian Empire to meet its needs for military specialists. In 1768, for instance, the collegium introduced additional classes in technical disciplines, such as engineering, geodesics, advanced mathematics, and European languages (German and French). Kharkiv Collegium also laid the foundations for an education in architecture. In 1817, however, in keeping with the educational reforms underway in the Russian Empire, the collegium became an exclusively theological institution – although it retained its original name until 1841.

Інкорпорація в Російську імперію
Incorporation into the Russian Empire

Середина XVIII століття – часи становлення Російської імперії як абсолютної монархії, а це означало, що наявність у її складі елементів, інакших за адміністративним устроєм і соціальним складом, суперечила курсу на уніфікацію. Тож за часів Петра I почалося, а за Катерини II досягло кульмінації поступове знищення всіх прав і свобод козацтва в адміністративному й військовому управлінні, адже до того мешканці Слобожанщини мали значно більше свобод і привілеїв, аніж на сусідніх російських теренах.

Соціальні зміни також почалися задовго до часів Катерини II. Однією з драматичних подій стало скасування займанщини в 1733 році. Пізніше старшину було зрівняно в правах із дворянством (Жалувана грамота дворянству 1785 року), а козаки-підпомічники стали селянами й так званими «військовими обивателями». Характерною ознакою часу стали підходи Катерини II до перебудови міст. Харків теж отримав регулярні генплани з ортогональною сіткою вулиць, реалізовані в районі Залопань.

> The mid-eighteenth century was a period when the Russian Empire was becoming an absolute monarchy. This transformation involved the imposition of uniformity and the elimination of elements that conflicted with the empire's administrative structure and social composition. Initiated by Peter the Great and culminating under Catherine II, this process led to the gradual erosion of the Cossacks' rights and freedoms in both the administrative and military realms. Before that, the inhabitants of Slobozhanshchyna had enjoyed far greater liberties and privileges than their counterparts in neighbouring Russian territories.

Social changes, however, had commenced long before the reign of Catherine II. A significant milestone was the abolition of *zaimanshchyna* in 1733. In the years that followed, the Cossack elite was given the same legal status as the nobility under the Charter to the Gentry of 1785, while ordinary Cossacks were now treated as peasants who remained liable for military conscription. A hallmark of this era was Catherine II's approach to urban redevelopment, which also affected Kharkiv. The city was given regular master plans with an orthogonal street grid, as implemented in the Zalopan district.

Класичний університет
Research University

Кінець XVIII – початок XIX століття – час становлення так званого класичного університету, місцеві ініціативи щодо заснування якого віддзеркалювали потребу колишньої козацької старшини в хорошій освіті для своїх дітей. Вони з'явилися вже в останній третині XVIII ст., але локація університету досі залишалася невизначеною. 1805 року на території Слобожанщини, не без активної участі місцевого дворянства на чолі з Василем Каразіним (1802 року обійняв посаду «головного правителя

справ» Комісії стосовно училищ при Міністерстві народної освіти) було засновано університет.

Після заснування університету до нього було запрошено чимало німецьких викладачів. При Харківському університеті в 1830 – 1840-х роках існувала Харківська школа романтиків, яка зробила значний внесок в етнографічний і літературний етап українського націєтворення. Відтак Університет почав набувати статусу осередку європейської культури і науки, виконуючи роль модернізаційного проєкту.

1863 року на тлі реформ Олександра II виходить доволі прогресивний університетський статут, проте новий статут 1884 року, який є частиною контрреформ Олександра III, майже повністю перекреслює всі здобутки університетської автономії. Надалі роль університету в Російській імперії залишалася двоїстою: з одного боку, його використовували як інструмент русифікації, а з іншого – саме студенти стали основною рушійною силою українського руху в Харкові.

Цей період характеризується тривалим домінуванням в архітектурі (нео)класицизму внаслідок низки обмежувальних норм, що призвело до стагнації будівельної сфери Харкова.

> The late eighteenth and early nineteenth centuries saw the emergence of a research university based on the Humboldtian model of higher education. The last third of the eighteenth century brought local endeavours to establish a university in Kharkiv, a reflection of the former Cossack elders' need to secure a quality education for their offspring. However, the university's location remained uncertain. In 1805 the local nobility, led by Vasily Karazin, who was head of the Commission on Schools under the Ministry of National Education in 1802, was instrumental in having the university established in the Slobozhanshchyna region.

Following the university's establishment, numerous German educators were invited to teach here. The period 1830–1840 saw the university become home to the thriving Kharkiv school of Romanticism, including figures such as Izmail

Sreznevskyi, Amvrosii Metlynskyi, and Yakiv Shchoholiv, who made important contributions to the ethnographic and literary stages of Ukrainian nation-building. The university thus evolved into a centre of European culture and science, fulfilling the role of a modernisation project.

In 1863, as part of the reforms carried out by Alexander II, a relatively progressive university charter was adopted, covering all aspects of university functioning and governance throughout the Russian Empire. The subsequent charter of 1884, however, adopted under Alexander III's counter-reforms, almost entirely eliminated what had been attained in university autonomy. Subsequently, the university's role in the Russian Empire remained dual: on the one hand, it was an instrument for Russification; on the other, its students were the driving force behind the Ukrainian movement in Kharkiv.

This era was characterised by the prolonged dominance of Neoclassicism in architecture, culminating in the stagnation of Kharkiv's construction industry due to restrictive regulations.

Капіталістична індустріалізація
Capitalist industrialisation

Російська імперія, хай і з запізненням, однак уже наприкінці XVIII століття почала вбудовуватися в орбіту першої промислової революції. Скасування кріпосного права в 1861 році як складова ліберальних реформ Олександра II, з одного боку, стала відповіддю на капіталізацію виробництва, а з іншого – сприяла вивільненню робочої сили, що дало поштовх розвиткові важкої промисловості. Наприкінці XIX – на початку XX століття Харків стає крупним промисловим і фінансовим регіональним центром.

Відкриття в 1869 році Курсько-Харківсько-Азовської залізниці (пізніше – Південної) сприяло швидкому перетворенню Харкова на потужний залізничний вузол, важливий насамперед через зв'язок із Донецьким кам'яновугільним басейном. Потім через місто пройшли ще дві залізничні гілки – Харківсько-Балашовська (1895) і Північно-Донецька

(1903). У Харкові також діяла Рада з'їзду гірничопромисловців Півдня Росії, що ухвалювала важливі рішення в царині гірничої промисловості.

Варто відзначити, що назва «Південний» щодо Харкова відображала його геополітичне становище з точки зору Російської імперії. Однак використання назв «Південний вокзал» і «Південна залізниця» після здобуття Україною незалежності є анахронізмом. У березні 2023 року мешканці Слобожанщини проголосували за перейменування локальної залізниці на Харківську, проте назву досі не змінили.

У місті завдяки діяльності великих іноземних підприємців постають заводи Гельферіх-Саде, Карла Трепке (сільськогосподарські машини), кондитерська фабрика Жоржа Бормана, паротягобудівний завод (частина акціонерів якого були іноземцями) тощо. Наплив іноземних підприємців як на Слобожанщині, так і на Донбасі був пов'язаний, зокрема, з тим, що уряд створював сприятливі умови для концесії за допомогою низької вартості робочої сили й відносно невеликої конкуренції.

Реакцією на брак спеціалістів у промисловості стало відкриття в 1885 році Харківського практичного технологічного інституту (нині – Національний технічний університет «Харківський політехнічний інститут»). Розвиток технічної освіти вплинув на впровадження технічних інновацій у міське господарство, а також на дедалі частіші інвестиції в розбудову міської інфраструктури з боку підприємців.

Відкриття з ініціативи архітекторів братів Сергія й Іліодора Загоскіних на базі Харківського технологічного інституту архітектурного факультету відродило місцеву архітектурну школу. В архітектурі харківського Belle Époque переважає історизм або так звані неостилі, провідником яких був академік Олексій Бекетов.

> Towards the close of the eighteenth century, the Russian Empire, albeit belatedly, began to come into the orbit of the first industrial revolution. The abolition of serfdom (essentially a form of slavery)

in 1861 as part of Alexander II's liberal reforms was a twofold process: a response to the capitalisation of production and a catalyst for the release of labour, fuelling the development of heavy industry. At the end of the nineteenth and beginning of the twentieth centuries, Kharkiv evolved into a large regional industrial and financial hub. The establishment of the Kursk-Kharkiv-Azov Railway (later known as the 'Southern Railways') in 1869 facilitated Kharkiv's rapid transformation into a robust railway junction, particularly crucial for its link with the Donets Coal Basin. Subsequently, the city was crossed by two further railway lines: the Kharkiv-Balashov Railway (1895) and the North-Donetsk Railway (1903). The Council of the Congresses of Mining Industrialists of the South of Russia had its headquarters in Kharkiv, making key decisions in the mining sector. It is worth noting that the term 'southern' in reference to Kharkiv reflected its geopolitical position in the Russian Empire. However, the continued use of 'Southern Railway Station' and 'Southern Railway' after Ukraine's independence is now considered an anachronism. In March 2023 Slobozhanshchyna residents voted to rename the local railway 'Kharkivska'; this change has not yet been implemented.

Kharkiv benefitted from the founding of substantial enterprises owned by foreign entrepreneurs – notably the Helferich-Sadet Factory and the Karl Trepke Factory (both of which made agricultural machinery), the Georges Bormann Confectionery Factory, and a locomotive factory (with foreign shareholders). Both in Slobozhanshchyna and the Donbas the influx of foreign entrepreneurs was partly due to the government's provision of favourable concessions, supported by low labour costs and relatively limited competition.

To meet the demand for skilled workers in the industry, the Kharkiv Practical Technological Institute (now known as 'Kharkiv Polytechnic Institute National Technical University') was founded in 1885. This expansion in technical education fostered the spread of technological innovations in the urban economy, with entrepreneurs often investing in development of urban infrastructure. The Faculty of Architecture at the Technological Institute, established at the initiative of the Zagoskin brothers, who were Neo-Gothic architects, played an important part in the revival of the local architectural school. The architecture of Kharkiv's Belle Époque period was dominated by Historicism and the so-called 'neo-styles', whose principal exponent was Oleksii Beketov, a member of the Imperial Academy of Arts in St Petersburg.

Міська реформа
Municipal reform

«Городовое положение» 1870 року, що також стало частиною реформ Олександра II, дозволило голосувати всім чоловікам, старшим 25 років, котрі володіли майном у межах міста вартістю не менш ніж 1,5 тисяч рублів, незалежно від соціального стану. Замість жорстких станових органів влади (шестигласної думи) створювалися Міська дума (законодавчий орган) і Міська управа (виконавчий орган), очолювана міським головою. Виборче право ділило всіх виборців на три курії, відтак їхнє представництво в Міській думі істотно залежало від майнового цензу.

Однак, попри прогресивний характер, подібно до всіх реформ Олександра II, реформу міського самоврядування не було завершено, а «Городовое положение» 1892 року, як і решта контрреформ Олександра III, значно посилило майновий ценз і втручання центральної влади у справи міських дум. Міська реформа істотно змінила склад Думи. Якщо раніше там однозначно переважали купці, то тепер у Думі мали представництво й інтелектуали, професори Харківського університету й Технологічного інституту, і ця обставина сприяла запровадженню технічних інновацій у харківське міське господарство. Серед очільників міста варто відзначити Єгора Гордієнка (професор Харківського університету), Івана Голенищева-Кутузова (підприємець із групи Олексія Алчевського, ініціатор створення муніципальних прибуткових підприємств, зокрема електростанцій),

Олександра Погорілка (професор Харківського технологічного інституту, активно займався електрифікацією міста й розвитком міського транспорту), Дмитра Багалія (історик, професор і ректор Харківського університету, був міським головою під час Першої світової війни).

> The City Regulations of 1870, part of Alexander II's reform package, gave the right to vote to all men above the age of 25 who possessed property valued at at least 1500 rubles, regardless of their social estate. The traditional rigid class-based dumas were replaced with a city duma, which was a legislative body, and a city council, which functioned as an executive body overseen by the city head. The suffrage system divided voters into three curiae with the consequence that their representation in the city duma depended on the amount of property that they owned. However, like all Alexander II's reforms, the reform of local self-government, despite its progressive nature, was never completed, and the subsequent City Regulations of 1892, like the rest of Alexander III's counter-reforms, further raised the property qualification and increased central government intervention in the affairs of city dumas. The municipal reform drastically changed the composition of Kharkiv's Duma. Hitherto merchants had predominated; the new structure included intellectuals and professors from Kharkiv University and the Technological Institute. This shift helped the integration of technical innovation into Kharkiv's urban economy. Prominent figures who served as city heads included Yehor Hordiienko (Kharkiv University professor), Ivan Golenishchev-Kutuzov (an entrepreneur and associate of Oleksii Alchevskyi, Golenishchev-Kutuzov spearheaded the establishment of municipal enterprises, including a power station), Oleksandr Pohorilko (a professor at Kharkiv Technological Institute who was actively involved in the city's electrification and development of its urban transport), and Dmytro Bahalii (a historian, professor, and rector at Kharkiv University, who was mayor during World War I).

Революція 1905 року
The revolution of 1905

Серед причин революції 1905 року зазвичай згадують наслідки економічної кризи, накопичення соціальних проблем, зокрема невирішене робітниче питання, а серед зовнішніх – поразку в Російсько-японській війні. Революція почалася з розстрілу мирної демонстрації в Санкт-Петербурзі 9 січня 1905 року (так звана «Кривава неділя»).

Для Харкова центральними подіями революції стали участь у загальному страйку в грудні 1905 року і збройне повстання робітників Харківського паротягобудівного заводу і заводу Гельферіх-Саде.

Внаслідок робітничого руху уряд задовольнив частину вимог: зменшив тривалість робочого дня, покращив умови праці, підвищив заробітну плату. Щодо реформ державного управління – була створена Державна дума, виборчий вищий законодавчий державний орган. Від Харкова до Державної думи увійшли здебільшого університетські професори, що представляли кадетів (Конституційно-демократичну партію). Активізуються також українські ліві партії – Революційна українська, Народна і Демократична. Фактично було призупинено дію Емського акту 1876 року, яким обмежувалося використання української мови.

Однак практично всі революційні досягнення перекреслила реакція, що настала після так званого Третьочервневого перевороту 1907 року, коли були фактично ліквідовані залишки конституційної монархії внаслідок зміни виборчої системи.

Відповіддю на революційні події з боку архітектурної спільноти стала полеміка прогресивних архітекторів Олександра Гінзбурга і Мойсея Диканського про соціальні, екологічні, економічні проблеми міста. В харківській архітектурі також знайшли втілення всі напрями й течії Першого інтернаціонального стилю – модерн (ар-нуво, югенд-стиль, сецесія, ліберті).

> Causes commonly attributed to the revolution of 1905 include the repercussions of an economic crisis and mounting social

issues, notably the unresolved issue of labour. An external factor was defeat in the Russo-Japanese War. This revolution began in St Petersburg when a peaceful demonstration was fired upon on 9 January 1905, known as 'Bloody Sunday'.

In the context of Kharkiv, pivotal events in the revolution included the active involvement of workers from Kharkiv Locomotive Factory and Helferich-Sadet Factory in a general strike in December 1905. This was followed by an armed uprising organised by the Bolsheviks under the leadership of Fyodor Sergeyev, otherwise known as 'comrade Artyom'.

The labour movement achieved some of its goals, leading to a reduction in the length of the working day, improved working conditions, and wage increases. An important administrative reform was the founding of the State Duma, the elected supreme legislative body of the Russian Empire. Kharkiv was represented in the State Duma mostly by university professors affiliated with the Constitutional Democratic Party. Ukrainian left-wing parties also became more active, notably the Revolutionary Ukrainian Party, the Ukrainian People's Party, and the Ukrainian Democratic Party. The Act of Ems (1876), which had restricted use of the Ukrainian language, was in effect suspended.

However, nearly all the revolutionary gains were nullified during the subsequent reactionary period that followed the so-called 'coup of the third of June 1907', which dismantled the last pieces of the constitutional monarchy through changes in the electoral system.

In the architectural community the revolutionary events sparked debates between progressive architects, such as Oleksandr Ginzburg and Moisey (Michel) Dikansky, concerning the city's social, environmental, and economic problems. Kharkiv's architecture embodied all the various stylistic movements of Style Moderne, including Art Nouveau, Jugendstil, the Secession, and Liberty Style.

Український національний рух
The Ukrainian national movement

У контексті національного руху Харків мав досить потужні українські культурні й політичні осередки. Так, істотно вплинула на місто меценатська діяльність родини Алчевських, зокрема Христини Алчевської, яка керувала недільною школою для дівчат із незаможних родин. Відомий бандурист, педагог і етнограф Гнат Хоткевич, якого багато хто пов'язує з Галичиною, був студентом Харківського технологічного інституту, й саме в Харкові розпочався його шлях як українського політичного діяча. Харківське студентство стає ядром Братства тарасівців (1891), і саме з харківського гуртка Дмитра Антоновича в 1900 році постає перша на Лівобережній Україні партія – Революційна українська партія (РУП).

В архітектурі Харкова помітним явищем стає національний романтичний стиль – український архітектурний модерн (УАМ), теоретичні підвалини якого заклав архітектор-політик Сергій Тимошенко. Серед видатних об'єктів УАМ – Харківська селекційна станція авторства Євгена Сердюка і Маріана Харманського, Художнє училище Костянтина Жукова, Прибутковий будинок Піотровського Бориса Корнієнка.

> With regard to the Ukrainian national movement, Kharkiv possessed powerful cultural and political centres of its own. A substantial impact on the city was the patronage of the Alchevskyi family; Khrystyna Alchevska ran a Sunday school for girls from poor families. The renowned bandura player, educator, and ethnographer Hnat Khotkevich, whom many associate with the Halychyna region, was a student at Kharkiv Technological Institute; it was in Kharkiv that his journey as a prominent Ukrainian public figure began. Kharkiv students formed the nucleus of the Brotherhood of Tarasovs, founded in 1891, which is regarded as a transitional phase toward a political party. It was Dmytro Antonovych's Kharkiv group that formed the basis of the first party in left-bank Ukraine – the Revolutionary Ukrainian Party (RUP), founded in 1900.

In the realm of architecture a notable phenomenon was the national romantic style known as 'Ukrainian Architectural Moderne style' (UAM), whose theoretical foundations were laid by the architect and politician Serhii Tymoshenko. Prominent works in the UAM include the Agricultural Breeding Station, designed by Ievhen Serdiuk and Marian Kharmanskyi, the Art School, designed by Kostiantyn Zhukov, and Piotrovskyi House, designed by Borys Korniienko.

Перша світова війна
The Great War

Під час Першої світової війни Харків, хоча й був далеко від фронтів, все ж відчув її вплив. Як великий залізничний вузол він став перевантажним пунктом для біженців із західних територій Російської імперії (наприклад, лише за липень – грудень 1915 року через Харків пройшло понад 350 тисяч біженців, тоді як поточне населення міста становило 246 тисяч осіб). Також він став пунктом прийому поранених і військовополонених.

Сюди ж евакуювали підприємства з Польщі і Балтійських губерній (фабрики «Konrad, Jarnuszkiewicz i Spółka» і «Gerlach i Pulst», завод Всезагальної компанії електрики (AEG), фабрика велосипедів «Лейтнер» тощо), що призвело до подальшої розбудови важкої промисловості й до прискорення економічного розвитку міста. Деякі підприємства – як-от завод Гельферіх-Саде, паротягобудівний завод – почали працювати на оборонну промисловість. Однак Перша світова вдарила як по фінансовому становищу населення, так і по бюджету міста на комунальне господарство.

Архітектура передвоєнної доби тяжіє до модернізованої класики або неокласицизму. Тоді як воєнний період характеризується появою першого промислового модернізму в Харкові

> Although distant from the battlefronts, Kharkiv did not escape the immediate impact of World War I. As a major railway hub, it became a vital transit point for refugees from the western territories of the Russian Empire. For instance, during just six months, from July to December 1915, over 350,000 refugees passed through the city, which had a population of 246,000 at the time. Kharkiv also served as a reception centre for wounded soldiers and prisoners of war.

Kharkiv was, moreover, a destination for enterprises evacuated from Poland and the Baltic governorates, including the Konrad, Jarnuszkiewicz i Spółka and Gerlach i Pulst factories, the General Electricity Company (AEG) plant, and the Leitner Bicycle Factory. This influx contributed to the further expansion of heavy industry and bolstered the city's economic growth. Some local enterprises, such as the Helferich-Sadet Factory and the Locomotive Factory, were involved in producing for the defence industry. World War I also took its toll on the financial wellbeing of the local population, and the city suffered due to reduced funding for public infrastructure. Tendencies in pre-First-World-War architecture in Kharkiv were Modernised Classicism or classicizing Style Moderne, while the war period witnessed the emergence of the first signs of industrial Modernism in the city.

Українська революція 1917–1921 років
The Ukrainian War of Independence (1917–1921)

По Першій світовій війні мапа Європи істотно змінилася: розпалися чотири великі імперії (Австро-Угорська, Османська, Німецька і Російська). Після Лютневої революції й утворення Центральної Ради в Києві, три тижні по тому, в Харкові – як і в інших містах – постало кілька центрів тяжіння влади: з одного боку – органи Тимчасового уряду, з іншого – ради солдатських депутатів, з третього – 2 грудня 1917 року Харківська міська дума проголосувала за приєднання до УНР і визнала владу Центральної Ради.

У грудні 1917 року більшовики оголошують війну українському урядові в Києві та призначають у Харкові альтернативний український уряд. Також Харків стає центром Донецько-Криворізької радянської республіки, що постала в лютому 1918 року й проіснувала місяць. Після підписання Брестської угоди Українська Народна Республіка повертає контроль над територіями, які захопили більшовики. Проте наприкінці квітня 1918 року внаслідок державного перевороту встановлюється режим гетьмана Павла Скоропадського.

В листопаді 1918 – січні 1919 року приходить до влади режим Директорії, а вже з січня 1919-го місто знову займають більшовики.

У червні – грудні 1919 року Харків стає базою білогвардійського руху в Україні. Після чого до міста втретє повертається більшовицький режим, поновлюючи воєнний комунізм, що призводить до посилення репресій і терору, а також до експропріації підприємств, зокрема й евакуйованих. Харків фактично стає столицею новоствореної Української Радянської Соціалістичної Республіки (в цьому статусі він перебуватиме до 1934 року).

> After World War I, the map of Europe changed significantly as four large empires disintegrated: Austria-Hungary, the Ottoman Empire, the German Empire, and the Russian Empire. After the February Revolution in Moscow and the establishment of the Central Rada of Ukraine in Kyiv three weeks later, in Kharkiv, like in many other cities, a number of different centres of authority emerged. On one hand, the institutions of the Russian Provisional Government remained in place. On the other, there were councils of workers' and soldiers' deputies. Lastly, on 2 December 1917, the Kharkiv City Duma voted to join the Ukrainian People's Republic and recognise the authority of the Central Rada.

In December 1917 the Bolsheviks initiated a war against the Ukrainian government in Kyiv and proclaimed an alternative Ukrainian government in Kharkiv. The city also became the centre of the Donetsk-Kryvyi Rih Soviet Republic, which was declared in February 1918 but existed for just one month.

Following the signing of the Treaty of Brest-Litovsk, control over the territories occupied by the Bolsheviks was regained by the Ukrainian People's Republic. In late April 1918, however, a coup took place in Kyiv, as a result of which Hetman Pavlo Skoropadskyi came to power. From November 1918 to January 1919 power was in the hands of the Directorate, a state committee representing the Ukrainian People's Republic. Then, in January 1919, the city fell under Bolshevik control once more. Between June and December 1919 Kharkiv was a stronghold of the White Army in Ukraine. Subsequently, the Bolsheviks staged a comeback, occupying the city for a third time. This phase was characterised by the reintroduction of war communism, resulting in heightened repression, terror, and the expropriation of enterprises, including those that had been evacuated to Kharkiv during World War I. Kharkiv thus in effect became the capital of the nascent Ukrainian Soviet Socialist Republic, a status it retained until 1934.

Столичний період
Kharkiv as capital

Столичний статус Харкова сприяє тому, що саме він стає осередком культурного й економічного розвитку Радянської України, а також дипломатичного життя. У політиці на початку 1920-х іще не було монополії більшовиків, діють такі ліві партії, як Українська партія комуністів (укапісти), Українська соціал-демократична робітнича партія і боротьбисти. Але вже невдовзі конкуруючі ліві партії під тиском КП(б)У починають розпускатися.

Курс на Нову економічну політику (НЕП), ухвалений з 1921 року, сприяє бурхливому розвиткові кооперації, торгівлі й промисловості, зокрема, завдяки іноземним інвестиціям. Окрім цього, триває активна українізація під проводом наркома освіти Миколи Скрипника (саме він затвердив харківський правопис, відомий як «скрипниківка»). У Харків із Києва переїздить театр «Березіль», очолюваний Лесем Курбасом, де реалізуються найсміливіші авангардні експерименти. Засновуються нові літературні організації: Спілка українських пролетарських письменників «Гарт», Спілка селянських письменників «Плуг», Вільна академія пролетарської літератури (ВАПЛІТЕ). Будинок «Слово», збудований наприкінці 1920-х років кооперативом літераторів, стає серцем літературного життя української республіки. У сфері малярства активно працює майстерня Василя Єрмілова – ключової постаті українського авангарду. У Харкові ж 1928 року відкривається Український фізико-технічний інститут, де Лев Ландау сформував уславлену школу теоретичної фізики: саме тут уперше в СРСР розщепили ядро атома.

Харків стає столицею українського конструктивізму, відомого іконічними будівлями, як-от Держпром, Поштамт, гуртожиток «Гігант», Товарна біржа, соцмісто «Новий Харків», АТС тощо. Під час активного будівництва не лише постають публічні об'єкти, промислова архітектура, а відбувається й розквіт кооперативного житлового будівництва. Структура міста зазнає кардинальних змін, будуються новий урядовий центр і житлові райони, транспортні магістралі й великі промислові підприємства.

Період з 1920-х до середини 1930-х років, коли українські література, мистецтво, театр сягнули небувалого рівня розвитку, а також покоління тієї доби, якому завдячують розквітом національна культура й наука, отримали назву Розстріляне відродження – через подальші репресії під час Великого терору, внаслідок якого були ув'язнені або страчені представники української інтелектуальної еліти.

> Kharkiv's status as capital played a pivotal role in its emergence as the centre of cultural and economic development in Soviet Ukraine, but also of diplomatic life. In the early 1920s the Bolsheviks still had no absolute monopoly on politics. Various other left-wing parties were also active, including the Ukrainian Communist Party, the Ukrainian Social Democratic Workers' Party, and the Borotbists. However, these competing left-wing factions gradually disbanded under mounting pressure from the Communist Party (of Bolsheviks) of Ukraine.

The adoption of the New Economic Policy (NEP) in 1921 catalysed rapid growth in cooperation, trade, and industry, particularly due to foreign investments. Simultaneously, a Ukrainization policy was vigorously pursued, spearheaded by Mykola Skrypnyk, the People's Commissar for Education, who was notably responsible for the adoption of the Kharkiv spelling system, known as 'Skrypnykivka'

(1928). Additionally, the Berezil Theatre, under the leadership of Les Kurbas, moved from Kyiv to Kharkiv; it was here that its troupe carried out some of the boldest Avant-garde experiments. New literary organisations flourished, including Hart (the Union of Proletarian Writers), Pluh (the Union of Peasant Writers), and VAPLITE (the Free Academy of Proletarian Literature). Slovo House, built in the late 1920s by a cooperative of writers, emerged as the hub of literary life in the Ukrainian Republic. In fine arts an energetic part was played by the workshop of Vasyl Yermylov, a prominent figure in the Ukrainian Avant-garde. In 1928 the Ukrainian Physics and Technology Institute opened in Kharkiv. It was here that Lev Landau established the renowned school of theoretical physics where the nucleus of an atom was split for the first time in the Soviet Union.

Kharkiv became the capital of Ukrainian Constructivism, an architectural movement which stood out for iconic gems such as Derzhprom, the Head Post Office, the Gigant dormitory, the Commodity Exchange, the socialist city New Kharkiv, and the Central Telephone Exchange. The city underwent an exponential surge in construction, not only in public and industrial architecture but also in cooperative housing developments. The city's structure changed dramatically with construction of a new governmental centre, residential districts, highways, and large industrial enterprises.

The period from the early 1920s to the mid-1930s witnessed an unprecedented flowering of Ukrainian literature, art, theatre, giving rise to the generation responsible for the blossoming of Ukrainian culture and science. They would later be dubbed 'the Executed Renaissance' due to subsequent repression in the Great Purge when its members were arrested, imprisoned, and in many cases shot.

Великий терор
The Great Purge

Верхівка комуністичної партії в Москві розглядала НЕП як вимушений захід, що дасть змогу відновити економіку для потреб соціалізму. Тому вже в 1925 році ухвалено рішення про перетворення

Радянського Союзу з аграрної країни на індустріальну. Початок індустріалізації було покладено першим п'ятирічним планом розвитку народного господарства на 1928–1932 роки сумісно з колективізацією сільського господарства. Це знаменувало перехід до планової економіки.

У другій половині 1920-х років українізацію почали згортати, а діячів політики, економіки й мистецтва – переслідувати. Розгортається боротьба проти так званого «націонал-ухилянтства» – на думку Сталіна, небезпечного тим, що культивує буржуазний націоналізм і веде до відновлення капіталізму. У 1926 році це вилилося в масштабні політичні кампанії та переслідування не лише окремих осіб, а й цілих професійних груп, узагальнених назвою за прізвищем тих, хто найбільше завинив, поширюючи антиросійські настрої в Україні, наприклад, «шумськізм» у політиці після звинувачення Олександра Шумського, «волобуєвщина» в економіці (Михайло Волобуєв), «хвильовізм» у сфері культури (Микола Хвильовий). Починаються утиски технічної інтелігенції Донбасу (Шахтинська справа, 1928). У Харкові проходить процес Спілки визволення України (1929–1930), внаслідок якого було страчено або ув'язнено багатьох культурних і громадських діячів. Ініційовано також судові процеси проти національних меншин у місті, проти фізиків-теоретиків з Українського фізико-технічного інституту, серед яких були й іноземні громадяни. Розгорнуто репресії проти спеціалістів, що займалися розвитком харківської промисловості.

Репресії сягнули апогея в 1937–1938 роках, отримавши назву «Великий терор», тоді постраждали представники геть усіх верств населення (у Харківській області – близько 20 тисяч осіб, точна кількість жертв невідома). Були заарештовані й потім розстріляні представники українського авангарду Лесь Курбас, Микола Куліш, Валер'ян Підмогильний, Михайль Семенко, Майк Йогансен, вкоротили собі віку нарком освіти Микола Скрипник і письменник Микола Хвильовий. Кошти на форсування індустріалізації брали з сільського господарства, що, разом із репресіями проти селян, стало однією з причин Голодомору 1932–1933 років. За різними підрахунками, в Харківській області від голоду загинуло близько 1,5–2 мільйонів осіб.

У 1934 році столицю Радянської України перенесено до Києва. Після цього спостерігається значний спад будівництва, що збігся в часі зі стрімким стилістичним переходом від конструктивізму до тоталітарної архітектури, або постконструктивізму.

> The New Economic Policy was regarded by the Communist Party leaders as a necessary measure to rebuild the economy for the needs of socialism. Accordingly, in 1925 a decision was taken to transform the Soviet Union from an agrarian into an industrial country. The first steps towards industrialisation were established by the First Five-year Plan for the Development of the National Economy from 1928 to 1932, which was accompanied by the collectivisation of agriculture. This signalled the transition to a planned economy.

The second half of the 1920s saw a gradual rollback of Ukrainization, accompanied by the persecution of leading figures in politics, economics, and the arts. A campaign was launched against what Stalin called 'national deviationism', viewed as dangerous for its promotion of bourgeois nationalism and facilitation of the restoration of capitalism. In 1926 this escalated into persecution and large-scale political campaigns against not only individuals but also entire professional groups, named after those who were 'most to blame' for propagating anti-Russian sentiments in Ukraine – for instance, 'Shumkism' in politics (following the indictment of Oleksandr Shumskyi), 'Volobuevism' in economics (after Mykhailo Volobuiev), and 'Khvylovism' in culture (after Mykola Khvylovy).

The 'technical intelligentsia' (intelligentsia working in professions involving technical knowledge) was subjected to political repression in the Donbas region, culminating in the Shakhty Trial in 1928, considered the first political trial in the Soviet Union, in which 53 engineers and top managers working in the coal industry were accused of conspiring to sabotage the Soviet economy and 11 were sentenced to death. In 1929–1930 Kharkiv witnessed the trial of the Union for the Liberation of Ukraine, leading to the execution or imprisonment of numerous figures from Ukrainian culture and public life. Legal proceedings were also initiated against national minorities in the city and theoretical physicists at the Ukrainian Physics and Technology Institute, some of whom were foreign citizens. Repressions targeted specialists involved in Kharkiv's industrial development.

The repressions reached their peak during the Great Purge of 1937–1938, impacting people from all walks of life. In the Kharkiv region alone approximately 20,000 people suffered, although the exact toll remains unknown. Prominent figures of the Ukrainian Avant-garde, including Les Kurbas, Mykola Kulish, Valerian Pidmohylny, Mykhailo Semenko, and Maik Yohansen, were arrested and killed. The People's Commissar for Education Mykola Skrypnyk and the writer Mykola Khvylovy took their own lives. Funds to fuel the accelerating forced industrialisation were drawn from agriculture, and this, coupled with repressive measures targeting the rural population, caused the Holodomor (a man-made famine in Ukraine) in 1932–1933. Estimates put the number of people who perished due to starvation in the Kharkiv region at approximately 1.5–2 million.

In 1934 the capital of Soviet Ukraine was relocated to Kyiv, leading to a significant drop in construction activity, accompanied by a drastic shift in architectural style from Constructivism to totalitarian architecture or Post-Constructivism.

Друга світова війна
World War II

Друга світова війна розпочалася для Харкова не 25 жовтня 1941 року, коли німецькі війська увійшли до міста, а значно раніше – в березні 1940-го, коли до Харкова зі Старобільського табору привезли майже 4,3 тисячі полонених польських офіцерів і цивільних, які були розстріляні й поховані НКВС у П'ятихатках (найчастіше ця справа згадується в літературі як «Катинська трагедія»).

Під час німецької окупації Харків входив до прифронтової окупаційної зони, відтак у місті діяли і цивільна, і військова адміністрація. «Єврейське питання» в Харкові було «розв'язане» вже в перші місяці окупації: у грудні 1941 – січні 1942 року сталися масові розстріли в Дробицькому ярі. Перша спроба радянських військ зайняти Харків у травні 1942 року закінчилася потраплянням радянської армії в оточення і масовими втратами. Вдруге, у лютому – березні 1943 року, Червоній армії вдалося ненадовго отримати контроль над містом, але в середині березня його знову захопила німецька армія. І лише в серпні 1943 року радянським військам вдалося знову зайняти місто.

У межах Сталінського повоєнного відновлення було істотно перебудовано центральну частину Харкова. Єдиним дозволеним архітектурним стилем став соціалістичний реалізм.

> For Kharkiv World War II did not commence on 25 October 1941, when German troops entered the city, but much earlier, in March 1940. At that time nearly 4300 captured Polish officers and civilians were transported to Kharkiv from the Starobelsk camp, where they were shot and buried by the People's Commissariat for Internal Affairs (NKVD) in Piatykhatky. This case is often referred to as the 'Katyn massacre'.

During the German occupation Kharkiv was in the frontline occupation zone, meaning that both civil and military administrations operated in the city. The 'Jewish question' was swiftly 'resolved' in Kharkiv during the early months of the occupation, with mass executions taking place at Drobytsky Yar from December 1941 to January 1942. The first Soviet attempt to reclaim Kharkiv in May 1942 ended in failure, with the Red Army suffering encirclement and significant losses. In a second effort, in February and March 1943, the Red Army briefly regained control over the city, which was then re-occupied by the German army shortly afterwards, in mid-March. Finally, in August 1943, the Red Army successfully recaptured Kharkiv.

In the Stalinist post-war reconstruction of the city, central parts of Kharkiv were extensively redeveloped. Socialist Realism became the sole approved architectural style.

Відлига і застій
The Thaw and Stagnation

Відлига – часи правління Микити Хрущова, 1953–1964, упродовж яких в Україні першими секретарями побували Олексій Кириченко (1953–1957) та Микола Підгорний (1957–1963) – позначилася десталінізацією, тимчасовим пом'якшенням цензури в мистецтві й частковою децентралізацією в економіці (створено місцеві ради народного господарства, які скорочували розрив між керівними кадрами промисловості й будівництва та низовими ланками – державним підприємством), однак усі ці зміни не торкалися структурних засад тоталітарного суспільства. В архітектуру повертається модернізм, архітектурним символом 1960-х стають вантові конструкції й залізобетонні оболонки авторства молодих архітекторів Юрія Плаксієва та Вадима Васильєва.

У добу застою (часи правління Леоніда Брежнєва і кількох його короткочасних наступників, 1964–1986) все ж відбуваються позитивні зрушення: зокрема, харківський економіст Овсій Ліберман стає ідеологом економічної реформи в СРСР, яка сприяла економічному підйому й високим показникам Восьмої («золотої») п'ятирічки; здійснюється й модернізація виробництва. Але водночас накопичуються кризові явища в політичному й соціальному житті («старішання» номенклатури, консервація політичного режиму, згортання лібералізації періоду «відлиги», посилення ідеологічного контролю в науці та мистецтві), реакцією на які стають рухи шістдесятників і дисидентів.

Харківське суспільство в цей період долучається до шістдесятницького (Борис Чичибабін) і дисидентського правозахисного руху (Харківська правозахисна група). Постають також нонконформістські течії у фотографії, зокрема група фотографів «Час», яка стала частиною більшого явища – Харківської школи фотографії.

У Харкові відбуваються істотні містобудівні зміни: з'являється метро, забудовуються найбільші житлові масиви – Павлове Поле і Салтівка.

> The 'Thaw', a period of relaxation of repression in the USSR under Nikita Khrushchev (1953–1964) was characterised by de-Stalinisation, temporary softening of artistic censorship, and partial decentralisation of the economy. The latter involved the formation of local councils of the national economy, aimed at reducing the gap between top management in industry and construction and their counterparts at lower levels, in state enterprises. These changes, however, did not fundamentally affect the structural underpinnings of this totalitarian society. The 1960s saw a resurgence of Modernism in architecture. Iconic architectural symbols created at this time included cable-stayed structures and reinforced-concrete shells designed by the young architects Yurii Plaksiiev and Vadym Vasyliev.

During the subsequent period of 'Stagnation', spanning the reigns of Leonid Brezhnev and his several short-lived successors from 1964 to 1986, there were indeed a number of positive developments. A notable figure from Kharkiv, the economist Evsei Liberman, emerged as the driving force behind economic reform in the Soviet Union. His ideas contributed to economic recovery and the successful execution of the Eighth ('golden') Five-year Plan, along with significant modernisation of production.

Alongside these economic successes, however, the makings of crises were accumulating in political and social life. These included the 'ageing' of the nomenklatura (the Soviet ruling class), the preservation in aspic of the political regime, a roll-back of the liberalisation seen during the Thaw period, and the tightening of ideological control over fields such as science and art. In response, movements such as 'the Sixtiers' and dissidents emerged. Kharkiv made significant contributions to both; the poet Borys Chychybabin to the former, the Kharkiv Human Rights Protection Group to the latter. Kharkiv saw the rise of non-conformist movements in photography, such as the Vremia group, which became part of the broader phenomenon known as 'the Kharkiv school of photography'.

The city at this time underwent substantial urban transformation, including the construction of a metro system and the development of large new residential areas, such as Pavlove Pole and Saltivka.

Перебудова і розпад Радянського Союзу
Perestroika and the dissolution of the Soviet Union

Під час перебудови монополія комуністичної партії на владу слабшає. Як наслідок, з'являються перші легальні політичні українські партії (найбільш помітною платформою стає Народний Рух України, заснований 1989 року), відбувається масова реабілітація жертв масового терору, друкуються заборонені колись твори авторів Розстріляного відродження, оприлюднюються важливі історичні документи, що висвітлюють низку трагічних подій XX століття. У 1987 році відновлюється театр «Березіль», відкриваються нові можливості у сфері культури, Харків стає одним із центрів андеґраундної музики («Нова Сцена»), візуального мистецтва (творче об'єднання «Панорама», Борис (Боб) Михайлов і Харківська школа фотографії), з'являються західні субкультури рокерів і панків, а також поновлюються міжнародні обміни комсомольської молоді та подорожі спеціалістів, зокрема архітекторів, за кордон. Після Чорнобильської катастрофи 1986 року в Харківську область (с. Вільча) прибувають переселенці із зони відчуження. Культура протестів набирає обертів: страйки шахтарів Донбасу, починаючи з 1989 року, революція на граніті 1990 року, екологічні, правозахисні й пам'яткоохоронні рухи. На референдумі 1 грудня 1991 року в Харківській області 86 % тих, хто голосував, висловилися за незалежність України. Молоді харківські архітектори обережно звертаються до постмодернізму, тоді як старші залишаються вірними пізньорадянському бруталізму і модерністському панельному житловому будівництву. З'являється таке явище, як «довгобуди» – будівлі, які зводилися понад 10 років або ж так ніколи й не були добудовані. Причиною цього стала ригідність радянської бюрократичної системи й наростання економічної кризи передрозпаду СРСР.

> Perestroika was characterised by the weakening of the Communist Party's monopoly on power. This period saw the emergence of the first legal political Ukrainian parties; the most prominent was the People's Movement of Ukraine, established in 1989. Additionally, great efforts were made to rehabilitate the victims of the Great Purge; previously banned works by members of the Executed Renaissance were published. Additionally, significant historical documents were made public, shedding light on many tragic events in the twentieth century.

In 1987 the Berezil Theatre was restored. Kharkiv experienced a cultural revival, particularly in underground music (Novaya Scena) and visual arts (the Panorama Creative Association, Boris [Bob] Mikhailov, and the Kharkiv school of photography). Western subcultures, such as rockers and punks, emerged. International exchanges for members of the Komsomol (communist youth organisation) and trips abroad for specialists, including architects, were reinstated.

Following the Chornobyl disaster of 1986, immigrants from the exclusion zone settled in the Kharkiv region, particularly in the village of Vilcha. A culture of protest gained momentum, with notable events including strikes staged by the miners of the Donbas, starting in 1989; the 'Revolution on Granite' of 1990; and the establishment of various environmental, human rights, and heritage protection movements. In the referendum of 1 December 1991 a resounding 86% of those who voted in the Kharkiv region cast their ballots in favour of Ukraine's independence.

Some young Kharkiv architects cautiously began exploring Postmodernism; others remained committed to late-Soviet Brutalism and Modernist panel mass housing. A phenomenon known as *dovgobud* had emerged; this word refers to construction projects that lasted more than a decade or even remained forever incomplete due to the rigidity of the Soviet bureaucratic system and the growing economic crisis in the period immediately leading up to the collapse of the USSR.

Транзитний капіталізм
Transitional capitalism

1990-ті роки відзначилися економічною й соціальною кризою. Приватизація великих промислових підприємств призвела до появи групи олігархів, які досі утримують контроль над політичним розвитком України (у Харкові це Олександр Ярославський і Олександр Фельдман).

2000-ні знаменні черговим «відродженням» української національної культури, зокрема головним режисером Харківського драматичного театру («Березіль» у 1920-ті) стає Андрій Жолдак, розпочинає творчий шлях Сергій Жадан.

У політичному житті 2000-ні позначилися поступовим переходом на демократичні рейки, що супроводжувався кількома протестами. Одним із перших стала акція «Україна без Кучми» в 2000–2001 роках, яка вимагала відставки президента Леоніда Кучми. У 2004-му вибухнула Помаранчева революція, що формально була масштабним протестом проти фальсифікацій на виборах, але фактично знаменувала вихід України з меж пострадянського стану в політиці. У Харкові проходили мітинги на Майдані Свободи під час обох протестних акцій.

Упродовж перебування на посаді міського голови Михайла Добкіна (2006–2010), а потім Геннадія Кернеса (2010–2020), міський менеджмент відзначали пострадянські тенденції в політиці пам'яті й практично необмежена влада головного архітектора міста Сергія Чечельницького. Перевагу надавали зведенню кітчевих архітектурних і скульптурних об'єктів, надмірному благоустрою за наявності цілої низки нерозв'язаних проблем із соціальною інфраструктурою, громадським

транспортом, тепло- й водопостачанням. Місто мало сумнівний генплан, його хаотично забудовували житловими будинками приватні девелоперські компанії й монополісти на кшталт «Житлобуду-1», які мали тісні й непрозорі зв'язки з міською радою. Що було в центрі уваги влади – так це парки розваг, особливо парк ім. Горького (нині – Центральний парк), який реконструювали за кредитні гроші від одного з російських державних банків.

Під час підготовки до проведення спільно з Польщею Євро-2012 відбулася масштабна реконструкція доріг, стадіону «Металіст», збудовано новий готель, що належав харківському олігархові Олександру Ярославському, на Майдані Свободи – з порушенням його архітектурного ансамблю. Будівництво шляху через лісопарк, під час якого масово вирубувалися дерева, спровокувало протистояння активістів і міської влади. Протести мали екологічне забарвлення, втім, стимулювали створення політично свідомого громадянського суспільства в Харкові.

> The 1990s were a time of economic and social crisis in Ukraine. Privatisation of major industrial enterprises led to the emergence of a cohort of oligarchs, who still retain control over Ukraine's political landscape to this day (Kharkiv's oligarchs include Oleksandr Yaroslavskyi and Oleksandr Feldman).

The 2000s saw another 'revival' of Ukrainian national culture. Notably, Andriy Zholdak became chief director of Kharkiv Drama Theatre (which had been Berezil Theatre in the 1920s), while Serhiy Zhadan started making his way as a writer.

In political life the 2000s brought a gradual transition towards democracy, accompanied by protests. Among the earliest was 'Ukraine without Kuchma', a mass protest campaign in 2000–2001 demanding the resignation of Leonid Kuchma, the then president of Ukraine. The Orange Revolution of 2004, formally a series of protests against electoral fraud, in fact signalled Ukraine's departure from the framework of the post-Soviet political situation. In Kharkiv demonstrations took place on Svobody Square during both protests. Under the city's mayors Mykhailo Dobkin and then Hennadiy Kernes, governance of Kharkiv was marked by post-Soviet trends in the politics of memory and almost unlimited power wielded by the city's chief architect, Serhii Chechelnytskyi. The focus was on creating kitschy architectural and sculptural structures, together with excessive landscaping, despite the numerous unresolved issues relating to social infrastructure, public transport, heat networks, and the water-supply network. The city had a weak general plan, leaving chaotic development to be carried out by private construction firms and monopolists, such as the Zhytlobud-1 company, with close and dubious links to the city council. The city authorities preferred to focus on 'essentials' such as entertainment parks, particularly Gorky Park (now Central Park), where the reconstruction was funded through loans from a number of Russian state banks.

Euro 2012, co-hosted by Ukraine and Poland, brought major reconstruction projects, including for roads and the Metalist Stadium, along with construction of a new hotel owned by the oligarch Oleksandr Yaroslavskyi on Svobody Square, disrupting the latter's architectural ensemble. The construction of a road through the Lisopark urban forest, resulting in extensive felling of trees, sparked a confrontation between activists and municipal authorities. Initially environmentally motivated, these protests spurred the formation of a politically savvy civil society in the city.

Революція гідності та російсько-українська війна
The Revolution of Dignity and the Russo-Ukrainian War

Під час Євромайдану в 2013–2014 роках події в Харкові відзначилися протистоянням проукраїнських і проросійських сил, апогеєм якого стали два терористичні захоплення Харківської обласної адміністрації (завдяки операції сил МВС України будівля була звільнена). Точкові теракти проти цивільного населення тривали до 2015

року, наприклад, вибух під час мирної демонстрації біля Палацу спорту, через який загинуло четверо людей. Революція гідності пожвавила протестну боротьбу активістів проти місцевої влади. Проблеми колективної пам'яті відобразилися в стихійній декомунізації, знесенні пам'ятника Леніну на майдані Свободи, подальшій боротьбі за збереження її містобудівного ансамблю і спробі влади «законсервувати» радянський наратив у міському просторі. З 2010-х триває боротьба екоактивістів із систематичним знищенням зелених насаджень і природних комплексів Харкова. Загострилися й пам'яткоохоронні конфлікти через планомірну руйнацію архітектурної спадщини міста з подальшим будівництвом багатоповерхівок забудовниками-монополістами. Позитивним наслідком участі в кількох революціях і низці протестів стало формування громадянського суспільства – з'являються громадські організації різних напрямків, до яких долучається дедалі більше активного населення, створюються незалежні культурні проєкти, проводяться урбаністичні події та фестивалі. Коли у квітні 2014 року почалася війна на Донбасі (офіційно – Антитерористична операція (2014–2018) та Операція об'єднаних сил (2018–2022), Харків прийняв перших переселенців. Згідно з офіційними даними, через два роки після початку війни в Харківській області, переважно в Харкові, мешкало близько 180 тисяч внутрішньо переміщених осіб.

> During the Euromaidan protests of 2013–2014 Kharkiv witnessed confrontation between pro-Ukrainian and pro-Russian groups, culminating in two terrorist takeovers of the Kharkiv Regional Administration building (subsequently liberated in an operation by Ukrainian Ministry of Internal Affairs forces). Targeted terrorist attacks on civilians persisted until 2015, including an explosion during a peaceful demonstration near the Palace of Sports that claimed four lives. The Revolution of Dignity intensified the struggle between activists and local authorities. Issues surrounding

collective memory escalated, leading to spontaneous 'decommunisation', including demolition of the Lenin monument on Svobody Square, followed by efforts to safeguard the square's urban planning ensemble, while city officials sought to 'preserve' the Soviet narrative in the city's urban space. Since the 2010s eco-activists have fought the systematic destruction of green spaces and areas of nature in Kharkiv. In addition, conflicts over heritage preservation have intensified in response to continuing demolition of the city's architectural heritage to make way for construction of high-rise buildings by monopolistic developers. Participation in several revolutions and a series of protests has nevertheless had a positive outcome: the development of a civil society. This has borne fruit in the emergence of a number of NGOs addressing a wide range of issues and engaging increasing numbers of active citizens. It has also spurred implementation of independent cultural projects and diverse urban festivals and initiatives. When the war began in Donbas in April 2014, Kharkiv took in some of the first wave of refugees, who were accommodated in specially constructed modular housing. Official data indicate that approximately 180,000 internally displaced persons resided in the Kharkiv region, predominantly in Kharkiv itself, two years after beginning of the war.

Повномасштабне російське вторгнення в Україну
The full-scale Russian invasion of Ukraine

З початком повномасштабного вторгнення Російської Федерації в лютому 2022 року прилеглі до Харкова населені пункти (зокрема Липці, Циркуни, Козача Лопань) були окуповані, що дозволило російській армії обстрілювати житлові масиви Харкова із систем залпового артилерійського вогню. Особливо інтенсивні обстріли припали на березень – квітень 2022 року. Внаслідок ракетних ударів сильно постраждав історичний ареал міста, були пошкоджені пам'ятники архітектури, зазнав істотних руйнувань густонаселений житловий масив Північна Салтівка

(близько 70 % житлового фонду, тобто приблизно 300 багатоквартирних панельних будинків, зруйновано, ще чимало – серйозно пошкоджені). 1 березня 2022 року російська армія завдала удару крилатими ракетами, що влучили в будівлю Харківської обласної адміністрації, внаслідок чого загинуло 44 особи, а сама будівля була частково зруйнована. Попри те що до кінця 2023 року інтенсивність обстрілів зменшилася, майбутнє Харкова й досі доволі туманне, адже до кордону з Росією – близько 30 км. Через воєнні дії й нестабільність із міста виїхало кілька сотень тисяч людей, підприємства закриваються або переміщують активи у безпечні регіони. Зміни торкнулися й такої важливої складової міської економіки й ідентичності, як університети та студентське ком'юніті. Другий у країні за кількістю вищих навчальних закладів, наприкінці 2010-х Харків налічував до 200 тисяч студентів, що становило понад 10 % його населення. Після початку повномасштабного російського вторгнення багато з них були змушені залишити Харків і продовжити навчання в західних чи центральних регіонах, або за кордоном. Також виникають труднощі з розселенням внутрішньо переміщених осіб, які приїхали в Харків із зони бойових дій і з окупованих територій. Водночас уже тепер розробляються стратегії відновлення міста з боку міської влади, яка залучила архітектурне бюро Нормана Фостера для складання генерального плану. Проте через недостатню прозорість процесу він викликає сумніви в місцевих активістів, архітекторів і містобудівників, які, своєю чергою, паралельно запускають альтернативні ініціативи щодо проєктів відновлення Харкова і планування його майбутнього.

> When the full-scale Russian invasion of Ukraine began in February 2022, nearby settlements, such as Lyptsi, Tsyrkuny, and Kozacha Lopan, were occupied. Russia's military advance enabled its army to target Kharkiv's residential areas with multiple-launch rocket systems. The shelling was particularly

Pavlo Dorohoi

intense in March and April 2022. The numerous rocket attacks caused severe damage to the historical part of the city, including many heritage sites. The densely populated residential area of North Saltivka suffered extensive devastation, with approximately 70% of housing – around 300 multi-storey, prefabricated, large-panel apartment buildings – destroyed, along with significant damage suffered by an even larger number of houses. On 1 March 2022 cruise missiles hit the Kharkiv Regional Administration Building, claiming 44 lives and causing substantial damage to the structure. Although the intensity of shelling decreased by the end of 2023, Kharkiv's future remains uncertain given its proximity to the Russian border, just over 30 kilometres away. The hostilities and ongoing instability have forced hundreds of thousands out of the city, while enterprises across all sectors of the economy are either shutting down or relocating their assets to safer regions. These changes have also impacted a crucial component of the city's economy and identity – its universities and the student community. As the second-largest centre in the country for universities and students, by the end of the 2010s Kharkiv had as many as 200,000 students, representing over 10% of the city's population. Following the commencement of the full-scale Russian invasion of Ukraine, many were forced to leave Kharkiv and pursue their studies in the country's western and central regions or abroad. Additionally, there are challenges concerning provision of housing for internally displaced citizens arriving from the war zone and occupied territories.

At the same time, municipal authorities are formulating strategies for rebuilding the city. The architectural bureau of Norman Foster has been engaged to devise a master plan. However, the lack of transparency in this process has raised concerns among local activists, architects, and urban planners, prompting them in their turn to launch alternative projects for rebuilding the city.

Покажчик будівель

Index of buildings

Подяки

Мій зв'язок із Харковом ніколи б не зміг розростися вглиб та вшир без ніжного, а подекуди й грубого підштовхування до нього моєю родиною: бабусями Джанеттою та Анастасією, дідусями Вадимом й Олександром, тіткою Світланою та дядьком Денисом, прабабусею Зінаїдою і, звичайно, татом Ігорем та мамою Оленою. Адже без батьківської любові до професії архітектора і без маминої нелюбові до неї ж навряд чи могла б виникнути наша спільна неприборкана пристрасть до Держпрому. І саме в Держпром, на ненависну роботу, у 1984—1985 роках всю свою вагітність носила мене під серцем мама.

Ця книга і все (а цього "всього" було багато), що стоїть за нею, не була б можлива без безцінної допомоги, безумовної підтримки, повного розуміння та величезної праці мого чоловіка, друга, однокласника та корінного мешканця Задержпром'я Дмитра. Саме такого партнера, на якого завжди можна покластися, хоч яким складним був шлях. І я не можу навіть уявити процес створення книги (від перших моїх маршрутів для туристів до її фінальної друкованої версії) без моєї доньки Кіри. Разом із Кірою ідея Харківського путівника зростала та розвивалася протягом десяти довгих років.

Я вдячна Філіппу Мойзеру за його нестримний потік ідей, у вир яких він повсякчас мене втягував. Багато з них, попри їхню, здавалося б, нереалістичність, мені все ж таки вдалося реалізувати. Але саме ця нібито проста книга стала для мене напрочуд складним викликом, що обернувся на тернистий і непереборний шлях. Дякую за віру в моє всесилля, бо, незважаючи ні на що, зрештою я тримаю цю книгу у своїх руках. Я дуже вдячна всім, хто долучився

до роботи над цим путівником — по-різному і на різних етапах його створення. Насамперед історикині Анастасії Боженко та архітекторці Яні Кликовій за їхній внесок. Архітекторці та пам'яткоохоронниці Катерині Кублицькій за ворох інформації та знань, історику Сергію Гіріку за поради, рецензії, коментарі та за дружнє плече, на яке я могла спертися. І звісно, історику та воїну Ярославу Переходьку за братерсько-сестринську дружбу, за неодноразове співавторство, за всі наші дискусії та розмірковування, за диджитальну оперу «Український конструктивізм» та за наш спільний текст про Держпром. А ще за те, що боронить нашу землю, і Харків також, від російської агресії, даючи мені, як і багатьом українкам і українцям, можливість писати та працювати.

Я вдячна за сприяння, надання матеріалів та інформації державним інституціям Харкова та Києва, яким у сьогоднішніх умовах війни особливо важко підтримувати свою діяльність: Харківській державній науковій бібліотеці імені Володимира Короленка, Державній науковій архітектурно-будівельній бібліотеці імені Володимира Заболотного та її директорці Галині Войцехівській, Центральному державному науково-технічному архіву України й Анні Алєксєєнко, Центральному державному кінофотофоноархіву України імені Г. С. Пшеничного, адміністрації Київського району Харківської міської ради, Інституту «Харківпроект», Харківській обласній організації Національної спілки архітекторів України.

Я глибоко вдячна CARA (Рада вчених з групи ризику), Університетському коледжу Лондона, Інституту перспективних досліджень (IAS), Школі слов'янських та східноєвропейських студій (SSEES) і Школі архітектури Бартлетт,

Еріку та Шейлі Квірк за їхню непохитну підтримку й солідарність, Віденському Інституту наук про людину (IWM) та його програмі «Документування України», Коледжу Гуденаф, компанії Draper's та Школі Чаннінг.

Я вдячна Джону Ніколсону, Олені Приходченко, Оксані Белоусовій та всім, хто працював із моїм словом. Усвідомлюю, як багато безладу і розбіжностей створює моя тримовність не тільки в моїй голові, а й на папері. Дякую за ваше терпіння та прийняття.

І звичайно, мало яка книга про архітектуру можлива без фотографій та малюнків. Тож я вдячна моєму татові Ігорю, який вручну намалював усі плани будівель, що увійшли до цієї книги. Я вдячна Олегу Нестеренку, Тому Скіппу, Денису Панченку, Івану Пономаренку, Семену Широчину, Андрію Кравчуку та всім, хто зі мною проходив маршрутами знову і знову, створюючи все нові й нові фотографії, фіксуючи різні етапи життя міста та різні його стани. Але особливо хочу відзначити мого друга й колегу Павла Дорогого, який став для світу очима — крізь об'єктив його фотоапарата всі мали змогу побачити найстрашніші моменти існування Харкова. Павло від початку повномасштабного вторгнення росії в Україну, під обстрілами, ризикуючи життям, документував знищення архітектури міста, а разом із нею й життів його цивільного населення.

Зрештою, вдячна всім, кого водила я. Адже ця книга є результатом моїх численних екскурсій Харковом. І завдячує безлічі чудових людей з усього світу, яких я супроводжувала містом з 2011 по 2021 рік, з якими я дискутувала, спілкувалася, обмінювалася думками та відточувала свій підхід до інтерпретації міста, ділилася власними знаннями, історіями, фактами про його минуле та мудрованими планами щодо його майбутнього: зокрема, Жан-Луї Коену, Бенджаміну Шедер-Бішіну, Кісу ван Райвену, Луції Ржегоржіковій, Владіміру Шлапеті, Маріанні Серановій, Гедвіг Саксенхубер, Тетяні Журженко, Беаті Шланштайн, Ханнеке Остергоф. А також сотням тих людей, з якими я зависала на Оперці чи стрибала на концертах, обідала в ресторанах і їздила Підвісною дорогою, вистоювала черги до бібліотек та архівів, передавала любов та біль за найближче мені місто.

І я вдячна всім, хто вів мене. Усім, хто вивчав, популяризував Харків і українські міста, зберігав та передавав знання про них задовго до мене. Моя праця була б неможлива без їхньої праці: Андрій Парамонов, Олена Мокроусова, Вадим Альошин, Георгій Нікольський, Володимир Маслійчук, Пилип Дикань, Олександр Савчук, Катерина Черкасова, Денис Вітченко, Тетяна Тихомирова, Юлія Полякова, Роман Любавський, Юлія Богданова, Наталя Тріпутіна, Павло Кравчук. Я вдячна моїм учителям: Петру Панову, Володимиру Кодіну, Віталію Білогубу, Олександру Лейбфрейду, Віктору Антонову, Олені Конопльовій, Миколі Мухортову, Володимиру Манохіну, Володимиру Новгородову. У свою чергу, всі наші праці були б неможливі без тих, хто будував місто: без Юрія Плаксієва, Ігоря Лаврент'єва, Ніни Фурманової, Володимира Колеснікова, Юрія Спасова, Юрія Пундика та всіх архітекторів, інженерів, будівельників і художників, економістів та управлінців.

Але передусім я вдячна кожному харківцю і харківці, які впродовж усіх цих років вели мене у свої найдорожчі місця, відкривали мені свої двері та впускали мене у свої домівки, везли на роверах, машинах і трамваях найкращими маршрутами, показували мені секретні мальовничі краєвиди, давали мені ключі від дахів та паролі від під'їздів, кожному, хто передавав мені свій досвід, свою пам'ять та свої таємниці, кожному, хто вистояв разом із Харковом під ударами російських ракет та артилерії, і кожному, хто, на жаль, не зміг. Усім моїм друзям, які гарячого літа 2024-го водили мене своїми найдорожчими руїнами, повертаючи мені тверду віру в майбутнє міста. Моїй подрузі Мар'яні, яка на дев'ятому місяці вагітності під звуковий супровід вибухів російських ракет вела мене розпеченими на сонці дорогами до омріяного всіма нами Держпрому, повертаючи мене місту, а місто — мені.

Acknowledgements

My connection with Kharkiv would never have deepened and expanded without the gentle, and sometimes rough, encouragement from my family: grandmothers Janetta and Anastasia, grandfathers Vadym and Oleksandr, aunt Svitlana and uncle Denys, great-grandmother Zinaida, and, of course, my father Igor and mother Olena. Without my father's love for the architect's profession and my mother's dislike for it, our collective passion for Derzhprom might never have arisen. It was to Derzhprom, to a job she hated, that my mother carried me under her heart throughout her pregnancy in 1984–1985.

This book, and everything behind it (and there was a lot; it took a long time and was costly in every sense), would not have been possible without the invaluable help, unconditional support, complete understanding, and enormous work of my partner, husband, friend, classmate, and native of the Derzhprom neighbourhood, Dmytro. He is such a partner I can always rely on, no matter how difficult my path may be.

I cannot imagine the process of creating this book (from my first tourist route to the final printed version) without my daughter Kira. Together with Kira, the idea of the Kharkiv guidebook grew and developed over ten long years.

I am grateful to Philipp Meuser for his unstoppable flow of ideas, which he shared with me throughout our acquaintance. Despite their seemingly unrealistic nature, I managed to implement many of them. However, this simple book became the most difficult challenge for me which turned into a thorny and barely surmountable path. Thank you for believing in my omnipotence, because, despite everything, I now hold this book in my hands. I am deeply grateful to everyone who contributed to this book at various stages of its creation. Special thanks go to historian Anastasiya Bozhenko and architect Iana Klykova for their input, and to architect and preservationist Kateryna Kublytska for her wealth of information and knowledge. I am indebted to historian Serhiy Hirik for his advice, reviews, and comments, and for always being a supportive shoulder to lean on. And, of course, to historian and soldier Yaroslav Perekhodko, for the bond of brotherly/sisterly friendship, our repeated co-authorship, and our discussions and reflections. Our collaborative work on the Ukrainian Constructivism digital opera and our co-authored text about Derzhprom are dear to me. I also owe a deep debt of gratitude to Yaroslav, who, like many other Ukrainians, has given me the opportunity to continue writing and working while defending our cities, including Kharkiv, from Russian aggression.

I extend my gratitude to the Ukrainian state institutions in Kharkiv and Kyiv, which are facing immense challenges in preserving and continuing their activities during wartime: the Korolenko Kharkiv State Scientific Library, the Zabolotny State Scientific Library of Architecture and Construction, and Halyna Voitsekhivska, the Central State Scientific and Technical Archive of Ukraine, and Anna Alekseenko, H.S. Pshenychnyi Central State Cinema, Photo and Phono Archive of Ukraine, the Kyivskyi Raion Administration of Kharkiv City Council, the Kharkivproekt Design Institute, and the Kharkiv Regional Organization of the National Union of Architects of Ukraine.

I am deeply indebted to Cara (the Council for At-Risk Academics), UCL, the Institute of Advanced Studies (IAS), the School of Slavonic and East European Studies (SSEES), the Bartlett School of Architecture, Eric and Sheila Quirk, for their unwavering support and solidarity. I would like to acknowledge the Institute for Human Sciences (IWM) and its Documenting Ukraine programme, Goodenough College, The Drapers' Company, and Channing School.

I am grateful to John Nicolson, Olena Prykhodchenko, Oksana Belousova, and everyone who has worked with my languages. I realise how much mess and clashes my trilingualism creates not only in my head but also on paper. Thank you for your patience and acceptance.

Of course, a book about architecture can hardöy exist without photographs and drawings. I am thankful to my father, Igor Gubkin, who hand-drew all the plans of the buildings included in this book. I am also grateful to Oleh Nesterenko, Tom Skipp, Denys Panchenko, Ivan Ponomarenko, Semen Shyrochyn, Andriy Kravchuk, and everyone who walked the routes with me again and again, taking more and more photographs and documenting different stages of the city's life and its varying states. I want to highlight my friend, colleague, and the 'eyes' of Kharkiv, Pavlo Dorohoi, who peers through the lens of a camera in the most terrible moments of the city's existence. Pavlo has documented the destruction of Kharkiv's architecture and, alongside it, the lives of its civilian population under fire, risking his life from the very beginning of the full-scale Russian invasion of Ukraine.

Finally, I am grateful to everyone I have guided. After all, this book is the result of my numerous walks through Kharkiv. I owe it to plenty of wonderful people from all over the world whom I accompanied around the city from 2011 to 2021, with whom I discussed, communicated, exchanged thoughts, and honed my approach to interpreting the city, with whom I shared my knowledge, stories, and facts about its past and my cunning plans for its future. My thanks go to Jean-Louis Cohen, Benjamin Scheder-Bieschin, Kees van Ruyven, Lucie Řehoříková, Vladimír Šlapeta, Marianna Seranova, Hedwig Saxenhuber, Tatiana Zhurzhenko, Beate Schlanstein, and Hanneke Oosterhof. I also thank the hundreds of people with whom I hung out at the Opera Theatre or danced at gigs, dined in restaurants, rode on cable cars, and stood in queues at libraries and archives – those to whom I conveyed love and pain for the city dearest to me.

I am also grateful to everyone who guided me, to those who studied and popularised Kharkiv and Ukrainian cities, preserving and passing on knowledge about them long before me. My work would not have been possible without theirs: Andrii Paramonov, Olena Mokrousova, Vadym Alioshyn, Heorhii Nikolskyi, Volodymyr Masliichuk, Pylyp Dykan, Oleksandr Savchuk, Kateryna Cherkasova, Denys Vitchenko, Tetiana Tykhomyrova, Yuliia Poliakova, Roman Liubavskyi, Yuliia Bohdanova, Natalia Triputina, and Pavlo Kravchuk. I am grateful to my teachers: Petro Panov, Volodymyr Kodin, Vitalii Bilohub, Oleksandr Leibfreid, Viktor Antonov, Olena Konopliova, Mykola Mukhortov, Volodymyr Manokhin, and Volodymyr Novhorodov. Ultimately, all our work would have been impossible without those who built this city: Yurii Plaksiiev, Ihor Lavrentiev, Nina Furmanova, Volodymyr Kolesnikov, Yurii Spasov, Yurii Pundyk, and all the architects, engineers, builders, artists, economists, and managers.

But, first and foremost, I am grateful to every Kharkiv resident who, over all these years, took me to their most cherished places, opened their doors to me, let me into their homes, took me on their bicycles, cars, and trams along the best routes, showed me secret picturesque views, gave me the keys to the roofs and passwords to the entrances, and shared with me their experiences, memories, and secrets. I am grateful to everyone who, together with Kharkiv, stood strong under the blows of Russian missiles and artillery, and to those who, sadly, could not. To all my friends who guided me in the hot summer of 2024 through their most precious ruins, restoring my firm faith in the city's future. And to my friend Maryana, who, in her ninth month of pregnancy, accompanied by the sound of exploding Russian missiles, led me along sun-baked roads to the Derzhprom we all longed for, returning me to the city and the city to me.

Бібліографія
Bibliography

1. Conti, Flavio, *Piazze d`Italia* (Milano: Touring Club Italiano, 2006), 211 pp.

2. Gubkina, Ievgeniia, *Being a Ukrainian Architect During Wartime. Essays, Articles, Interviews, and Manifestos* (Berlin: DOM publishers, 2023), 168 pp.

3. Hatherley, Owen, *Landscapes of Communism: A History Through Buildings* (Penguin Books, 2016), 612 pp.

4. Komar, Żanna, Bohdanova, Julia, *Secession in Lviv* (Kraków: Wydawnictwo Wysoky Zamek, 2014), 246 pp.

5. Malaia, Kateryna, Meuser, Philipp, *Mass Housing in Ukraine. Building Typologies and Catalogue of Series 1922–2022* (Berlin: DOM publishers, 2024), 408 pp.

6. Tietz, Jurgen, Hoffmann, Wolfgang, Meuser, Philipp, *The Story of Architecture of the 20th century* (Cologne: Könemann, 1999), 119 pp.

7. Алферов, И.А., Антонов, В.Л., Любарский, Р.Э., *Формирование городской среды (на примере Харькова)* (Москва: Стройиздат, 1977), 104 с.

8. Антонов, В. Л., *Градостроительное развитие крупнейших городов* (Киев–Харьков – Симферополь, 2005), 644 с.

9. Багалій, Д.І. *Історія Слобідської України («Пам'ятки історичний думки»)* (Харків: Основа, 1990), 256 с.

10. Бондаренко, Б.А. *Каменная летопись. История градостроительства и архитектура Харькова (Путеводитель. Изд. 2-е, доп. и перераб.)* (Харьков: Прапор, 1978), 72 с.

11. *Василь Григорович Кричевський хрестоматія: в 2 Т. (Серія Слобожанський світ; вип.10). Т.1. Савчук, О.О., Ходак, І.О., 1891-1943 рр.* (Харків: Видавець Савчук О.О., 2016), 532 с.

12. Гавел, Вацлав, *Санація* (Київ: Видавництво «Чеська бібліотека», 2016), 135 с.

13. Голиков, А.П., Андреева, Г.К., Алферов, И.А., Горюн, В.П., Данилевич, Г.Е., Дьяченко, Н.Т., Каширина, Г.Н., Коломиец, М.Ф., Кравченко, В.М., Лемищенко, В.П., Любарский, Р. Э., Магальник, Г.Б., Малоштан, А.Я., Олейник и др., *Харьков. Краткая справочная книга* (Харьков: Прапор, 1976), 296 с.

14. Горшков, А.О., Семенов, В.Т., Тіц, О.О., *Харків: Архітектура, пам'ятники. Фотоальбом* (Київ: Мистецтво, 1986), 207 с.

15. Дахно, В.П., Килессо, С.К., Коломиец, Н.С. и др., *Архитектура Советской Украины* (Киев: Будівельник, 1986), 160 с.

16. Дьяченко, Николай Т., *Улицы и площади Харькова (Издание 3-е, переработанное и дополненное)* (Харьков: Прапор, 1974), 320 с.

17. Жариков, Н.Л. и др., *Памятники градостроительства и архитектуры Украинской ССР (Ил. справ.-каталог. в 4-х т.)* (Киев.: Будівельник, 1983-1986). Т. 4. Логвин, Г.Н. и др., *Сумская область; Тернопольская область; Харьковская область; Херсонская область; Хмельницкая область; Черкасская область; Черниговская область; Черновицкая область* (Киев: Будівельник, 1986), 375 с.

18. Жванко, Любов, *Видатні поляки і Харків: біогр.слов. (1805-1918)* (Харків: Золоті сторінки, 2018), 408 с.

19. Иконников, А.В., *Архитектура XX века. Утопии и реальность (Издание в двух томах. Том I)* (Москва: Прогресс-Традиция, 2001), 656 с.

20. Исаченко, В.Г., Оль, Г.А., *Федор Лидваль (Зодчие нашего города)* (Ленинград: Лениздат, 1987), 96 с.

21. *История градостроительного искусства: В 2-х т. - 2-е изд.* (Москва: Стройиздат, 1979). Т.1.

22. Бунин, А.В., *Градостроительство рабовладельческого строя и феодализма* (Москва: Стройиздат, 1979), 495 с.

23. *История градостроительного искусства: В 2-х т. - 2-е изд.* (Москва: Стройиздат, 1979). *Т.2. Бунин, А.В., Саваренская, Т.Ф., Градостроительство XX века в странах капиталистического мира* (Москва: Стройиздат, 1979), 412 с.

24. Кириченко, Евгения И., *Русская архитектура 1830-1910-х годов* (Москва: Искусство, 1982) (Издание второе, исправленное и дополненное), 400 с.

25. Кириченко, Е.И., *Русское градостроительное искусство. Градостроительство России середины XIX-начала XX века* (Москва: Прогресс-Традиция, 2001), 340 с.

26. Лейбфрейд, А.Ю., *Архитекторы-евреи в Харькове: очерк* (Харьков: Каравелла, 2002), 31 с.

27. Лейбфрейд, А.Ю., Клейн, Б.Г., Лаврентьєв, И.Н., Рєусов В.Л., Тиц А.А. и др., *Харьков: Архитектура, памятники, новостройки: Путеводитель (2-е изд., испр. и доп.)* (Харьков: Прапор, 1987), 151 с.

28. Лейбфрейд, А.Ю., Полякова, Ю.Ю., *Харьков. От крепости до столицы: Заметки о старом городе* (Харьков: Фолио, 1998), 335 с.

29. Маслийчук, Владимир, Дикань, Филипп, Розенфельд, Максим, *Deutsches Харьков* (Харьков: Золотые страницы, 2015), 164 с.

30. Мироненко, Д.О., *Бекетов Олексій Михайлович (1862-1941) (Видатні зодчі України)* (Київ: Держ.наук. архітектур.-буд.б-ка ім. В.Г. Заболотного, 2016), 198 с.

31. Парамонов, Андрей Ф., *Улицы старого Харькова* (Харьков: Фолио, 2019), 378 с. (Города Украины).

32. Парамонов, Андрей Ф., *Прогулки по Харькову* (Харьков: Харьковский частный музей городской усадьбы, 2019), 424 с.

33. Парамонов, Андрей Ф., Маслийчук, В.Л. *Карты и планы города Харькова XVIII-XX вв.* (Харьков: Фолио, 2020), 93 с..

34. Седак, И.Н., Дахно,В.П., Писковский, Ю.И., Ладный, В.Е., *Архитектура Советской Украины - Architecture of the Soviet Ukraine* (Москва: Стройиздат, 1987), 303 с.

35. Таранушенко С. А. *Покровський собор у Харкові / Таранушенко С. А. Наукова спадщина. Харківський період. Дослідження 1918–1932 рр. : монографічні видання, статті, рецензії, додатки, таранушенкознавчі студії, ілюстрації, довідкові матеріали,* упоряд. О. О. Савчук, М. М. Красиков, С. І. Білокінь ; передм. С. І. Білоконя ; підготовка тексту та прим. О. О. Савчука, М. М. Красикова ; авт. післямови та наук. ред. М. М. Красиков. – Харків : Видавець Савчук О. О., 2011. – С. 63-90.

36. Хан-Магомедов, Селим О., *Георгий Вегман (Творцы авангарда)* (Москва: Фонд «Русский авангард», 2009), 180 с.

37. Цапенко, М. П., *О реалистических основах советской архитектуры* (Москва: Государственное издательство литературы по строительству и архитектуре, 1952), 395 с.

38. Чечельницкий, С.Г., *Архитекторы Харькова/под общей редакцией* (Харьков: 2008), 376 с.

39. Шкодовский, Юрий М., Лаврентьев, Игорь Н., Лейбфрейд, Александр Ю., *Харьков вчера, сегодня, завтра* (Харьков: Фолио, 2004), 206 с.

Про авторку
About the Author

Євгенія Губкіна — українська архітекторка, історикиня архітектури та містобудування, кураторка. Її робота зосереджена на вивченні спадщини XX століття в Україні із застосуванням мультидисциплінарного підходу. У 2008 році здобула ступінь магістра архітектури за спеціальністю «містобудування». Під час аспірантури з теорії архітектури та реставрації архітектурної спадщини досліджувала соціалістичні міста.

За її плечима — понад п'ятнадцять років проведення екскурсій Харковом для дітей та дорослих з-поміж місцевих жителів, туристів та офіційних делегацій з усього світу.

У 2014 році Євгенія стала співзасновницею громадської організації Urban Forms Center — провідної спільноти у сфері вивчення та популяризації модерністської спадщини в Україні, гендерних питань в архітектурі та експериментальних підходів до архітектурної освіти.

У 2020—2021 роках Євгенія була співкураторкою Енциклопедії української архітектури, онлайн-мультимедійного проєкту, який працював з архітектурою, історією, документалістикою та візуальним мистецтвом. Феномен міжвоєнної архітектури України надихнув Євгенію та її команду на створення диджитальної опери «Український конструктивізм», у якій взяли участь співачка Ната Жижченко (Onuka), музикант Євген Філатов та інші.

Євгенія є співрежисеркою короткометражного документального фільму «Ти бачиш, простором стає тут час», що вийшов у 2022 році. Стрічку присвячено майдану Свободи та будівлі Держпрому в Харкові, масштабному модерністському містобудівному проєкту міжвоєнного періоду.

«Славутич: Архітектурний путівник», її перша книга, опублікована видавництвом DOM publishers у 2015 році, присвячена архітектурі Славутича, останнього радянського міста, побудованого після Чорнобильської катастрофи для працівників ЧАЕС. У 2019-му після років досліджень вийшла її друга книга «Радянський Модернізм. Бруталізм. Постмодернізм. Будівлі та споруди в Україні у 1955—1991 роках» у видавництвах «Основи» та DOM publishers. До неї увійшли фотографії найприголомшливіших зразків радянсько-української архітектури другої половини XX століття з усієї України. У 2023 році вийшла книга Євгенії «Бути українським архітектором під час війни», в якій авторка розповідає про свій досвід на тлі війни. У 2022 році через початок повномасштабної війни

Philipp Meuser

**Євгенія Губкіна, липень 2024 року /
Ievgeniia Gubkina, July 2024**

Росії проти України Євгенія з дочкою-підлітком були змушені залишити рідне місто Харків. Вони знайшли притулок у Юрмалі, потім у Парижі і зрештою оселилися в Лондоні, де Євгенія отримала стипендію Рендольфа Квірка в Університетському коледжі Лондона (UCL) за програмою CARA (Рада для вчених з групи ризику). З 2023 року є тьюторкою і викладачкою у Школі архітектури Бартлетт та Школі слов'янських та східноєвропейських студій (SSEES) у UCL.

> Ievgeniia 'Jenia' Gubkina is a Ukrainian architect, architectural and urban historian, and curator. Her work focuses on twentieth-century architecture and urban planning in Ukraine, with a multidisciplinary approach to heritage studies. She received her MA in architecture with a specialisation in urban planning in 2008. During her doctoral studies in the theory of architecture and restoration of architectural heritage, she researched socialist cities.

Jenia has around fifteen years of experience as a guide in Kharkiv for children and adults, including local residents, tourists, and official delegations from across Ukraine and the world.

In 2014, she co-founded the NGO Urban Forms Center, which has become a leading organisation in the study and promotion of modernist heritage in Ukraine, gender issues in architecture, and experimental approaches in architectural education.

In 2020–2021, Jenia curated the Encyclopedia of Ukrainian Architecture, an online multimedia project that encompassed architecture, history, documentary, and visual arts. In 2021, she co-wrote the script for Ukrainian Constructivism, a contemporary art performance involving singer Nata Zhyzhchenko (Onuka) and Yevhen Filatov, inspired by the phenomenon of Constructivist architecture and combining visual art, ballet, electro-folk music, and historical drama.

Jenia co-directed *You See, Time Becomes Space Here,* a short documentary released in 2022, focusing on Svobody Square and the Derzhprom building in Kharkiv, a significant Modernist urban-planning project of the interwar period.

Her first book, the *Architectural Guide Slavutych*, published by DOM publishers in 2015, explored the architecture of Slavutych, the last Soviet city built after the Chornobyl disaster for workers at Chornobyl Power Station. In 2019, after years of research, her second book, *Soviet Modernism. Brutalism. Post-Modernism. Buildings and Structures in Ukraine, 1955–1991,* was co-published by Osnovy Publishing and DOM publishers. It included photographs from across Ukraine of the most remarkable examples of Soviet-Ukrainian architecture from the second half of the twentieth century. In 2023, Jenia's book, *Being a Ukrainian Architect During Wartime*, was released, offering insights into her experiences against the backdrop of the war.

In 2022, due to Russia's full-scale war against Ukraine, Jenia and her teenage daughter were forced to move from their hometown of Kharkiv. They found asylum in Jūrmala, then in Paris, and eventually settled in London, where Jenia received a Randolph Quirk Fellowship at University College London under the CARA (Council for At-Risk Academics) programme. Starting in 2023, Jenia has been a tutor and lecturer at the Bartlett School of Architecture and the School of Slavonic and East European Studies (SSEES) at UCL.

Німецька Національна бібліотека вносить це видання до Німецької національної бібліографії; детальні бібліографічні дані доступні за адресою http://dnb.d-nb.de

The *Deutsche Nationalbibliothek* lists this publication in the *Deutsche Nationalbibliografie*; detailed bibliographic data are available at http://dnb.d-nb.de

ISBN 978-3-86922-407-7

© 2025 by DOM publishers, Berlin
www.dom-publishers.com

Співавтори / Contributors
Анастасія Боженко (розділ історичних нотаток)/Anastasiya Bozhenko (historical notes section)
Яна Кликова (внесок до текстів про будівлі 9, 10, 36, 49)/Iana Klykova (contribution to the texts on buildings 9, 10, 36, 49)
Ярослав Переходько (внесок до тексту про будівлю 77)/Yaroslav Perekhodko (contribution to the text on building 77)

Редактори/Editors
Джон Ніколсон/John Nicolson
Оксана Белоусова/Oksana Belousova

Переклад/Translation
Олена Приходченко/ Olena Prykhodchenko
Марія Великанова/ Mariia Velykanova
Дмитро Сисоєв/Dmytro Sysoiev
Марта Госовська/Marta Gosovska

Креслення/Drawings
Ігор Губкін/Igor Gubkin

Фотографії/Photos
Павло Дорогой/Pavlo Dorohoi
Філіпп Мойзер/Philipp Meuser
Олег Нестеренко/Oleh Nesterenko
Денис Панченко/Denys Panchenko
Іван Пономаренко/ Ivan Ponomarenko
Том Скіпп/Tom Skipp
Семен Широчин/Semen Shyrochyn
Дмітрій Задорін/Dimitrij Zadorin
Андрій Кравчук/Andriy Kravchuk
Влад Попов/Vlad Popov
Богдан Яресько/Bohdan Yaresko

Макет/Design
Масако Томокіо/Masako Tomokiyo
Ніколь Вольф/Nicole Wolf

Карти/Maps
Аріель Чен/Ariel Chen

Друк/Printing
Tiger Printing (Hong Kong) Co., Ltd.
www.tigerprinting.hk

DOM publishers